Inhaltsverzeichnis

Womit beschäftigt sich die Volkswirtschaftslehre?

Warum werden in der Volkswirtschaftslehre Modelle verwendet?

Welche Prinzipien bestimmen das wirtschaftliche Handeln?

Was für Güter gibt es?

Was sind die Funktionen des Geldes?

Was ist der Binnenwert des Geldes?

Wie sieht ein Wirtschaftskreislauf aus?

HANDLUNGSFELD 1

Volkswirtschaftliche Aspekte zu

Unternehmensstrategien und Management

1.1 Ökonomisches Handeln zwischen Nutzenmaximierung und Fairness

Eli

Katharina

„Ist hier noch frei?" Katharina Hofmann (17) deutet auf den leeren Sitzplatz neben Elinor Schelling (17). „Ja, klar!", sagt Elinor. Katharina ist froh, nicht alleine sitzen zu müssen, nachdem sie wegen der verkehrsgünstigeren Stundentafel in die Parallelklasse wechselte.

In den nächsten Wochen entwickelt sich ein reger Austausch zwischen Katharina und Elinor. So erfährt Elinor, dass Katharina in einem landwirtschaftlichen Betrieb aufgewachsen ist, in dem die ganze Familie früh aufsteht und mitanpackt.

Die Klasse der zwei neuen Freundinnen soll beim „Tag der offenen Tür" ihrer Berufsfachschule das Fach VWL lebendig präsentieren. Elinor und Katharina bekommen den Auftrag, gemeinsam einen Workshop zum Thema „Wirtschaftliches Handeln von Wirtschaftssubjekten in ökonomischen Knappheitssituationen" durchzuführen. Mit dem Homo oeconomicus, sagt ihr Lehrer, sei dieses „wirtschaftliche Handeln" ganz gut zu erklären. Um den Teilnehmern zu vermitteln, was der Homo oeconomicus ist, erstellen Elinor und Katharina eine Grafik:

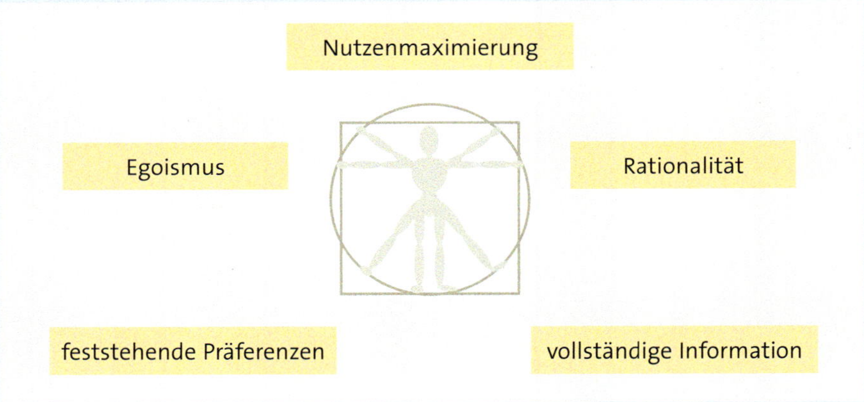

Bei ihren Recherchen finden Elinor und Katharina heraus, dass es in der Volkswirtschaftslehre üblich ist, menschliches Verhalten mit kleinen Experimenten zu erforschen. Das möchten sie unbedingt in ihrem Workshop ausprobieren. Sie haben sich zwei Spiele ausgesucht: das Ultimatum-Spiel und das Diktator-Spiel.

1 Diskutieren Sie in Kleingruppen.
- **a** Was bedeuten die Eigenschaften des Homo oeconomicus in der Grafik?
- **b** Was denken Sie – treffen diese Eigenschaften auf reale Menschen zu?
- **c** Warum können Experimente in der VWL helfen, menschliche Verhaltensweisen besser zu verstehen?

2 Führen Sie nun das Ultimatumspiel durch und analysieren Sie die Ergebnisse.

Ablauf des Ultimatum-Spiels
Suchen Sie sich einen Spielpartner. Spieler A bekommt (fiktive) 100 Euro. Hiervon muss er einen Teil (mindestens 1 Euro, maximal 99 Euro) an Spieler B abgeben. Dazu schreibt A sein Angebot für die Aufteilung der 100 Euro auf einen Zettel, den er B übergibt. Beide Spieler dürfen nicht miteinander sprechen, sich nicht in die Augen schauen oder sonst irgendwie kommunizieren. B muss entscheiden, ob er das Angebot annimmt oder nicht. Die Besonderheit: Lehnt B das Angebot von A ab, bekommen beide Spieler nichts und die 100 Euro gehen zurück.

a Notieren Sie die Ergebnisse Ihres Teams in einer Tabelle nach dem folgenden Muster:

Angebot von A an B in Euro	B nimmt an (bitte ankreuzen)	B lehnt ab (bitte ankreuzen)
	☐	☐

b Versuchen Sie, den „Sinn" dieses Spiels zu beschreiben. Erläutern Sie dann anhand der Ergebnisse Ihres Teams, inwiefern das Ultimatum-Spiel zu untersuchen hilft, ob Menschen so rational und egoistisch handeln wie der Homo oeconomicus.

c Dokumentieren Sie die Ergebnisse aller Teams – die Höhe der Angebote der Spieler A und die Reaktionen der Spieler B – in einer Gesamttabelle. Untersuchen Sie anschließend, wie viele Spieler im Sinne des Homo oeconomicus gehandelt haben.

Von den Spielern handelten im Sinne des Homo oeconomicus:
- ☐ keiner
- ☐ wenige
- ☐ die Mehrzahl
- ☐ alle

3 Führen Sie nun das Diktator-Spiel durch und vergleichen Sie die Ergebnisse mit denen des Ultimatum-Spiels. Erklären Sie gegebenenfalls abweichende Ergebnisse anhand des Modells des Homo oeconomicus.

Ablauf des Diktator-Spiels
Das Diktator-Spiel ist eine Abwandlung des Ultimatum-Spiels. Beim Diktator-Spiel kann B das Angebot von A nicht ablehnen. Spielen Sie das Spiel in den gleichen Gruppen noch einmal.

1.2 Knappheit, Bedürfnisse und Bedarf

Eine Grundaufgabe der Volkswirtschaftslehre besteht darin, das **Knappheitsproblem** zu analysieren und Lösungen anzubieten, um unsere Wünsche zu erfüllen. Aber halt: Ist das nicht ein „alter Hut“? Wenn wir einen Supermarkt betreten, sehen wir, dass die Regale voll sind. Wir finden beispielsweise 10 bis 15 verschiedene Kaffeesorten, und es fällt schwer, sich zwischen den vielen unterschiedlichen Schokoladetafeln zu entscheiden. Herrscht in Wirklichkeit nicht Überfluss?

Ein schneller Blick in die eigene Geldbörse kann uns vor einer folgenschweren Fehleinschätzung bewahren, bevor wir mit vollem Einkaufswagen zur Kasse fahren: Das zur Verfügung stehende Geld ist in der Regel leider knapp, unabhängig davon, ob es sich um Taschengeld, Ausbildungsvergütung oder das eigene Einkommen handelt. Zwar sind die Regale prall gefüllt, die zur Verfügung stehenden Geldmittel aber reichen nicht aus, um alle gewünschten Produkte zu kaufen. Im Gegenteil: Mitunter reicht das Geld gerade noch für das Nötigste.

Modelle
Kapitel 1.3.2

Letztendlich resultiert aus dem Knappheitsproblem der **Zwang zu wirtschaften**. Die Volkswirtschaftslehre (VWL) hat eine Vielzahl von speziellen Denkweisen (Modellen) entwickelt, um das Knappheitsproblem und die Möglichkeiten des Umgangs damit zu analysieren.

In der Volkswirtschaftslehre werden Wünsche **Bedürfnisse** genannt und als zentrale Antriebskräfte des wirtschaftlichen Entscheidens und Handelns angesehen. Menschen haben unterschiedliche Bedürfnisse. Diese sind z. B. abhängig vom Alter, Geschlecht, sozialen und gesellschaftlichen Umfeld, der technischen Entwicklung und dem Einkommen. Einige Bedürfnisse müssen in der Regel unmittelbar befriedigt werden, wie z. B. Hunger und Durst. Andere können mittelfristig erfüllt werden, wie z. B. der Wunsch nach Mobilität oder Geborgenheit.

Güter
Kapitel 1.7

Kaufkraft
das zur Verfügung stehende Einkommen

Markt
Kapitel 2.2

Nachfrage
Kapitel 2.4

Wenn sich die Bedürfnisse des Menschen auf ganz bestimmte Güter beziehen und zu ihrer Befriedigung **Kaufkraft** vorhanden ist, wird von einem **Bedarf** gesprochen. Erst wenn Güter tatsächlich gekauft werden, d. h. der Bedarf am Markt wirksam wird, handelt es sich um eine **Nachfrage**.

Bedürfnis	→	Bedarf	→	Nachfrage
Durst	→	Wunsch nach Mineralwasser	→	Kauf einer Mineralwasserflasche

Abraham Maslow (1908–1970) unterscheidet fünf Bedürfnisebenen. Aus diesen Bedürfnisebenen ergibt sich eine sogenannte **Bedürfnispyramide**.

1. Physiologische Bedürfnisse müssen vor allen anderen Bedürfnissen befriedigt werden. Sie sind zur Lebenserhaltung unbedingt notwendig, z. B. Essen, Trinken und Schlaf.
2. Sicherheitsbedürfnisse sind darauf ausgerichtet, dass die physiologischen Bedürfnisse auch in Zukunft befriedigt werden können, z. B. Altersvorsorge, Geldwertstabilität, Ordnung, Gesetze und Regeln.
3. Soziale Bedürfnisse ergeben sich aus den sozialen Kontakten des Individuums und dem Wunsch nach einem Leben in einer Gemeinschaft, nach Geselligkeit und Freundschaft.

4. Wertschätzungsbedürfnisse sind darauf ausgerichtet, als Mensch von anderen Menschen Anerkennung und Bestätigung zu erhalten; nicht selten sind sie eine wesentliche „Triebfeder" des Verhaltens.
5. Entwicklungsbedürfnisse zielen auf die sogenannte Selbstverwirklichung des Menschen ab. Sie beruhen auf dem Wunsch, das Leben gemäß eigenen Vorstellungen zu gestalten.

Nach Maslow wird die Befriedigung eines höherrangigen Bedürfnisses erst angestrebt, wenn die vorgelagerten Bedürfnisse befriedigt sind. Solange die Grundbedürfnisse nicht in ausreichendem Maße befriedigt sind, sind sie für das menschliche Verhalten bestimmend. Erst wenn der Mensch seine Grundbedürfnisse gesättigt hat, ist er in der Lage, seine sozialen Kontakte auszubauen und zu pflegen. Sind die sozialen Bedürfnisse und die Wertschätzungsbedürfnisse befriedigt, wird schließlich der Wunsch nach Selbstverwirklichung größer.

Rangordnung der Bedürfnisse nach Maslow

BEISPIEL

Als Robinson Crusoe auf einer einsamen Insel strandet, muss er zunächst seine physiologischen Bedürfnisse befriedigen. Er sucht etwas zu essen und frisches Wasser. Damit er wieder zu Kräften kommt, schläft er eine Weile. Danach baut er sich zum Schutz eine kleine Hütte Dann trifft er auf seinen Gefährten Freitag, der sein Freund wird und von dem er anerkannt und bewundert werden möchte.

An der Theorie von Maslow wird beispielsweise kritisiert, sie treffe nur für den amerikanisch-europäischen Kulturraum zu. Ferner wird angezweifelt, ob die Entwicklung der persönlichen Bedürfnisse wirklich in Stufen erfolgt. Gleichwohl besitzt die Theorie bis heute eine hohe Erklärungskraft, da sie es ermöglicht, menschliche Bedürfnisse und die Möglichkeiten ihrer Befriedigung systematisch zu analysieren.

1.3 Volkswirtschaftliche Grundprinzipien

Einkommen
Kapitel 5.3

In der Volkswirtschaftslehre wird die Vielzahl von Menschen, die einkaufen und Einkommen erhalten, unter dem Begriff **private Haushalte** zusammengefasst. Es wird davon ausgegangen, dass die privaten Haushalte anstreben, möglichst qualitativ hochwertige Güter zu einem angemessenen Preis zu erhalten bzw. hohe Einkommen zu erzielen, um den Lebensunterhalt zu sichern. Sie fragen eine Vielzahl von Gütern nach und wollen dabei ihren persönlichen **Nutzen maximieren**.

In den Wirtschaftswissenschaften wird außerdem unterstellt, dass Menschen sich in ihrem wirtschaftlichen Handeln nicht von Gefühlen leiten lassen, sondern sich rational verhalten. **Rationales Handeln** ist z. B. dadurch bestimmt, dass der Mensch sich seiner Ziele bewusst ist. Er sucht systematisch nach Mitteln und Wegen, um seine Ziele in kurzer Zeit und mit geringem Aufwand zu erreichen.

1.3.1 Der Homo oeconomicus

Modelle
Kapitel 1.3.2

In der Realität ist ein ausschließlich am Homo oeconomicus orientiertes Verhalten kaum vorhanden, da das Modell zu sehr von realen Verhaltensweisen abstrahiert.

Für die Analyse rationalen Verhaltens der Menschen wurde das **Modell des Homo oeconomicus** entwickelt. Charakteristische Merkmale (Annahmen), die den Homo oeconomicus kennzeichnen, sind:

- Durch sein Verhalten versucht er seinen persönlichen Nutzen zu maximieren.
- Er trifft seine Entscheidungen, ohne sich von anderen Personen (Freunden, Bekannten usw.) beeinflussen zu lassen.
- Er besitzt eine vollständige Marktübersicht (Markttransparenz), d. h., er kennt alle Güter mit ihren Preisen und alle Alternativen sind ihm bekannt. Er besitzt somit eine unbegrenzte Informationsverarbeitungskapazität.

Entsprechend der Modellvorstellung des Homo oeconomicus beruht rationales wirtschaftliches Handeln auf dem **ökonomischen Prinzip**. Wirtschaftliche Mittel sollen danach möglichst effizient bzw. kostengünstig eingesetzt werden, um bestimmte Ziele zu erreichen. Das ökonomische Prinzip wird häufig auch **Wirtschaftlichkeitsprinzip** genannt. Durch das Handeln nach diesem Prinzip soll der Konflikt zwischen den unbegrenzten Bedürfnissen und den knappen wirtschaftlichen Gütern bzw. begrenzten Geldmitteln entschärft werden.

Güterknappheit
Kapitel 1.6

Geld
Kapitel 1.9

Bedürfnisse
Kapitel 1.2

Das ökonomische Prinzip kann zwei Ausprägungen annehmen:

- Nach dem **Maximalprinzip** soll mit vorhandenen Mitteln ein möglichst hoher Ertrag erzielt werden, d. h., beispielsweise sollen mit einer bestimmten Menge Geld möglichst viele Bedürfnisse befriedigt werden.
- Nach dem **Minimalprinzip** hingegen soll ein bestimmtes Ziel mit möglichst geringen Mitteln erreicht werden, d. h., beispielsweise soll für die Befriedigung eines Bedürfnisses möglichst wenig Geld ausgegeben werden.

BEISPIEL

Marie-Sophie möchte ihr Zimmer verschönern und hat dazu 300 Euro zur Verfügung. Sie möchte für dieses Geld nicht nur das Zimmer streichen, sondern auch neue Gardinen und einen neuen Teppich kaufen (Maximalprinzip).

Hans-Peters Wohnung muss neu tapeziert und gestrichen werden. Da Hans-Peter ein sparsamer Mensch ist, holt er Kostenvoranschläge mehrerer Malerbetriebe ein und entscheidet sich für das preisgünstigste Angebot (Minimalprinzip).

Mit dem Verhaltensmodell des Homo oeconomicus ist wirtschaftliches Handeln jedoch nur in begrenztem Umfang erklärbar.

In einer erweiterten Modellvorstellung werden deshalb neben Geld auch **immaterielle Werte,** wie z.B. Anstrengung, Zeitaufwand und Verzicht auf Bequemlichkeit, in die Modellbildung einbezogen. Unterstellt wird allerdings weiterhin rationales Handeln. Das Individuum wägt im Rahmen dieser erweiterten Modellvorstellung beispielsweise Aufwand in Form von Geldeinheiten und einen höheren Zeitaufwand gegeneinander ab.

BEISPIEL

Johannes aus Gießen zeigt rationales Kaufverhalten, wenn er nicht nach Frankfurt fährt, um dort einen Computer 30 Euro günstiger als in seiner Heimatstadt einzukaufen. Die Fahrtkosten und der hohe Zeitaufwand führen zu höheren „Gesamtkosten".

In der Realität lässt sich der Mensch auch bei seinen wirtschaftlichen Aktivitäten nicht selten durch Spontaneität, Gewohnheit und Geltungssucht leiten. So folgen die Menschen z.B. häufig ihren Gefühlen und treffen Kaufentscheidungen nicht rational, sondern aus dem Bauch heraus.

1.3.2 Denken in Modellen

Modelle und das Denken mithilfe von Modellen kennen alle Menschen seit ihrer Kindheit: Schon ein Spielzeugauto oder das Spielen mit Puppen stellen einen Umgang mit Modellen dar. Ein Spielzeugauto entspricht nicht einem Auto in der Realität, d.h., es hat beispielsweise keinen Benzinmotor. Doch wenn ein Kind mit Spielzeugautos spielt, kann es schon einiges lernen, z.B. über den Zusammenhang von Weg, Zeit und Geschwindigkeit oder über die Ursachen von Unfällen. In ähnlicher Form handelt es sich auch bei Stadtplänen, Filmen, Computerspielen oder dem Internet um Modelle: Sie alle geben nur bestimmte Ausschnitte der Wirklichkeit wieder und lassen viele Eigenschaften der Realität weg. Aber gerade durch diese Vereinfachung ermöglichen sie Orientierung bzw. Lerneffekte.

In einer Volkswirtschaft gehen Millionen von Menschen einer Vielzahl von einzelnen Aktivitäten nach, wie z.B. kaufen, verkaufen, arbeiten, sparen, produzieren, Arbeitskräfte einstellen und entlassen. Diese Aktivitäten sind insgesamt kaum zu überschauen. Deshalb werden in der Volkswirtschaftslehre oft **Denkmodelle** entwickelt, um die Wirklichkeit auf eine überschaubare Anzahl von Faktoren und Zusammenhängen zu reduzieren.

BEISPIEL

Ein wichtiges volkswirtschaftliches Denkmodell ist das Modell des Wirtschaftskreislaufs, in dem die grundlegenden Transaktionen in einer Volkswirtschaft verdeutlicht werden sollen.

Wirtschaftskreislauf
Kapitel 1.12

Der Vorgang der Modellbildung beruht in den Wirtschaftswissenschaften im Wesentlichen auf den drei Prinzipien Aggregation, Isolierung und Mechanisierung.

Ökonomische Modelle ergeben sich, wenn von der ökonomischen Realität abstrahiert wird durch

Aggregation: Zusammenfassung gleichartiger Elemente zu einer Größe, z.B. Konsum, Investition, Haushalte

Isolierung: Vereinfachung oder Ausschaltung von Vorgängen bzw. Faktoren, z.B. Vernachlässigung politischer Prozesse

Mechanisierung: Reduktion komplexen Verhaltens zu vereinfachten Verhaltensannahmen, z.B. Verhalten nach dem Rationalprinzip

Homo oeconomicus
Kapitel 1.3.1

In volkswirtschaftlichen Modellen wird in mehrfacher Weise von der ökonomischen Wirklichkeit abstrahiert. Es werden nicht alle Merkmale und Eigenschaften des Originals erfasst, vielmehr beschränkt sich der Modell-Konstrukteur auf solche Faktoren, die für ihn besonders wichtig sind. Unberücksichtigte Phänomene werden so behandelt, als ob ihr Einfluss konstant bliebe. Reichweite und Aussagekraft von ökonomischen Modellen sind für die Erklärung realen wirtschaftlichen Verhaltens oftmals nur dann richtig zu verstehen, wenn die Annahmen bekannt sind, auf denen die Modellkonstruktion beruht.

1.3.3 Einflussfaktoren auf das Konsumverhalten und Verbraucherschutz

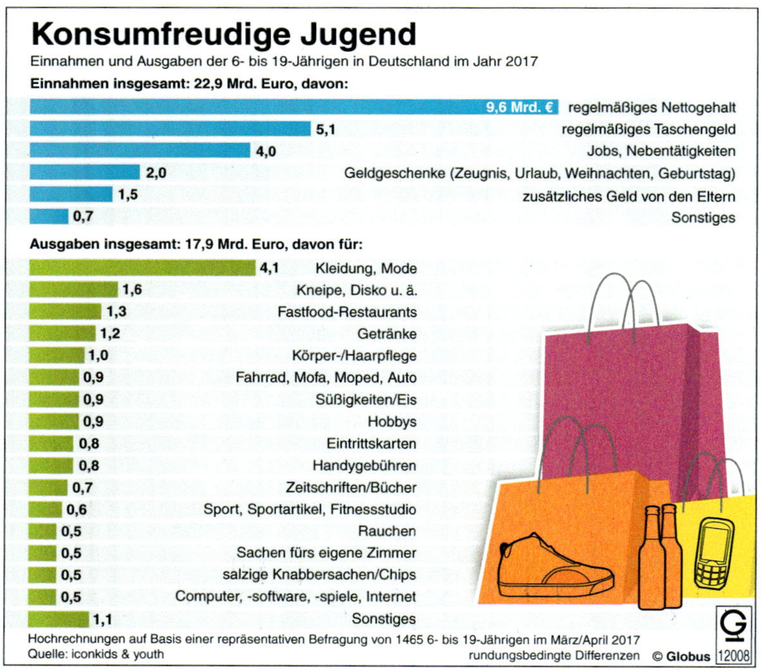

Verbraucher, d.h. Menschen, die einkaufen, können in verschiedene Gruppen unterteilt werden, z.B. Männer und Frauen, Erwerbstätige und Rentner, Jugendliche und Erwachsene. **Jugendliche Konsumenten** sind von besonderem Interesse, da sie schon über eine erhebliche Kaufkraft verfügen. Unternehmen versuchen, das Kaufverhalten von Jugendlichen möglichst frühzeitig an Güter und Waren der eigenen Marke zu binden. Darüber hinaus beeinflussen Jugendliche auch das Kaufverhalten ihrer Eltern. Bei häuslichen Anschaffungen fragen Eltern nicht selten vorher ihre Kinder, oder Kinder und Jugendliche äußern eigene Wünsche. Dies geschieht manchmal auch recht vehement, wenn z.B. das erste Smartphone auf der Wunschliste ganz oben steht.

Im Internet und den sozialen Netzwerken nimmt bei Jugendlichen die Bedeutung sogenannter **Influencer** als Vorbild für das eigene Verhalten und die eigenen Kaufentscheidungen zu. Influencer haben oft mehrere Millionen Follower. Für ihre Videos und Posts bekommen sie von ihren Fans viel Zuspruch. Auch für Unternehmen sind Influencer interessant. Für die Präsentation ihres neuen Produktes zahlen Unternehmen zum Teil große Summen. Das Produkt erscheint dann scheinbar „zufällig" im Hintergrund, oder es wird bewusst vorgestellt, getestet oder einfach verwendet. Solche Prozesse müssen inzwischen als Werbung gekennzeichnet werden.

Wenn der Konsument entscheiden soll, welche Güter er nachfragt oder auf welche er verzichtet, muss er abwägen, welchen Nutzen der Konsum verschiedener Güter stiftet. Da die Vorlieben aber sehr unterschiedlich sind, ist auch der **Nutzen** von Mensch zu Mensch unterschiedlich. Unsere persönlichen Vorlieben haben also einen großen Einfluss darauf, welche Güter wir nachfragen.

BEISPIEL

Jens, der begeistert Bowling spielt, hegt eine höhere Wertschätzung für einen Bowling-Abend mit Freunden als für einen Theater-Besuch mit seiner Freundin. Folglich ist seine Zahlungsbereitschaft für einen Bowling-Abend größer als für einen Theater-Abend.

Da die Menschen verschiedene Vorlieben und Ansprüche haben, wurden in den Wirtschaftswissenschaften Erklärungsansätze für das menschliche Konsumverhalten entwickelt. In diesen Ansätzen werden neben der Ökonomie auch die **Psychologie** und die **Soziologie** zur Erklärung des Konsumverhaltens herangezogen.

Soziologie
Wissenschaft, die sich mit der Entwicklung und der Struktur der menschlichen Gesellschaft beschäftigt

Psychologie
Wissenschaft, die sich mit den bewussten und unbewussten seelischen Vorgängen und Zuständen sowie deren Ursachen und Wirkungen beschäftigt

Psychologische Erklärungsansätze versuchen zu ergründen, welchen Einfluss Emotionen und Einstellungen auf das Entscheidungsverhalten haben. Daneben versuchen diese Ansätze auch zu erklären, wie Konsumenten Informationen wahrnehmen und verarbeiten. Beispielsweise kann ein Konsument solche Informationen, die auf einen zu teuren Kauf hindeuten, unbeabsichtigt ignorieren oder verdrängen. Auf der anderen Seite sucht er neue Gründe und Argumente dafür, warum sich aus der getroffenen Entscheidung Vorteile ergeben.

BEISPIEL

Herr Müller liebt neue Autos, daher kauft er alle zwei Jahre das neueste Modell. Die hohen Kosten, die dadurch entstehen, versucht er zu kaschieren, indem er sich einredet, dass er das alte Modell zu einem sehr guten Preis weiterverkaufen konnte. Er verdrängt unbewusst, dass er letztlich für Autos sehr viel Geld ausgibt.

Soziokulturelle Erklärungsansätze untersuchen im Hinblick auf das Konsumentenverhalten die Beziehung zwischen dem einzelnen Konsumenten und seiner sozialen Umwelt. Typische soziokulturelle Ansätze sind das Bezugsgruppenmodell und das Meinungsführermodell.

Soziokulturell
die soziale Gruppe und ihr kulturelles Wertesystem betreffend

Unter **Bezugsgruppen** versteht man Gruppen, an denen sich der Einzelne in seinem Verhalten ausrichtet. Hierbei ist es unbedeutend, ob er dieser Gruppe angehört oder nicht.

BEISPIEL

Die Bezugsgruppen, die das Konsumverhalten von Brigitte beeinflussen, sind die Clique, die Familie, die Nachbarn, ihre Mitschüler und der Sportverein. Ihr Kleidungsstil und ihr Kaufverhalten werden von diesen Gruppen weitgehend geprägt.

Das **Meinungsführermodell** erklärt, warum einige Konsumenten offensichtlich das Kaufverhalten von Gruppenmitgliedern stärker beeinflussen als andere. Meinungsführer haben innerhalb einer Gruppe eine Schlüsselstellung. Sie werden von den Gruppenmitgliedern als besonders sachverständig und kompetent eingeschätzt. Deshalb nutzen Unternehmen die Massenmedien wie Radio, Fernsehen und Internet, um z. B. mit bekannten Sportlern Werbebotschaften vor allem an Meinungsführer zu senden.

BEISPIEL

Sophia ist in ihrer Clique Meinungsführerin bezüglich aktueller Modetrends. Sie ist immer informiert, was gerade „in" ist, und sie kleidet sich dementsprechend modisch. Die anderen Gruppenmitglieder orientieren sich an ihr.

Konsumentenverhalten

- **wirtschaftliche Ansätze** gehen vom Homo oeconomicus aus und untersuchen im Hinblick auf Entscheidungen vorrangig die Wechselbeziehungen zwischen Einkommen, Güterpreisen und Bedürfnissen
- **psychologische Ansätze** untersuchen, welche Prozesse bei Kaufentscheidungen im Inneren einer Person ablaufen und somit das menschliche Verhalten beeinflussen
- **soziokulturelle Ansätze** untersuchen im Hinblick auf das Konsumentenverhalten die soziale Umwelt und die kulturellen Einflüsse

Verbraucherschutz ist die Gesamtheit der Bestrebungen und Maßnahmen, um die Menschen über Beeinflussungsversuche ihres Kaufverhaltens zu informieren und in ihrer Rolle als Konsument zu schützen. Der Schutzbedarf beruht auf der Überlegung, dass Verbraucher gegenüber den Herstellern und Vertreibern von Waren und Dienstleistungen strukturell unterlegen, d. h. aufgrund geringerer Produktkenntnisse oder Erfahrung benachteiligt sind. Anliegen und Aufgabe des Verbraucherschutzes ist es, dieses Ungleichgewicht sinnvoll auszugleichen und dem Verbraucherinteresse gegenüber der Anbieterseite zu einer angemessenen Durchsetzung zu verhelfen. Zunächst ist hier der Staat gefordert, entsprechende gesetzliche Regelungen zu erlassen. Die Durchführung des Verbraucherschutzes hat der Staat zum Teil an Verbraucherschutzverbände übertragen.

Viele Produkte sind hinsichtlich der Beurteilung von Qualität, Herstellung und Nutzung inzwischen so komplex geworden, dass oft nur noch Verbände, Beratungsstellen oder Testinstitute (z. B. Stiftung Warentest) über hinreichende Kenntnisse verfügen können.

Verbraucherzentrale Nordrhein-Westfalen: www.verbraucherzentrale-nrw.de

Der Verbraucherzentrale Bundesverband e. V. (vzbv) hat ein „**Schulportal für Verbraucherbildung**" entwickelt. Auf dieser Seite sind umfassende Informationen, aktuelle Meldungen, vertiefende Hintergrundartikel sowie Interviews mit Experten rund um das Thema Verbraucherbildung zu finden: www.verbraucherbildung.de

Bundesministerium für Justiz und Verbraucherschutz: www.bmjv.de

1.4 Wirtschaftssektoren

Abgesehen von wenigen Ausnahmen, bei denen die Unternehmen ihre Produkte direkt an den Endverbraucher absetzen, sind an der Herstellung und dem Vertrieb von Produkten verschiedene Unternehmen beteiligt. Daher kann der Unternehmensbereich in mehrere Wirtschaftssektoren untergliedert werden. So wird zum Beispiel das für die Herstellung von Brot notwendige Getreide in landwirtschaftlichen Unternehmen angebaut. Diese Wirtschaftsstufe wird als **primärer Wirtschaftssektor** bezeichnet. Sie dient der Gewinnung von Rohstoffen.

Primärer Wirtschaftssektor
Urproduktion

BEISPIEL

Zum primären Wirtschaftssektor gehören Unternehmen der Landwirtschaft, Forstwirtschaft, Fischerei, des Bergbaus sowie Unternehmen der Öl- und Gasgewinnung.

Die zweite Wirtschaftsstufe, der **sekundäre Wirtschaftssektor**, dient der Weiterverarbeitung der Rohstoffe zu fertigen Erzeugnissen. Hier wird das Getreide mithilfe von Mühlen zu Mehl gemahlen. Das Mehl wird entweder industriell in Brotfabriken oder in Bäckereien zu Brot verarbeitet.

Sekundärer Wirtschaftssektor
Unternehmen der Weiterverarbeitung oder produzierendes Gewerbe

BEISPIEL

Zum sekundären Wirtschaftssektor gehören Industrieunternehmen (z. B. Nahrungsmittelindustrie, Metall verarbeitende Industrie, chemische Industrie, Textilindustrie) und Handwerksunternehmen (z. B. Nahrungsmittelhandwerk, Schreinerei, Goldschmied).

Über den Groß- und Einzelhandel wird das Brot an den Endverbraucher verkauft. Neben dem Handel sind noch viele andere Unternehmen, wie Banken, Versicherungen oder Transportunternehmen an der Herstellung und dem Vertrieb des Brotes beteiligt. Diese Unternehmen zählen zur dritten Wirtschaftsstufe, dem **tertiären Wirtschaftssektor**. Zu diesem Sektor gehören alle Unternehmen, die Produkte durch ihre Tätigkeit verteilen und Dienstleistungen anbieten.

Tertiärer Wirtschaftssektor
Verteilung (Handel) und Dienstleistungsunternehmen

BEISPIEL

Zum tertiären Wirtschaftssektor gehören Unternehmen der Verteilung (z. B. Großhandel, Einzelhandel) und Dienstleistungsbetriebe (z. B. Banken, Versicherungen, Unternehmen des Fracht- und Briefverkehrs, Beratungsunternehmen).

ÜBERBLICK

Eine Grundaufgabe der Volkswirtschaftslehre besteht darin, das **Knappheitsproblem** zu analysieren und zu lösen: Menschen haben viele **Bedürfnisse**, aber nur begrenzte Mittel für deren Befriedigung. Daraus resultiert der **Zwang zu wirtschaften**. Typisch für die Volkswirtschaftslehre ist das **Denken in Modellen**: Um Probleme besser analysieren zu können, wird die Realität stark vereinfacht. Ein solches Modell ist der **Homo oeconomicus**, dessen Eigenschaften aber nicht immer mit dem Verhalten realer Menschen übereinstimmen. Zur Analyse des Konsumverhaltens von Menschen werden daher auch psychologische und soziokulturelle Erklärungsansätze herangezogen.

Die Unternehmen einer Volkswirtschaft lassen sich je nachdem, ob sie Rohstoffe gewinnen, fertige Erzeugnisse produzieren oder Handel treiben bzw. Dienstleistungen anbieten, drei verschiedenen **Wirtschaftssektoren** zuordnen.

AUFGABEN

1 Erläutern Sie den „Zwang zu wirtschaften“ an einem Alltagsbeispiel (z. B. Mobilität).

2 Welcher volkswirtschaftliche Konflikt liegt dem Knappheitsproblem zugrunde?

3 Geben Sie für die folgenden Beispiele jeweils an, ob ein Bedürfnis, ein Bedarf oder eine Nachfrage vorliegt. Begründen Sie Ihre Zuordnung kurz.
   a Thorsten macht mit seinen Freunden einen Stadtbummel. Als er Durst bekommt, merkt er, dass er kein Geld dabei hat. Er leiht sich deswegen ein paar Euro von seinem Freund Jörg, um sich einen Energydrink kaufen zu können.
   b Jens steht vor einem Reisebüro und sieht ein Angebot für eine Flugreise nach Rhodos. Da er sich gerade ein neues Auto gekauft hat, kann er sich in diesem Jahr leider keine Flugreise leisten.
   c Kirstin und Thomas stehen ebenfalls vor dem Reisebüro. Sie haben gerade spontan entschieden, dass sie die Jahresprämie, die Thomas von seinem Arbeitgeber erhalten hat, für einen Kurzurlaub in Hamburg ausgeben wollen.
   d Auf einer Autofahrt hält Jörg an einer Tankstelle und betankt sein Auto.

4 Welche Bedürfnisse gemäß der Maslow’schen Bedürfnispyramide werden mit folgenden Konsumhandlungen abgedeckt?
   a Registrierung bei Facebook
   b Bewerbung bei „Deutschland sucht den Superstar“
   c Kauf eines Designerkleides
   d Abschluss einer Lebensversicherung

5 Obwohl die Theorie von Maslow bis heute eine hohe Erklärungskraft hat, ist sie nicht unumstritten. Erläutern Sie drei mögliche Kritikpunkte an Maslows Bedürfnispyramide. Recherchieren Sie hierzu im Internet.

6 Erläutern Sie an einem Beispiel, wie Verbraucher ihren Nutzen maximieren können.

7 Erläutern Sie, wie ein Smartphone-Kauf beim Homo oeconomicus aussehen würde.

8 Ist das Modell des Homo oeconomicus geeignet, das ökonomische Verhalten realer Menschen zu erklären? Warum (nicht)?

9 Beurteilen Sie die folgenden Situationen: Handeln die Menschen nach dem ökonomischen Prinzip? Und falls ja, handeln sie nach dem Minimal- oder dem Maximalprinzip? Begründen Sie Ihre Antworten.
   a Katharina soll auf dem Bauernhof ihrer Eltern 15 Kilo Kirschen für den Obstmarkt am nächsten Tag ernten. Sie versucht, diesen Auftrag so schnell wie möglich zu erledigen.
   b Gary soll innerhalb eines Tages eine PowerPoint-Präsentation für seinen Chef erstellen. Er hat den Ehrgeiz, seinen Chef mit inhaltlich wie optisch brillanten Folien zu beeindrucken.
   c Elinor möchte ihre Freundin Katharina mit einem selbstgebastelten Adventskalender überraschen. Sie verbringt viele Stunden damit, 24 kleine Socken mit unterschiedlichen Mustern zu nähen und diese mit kleinen Geschenken zu befüllen. Beim Basteln malt Elinor sich aus, wie sehr Katharina sich über den Adventskalender freuen wird.

10 Sabrina Hübner möchte heute für ihre vierköpfige Familie den Wocheneinkauf erledigen.

a Beschreiben Sie, wie Frau Hübner vorgehen könnte, wenn sie wirtschaftlich handeln möchte und dabei das Minimalprinzip zur Anwendung kommen soll.

b Beschreiben Sie, wie Frau Hübner vorgehen könnte, wenn sie wirtschaftlich handeln möchte und dabei das Maximalprinzip zur Anwendung kommen soll.

11 Erläutern Sie die drei Abstraktionsprinzipien der Modellbildung an einem Alltagsbeispiel (z. B. anhand eines Stadtplans).

12 Wie ist die Aussagekraft von Modellen zur Erklärung tatsächlichen ökonomischen Verhaltens einzuschätzen?

13 Welche drei Faktoren machen jugendliche Konsumenten für die anbietende Wirtschaft besonders interessant?

14 Interpretieren Sie die Grafik „Konsumfreudige Jugend" auf S. 14 mithilfe der folgenden drei Arbeitsschritte.

Arbeitsschritte zur Analyse und Interpretation von Statistiken bzw. Grafiken

1. Form und Inhalt

- Wer hat die Statistik erstellt? Wann und wo wurde sie veröffentlicht? Welche Form der grafischen Darstellung wurde gewählt?
- Welcher Inhalt wird statistisch erfasst?
- Handelt es sich um absolute oder relative Zahlen? Beziehen sich die Daten auf einen Zeitpunkt oder einen Zeitraum? ...

2. Analyse der Zahlenwerte

- Bei Zeitpunkterhebungen: Welche Werte sind am größten bzw. am kleinsten? In welchem Verhältnis stehen bestimmte Werte zueinander?
- Bei Zeitreihen: Welcher Wert steht am Beginn, welcher am Ende? Welche Auffälligkeiten weist die Zeitreihe auf? Welcher Trend kann der Zeitreihe bzw. den Zeitreihen entnommen werden? ...

3. Interpretation

- Wie kann das Ergebnis der Analyse zusammengefasst werden?
- Welche Fakten schränken die Aussage der Statistik bzw. Grafik ein? Welche weiteren Informationen wären für eine Interpretation hilfreich?
- Welche Bedeutung hat die interpretierte Statistik bzw. Grafik für das behandelte Thema? ...

15 Inwiefern sind sogenannte Influencer Meinungsführer?

16 Erläutern Sie den Unterschied zwischen psychologischen und soziokulturellen Erklärungsansätzen zum Konsumverhalten.

17 Analysieren Sie Ihren letzten Einkauf aus volkswirtschaftlicher Sicht und erläutern Sie, inwieweit Werbung den Kauf beeinflusst hat.

18 Recherchieren Sie im Internet, welche konsumbezogenen Hilfestellungen Ihre regionale Verbraucherberatungsstelle anbietet.

19 Recherchieren Sie im Internet die Bedeutung des tertiären Sektors für die deutsche Volkswirtschaft.

1.5 Chancen und Risiken der Arbeitsteilung

Eli

Gary

Mutter

Vater

Familie Schelling lebt in einem Vorort von Köln und besteht aus vier Personen: Elinor Schelling, 17 Jahre alt, ist Schülerin der 11. Jahrgangsstufe einer Berufsfachschule in Köln. Sie liebt ihr Smartphone und coole Klamotten, interessiert sich aber auch für Umweltschutz. Ihr Bruder Gary, 21 Jahre alt, macht eine kaufmännische Ausbildung bei dem Automobilzulieferer Nonticental und interessiert sich sehr für die Arbeit des Betriebsrates. Die Eltern, Akilah und Paul Schelling, sind beide voll berufstätig. Akilah, 48 Jahre alt, leitet die Personalabteilung des mittelständigen Unternehmens Aquanova. Das Unternehmen, das 240 Mitarbeiter beschäftigt, ist Weltmarktführer bei Luxusarmaturen für Bäder und Küchen. Paul Schelling, 48 Jahre alt, arbeitet als Marketingleiter bei greenfood, einem gemeinnützigen Verein, der Verbraucher über die Praktiken der Lebensmittelhersteller aufklärt.

Haushaltsplan:

Aufgabe	zuständig

Die Schellings wohnen in einem Reiheneckhaus, in dem jedes Familienmitglied sein eigenes Zimmer hat. Wohnküche, Bad und Gästetoilette werden wie der kleine Garten gemeinsam genutzt und sollen auch gemeinsam gepflegt werden. Außerdem muss das fünfte „Familienmitglied", der Terrier Apollo, ausgeführt und gefüttert werden.

Das Familienleben ist eigentlich recht harmonisch. Doch als die Mülltonne zum zweiten Mal innerhalb von zwei Monaten am Tag der Leerung nicht rausgestellt wurde, weil jeder mit sich selbst beschäftigt war, gibt es Streit. Akilah und Paul wollen nun, dass jeder seine klar definierten Aufgaben im Haushalt hat. „Konzentriert sich im Haushalt jeder auf das, was er gut kann und was ihm vielleicht sogar Spaß macht", so Akilah Schelling, „dann haben alle mehr Freizeit, weil die Arbeit so insgesamt schneller erledigt ist. Ihr lernt ja VWL, also wisst ihr, dass Arbeitsteilung die Produktivität steigert!" „Wir können nicht so viel im Haushalt mithelfen, weil wir lernen müssen! Und ich muss auch noch arbeiten!", protestiert Gary. „Ich kann doch nicht meine guten Noten für Hausarbeit opfern!", ergänzt Elinor. Akilah und Paul beschließen daraufhin, es mit dem Entwurf eines ausgeklügelten Haushaltsplans versuchen. „Auf diese Weise", so erläutert Paul seinen Kindern, „könnt ihr Soft Skills erwerben, die auch für Schule, Ausbildung und Beruf wichtig sind: nämlich Organisationsfähigkeit, Teamfähigkeit und Konfliktfähigkeit." Er möchte Elinor und Gary motivieren.

1 Entwickeln Sie in Teamarbeit einen Organisationsplan für den Haushalt der Familie Schelling. Berücksichtigen Sie dabei die Bedürfnisse, Kompetenzen und zeitlichen Restriktionen der Familienmitglieder.

Haushalt

Einkaufen – kochen – Tisch decken – Geschirrspülmaschine ein- und ausräumen – Glasflaschen zum Container fahren – Müll raustragen – Post holen

Hund

Apollo füttern – mit Apollo Gassi gehen – mit Apollo zum Tierarzt fahren – Apollos Hundehaufen aus dem Garten entfernen

Garten

Den Gemüsegarten pflegen – Rasen mähen – Blumen gießen

Putzen

Staubsaugen – Bad putzen – Fenster putzen – eigenes Zimmer aufräumen – kleinere Reparaturarbeiten

2 Überprüfen Sie Akilahs These, dass Arbeitsteilung zu mehr Produktivität führt, mithilfe des folgenden Experiments.

a Erläutern Sie, was unter Arbeitsproduktivität zu verstehen ist.

b Führen Sie nun das Experiment durch: Innerhalb von 15 Minuten sollen möglichst viele Minibooks produziert werden. Eine Hälfte der Schüler bildet Dreiergruppen und teilt die Arbeitsschritte auf[1]. Die andere Hälfte erstellt die Minibooks komplett in Einzelarbeit.

c Dokumentieren Sie das Produktionsergebnis in einer Tabelle und vergleichen Sie es mit der These von Akilah.

	Arbeitsteilung	Einzelarbeit
Anzahl Minibooks		

[1] Arbeitsanweisung für die Produktion in Arbeitsteilung: Überlegen Sie sich eine geeignete Arbeitsteilung.

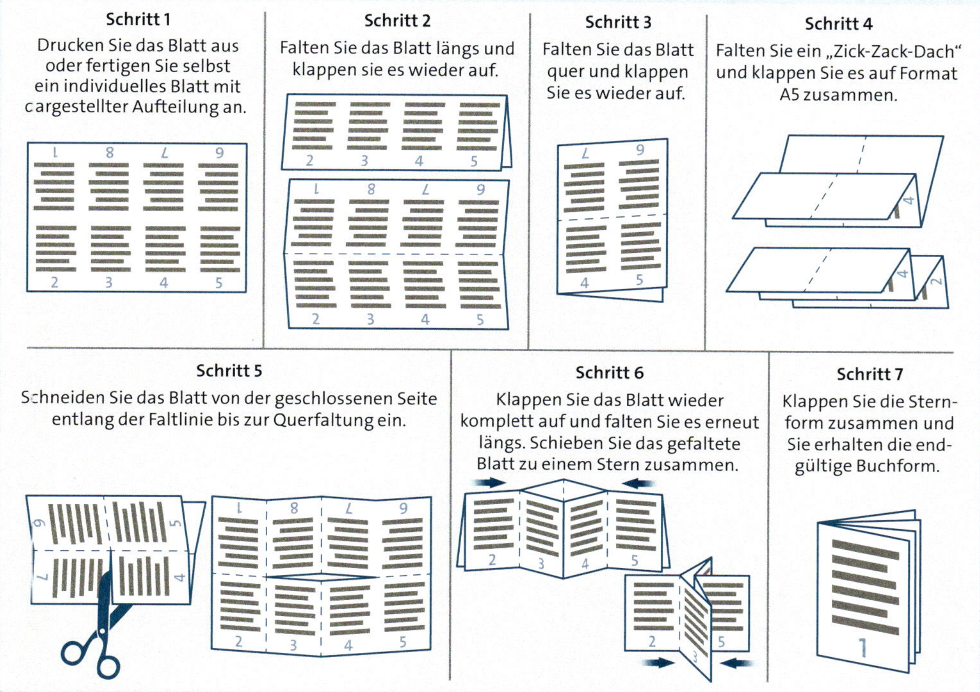

3 Diskutieren Sie im Plenum über das Experiment.

a Erklären Sie anhand des Experiments, ob und wie Arbeitsteilung zur Bewältigung des Knappheitsproblems beiträgt.

b Erläutern Sie, welche Schwierigkeiten Arbeitsteilung aufwerfen kann. Beziehen Sie sich dabei auf Ihre Erfahrungen aus dem Experiment: Gab es Abstimmungsprobleme? Fühlten Sie sich unter Zeitdruck? Konnten Sie eine „Entfremdung" vom Endprodukt feststellen? Oder waren Sie einfach nur zufrieden, dass alles gut geklappt hat?

1.6 Güterknappheit und Arbeitsteilung

Ähnlich wie in einem Haushalt sind auch in einer Volkswirtschaft zahlreiche Entscheidungen zu treffen, welche Arbeiten vom wem zu erledigen sind.

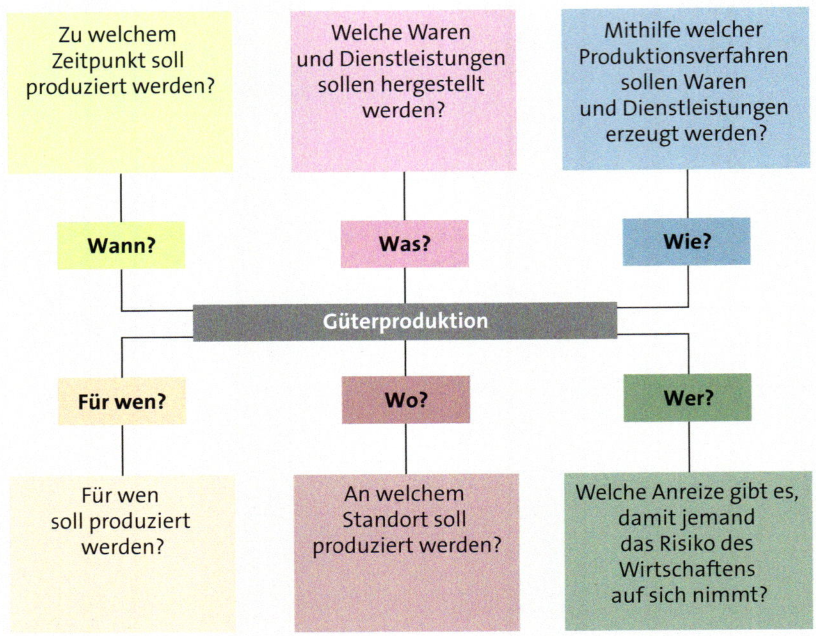

Bedürfnisse
Kapitel 1.2

Ressourcen
materielle und immaterielle Mittel (Produktionsfaktoren), die für die Produktion von Gütern zur Verfügung stehen

Knappheit
Kapitel 1.2

Die Befriedigung von Bedürfnissen steht in einem Spannungsfeld zu knappen **Ressourcen** und Gütern. Güter müssen mithilfe von Produktionsmitteln (z. B. Maschinen) produziert werden. Die Produktionsmittel, über die eine Volkswirtschaft verfügt, sind in der Regel begrenzt, mit der Folge, dass nur eine eingeschränkte Anzahl von Gütern erzeugt werden kann. Aus diesem **Knappheitsproblem** resultiert der Zwang zu wirtschaften. Wirtschaftliches Handeln ist die Antwort auf die Tatsache, dass wir nicht im Schlaraffenland leben.

Das Scharaffenland / Paul Hey

Durch **Arbeitsteilung** haben die Menschen versucht, das Knappheitsproblem zu bewältigen. Vor einigen Jahrhunderten lebten die meisten Menschen zunächst noch in sogenannten Selbstversorgungswirtschaften, in denen das Wohnen eng mit der Stätte der Produktion von Gütern verbunden war. In den beständig anwachsenden menschlichen Gemeinschaften entwickelte sich dann allmählich eine zunehmende Spezialisierung Einzelner für bestimmte Tätigkeiten heraus, wie z. B. Brot backen, Schuhe herstellen, Bekleidung fertigen und Eisenwaren herstellen. Diese Tätigkeiten wurden nicht mehr in den Haushaltsgemeinschaften ausgeführt, sondern zunehmend arbeitsteilig ausgeführt und „Spezialisten" überlassen.

Adam Smith (1723–1790) erläuterte 1776 erstmals die wirtschaftlichen Vorteile der Arbeitsteilung. **Frederic W. Taylor** (1856–1915) beschäftigte sich ab 1911 mit der wissenschaftlichen Erforschung der Arbeitsteilung. Er entwickelte eine Methode zur Analyse von Arbeitsprozessen, die in möglichst kleine Aufgaben aufgespalten sind und von verschiedenen Arbeitern erledigt werden. Taylor ging es um einen möglichst rationellen und effizienten Einsatz von Menschen und Maschinen im Produktionsprozess, wobei er eine konsequente Trennung von planender und ausführender Tätigkeit durchführte. Systematische Zeitstudien der Arbeitsabläufe beruhten auf der Überzeugung, dass jede Bewegung, die nicht unmittelbar dem Produktionsprozess dient, vergeudete Arbeitskraft darstellt und nur zu frühzeitiger Ermüdung führt. Deshalb sollte der körperliche Arbeitsprozess von allen überflüssigen Bewegungen „gesäubert" werden.

Zu Beginn des 20. Jahrhunderts wurden solche Formen der Arbeitsteilung insbesondere von **Henry Ford** (1863–1947) in der Automobilindustrie auf breiter Basis eingeführt, um die Arbeit am Fließband zu „perfektionieren" und die Massenproduktion von Automobilen zu ermöglichen. Bis heute wirkt der Grundtenor der Studien von Taylor beispielsweise in der sogenannten **REFA**-Methodenlehre zur Arbeitsgestaltung nach.

REFA
Verband für Arbeitsgestaltung, Betriebsorganisation und Unternehmensentwicklung

Im Ergebnis führten solche Entwicklungen dazu, dass heute in entwickelten Volkswirtschaften nahezu alle Güter in einem **arbeitsteiligen Prozess** hergestellt werden.

Formen der Arbeitsteilung

- Innerbetrieblich: Arbeitsprozess wird innerhalb des Betriebes auf mehrere Stellen verteilt
- Zwischenbetrieblich: Produktionsprozess wird auf mehrere Unternehmen verteilt
- International: Volkswirtschaften spezialisieren sich auf die Produktion bestimmter Güter

Die **innerbetriebliche Arbeitsteilung** wird auch als technische Arbeitsteilung bezeichnet. Sie beinhaltet die Aufteilung eines Arbeitsprozesses in mehrere Einzelschritte, z. B. Fließbandproduktion in der Autoindustrie. Jeder Arbeitsschritt ist dabei auf wenige Handgriffe reduziert.

Von **zwischenbetrieblicher Arbeitsteilung** wird gesprochen, wenn die einzelnen Teile für die Herstellung eines Produktes in verschiedenen Unternehmen hergestellt werden. Dementsprechend haben sich manche Unternehmen auf die Produktion bestimmter Einzelteile spezialisiert, z. B. von Reifen für die Autoindustrie.

absolute und komparative Kostenvorteile
Kapitel 2.9.2–2.9.3

Die **internationale Arbeitsteilung** beruht auf der Tatsache, dass sich auch ganze Volkswirtschaften auf die Herstellung bestimmter Produkte bzw. Einzelteile spezialisieren können. Dabei spezialisieren sich die Volkswirtschaften in der Regel auf die Herstellung der Güter, die sie im Vergleich zu anderen Ländern kostengünstig erzeugen können. Der technische Fortschritt durch Informations- und Kommunikationstechniken fördert die Arbeitsteilung auf internationaler Ebene.

Vorteile der Arbeitsteilung sind z. B.:

- Die Spezialisierung der arbeitenden Menschen auf einige wenige Tätigkeiten vergrößert die Schnelligkeit, mit der diese Tätigkeiten ausgeführt werden können.
- Arbeitsteilung ermöglicht den Einsatz von spezialisierten und leistungsfähigeren Maschinen und somit eine kostengünstige Massenproduktion.
- Menschen, die in der Regel über unterschiedliche Fähigkeiten verfügen, können im Produktionsprozess so eingesetzt werden, dass ihre speziellen Fertigkeiten am besten ausgeschöpft werden.

Allerdings sind mit der Arbeitsteilung auch **Nachteile** verbunden:

- Notwendig sind die straffe Organisation der Arbeit und strenge Arbeitsdisziplin.
- Es entsteht eine Abhängigkeit zwischen Menschen, Betrieben und Volkswirtschaften, die in Krisenzeiten zu Versorgungsengpässen führen kann.
- Im Rahmen der Massenfertigung kann es zu Über- oder Unterproduktion kommen, da Art und Umfang der Nachfrage nach Gütern nicht immer im Voraus bekannt sind.

1.7 Güterarten

Wirtschaftliche bzw. knappe Güter können in materielle und immaterielle Güter unterteilt werden.

- Bei den **materiellen Gütern**, die auch als Sachgüter bezeichnet werden, handelt es sich um Gegenstände (z. B. Autos).
- Zu den **immateriellen Gütern** gehören **Dienstleistungen** und **Rechte** (z. B. Patente, Lizenzen).

Materielle Güter lassen sich wiederum in Konsumgüter und Produktionsgüter unterteilen.

- **Konsumgüter** werden von den privaten Haushalten nachgefragt (z. B. Nahrungsmittel).
- **Produktionsgüter** (auch Investitionsgüter genannt) werden hingegen von Unternehmen zum Zweck der Herstellung von Gütern nachgefragt (z. B. Maschinen).

Sowohl Konsum- als auch Produktionsgüter können in Gebrauchs- und Verbrauchsgüter unterteilt werden. **Gebrauchsgüter** werden über einen längeren Zeitraum gebraucht (z. B. Waschmaschine und Werkzeug). **Verbrauchsgüter** können nur einmal genutzt werden (z. B. Brot, Butter, Spülmittel oder Strom).

Bei der überwiegenden Mehrheit der Güter handelt es sich um **private Güter**: Sie werden angeboten, weil sie individuell nachgefragt werden. Daneben gibt es noch die **öffentlichen Güter**, die aufgrund ihrer Eigenschaften meist vom Staat angeboten werden und der Allgemeinheit zur Verfügung stehen (z. B. Landesverteidigung, Bildung, Straßenbeleuchtung).

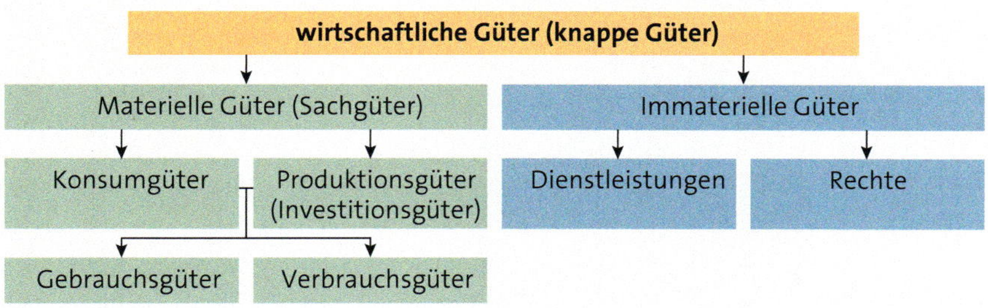

ÜBERBLICK

In Volkswirtschaften wird **arbeitsteilig** gewirtschaftet, um das **Knappheitsproblem** zu lösen. Die entsprechende **Spezialisierung** führt dazu, dass hochwertige Güter bestmöglich (effizient) sowie kostengünstig hergestellt und zu bezahlbaren Preisen auf Märkten angeboten werden können.

1 Erläutern Sie das Knappheitsproblem.

2 Erläutern Sie, inwiefern die Knappheit von Lebensmitteln davon abhängt,
- **a** in welchem Land man lebt,
- **b** in welchem Jahrhundert man lebt,
- **c** welche Qualität die Lebensmittel haben.

3 Nennen Sie drei Ressourcen, die nicht knapp sind.

4 Technologischer Fortschritt und Produktivitätswachstum ermöglichen uns, knappe Ressourcen besser zu nutzen. Vergleichen Sie den technologischen Fortschritt in der Automobilindustrie und im Bereich der Friseurdienstleistungen.

5 Vor einigen Jahren haben wir begonnen, Weizen und andere Getreidesorten für die Produktion von Benzin zu verwenden. Welche Auswirkungen würden Sie auf die Knappheit von Lebensmitteln und Öl erwarten? Wie sollte dies die Preise der zwei Rohstoffe beeinflussen?

6 Erläutern Sie, was Arbeitsteilung im Kern bedeutet.

7 Erläutern Sie innerbetriebliche, zwischenbetriebliche und internationale Arbeitsteilung an Beispielen. Welche Risiken beinhalten diese Formen der Arbeitsteilung?

8 Erläutern Sie mögliche Kritikpunkte an Taylors Konzept zur Arbeitsteilung. Recherchieren Sie hierfür gegebenenfalls im Internet.

9 Recherchieren Sie im Internet, warum in der Automobilindustrie an Prinzipien der Ford'schen Arbeitsteilung festgehalten wird.

10 Entscheiden Sie (wie im Beispiel), welche Güterarten in den folgenden Fällen vorliegen.

		Sachgut	immaterielles Gut	Konsumgut	Investitionsgut	Gebrauchsgut	Verbrauchsgut
a	Hobel in einem Tischlereibetrieb		×		×	×	
b	Milch im Kühlschrank der Familie Evers						
c	Urlaubsreise von Tanja nach Sylt						
d	Espressotasse von Katja						
e	Benzin für das Firmenauto von Marc						
f	Reparatur der Kreissäge in einem Tischlereibetrieb						

11 Welche öffentlichen Güter haben Sie in den letzten zwei Wochen genutzt?

12 Recherchieren Sie im Internet nach den Eigenschaften öffentlicher Güter. Warum müssen öffentliche Güter i.d.R. vom Staat angeboten werden?

1.8 Jugendverschuldung und der „richtige" Umgang mit Geld

Katharina

Katharina, die Schulfreundin von Elinor, wohnt in einem kleinen Ort in der Nähe von Köln. Ihre Eltern haben dort einen landwirtschaftlichen Betrieb, der auf den Anbau von Getreide, Zuckerrüben, Kartoffeln und Obst spezialisiert ist. Seit Katharina die Berufsfachschule in Köln besucht, fehlt ihr die Zeit, um in der Landwirtschaft mitzuarbeiten und so ihr Taschengeld aufzustocken. Doch die coolen Klamotten in den Kölner Läden haben ebenso ihren Preis wie die gemeinsamen Unternehmungen mit ihren Freundinnen.

Eines Abends fragen ihre Eltern: „Sag mal, Katharina, was machst du eigentlich mit deinem Geld? Am Monatsende ist immer Ebbe in deinem Portemonnaie." „Das stimmt doch gar nicht!", antwortet Katharina und versucht, überzeugend zu wirken. „Aber gestern wolltest du schon wieder eine ‚Unterstützung' für den Discobesuch am Freitag", sagt ihre Mutter. „Dann leihe ich mir halt etwas von meinen Freunden; so ein Problem ist das doch auch nicht", entgegnet Katharina genervt. „Wie viel hast du eigentlich schon gespart?", will ihr Vater wissen. „Du weißt doch, den Führerschein gibt es nicht geschenkt. Du musst dich beteiligen!" „Ich werde das mit dem Führerschein schon schaffen", antwortet Katharina trotzig. Ihre Eltern sind noch immer nicht beruhigt.

Neue Studie

Jugendverschuldung immer häufiger

Obwohl Jugendlichen und jungen Erwachsenen heute deutlich mehr Geld zur Verfügung steht als noch vor wenigen Jahren, wächst der Anteil derjenigen, die Einkäufe auf Pump tätigen. Wie eine repräsentative Jugendstudie des Bundesverbandes Deutscher Banken ergab, hatten im Jahr 2018 26 % der 14- bis 24-Jährigen in Deutschland schon einmal Schulden. Die häufigsten Kreditgeber waren Eltern und Familie, Freunde sowie Banken.[1]

Ganz oben auf der Liste der Produkte, für die junge Menschen mehr Geld ausgeben, als sie eigentlich haben, stehen technische Geräte wie Smartphones und Laptops; auf Platz zwei folgt der Kauf des ersten eigenen Autos. Weitere Produkte, für die Jugendliche und junge Erwachsene Schulden machen, sind Kleidung und Schmuck sowie Essen und Trinken. Auch die Kosten für den Lebensunterhalt übersteigen nicht selten das verfügbare Budget.[2]

Leben Jugendliche finanziell über ihre Verhältnisse, besteht die Gefahr, dass sie in einer Schuldenfalle landen und geliehenes Geld nicht mehr zurückzahlen können. Jugendverschuldung kann zu Depressionen führen. Und sie kann ein Einstieg in die Überschuldung sein.

[1] Vgl. Bankenverband (2018): Jugendstudie 2018. Wirtschaftsverständnis, Finanzkultur und Digitalisierung bei Jugendlichen und jungen Erwachsenen, S. 7 u. 32, [online] https://bankenverband.de/media/files/Jugendstudie_2018_180725.pdf [22.11.2019].
[2] Vgl. Schuldnerberatung.de (2019): Verschuldung Jugendlicher oder „Jung, dynamisch & verschuldet", S. 4 f., [online] https://www.schuldnerberatung.de/ebook-verschuldung-jugendlicher.pdf [22.11.2019].

Bei der Verschuldung Jugendlicher spielen oft teure Smartphones eine Rolle.

1 Diskutieren Sie in Kleingruppen über das Thema.
- **a** Hatten Sie selbst schon einmal Schulden? Wenn ja, wie kam es dazu und wie haben Sie sich dabei gefühlt?
- **b** Stellen Sie Vermutungen an: Wie hoch ist die durchschnittliche Verschuldung von Jugendlichen in Deutschland?
- **c** Überlegen Sie, was die Gründe für die Verschuldung Jugendlicher sein könnten.

2 Führen Sie nun in Teamarbeit eine Internetrecherche durch.
- **a** Wie hoch sind Jugendliche in Deutschland im Durchschnitt verschuldet?
- **b** Welche Gründe können zur Verschuldung Jugendlicher führen?
- **c** Wo können überschuldete Jugendliche Hilfe finden?
- **d** Was ist für den „richtigen“ Umgang mit Geld zu beachten?

Tipps für die Durchführung einer Internetrecherche
Führen Sie eine Internetrecherche in folgenden Schritten durch:
1. **Problemanalyse:** Problemstellung/Fragestellung und Zielsetzung klären
2. **Informationsbeschaffung:** Informationen im Netz suchen, analysieren und eine erste Auswahl treffen; weitere Informationen suchen und relevante Fakten bezogen auf die Zielsetzung ermitteln
3. **Lösungsentwicklung:** eine bzw. mehrere mögliche Problemlösungen herausarbeiten
4. **Beurteilung der Lösungsmöglichkeiten:** Vor- und Nachteile, Folgewirkungen klären
5. **Auswertung:** begründete Schlussfolgerungen ziehen und das Vorgehen reflektieren

3 Erstellen Sie ein Plakat oder eine PowerPoint-Präsentation mit den Ergebnissen Ihrer Recherche. Hierzu sollte auch eine Checkliste für den „richtigen“ Umgang mit Geld gehören. Präsentieren und diskutieren Sie Ihre Ergebnisse im Plenum.

1.9 Geld

1.9.1 Geschichte des Geldes

Was verbinden Sie mit Geld? Fallen Ihnen dazu gleich Münzen und Banknoten ein oder denken Sie an „Geld verdienen", „Geld ausgeben", „Geld leihen" sowie „Geld sparen"? Häufig stellen sich unterschiedliche **Assoziationen** ein. Das zeigt, dass Geld eine universelle Rolle im Wirtschaftsleben spielt. Ohne Geld geht heute nichts, aber wie war das z. B. in der Frühzeit? Wie hat sich das Geld entwickelt?

Assoziation
Vorstellungsverknüpfung

In der Frühzeit gab es nur reine **Tauschwirtschaften.** Die Menschen tauschten Waren gegen Waren. Dabei hatten sie häufig das Problem, dass ein geeigneter Tauschpartner gefunden werden musste – manchmal über lange Tauschketten.

Naturaltausch

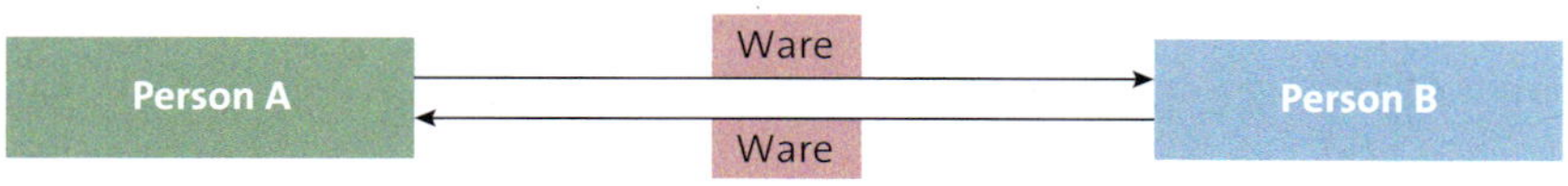

Aufgrund dieser Schwierigkeiten kamen die Menschen schnell auf die Idee, nicht mehr Waren gegen Waren zu tauschen, sondern ein Zwischentauschmittel einzusetzen: Geld. Zunächst gab es nur **Warengeld** (Naturalgeld). Dafür wurden begehrte Güter wie beispielsweise Salz, Fisch, Getreide oder Felle verwendet. Später übernahmen wertvolle Edelmetalle wie Bronze, Silber oder Gold die Funktion von Geld. Sie waren leichter teilbar und nutzten weniger ab.

Münzen aus dem Königreich Lydien

Vermutlich entstanden Mitte des 7. Jahrhunderts v. Chr. die ersten Münzen. Im Laufe der Zeit verbreiteten sich genormte und geprägte Metallstücke. Später erhielten die Münzen einen aufgeprägten Münzwert (Nennwert), der nicht mehr dem Metallwert entsprach. Diese sogenannten **Scheidemünzen** sind bis heute typisch für das moderne Münzgeld.

Im 17. Jahrhundert liegt der Ursprung unserer modernen **Banknoten**. Goldschmiede nahmen Edelmetalle und Münzen in Verwahrung und stellten darüber Quittungen aus. Die Goldschmiede, und später die Banken, verpflichteten sich, gegen Vorlage einer von ihnen ausgestellten Banknote den Gegenwert in Gold oder Silber auszuzahlen. Im Laufe der Zeit setzte sich das Prinzip der Ausgabe von Banknoten mit gleichzeitiger Deckungszusage in immer mehr Städten durch. Es entstand die **Gold-** oder auch **Silberwährung**. Mit zunehmender wirtschaftlicher Entwicklung stieg der Geldbedarf, sodass die Staaten wegen ihrer begrenzten Gold- und Silbervorräte die Deckungszusage nicht mehr aufrechterhalten konnten. Das Papiergeld wurde im Lauf der Zeit auch ohne Deckungszusage akzeptiert.

Preußische Banknote von 1806

Neben dem Papiergeld entwickelte sich nahezu zeitgleich das **Buchgeld** bzw. **Giralgeld** in großen Handelsstädten wie Amsterdam oder Hamburg. Dieses Geld war nur in Büchern bzw. auf Konten der Banken verzeichnet und ermöglichte es den Kaufleuten, Guthaben von Konto zu Konto zu bewegen.

Dieses System gibt es noch heute und hat sogar an Bedeutung gewonnen. Heutzutage werden Geldbeträge nicht mehr durch Zu- und Abschreiben in Kontenbüchern bewegt, sondern elektronisch. Girokonten lassen sich für den **bargeldlosen Zahlungsverkehr** nutzen. Bargeldloser Zahlungsverkehr ist bequem und senkt die **Transaktionskosten**. Die Geldbevorratung mit Bargeld wird reduziert. Auf Geldtransporte kann weitgehend verzichtet werden. Die Zahlungsvorgänge werden lediglich buchmäßig dokumentiert und dadurch beschleunigt.

Transaktionskosten
Kosten, die für Nutzung, Erhaltung oder Veränderung entstehen, z. B. Informations- und Kontrollkosten

1.9.2 Funktionen des Geldes

BEISPIEL

Tobias ist genervt. Abends im Supermarkt oder beim Großeinkauf am Wochenende dauert es immer sehr lange, bis andere Kunden an der Kasse in ihren Taschen oder Geldbeuteln passendes Kleingeld gefunden haben. Dabei ist es inzwischen problemlos möglich, schnell mit dem Handy zu bezahlen. Allerdings gilt weiterhin: Ob mit Münzen oder bargeldlos bezahlt wird, ohne Geld kann immer noch nichts gekauft werden!

Arbeitsteilung
Kapitel 1.6

In einer arbeitsteiligen Volkswirtschaft werden im Regelfall alle realen Austauschprozesse mithilfe von Geld abgewickelt. Geld hat somit verschiedene Funktionen zu erfüllen – muss dafür aber auch gewisse Eigenschaften mitbringen.

Wirtschaftssubjekt
selbstständig handelnde Einheit (Einzelperson, Haushalt, Unternehmen), die am Wirtschaftsgeschehen teilnimmt

Geld als gesetzliches Zahlungsmittel unterliegt einem **Annahmezwang** und bedarf der allgemeinen Anerkennung durch die inländischen **Wirtschaftssubjekte**. Die internationale Akzeptanz der inländischen Währung erleichtert die Finanzierung von Transaktionen mit dem Ausland.

Europäische Währungsunion
Kapitel 4.14.3

BEISPIEL

Der Euro ist gesetzliches Zahlungsmittel in den Ländern der Euro-Zone. Er hat die nationalen Währungen der Teilnehmerländer abgelöst. Nach anfänglichen Akzeptanzproblemen wird der Euro sowohl innerhalb der Euro-Zone als auch in Drittländern verwendet.

Bundesbank
Kapitel 6.7

Seit Einführung des **Euro als gesetzliches Zahlungsmittel** im Jahr 2002 hat die Deutsche Bundesbank das Recht, Euro- Banknoten zu drucken und auszugeben.

Geld dient außerdem als **Wertmaßstab** sowie **Recheneinheit**. Es drückt den Wert von Gütern in Geldeinheiten aus, sodass die Güter über den Preis mit anderen Gütern verglichen werden können.

Darüber hinaus ist Geld ein **Wertaufbewahrungsmittel**, denn es bietet die Möglichkeit, einen gewissen Wert zu „speichern“, bis er für andere Zwecke verwendet wird. Beim **Sparen** wird der Wert des Geldes sozusagen „konserviert“. Wenn der Sparer sein Geld z. B. auf einem Sparkonto oder in Wertpapieren anlegt, erhält er dafür Zinsen, die als Entschädigung dafür dienen, dass er für eine bestimmte Zeit auf das Geld verzichtet hat. Über gespartes Geld kann später verfügt werden. Die Funktion als Wertaufbewahrungsmittel hat das Geld aber nur dann, wenn es wertbeständig ist. Die Angst, dass Geld kein sicheres Wertaufbewahrungsmittel mehr ist, führt in Krisenzeiten zur sogenannten Flucht in Vermögenswerte. Die Menschen kaufen dann Gold, Grundstücke, Immobilien und Kunstgegenstände.

Geldwertstörungen
Kapitel 4.8–4.9

BEISPIEL

Sind 100 Euro aus diesem Jahr im nächsten Jahr nur noch 85 Euro wert, so ist die Wertaufbewahrungsfunktion des Geldes erheblich eingeschränkt.

Geld muss folgenden Anforderungen entsprechen, um in der Wirtschaft die verschiedenen Funktionen erfüllen zu können. Es sollte
- allgemein anerkannt,
- wertbeständig,
- leicht übertragbar sowie
- beliebig teilbar sein.

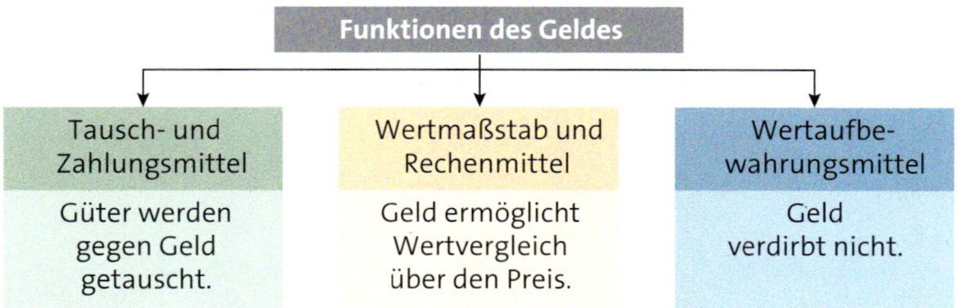

1.9.3 Binnenwert des Geldes

Der Binnenwert des Geldes ist die **Kaufkraft** des Geldes im Inland. Die Kaufkraft des Geldes zeigt an, welchen Tauschwert das Geld besitzt. Sie gibt an, welche Gütermenge tatsächlich mit einer Geldmenge erworben werden kann.

Man spricht von **Preisniveaustabilität**, wenn die Kaufkraft des Geldes über längere Zeit erhalten bleibt. Die Messung der Kaufkraft erfolgt auf der Grundlage eines **Warenkorbs**. Da nicht jeder Warenkorb für jede Fragestellung geeignet ist, werden verschiedene Warenkörbe berechnet, z. B. interessieren sich die privaten Haushalte für die Preise anderer Waren und Dienstleistungen als Einzelhändler oder Produzenten.

Preisniveaustabilität
Kapitel 4.7

Der nationale **Verbraucherpreisindex** (VPI) für Deutschland wird vom Statistischen Bundesamt auf Basis eines Warenkorbs berechnet, der aus Waren und Dienstleistungen besteht, die ein durchschnittlicher privater Haushalt für Konsumzwecke im Inland kauft. Dies ist ein einheitlicher Warenkorb, der repräsentativ sein und die Verbrauchergewohnheiten eines Großteils der Verbraucher abbilden soll. Er enthält sowohl Waren und Dienstleistungen für den täglichen Bedarf als auch langlebige Gebrauchsgüter. Der Warenkorb ist auf Endverbraucher zugeschnitten und spiegelt deren Lebenshaltungskosten wider.

Im Regelfall wird der Warenkorb alle fünf Jahre in seiner Zusammensetzung und Gewichtung aktualisiert, da z. B. Verbraucher auf Einkommensveränderungen reagieren, Kaufentscheidungen auf andere Ausgabenbereiche verlagern und Produktinnovationen nutzen. Das Jahr, in dem der Warenkorb angepasst wird, ist das **Basisjahr** für die nächsten fünf Jahre.

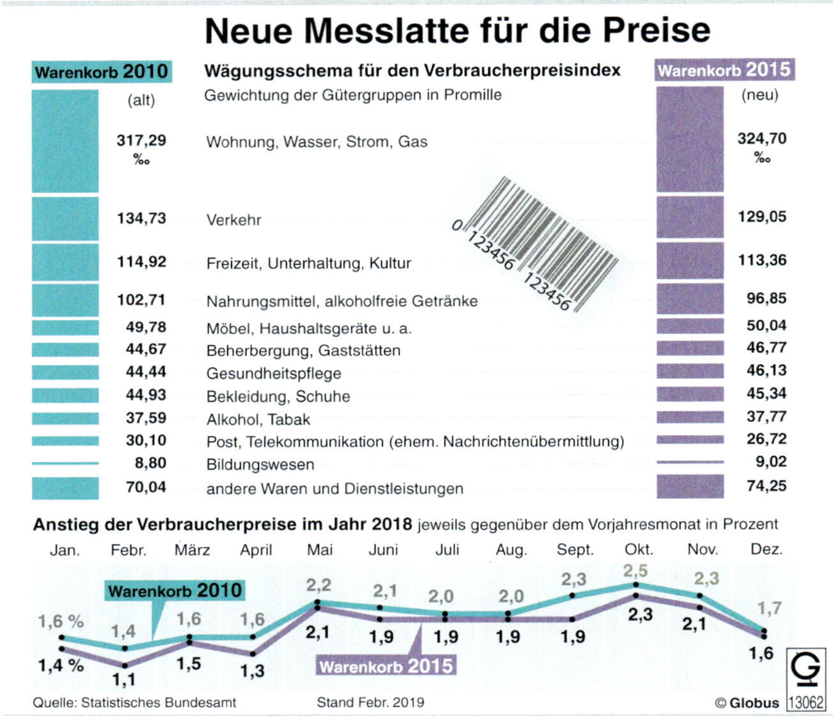

Die Gewichtungen des Basisjahres werden für den Berichtszeitraum fixiert, d. h., in den nachfolgenden Jahren wird immer das Wägungsschema des Basisjahres zugrunde gelegt (Laspeyres-Index). Im Basisjahr wird der Warenkorb mit den Preisen des Basisjahres bewertet und die Summe der Ausgaben wird gleich 100 gesetzt. In den Folgejahren wird der Warenkorb bei gleichbleibenden Gewichtungen mit den Preisen des jeweiligen Berichtsjahres bewertet. Bei der alljährlichen Berechnung des Verbraucherpreisindex wird der Warenkorbwert (= Summe der gewichteten Preise) des Berichtsjahres durch den Warenkorbwert (= Summe der gewichteten Preise) des Basisjahres dividiert und mit der Basiszahl 100 multipliziert.

$$\text{Verbraucherpreisindex} = \frac{\text{Wert des Warenkorbes im Berichtsjahr}}{\text{Wert des Warenkorbes im Basisjahr}} \cdot 100$$

Wenn der Verbraucherpreisindex eines Berichtsjahres größer als 100 ist, bedeutet dies, dass das Preisniveau im Vergleich zum Basisjahr gestiegen ist.

BEISPIEL

Im Basisjahr 20X0 gab es zwei Verbrauchsgüterarten (Artikelgruppe A und B), die mit einer Kaufmenge von 40 (Artikelgruppe A) bzw. 10 (Artikelgruppe B) gewichtet wurden. Im Berichtsjahr 20X1 sind die Preise im Vergleich zum Basisjahr für Artikelgruppe A um durchschnittlich 4 % und für Artikelgruppe B um durchschnittlich 10 % gestiegen:

	Artikel-gruppe	Kaufmengen in Mengeneinheiten	Preise in €	Ausgaben pro Artikelgruppe in €	Warenkorb-wert in €
Basisjahr 20X0	A	40	22,50	900,00	1.000,00
	B	10	10,00	100,00	
Berichts-jahr 20X1	A	40	23,40	936,00	1.046,00
	B	10	11,00	110,00	

$$\text{Verbraucherpreisindex (VPI)}_{20X1} = \frac{\text{Warenkorbwert}_{20X1}}{\text{Warenkorbwert}_{20X0}} \cdot 100$$

$$= \frac{40 \cdot 23{,}40 + 10 \cdot 11{,}00}{40 \cdot 22{,}50 + 10 \cdot 10{,}00} \cdot 100 = \frac{936{,}00 + 110{,}00}{900{,}00 + 100{,}00} \cdot 100 = \frac{1.046{,}00 \cdot 100}{1.000{,}00} = 104{,}6$$

Preissteigerungsrate$_{20X1}$ im Vergleich zum Vorjahr (in %) $= \frac{VPI_{20X1} - VPI_{20X0}}{VPI_{20X0}} \cdot 100\,\%$

$$= \frac{104{,}6 - 100}{100} \cdot 100\,\% = 4{,}6\,\%$$

Der Verbraucherpreisindex 20X1 ist also 104,6; die Preissteigerungsrate im Vergleich zum Vorjahr beträgt 4,6 %. Wegen der geringen Gewichtung der Artikelgruppe B hat sich deren hoher Preisanstieg nur geringfügig auf die Preissteigerungsrate ausgewirkt.

Preissteigerungsrate
Inflationsrate
Kapitel 4.8

Die Entwicklung der einzelnen Güterpreise kann innerhalb des Berichtsjahres schwanken. Dies führt dazu, dass selbst bei steigenden Preisen einzelner Artikel die Gesamtausgaben sinken können und umgekehrt.

Zu beachten ist, dass der Verbraucherpreisindex nicht die Verbrauchsausgaben des einzelnen Haushalts misst. Der individuelle Warenkorb weicht in jedem Fall vom Durchschnittswarenkorb ab. Außerdem ist kritisch anzumerken, dass der nationale Verbraucherpreisindex aufgrund der verzögerten Anpassung der Gewichtungen ein verzerrtes Bild der tatsächlichen Veränderung der Verbraucherpreise vermitteln kann.

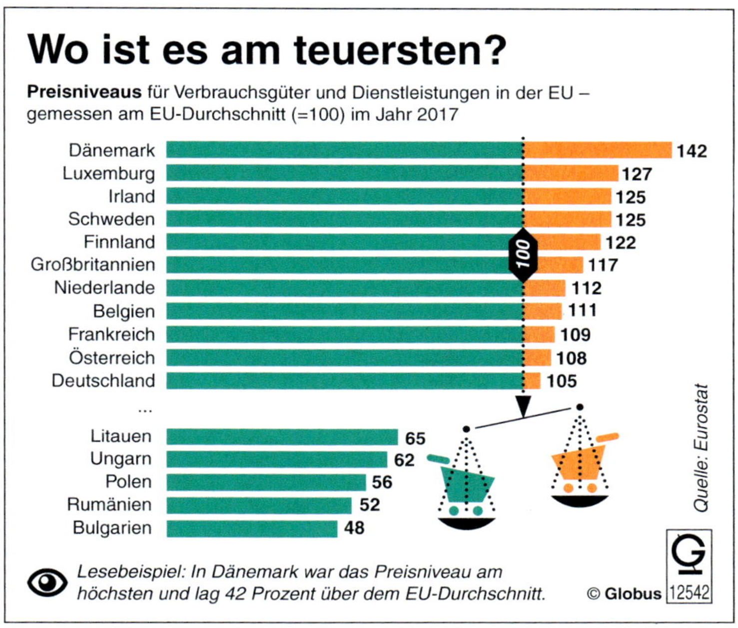

1.10 Verschuldung

Ein Privathaushalt gilt dann als überschuldet, wenn sein „Einkommen nach Abzug der (soweit wie möglich reduzierten) Lebenshaltungskosten über einen längeren Zeitraum nicht zur fristgerechten Schuldentilgung ausreicht" (Definition des Bundesfamilienministeriums).

Wenn Wirtschaftssubjekte (Privatpersonen, Unternehmen, Staaten) ihre Ausgaben mit fremdem Geld, also durch Kredite finanzieren, spricht man von **Verschuldung**. Der Begriff der **Überschuldung** wird je nach Art des Schuldners unterschiedlich definiert. Bei Unternehmen liegt eine Überschuldung dann vor, „wenn das Vermögen des Schuldners die bestehenden Verbindlichkeiten nicht mehr deckt" (§ 19 Insolvenzordnung).

Die Zahlungsunfähigkeit eines Unternehmens oder einer Privatperson wird als **Insolvenz** bezeichnet. Das Vorgehen bei einer Insolvenz ist in der **Insolvenzordnung** (InsO) geregelt.

1.10.1 Verschuldung von Privatpersonen

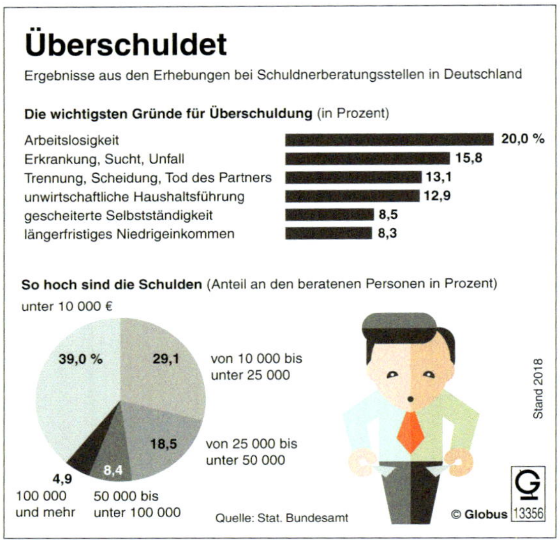

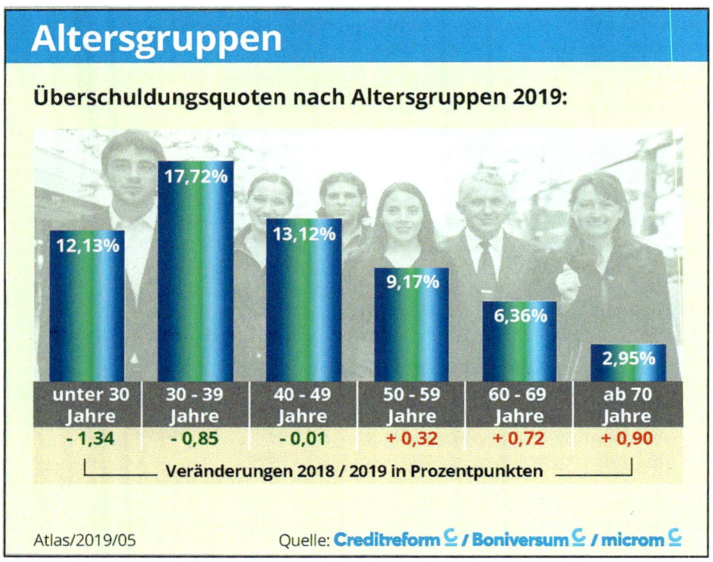

In Deutschland konnte 2019 – gemäß der Wirtschaftsauskunft Creditreform – jeder zehnte Erwachsene seine Rechnungen dauerhaft nicht mehr bezahlen und war überschuldet. Im Vergleich zu 2018 war dies ein leichter Rückgang; gleichwohl liegt die Zahl der überschuldeten Menschen noch immer bei mehr als 6,9 Millionen.

Die **wichtigsten Gründe** für eine Überschuldung sind der Verlust des Arbeitsplatzes, eine Erkrankung oder Sucht (mit steigender Tendenz), eine Scheidung oder Trennung vom Lebenspartner, unangemessenes Konsumverhalten (mit steigender Tendenz), längerfristiges Niedrigeinkommen (mit steigender Tendenz) oder eine gescheiterte Selbstständigkeit. Eine Entwicklung, die indirekt zur hohen Zahl der Überschuldungen beiträgt, sind die dramatisch steigenden Mieten und Immobilienpreise auf dem Wohnungsmarkt.

Von Überschuldung betroffen sind zunehmend ältere Menschen (Rentner); insbesondere über 70-Jährige werden immer häufiger als überschuldet eingestuft (Altersarmut aufgrund geringer Renten). Auch in der Gruppe der Frauen nehmen die Überschuldungsfälle zu. Grundsätzlich gilt, dass die Überschuldeten in Deutschland nicht nur der Unterschicht, sondern auch der Mittel- und Oberschicht entstammen. Eine Ursache der Überschuldung in diesen Milieus ist nicht selten das Konsumverhalten.

Die **Folgen einer Überschuldung** sind für den Einzelnen verheerend: Miete, Strom, Telefon, Essen und Kleidung können nicht mehr bezahlt werden, die Rechnungen und Mahnungen türmen sich, eine Energiesperre und der Verlust der Wohnung drohen. Die psychische Belastung kann zu Depressionen und Süchten führen, in der Folge kann es zu Beziehungsstörungen, Rückzug und Ausgrenzung kommen. Damit die Betroffenen aus der Schuldenfalle herauskommen und ein neues, schuldenfreies Leben beginnen können, hat der Gesetzgeber die Möglichkeit einer Restschuldbefreiung für Privatpersonen, die sogenannte **Verbraucherinsolvenz** geschaffen. Grundlage für das Verfahren ist die **Zahlungsunfähigkeit** der betroffenen Person.

Die Zielsetzung ist eine **Restschuldbefreiung** innerhalb von maximal 6 Jahren nach Eröffnung des Insolvenzverfahrens. Das zweite Ziel – der umfassende Pfändungsschutz – wird sofort mit Eröffnung der Privatinsolvenz erreicht. Ab diesem Zeitpunkt braucht eine Privatperson Schreiben ihrer Gläubiger nicht mehr zu beachten.

Ablauf des Privatinsolvenzverfahrens

Stufe 1: Außergerichtlicher Einigungsversuch

Ausschlaggebend für ein außergerichtliches Verfahren ist ein Schuldenbereinigungsplan, der von allen Gläubigern akzeptiert wird. Dieser Plan, der mithilfe einer Schuldnerberatung ausgearbeitet wird, muss konkrete Vorschläge über den Zeitraum und die Ratenhöhe für den Abbau der Schulden beinhalten. Gleichzeitig muss ein Verzeichnis erstellt werden, aus dem alle Verbindlichkeiten und das gesamte Vermögen des Schuldners ersichtlich werden. Dieses Verfahren ist gescheitert, wenn der Versuch der außergerichtlichen Einigung sechs Monate lang erfolglos durchgeführt wurde.

Stufe 2: Gerichtliches Schuldenbereinigungsverfahren

Voraussetzung für das gerichtliche Verfahren ist die Bescheinigung einer geeigneten Person, z. B. Schuldnerberatung oder Rechtsanwalt, die das erfolglose außergerichtliche Verfahren bestätigt. Die Grundlage ist wiederum der Schuldenbereinigungsplan. Das Gericht versucht, die Zustimmung der Gläubiger zu diesem Plan zu erreichen. Dabei kann das Gericht aber auch die Zustimmung einzelner Gläubiger ersetzen, wenn

- mehr als die Hälfte der Anzahl der Gläubiger zugestimmt hat,
- diese Gläubiger mehr als die Hälfte der offenen Forderungssumme auf sich vereinen und
- kein widersprechender Gläubiger schlechter als bei der Eröffnung eines Insolvenzverfahrens gestellt wird.

Bleibt auch dieser Versuch erfolglos, so kann das gerichtliche Verbraucherinsolvenzverfahren eingeleitet werden.

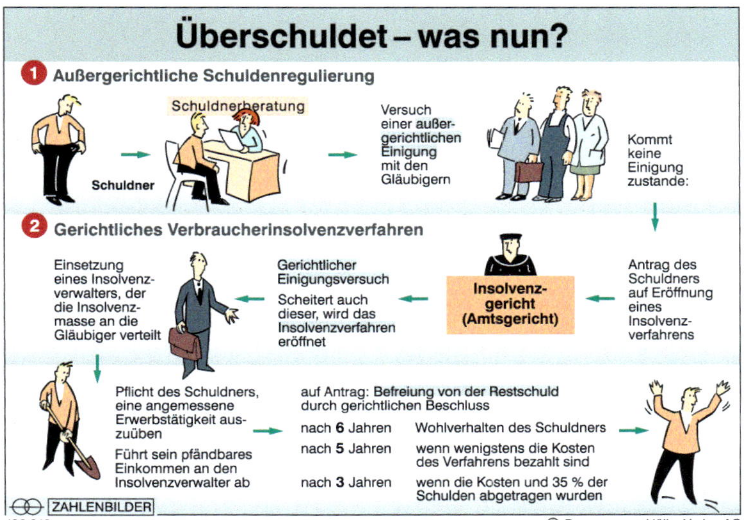

129 640 © Bergmoser + Höller Verlag AG

Treuhänder
Mittelsmann zwischen Schuldner und Gläubigern, häufig ein Notar oder Rechtsanwalt

Stufe 3: Gerichtliches Insolvenzverfahren
Im Rahmen dieses Verfahrens setzt das Gericht für den Schuldner einen **Treuhänder** ein. Hat der Schuldner bei der Eröffnung des Verfahrens einen Antrag auf Restschuldbefreiung gestellt, so erhält der Treuhänder vom Schuldner über einen Zeitraum von drei, fünf oder sechs Jahren (**Wohlverhaltensphase**) den pfändbaren Teil seines Einkommens. Der Treuhänder verteilt dieses Geld dann an die Gläubiger.

Stufe 4: Verfahren zur Restschuldbefreiung
Bei Einhaltung der im Insolvenzverfahren geltenden Bedingungen kann das Gericht dem Schuldner die restlichen Schulden wie folgt erlassen:
- nach 3 Jahren, wenn 35 % der Schulden und die Verfahrenskosten getilgt sind.
- nach 5 Jahren, wenn die Verfahrenskosten beglichen wurden.
- nach höchstens 6 Jahren, vollkommen unabhängig von jeglichen verbliebenen Schulden.

1.10.2 Verschuldung von Staaten

Staatsverschuldung und Schuldenbremse **Kapitel 6.4.4**

Staatsausgaben **Kapitel 6.4.3**

Eine hohe Verschuldung kann für Staaten ähnlich fatal sein wie für Privatpersonen:
- Der **Schuldendienst** (Zins- und Tilgungszahlungen) macht einen immer größeren Teil der Staatsausgaben aus und schränkt die Handlungsfähigkeit des Staates zunehmend ein.
- Investoren und Gläubiger bekommen Zweifel an der Rückzahlungsfähigkeit (**Bonität**) des Staates.
- Dies führt zu steigenden Zinsen und wachsenden Schwierigkeiten, überhaupt noch Kredite zu bekommen.
- Diese Negativspirale kann in der **Zahlungsunfähigkeit** des Staates (Staatsinsolvenz, auch Staatsbankrott genannt) enden.

Staatsschuldenkrise **Kapitel 4.14.4**

Staatsbankrotte sind keine Seltenheit und in den letzten 200 Jahren rund 250 Mal vorgekommen. Bekannte Beispiele sind die mehrfachen Staatsbankrotte Argentiniens oder die Haushalts- und Staatsschuldenkrise Griechenlands im Jahr 2010. Anders als für Verbraucher- und Unternehmensinsolvenzen gibt es für Staatsinsolvenzen jedoch keine rechtlichen Regeln.

ÜBERBLICK

Geld, insbesondere **Papiergeld** vereinfacht den Austausch von Gütern und Dienstleistungen in einer arbeitsteiligen Volkswirtschaft. Die **Kaufkraft** des Geldes zeigt an, welchen Tauschwert das Geld besitzt. Dieser kann allerdings schwanken, wenn beispielsweise Preissteigerungen den Wert des Geldes mindern.

Ver- und Überschuldung sind für Privatpersonen, Unternehmen und Staaten ein großes Problem. Wenn geliehenes Geld nicht zurückgezahlt werden kann (**Insolvenz**), schwindet das Vertrauen und niemand ist mehr bereit, dem Schuldner weiterhin Geld zu verleihen.

Überschuldeten Privatpersonen eröffnet das Verfahren der **Verbraucherinsolvenz** die Möglichkeit, ein neues, schuldenfreies Leben zu beginnen.

1 Erläutern Sie Ihr Verhältnis zum Taschengeld.
  a Was assoziieren Sie mit dem Wort „Taschengeld"?
  b Welche Rolle spielt Taschengeld für Ihre Entwicklung?

2 Erläutern Sie mögliche Vor- und Nachteile der Tauschwirtschaft.

3 Erläutern Sie die drei grundlegenden Funktionen des Geldes.

4 Welche Vor- und Nachteile brachten Münzen und Banknoten für die wirtschaftliche Entwicklung?

5 Welche Gründe kann es dafür geben, dass die Bargeldpräferenz in einer Gesellschaft abnimmt, und unter welchen Bedingungen kann das Buchgeld der Banken eine Alternative zum Bargeld sein?

6 Recherchieren Sie die Vor- und Nachteile des bargeldlosen Zahlungsverkehrs heute.

7 Ein Warenkorb enthält die Güter B und C in der Gewichtung 40 : 60. Gut B hat im Basisjahr 10,00 Euro pro Stück und Gut C 20,00 Euro pro Stück gekostet. Es stehen 500,00 Euro zur Verfügung. Im Berichtsjahr ist der Preis für Gut B um 10 % gesunken; der Preis für Gut C um 5 %. Berechnen Sie den Verbraucherpreisindex für das Berichtsjahr und kommentieren Sie das Ergebnis.

8 Interpretieren Sie die Grafik „Neue Messlatte für die Preise" auf S. 32 gemäß der Drei-Schritte-Technik auf S. 19.

9 Dem Verbraucherpreisindex des Statistischen Bundesamtes liegt ein Warenkorb zugrunde, der die folgenden Gütergruppen umfasst:

01	Nahrungsmittel und alkolfreie Getränke
02	Alkoholische Getränke und Tabakwaren
03	Bekleidung und Schuhe
04	Wohnung, Wasser, Strom, Gas und andere Brennstoffe
05	Möbel, Leuchten, Geräte und anderes Haushaltszubehör
06	Gesundheit
07	Verkehr
08	Post- und Telekommunikation
09	Freizeit, Unterhaltung und Kultur
10	Bildungswesen
11	Gaststätten- und Beherbergungsdienstleistungen
12	Andere Waren und Dienstleistungen

  a Stellen Sie eine grobe Berechnung an, für welche Gütergruppen Sie wie viel Geld pro Monat ausgeben.
  b Berechnen Sie die prozentualen Anteile der einzelnen Gütergruppen in Ihrem persönlichen Warenkorb.
  c Vergleichen Sie Ihre Gewichtungen mit dem neuesten Wägungsschema des Statistischen Bundesamtes. Welche Abweichungen gibt es und was könnten deren Gründe sein?

AUFGABEN

10 Sammeln Sie Ideen, was die Ursachen einer Inflation sein könnten.

11 Begründen Sie, warum die Höhe der Inflationsrate allein noch nichts darüber aussagt, ob die Menschen sich mehr oder weniger leisten können.

12 In Umfragen zur Inflation ist festzustellen, dass die gefühlte Inflationsrate meist sehr viel höher ist als die tatsächliche Inflationsrate. Was für Gründe könnten zu dieser Einschätzung führen?

13 Interpretieren Sie die Grafik „Wo ist es am teuersten?“ auf S. 33 gemäß der Drei-Schritte-Technik auf S. 19.

14 Recherchieren Sie beim Statistischen Bundesamt aktuelle Daten zum Verbrauchpreisindex. Erläutern Sie die Preisentwicklung und ihre Ursachen an einem Beispiel.

15 Unterscheiden Sie Verschuldung von Überschuldung.

16 Interpretieren Sie die Grafik „Überschuldet“ auf S. 34 gemäß der Drei-Schritte-Technik auf S. 19.

17 Interpretieren Sie die Grafik „Schuldnerquoten nach Altersgruppen“ auf S. 34 gemäß der Drei-Schritte-Technik auf S. 19.

18 Recherchieren Sie Ziele, Aufgaben und Hilfestellungen der regionalen Schuldnerberatung an ihrem Wohnort.

19 Steigt die Zahl der überschuldeten Verbraucher in Deutschland weiter an? Recherchieren Sie die aktuellen Entwicklungen und deren Gründe.

20 Bringen Sie die folgenden Begriffe in die richtige Reihenfolge und erläutern Sie diese kurz.
a Wohlverhaltensphase
b außergerichtliche Schuldenbereinigung
c gerichtliche Schuldenbereinigung
d Eröffnung des Insolvenzverfahrens
e Restschuldbefreiung

21 Recherchieren Sie mögliche Folgen eines sogenannten Staatsbankrotts.

1.11 Regionale Wirtschaftskreisläufe stärken!

Eli

Katharina

Seitdem die „Fridays for Future"-Bewegung immer mehr Zulauf bekommt, ist Umweltschutz auch in der Klasse von Elinor und Katharina das Thema Nr. 1. Während einer der vielen Pausendiskussionen sagt Katharina: „Die Politiker wachzurütteln, ist natürlich wichtig. Aber genauso wichtig ist, dass jeder selbst etwas tut. Und was machen die Leute? Kaufen im Supermarkt Äpfel aus Neuseeland, statt zum Obstbauern in der Nachbarschaft zu gehen! Ich versteh's einfach nicht!" Für diese Aussage erntet Katharina viel Zustimmung: „Ja, kurze Transportwege schützen die Umwelt!" „Regionales Obst und Gemüse schmeckt sowieso viel besser!" „Man weiß, wo es herkommt!" „Meine Eltern kaufen nur noch Bio-Qualität!"

„Aber ist das nicht viel teurer, als Lebensmittel im Supermarkt zu kaufen?", wirft ein Mitschüler ein. „Das kann sich bestimmt nicht jeder leisten!" Katharina, deren Eltern einen landwirtschaftlichen Betrieb haben, antwortet: „Wenn viele mitmachen würden, könnten regionale Produkte deutlich günstiger produziert und verkauft werden!" „Katharina hat völlig recht!", ruft Elinor. „Lasst uns doch mal überlegen, wie wir das unterstützen können!"

Regionaler Wirtschaftskreislauf

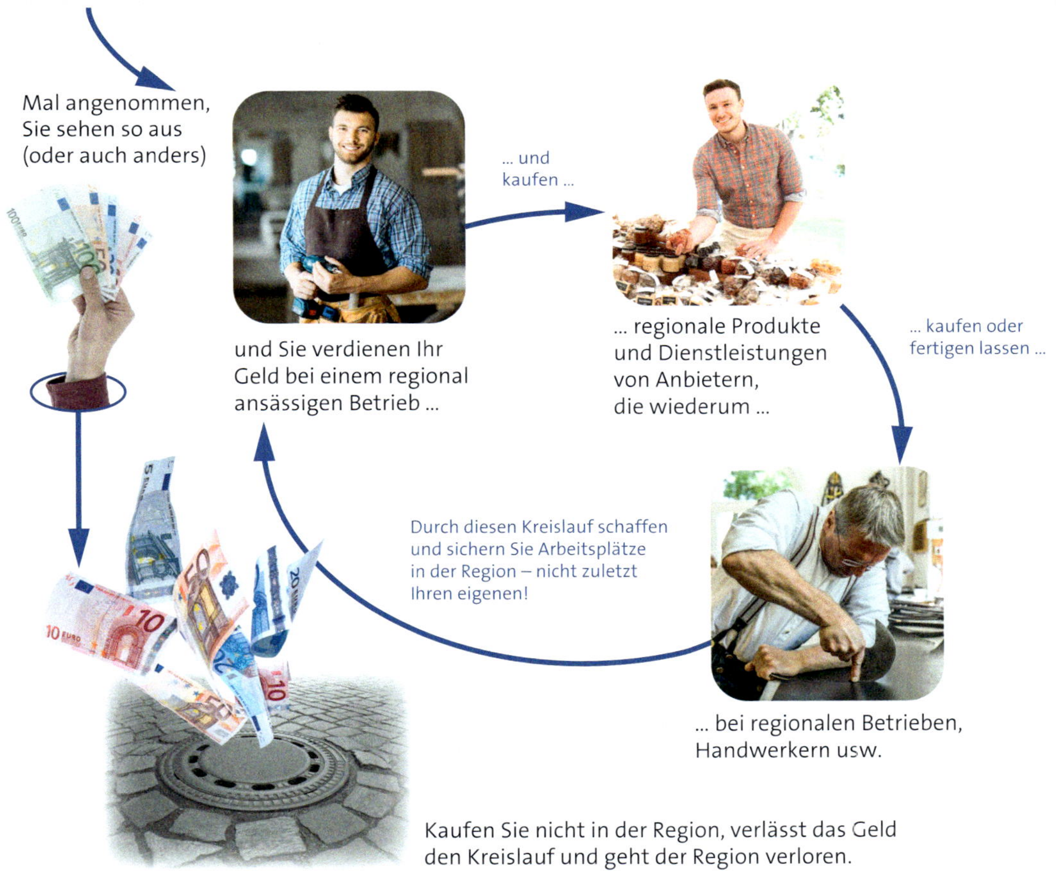

Quelle: Tag der Regionen (2018): Regionaler Wirtschaftskreislauf, [online] https://www.tag-der-regionen.de/fileadmin/downloads/wirtschaftskreislauf.pdf [04.12.2019]. (Eigene Gestaltung.)

Frisches vor der Haustür: regionale Produkte

Tomaten und Gurken aus dem eigenen Garten, Milch frisch von der Milchtankstelle oder Erdbeeren und Spargel vom Hofladen. Mit regionalen Produkten förderst du nicht nur einzelne kleine Betriebe in deiner unmittelbaren Nähe, du förderst damit den gesamten regionalen Wirtschaftskreislauf. „Regional" heißt allerdings nicht in jedem Fall, dass deine Nahrungsmittel ausschließlich aus Deutschland kommen müssen. Je nachdem, wo du wohnst, liegen beispielsweise in Nordrhein-Westfalen Belgien oder die Niederlande in deinem Einzugsbereich, in dem regionale Produkte bezogen werden können. Der Radius des Produktes ergibt sich im Prinzip aus seiner Verfügbarkeit. Ein Vorteil regionaler Produkte ist, dass du nicht nur die lokale Landwirtschaft unterstützt, sondern auch einen Beitrag zum Klimaschutz leistest.

Quelle (leicht bearbeitet): Kritischer Konsum / BDKJ (2019): Frisches vor der Haustür: regionale Produkte, [online] https://www.kritischerkonsum.de/ernaehrung/regionalsaisonal/ [23.11.2019]. (Auszug.)

1 Diskutieren Sie in Kleingruppen.
 a Woher kommen die Produkte, die Sie und Ihre Familie kaufen?
 b Spielt die Herkunft der Produkte für Ihre Kaufentscheidungen eine Rolle? Warum (nicht)?

2 Erstellen Sie in Teamarbeit ein Plakat zu den folgenden Aspekten:

 a Durch welche Merkmale ist ein regionaler Wirtschaftskreislauf gekennzeichnet? Was sind seine Vorteile?
 b Wie lassen sich diese Informationen in das volkswirtschaftliche Modell des Wirtschaftskreislaufs einordnen? Welche Sektoren und Geldströme sind betroffen?
 c Was kann jeder einzelne Verbraucher tun, um die regionale Wirtschaft zu fördern?
 d Wie kann die regionale Wirtschaft in Ihrer Region wirtschaftspolitisch gefördert werden? Recherchieren Sie hierfür auf der Website Ihrer regionalen Wirtschaftsförderung.

3 Präsentieren und diskutieren Sie Ihr Plakat im Plenum.

1.12 Wirtschaftskreislauf

Die wirtschaftlichen Abläufe in einer arbeitsteiligen Volkswirtschaft sind außerordentlich komplex und kompliziert. Millionen von Menschen stehen direkt oder indirekt mit allen anderen in Tauschbeziehungen – ein undurchschaubares, verwirrendes Geflecht. Wer die wirtschaftliche Realität verstehen will, muss die grundlegenden Beziehungen verdeutlichen. Um diese Komplexität der wirtschaftlichen Prozesse verstehen zu können, wird mit Modellen gearbeitet.

Der Tausch von Waren und Dienstleistungen vollzieht sich auf Märkten.
Kapitel 2.2

Im Folgenden soll ein **Modell des Wirtschaftskreislaufs** eingeführt werden, in dem die vielfältigen Beziehungen in einer Volkswirtschaft auf wenige grundlegende Prozesse reduziert werden. Das Denken in Kreisläufen kann auf **Francois Quesnay** (1694–1774) zurückgeführt werden, dem Leibarzt der Marquise de Pompadour und ihres königlichen Gönners Ludwig XV. Die Grundidee des Wirtschaftskreislaufs war der Vergleich der wirtschaftlichen Tauschvorgänge mit dem gerade entdeckten Blutkreislauf.

Modelle
Kapitel 1.3.2

Das Modell des Wirtschaftskreislaufs, das wir heute verwenden, geht auf **John Maynard Keynes** (1883–1946) zurück. Keynes versuchte, die gesamtwirtschaftlichen Zusammenhänge und das Zusammenwirken der unterschiedlichen wirtschaftlichen Faktoren wie Einkommen, Ausgaben, Beschäftigung, Sparen, Staatshaushalt usw. aus der Vogelperspektive zu betrachten und somit die Abläufe in einer arbeitsteiligen Volkswirtschaft vereinfacht darzustellen.

John Maynard Keynes
Kapitel 6.5.1

Einkommen
Kapitel 5.3

Der Wirtschaftskreislauf vereinfacht die ökonomische Realität in mehrfacher Hinsicht:

- **Aggregation**: Jede Volkswirtschaft besteht aus einer Vielzahl von Marktteilnehmern. Diese werden nach der Art ihrer wirtschaftlichen Aktivitäten zu **Sektoren** (z. B. private Haushalte, Unternehmen, Staat und Ausland) zusammengefasst. Außerdem werden Güter- und Geldströme unterschieden. Der Güterstrom verläuft in entgegengesetzter Richtung zum Geldstrom, weil Geld die Gegenleistung für die Güter darstellt. Es gilt: Die Summe der in einen Sektor einfließenden Geldströme ist gleich der Summe der aus diesem Sektor ausfließenden Geldströme.
- **Isolierung**: Die Beziehungen zwischen den Akteuren werden vereinfacht, indem z. B. auf politische oder soziale Aspekte verzichtet wird.
- **Mechanisierung**: Es werden bestimmte Tatbestände angenommen, z. B. das rationale Verhalten der Marktteilnehmer.

Im Folgenden wird mit dem sogenannten kleinen Wirtschaftskreislauf begonnen, der nur aus den Sektoren „private Haushalte“ und „Unternehmen“ besteht. Danach wird der Wirtschaftskreislauf erweitert.

1.12.1 Wirtschaftskreislauf mit zwei Sektoren

interagieren
sich wechselseitig in seinem Verhalten beeinflussen

Marktarten
Kapitel 2.3

Produktionsfaktoren
Kapitel 3.2

Das nachfolgende Schaubild stellt eine schematische Gliederung der Volkswirtschaft dar. Im Sektor **private Haushalte** werden Arbeitnehmer- und Arbeitgeberhaushalte zusammengefasst, der Sektor **Unternehmen** beinhaltet die privatwirtschaftlichen Unternehmen einschließlich der Banken. Diese Sektoren **interagieren** auf zweierlei Märkten: Auf den **Gütermärkten** treten die privaten Haushalte als Käufer von Gütern, die Unternehmen als Verkäufer auf. Auf den **Faktormärkten** stellen die privaten Haushalte den Unternehmen die zur Produktion notwendigen Inputs wie Arbeit, Boden und Kapital zur Verfügung. Hier sind die Haushalte Verkäufer und die Unternehmen Käufer.

Wirtschaftskreislauf mit zwei Sektoren

Wenn die Haushalte das gesamte Einkommen für den Kauf von Gütern ausgeben, ist der Kreislauf geschlossen. Die Menge der produzierten Güter und der Lebensstandard bleiben gleich, d. h., dass es kein Wirtschaftswachstum und keine Vermögensbildung gibt. Die Wirtschaft befindet sich in einem statischen Zustand. Für diese **geschlossene Volkswirtschaft** gilt die Gleichung:

Y = Einkommen (engl. yields)
C = Konsum (engl. consumption)

$$Y = C$$

1.12.2 Wirtschaftskreislauf mit vier Sektoren und Vermögensänderungskonto

Nachfrage
Kapitel 2.4

Das einfache Modell lässt sich im Baukastensystem erweitern. Die privaten Haushalte beziehen z. B. nicht nur Einkommen von den Unternehmen, sondern viele bekommen auch Geld vom Staat. Zudem geben die privaten Haushalte nicht ihr ganzes Einkommen aus, sondern sie sparen ebenso wie die Unternehmen. Die Unternehmen treten ihrerseits auch als Nachfrager von Gütern auf, z. B. kaufen sie Maschinen. Außerdem werden viele Güter außerhalb der Volkswirtschaft gekauft. Es gibt Beziehungen zum Ausland.

Einnahmen des Staates
Kapitel 6.4.1

Ausgaben des Staates
Kapitel 6.4.3

Mit der Einbeziehung der öffentlichen Haushalte, zusammengefasst zum Sektor **Staat** (Bund, Länder, Kommunen, Sozialversicherungshaushalte), erfolgt eine wichtige Ergänzung. Der Staat ist in den Volkswirtschaften aller Industrienationen ein wichtiger wirtschaftlicher Akteur. Die privaten Haushalte und Unternehmen entrichten an den Staat Steuern, Gebühren und Beiträge. Mit den Einnahmen unterstützt der Staat bedürftige Haushalte (Sozialhilfe usw.), sichert die Existenz erhaltenswerter Unternehmen durch Unterstützungszahlungen (Subventionen) und entlohnt seine Beschäftigten, z. B. Lehrer, Polizisten oder Verwaltungsangestellte.

Über die Investitionen des Staates in Kollektivgüter (Schulen, Autobahnen usw.) und deren Unterhaltung fließen den Unternehmen Einnahmen zu. Berücksichtigt man im Kreislaufmodell auch die Rolle des Staates, so kann die Gleichung wie folgt ergänzt werden:

$$Y = C_H + C_S$$

C_H = Konsum der Haushalte
C_S = Konsum des Staates

Das **Vermögensänderungskonto** ist kein Sektor, der in der Wirklichkeit existierende Industriebetriebe oder Haushalte zusammenfasst. Das Konto wird als ein „Hilfskonstrukt" im Wirtschaftskreislauf definiert und existiert nur in der Vorstellung. Im Vermögensänderungskonto werden quasi die Geldströme einer Volkswirtschaft verbucht. Es werden aber nicht sämtliche Geldströme der Volkswirtschaft erfasst. Das Modell zeigt nur die Quellen der volkswirtschaftlichen Vermögensbildung (z. B. Sparen, Abschreibungen) und die abfließenden Ströme der Vermögensverwendung (z. B. Investitionen). Sparen die privaten Haushalte, bedeutet dies Konsumverzicht, es werden Kredite für betriebliche Investitionen bereitgestellt.

Der Einfachheit halber wurden im abgebildeten Modell Zinszahlungen der Banken als Geldstrom weggelassen. Sie sind im Geldstrom Gewinne vom Sektor Unternehmen zum Sektor private Haushalte enthalten.

Wirtschaftskreislauf mit vier Sektoren und Vermögensänderungskonto (nur Geldströme)

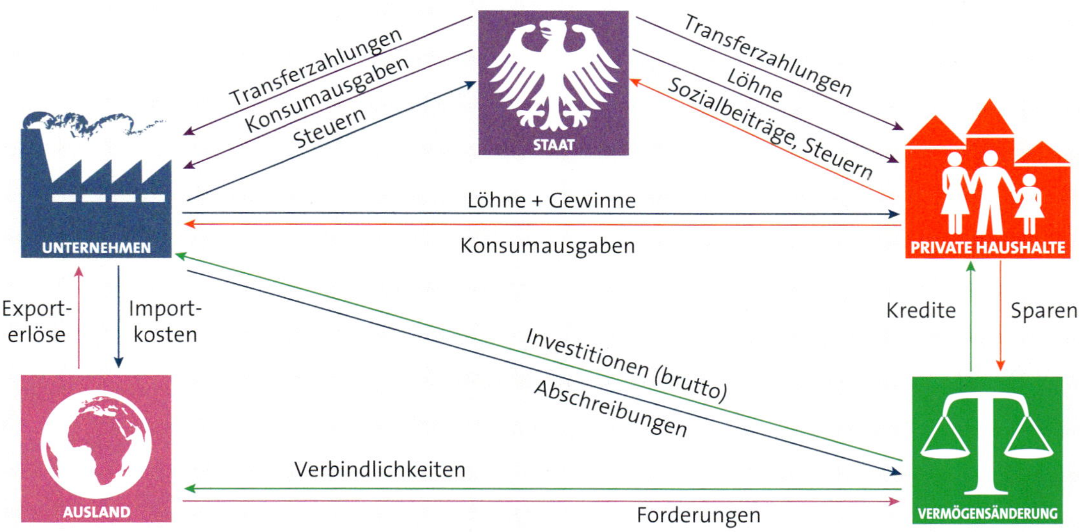

Als „Exportweltmeister" hat Deutschland gegenüber dem Ausland Forderungen, d. h., das Ausland hat sich für den Kauf von Exportgütern in Deutschland verschuldet. Mit der Erweiterung des Modells um den Sektor **Ausland** wird der Kreislauf einer geschlossenen Volkswirtschaft verlassen. Die Volkswirtschaft wird als **offene Volkswirtschaft** bezeichnet, wenn der Waren-, Kapital- und Dienstleistungsverkehr grenzüberschreitend stattfinden. Das inländische Güterangebot und die inländische Geldmenge werden in diesem Fall durch **Exporte** und **Importe** verändert.

Außenhandel
Kapitel 2.9 und 4.16

Ungleichgewicht im Außenhandel **Kapitel 4.16.2**

Übersteigt der Export den Import, dann werden in der Exportwirtschaft weniger Güter konsumiert als hergestellt. Als Gegenleistung für den Konsumverzicht erhöht sich das Einkommen durch die Zahlungen des Auslandes. Der erweiterte Wirtschaftskreislauf mit seinen Sektoren stellt eine **dynamische Wirtschaft** dar, denn durch Sparen und Investieren ist Wirtschaftswachstum möglich. Mit der Erweiterung um den Sektor Ausland und das Vermögensänderungskonto ergibt sich folgende Gleichung:

I_{br} = Bruttoinvestitionen
M = Importe
X = Exporte

$$Y + M = \underbrace{C_H + C_S}_{} + I_{br} + X$$

$$Y = C + I_{br} + (X - M)$$

1.12.3 Kritik am Wirtschaftskreislauf

Das Modell des Wirtschaftskreislaufs veranschaulicht,

- wer am Wirtschaftsprozess beteiligt ist,
- wie die Beziehungen zwischen den Beteiligten aussehen,
- welche Möglichkeiten der Staat hat, um in das Geschehen regulierend einzugreifen,
- dass die Wirtschaft ein komplex vernetztes System ist,
- dass sich ein Eingriff, der nur einen Teil des Systems betrifft, auf das ganze System auswirken kann.

Der Wirtschaftskreislauf basiert auf der Gegenüberstellung von Güter- und Geldströmen, d. h., es werden **nur die bezahlten Leistungen** berücksichtigt, unbezahlte Leistungen, z. B. die Arbeit von Hausfrauen und -männern, nicht. Ebenso verhält es sich mit den meisten Leistungen der Natur.

Umwelt **Kapitel 3.4**

Erweitert man den Wirtschaftskreislauf um den **Faktor Umwelt** (vgl. Abbildung auf S. 45), dann fällt auf, dass den zahlreichen Güterströmen vielfach keine entsprechenden Geldströme gegenüberstehen:

- Die Entnahme von nicht erneuerbaren Ressourcen, z. B. von Erdöl, wird nur mit den Förderungskosten berechnet. Die Abnahme der Rohstoffvorkommen wird nicht berücksichtigt.
- Die Nutzung der Umwelt als „Müllhalde" für die Abfälle aus Produktion und Konsum wird nur dann erfasst, wenn für die Inanspruchnahme dieser Leistung bezahlt werden muss.

Die Beseitigung der Umweltschäden hingegen kostet Geld; im Sinne des herkömmlichen Wirtschaftskreislaufs werden somit die produzierte Gütermenge und das Einkommen erhöht.

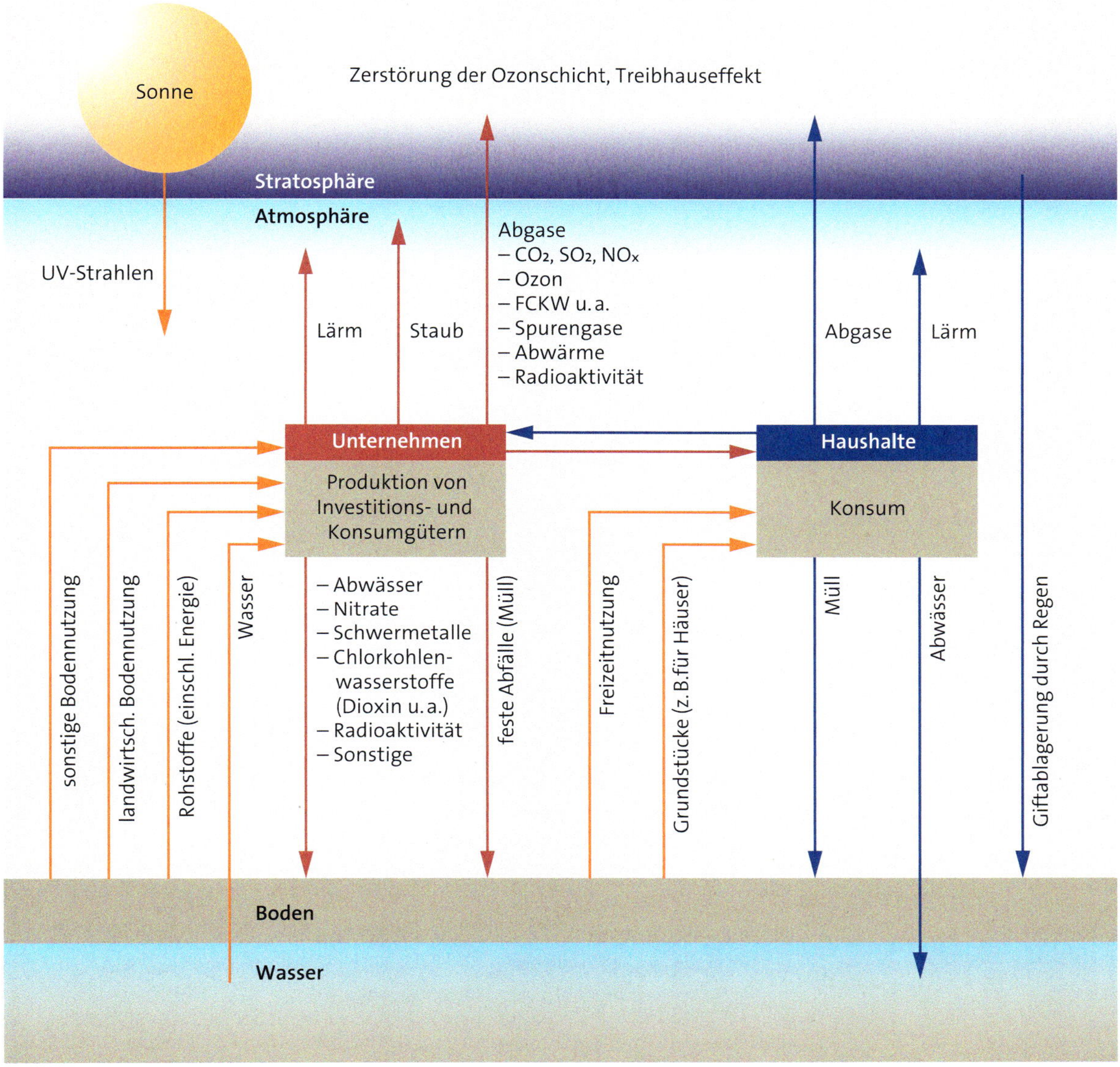

In der ökonomischen Betrachtung wird also übersehen, dass das Wirtschaftswachstum **zulasten der Umweltqualität** erkauft wird. Als Ergänzung zur Volkswirtschaftlichen Gesamtrechnung veröffentlicht das Statistische Bundesamt deshalb eine **Umweltökonomische Gesamtrechnung (UGR).** Hier wird der Umweltzustand quantitativ und teilweise in monetärer Form erfasst.

Volkswirtschaftliche Gesamtrechnung
Kapitel 3.6

ÜBERBLICK

In der Volkswirtschaftslehre können gesamtwirtschaftliche Zusammenhänge mit Hilfe des Modells des **Wirtschaftskreislaufs** betrachtet werden. Es werden nur ausgewählte Geld- und Güterströme abgebildet. Das Modell berücksichtigt **nur bezahlte Leistungen**, d. h. beispielsweise nicht Hausarbeit, Nachbarschaftshilfe, den Verbrauch von Ressourcen oder den Umweltverbrauch. Erst z. B. die Beseitigung von Umweltschäden fließt dann wieder wachstumssteigernd in die Volkswirtschaftliche Gesamtrechnung ein.

AUFGABEN

1 Durch welche unterschiedlichen ökonomischen Aktivitäten entstehen in einer Volkswirtschaft Tauschprozesse?

2 Warum können bei der Darstellung des Wirtschaftskreislaufs die Güterströme unberücksichtigt bleiben?

3 Was ist richtig?
   a Der Wirtschaftskreislauf bzw. die Volkswirtschaftliche Gesamtrechnung (VGR) enthalten nur Größen, die sich auf die Vergangenheit beziehen.
   b Wirtschaftskreislauf bzw. VGR zielen auf künftige Perioden ab.

4 Begründen Sie auf der Grundlage Ihrer persönlichen Lebenssituation Ihre Zugehörigkeit zur Gruppe der privaten Haushalte.

5 Machen Sie am Beispiel eines Unternehmens aus Ihrer Nachbarschaft dessen Investitionstätigkeit deutlich.

6 Was für Geldströme fließen von Ihrer eigenen Familie an den Staat? Und was für Geldströme fließen vom Staat an Ihre eigene Familie?

7 Was versteht man unter einer offenen Volkswirtschaft?

8 Welcher Unterschied besteht zwischen den volkswirtschaftlichen Sektoren und dem Vermögensänderungskonto im Wirtschaftskreislauf?

9 Warum fließen im Wirtschaftskreislauf die Gewinne in den Sektor private Haushalte?

10 Erklären Sie anhand von fünf beliebigen Transaktionen die dadurch ausgelösten Geldströme und deren Bedeutung für die Zahler und Zahlungsempfänger.

11 Welche Geldströme können im Wirtschaftskreislauf von folgenden Ereignissen betroffen sein?
   a Gewerkschaften setzen Lohnsteigerungen durch.
   b Es gibt Steuersenkungen für Konsumenten.
   c Der Staat erhöht das Kindergeld.
   d Deutsche Unternehmen verkaufen mehr Waren im Ausland.
   e Der Staat vergibt mehr öffentliche Aufträge im Wohnungsbau.
   f Der Staat verhängt Schutzzölle auf Stahleinfuhren.

12 Beurteilen Sie die folgende Aussage: „Steuersenkungen für Konsumenten stärken die Nachfrage." Ist sie richtig?

13 Welchen Nutzen hat der Wirtschaftskreislauf für die Erstellung der jährlichen Volkswirtschaftlichen Gesamtrechnung (VGR)? Recherchieren Sie im Internet.

14 Diskutieren Sie, wie die folgende Behauptung begründet werden kann: „Der Wirtschaftskreislauf ist ein typisches Denkmodell!"

15 Recherchieren Sie im Internet, was für Kritikpunkte es an der traditionellen Volkswirtschaftlichen Gesamtrechnung (VGR) als Wohlfahrtsmaß gibt.

16 Recherchieren Sie Alternativen zur traditionellen Volkswirtschaftlichen Gesamtrechnung (VGR) als Wohlfahrtsmaß.

Welche Aufgaben und Funktionen hat ein Markt?

Welche Arten von Märkten gibt es?

Wovon hängen Angebot und Nachfrage auf dem Markt ab?

Wie bildet sich der Preis auf einem vollkommenen Markt?

Warum treibt man Außenhandel?

Was für Wechselkurssysteme gibt es?

HANDLUNGSFELD 2

Volkswirtschaftliche Aspekte zu
Beschaffung

2.1 Preisbildung an der Kaffeebörse

Eli

Katharina

Als Elinor und Katharina erfahren, dass die letzte Unterrichtsstunde des Tages wegen einer Erkrankung des Lehrers ausfällt, gehen sie spontan in ihr Lieblings-Café in der Kölner Altstadt, um einen Cappuccino zu trinken. Elinor will Katharina von einem ganz süßen Jungen erzählen, den sie letzte Woche im Schwimmbad kennengelernt hat. Doch ihre Freundin blickt die ganze Zeit in dem Café umher, betrachtet eingehend die Innenausstattung, inspiziert das Muster im Milchschaum ihres Cappuccinos und studiert gedankenverloren die Preise in der Getränkekarte. „Hey, Katharina!“, ruft Elinor. „Was ist denn los? Du hörst mir überhaupt nicht zu!“ „Tut mir leid, Eli“, antwortet Katharina, „ich bin grad mit meinen Gedanken woanders ...“ „Wo bist du denn mit deinen Gedanken?“, will Elinor wissen. „Du weißt doch“, sagt Katharina, „dass meine Eltern schon seit längerem Zimmer an Gäste vermieten, die mal Ferien auf dem Bauernhof machen wollen. Dieses Geschäft läuft ziemlich gut. Wir haben ständig neue Leute, teilweise sogar aus dem Ausland, zu Gast.“ „Ja, das weiß ich“, erwidert Elinor. „Und deshalb bist du mit deinen Gedanken woanders?“ „Diese Woche haben meine Eltern auch noch ein Bauernhof-Café eröffnet“, erzählt Katharina, „um den Übernachtungsgästen etwas zu bieten und auch Besucher aus unserem Ort anzulocken.“ „Wow, das ist ja toll!“, freut sich Elinor.

„Das ist aber noch nicht alles“, sagt Katharina mit verträumtem Blick. „Ich habe jetzt eine eigene Geschäftsidee ...“ „Und die wäre?“, fragt Elinor. „Ich würde gerne eine kleine Kaffeerösterei eröffnen, um das Bauernhof-Café mit selbst geröstetem Kaffee zu versorgen“, erklärt Katharina. „Außerdem könnte ich meine Röstungen im Café und über das Internet verkaufen ...“ „Das ist ja eine spannende Idee!“, ruft Elinor. „Wie bist du denn darauf gekommen?“ „Hier, schau mal“, sagt Katharina, „diesen Artikel über die Erfolgsgeschichte des Kaffees habe ich letzte Woche in der Zeitung gelesen.“ Elinor beugt sich über den Artikel und kräuselt die Stirn: „Was ist denn eine ‚Warenterminbörse‘?“ „So richtig habe ich das auch noch nicht verstanden“, gibt Katharina zu. „Aber ich muss unbedingt herausfinden, wie das läuft – damit ich den Rohkaffee zu einem guten Preis einkaufen kann!“

Zahlen und Fakten

Kaffee beliebter als je zuvor

KÖLN Kaffee gehört an der Börse zu den wertvollsten landwirtschaftlichen Produkten. Europa, die Vereinigten Staaten und Brasilien sind die größten Kaffeekonsumenten. In den letzten Jahren ist aber auch der Konsum in Asien stark gestiegen. Die Gewinne, die mit Kaffee erzielt werden können, sind groß. Mehr als 100 Millionen Menschen arbeiten im Kaffeesektor im Anbau, in der Verarbeitung und im Handel. Kaffee wird im sogenannten Tropengürtel, 20 Grad nördlich und südlich des Äquators, von rund 25 Millionen Produzenten in mehr als 80 Ländern angebaut. Hauptanbauländer sind Brasilien, Vietnam, Kolumbien und Indonesien. Diesen Ländern bringt der Kaffee-Export wichtige Deviseneinnahmen. Im Jahr 2018 wurden weltweit 168 Millionen Sack Kaffee à 60 kg produziert. Auf die Sorte Arabica entfielen dabei 60 % und auf die Sorte Robusta 40 %. Beide Kaffeesorten werden an der Warenterminbörse gehandelt: Arabica in New York und Robusta in London.

1 Recherchieren Sie, was eine Warenterminböse ist. Tauschen Sie sich danach in Partnerarbeit darüber aus. Sollten Fragen offenbleiben, klären Sie diese anschließend im Plenum.

2 Bilden Sie Paare. Stellen Sie sich vor, Sie sind Börsenmakler und haben die Aufgabe, das Marktgleichgewicht für Rohkaffee zu bestimmen. Die nachfolgenden Kauf- und Verkaufswünsche sind bei Ihnen eingegangen:

Verkaufsaufträge		
Verkäufer	**... will so viel Kaffee (in lb*) ...**	**... zum Preis von mindestens ... verkaufen.**
Brasilien	2 000	2 100 €
Vietnam	1 000	1 500 €
Kolumbien	1 000	1 200 €
Indonesien	1 000	900 €

Kaufaufträge		
Käufer	**... will so viel Kaffee (in lb) ...**	**... zum Preis von maximal ... kaufen.**
Kaffeekult	2 000	2 400 €
Edler Duft	3 000	1 500 €
Ganze Bohne	2 000	900 €
Schön Kaffee	1 000	600 €

* 1 lb (= amerikanisches Pfund) entspricht ca. 0,45 kg.

a Ermitteln Sie aus den einzelnen Angeboten und den einzelnen Nachfragen das Gesamtangebot und die Gesamtmenge bei jedem Preis. Übernehmen Sie hierfür die folgenden Wertetabellen.

Preise (€)	900	1 200	1 500	2 100
Angebot (lbs)				

Preise (€)	600	900	1 500	2 400
Nachfrage (lbs)				

b Stellen Sie die Marktsituation nun in Form eines Preis-Mengen-Diagramms grafisch dar. Bestimmen Sie das Marktgleichgewicht. Was bedeutet dieser Schnittpunkt?

c Nehmen Sie an, Katharinas Kaffeerösterei liefe sehr erfolgreich und die junge Unternehmerin würde dem zuständigen Börsenmakler folgendes Gebot übermitteln: 2 000 lbs für 1 600 €. Diskutieren Sie, ob Katharinas Kaufauftrag zum Zuge käme und welche Bedeutung der Kauf bzw. Nichtkauf für Katharina hat.

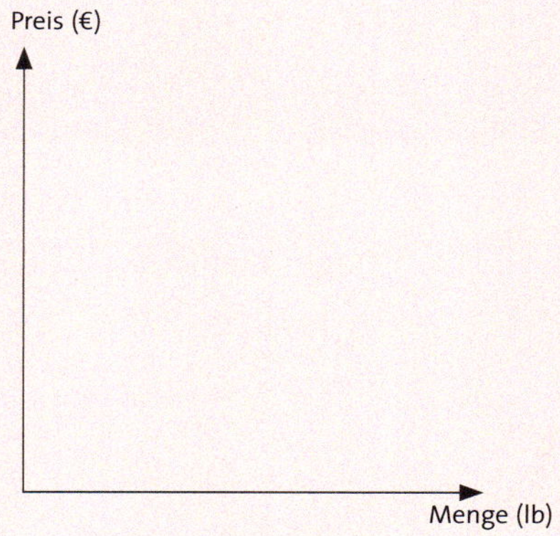

3 Bilden Sie Kleingruppen und sammeln Sie auf Metaplan-Karten Ereignisse, die das Angebot und/oder die Nachfrage nach Kaffee verändern. Stellen Sie Ihre Ergebnisse im Plenum vor und versuchen Sie, Ihre Karten zu clustern.

2.2 Entstehung, Entwicklung und Funktionsweisen von Märkten

Bedürfnisse, Bedarf, Nachfrage
Kapitel 1.2

Konsumenten haben in der Regel Bedürfnisse, die zu einem Bedarf und schließlich zur Nachfrage führen können. Ein **Markt entsteht**, wenn die Nachfrage mindestens eines **Konsumenten** auf ein Angebot von mindestens einem **Produzenten** trifft.

2.2.1 Entwicklung von Märkten

Konsumenten
Käufer = Nachfrager

Produzenten
Verkäufer = Anbieter

BEISPIEL

Vor etwa 10 000 Jahren begannen die Menschen, Schafe zu halten. Sie lieferten Milch, Wolle, Fett und Fleisch. Zunächst wurden die Schafe nur zur Selbstversorgung genutzt. Irgendein Schafbesitzer kam irgendwann auf die Idee, seine überschüssige Wolle oder das überschüssige Fleisch z. B. gegen Holz mit seinem Nachbarn zu tauschen.

Das **Grundprinzip des Marktes** ist der Tausch: Zunächst fand ein Austausch von Waren in einem engen Gebiet statt und es mussten immer passende Tauschpartner gefunden werden. Damit Tauschpartner leichter gefunden werden konnten, entwickelten sich in den Dörfern und später in den Städten Marktplätze. Auf diesen trafen sich Verkäufer und Käufer, sodass jeder Beteiligte Zugang zu den Waren bekommen konnte, die er selbst nicht produzierte. Waren wurden gegen Waren getauscht. Geld gab es damals noch nicht.

Geld
Kapitel 1.9

Seit vielen Jahrhunderten ist aber Geld ein anerkanntes Tauschmittel, sodass Waren nun gegen Geld getauscht werden können.

Arbeitsteilung
Kapitel 1.6

Mit der Industrialisierung, ab Mitte des 18. Jahrhunderts, vollzog sich der Wandel von der Agrar- zur Industriegesellschaft. Durch technische Neuerungen entstanden neue Produkte. Erstmals konnten Produkte in Massen produziert werden, die sich nun auch ärmere Bevölkerungsschichten leisten konnten. Darüber hinaus konnten leichter neue Märkte z. B. durch den Ausbau des Eisenbahnnetzes erschlossen werden.

Plattformökonomie
Kapitel 4.5.5

In der heutigen Informationsgesellschaft sind Märkte längst nicht mehr nur reale Orte (z. B. Stände oder Gebäude), welche vom Konsumenten körperlich aufgesucht werden müssen. Mittlerweile werden fast alle Waren und Dienstleistungen auch virtuell im Internet angeboten. Dem Konsumenten ist es so möglich, an jedem Ort und zu jeder Zeit Produzenten zu suchen und die verschiedenen Angebote zu vergleichen.

2.2.2 Funktionen des Marktes

Auf dem Markt wollen die Nachfrager und Anbieter als Marktteilnehmer zwar ihren Nutzen erhöhen, haben dabei jedoch **unterschiedliche Interessen**. Ein Tausch kommt nur zustande, wenn es zu einer Einigung kommt.

Die **Nachfrager** möchten ihre Konsumwünsche erfüllen. Dabei wollen sie die Güter zu einem möglichst niedrigen Preis und mit höchstmöglicher Qualität kaufen. Je niedriger der Preis eines Gutes ist, desto mehr werden die Nachfrager normalerweise von diesem Gut kaufen. Steigt aber der Preis, werden die Nachfrager weniger von diesem Gut kaufen oder sie werden stattdessen ein anderes Gut beschaffen (z. B. Margarine anstatt Butter). Unter den Nachfragern kann es zur Konkurrenz kommen, wenn z. B. zwei denselben Gebrauchtwagen kaufen wollen.

Nachfrage
Kapitel 2.4

Substitutionsgut
Kapitel 2.4.1

Die **Anbieter** möchten hingegen so viele Güter wie möglich zu einem hohen Preis verkaufen. Je höher der Preis eines Gutes ist, desto größer wird normalerweise die angebotene Menge sein. Denn der Anbieter bekommt so die Möglichkeit, höhere Gewinne zu erzielen. Sinken die Preise, verringern die Anbieter ihre Angebotsmenge. Die Anbieter erwarten weniger Gewinn und wollen darum ihre Produktionskosten vermindern. Auf dem Markt kommt es zum Wettbewerb bzw. zur Konkurrenz, wenn es mehrere Anbieter desselben Gutes gibt. Anbieter, die ihre Ressourcen effizienter nutzen und geringere Produktionskosten haben, können sich auf dem Markt behaupten. Anbieter, die dagegen hohe Kosten haben, werden über kurz oder lang vom Markt verschwinden und ggf. durch neue Anbieter ersetzt.

Angebot
Kapitel 2.5

Wettbewerb
Kapitel 4.2 und 4.5

Auf dem Markt bilden sich durch die Nachfrage und durch das Angebot die Preise der Güter. Neben der Preisbildungsfunktion kommen dem Markt noch die Versorgungs-, Koordinations- und die Verteilungsfunktion zu.

Funktionen des Marktes

Preisbildungsfunktion
Beim Austausch von Gütern bilden sich durch Angebot und Nachfrage auf dem Markt die Preise. Die Preise werden dabei i. d. R. durch die Knappheit, die Nützlichkeit der Güter und die Marktstellung der Marktteilnehmer bestimmt.

Versorgungsfunktion
In einer arbeitsteiligen Wirtschaft soll der Markt für die bestmögliche Versorgung der Bevölkerung mit Gütern sorgen.

Koordinationsfunktion
Anbieter und Nachfrager reagieren auf Preissignale unterschiedlich, z. B. erhöhen Anbieter bei steigenden Preisen ihr Angebot, Nachfrager hingegen vermindern ihre Nachfrage. Auf dem Markt werden Angebot und Nachfrage zusammengeführt und zum Ausgleich gebracht.

Verteilungsfunktion (Allokationsfunktion)
Der Markt regelt auch die optimale Verteilung der Güter.
Die Bereitschaft der Nachfrager, ein Gut zu einem bestimmten Preis zu kaufen, hängt u. a. von ihrer Kaufkraft und ihren Bedürfnissen ab.

2.3 Marktarten

In der Realität gibt es nicht nur einen Markt, sondern eine Vielzahl von Märkten. Sie lassen sich nach unterschiedlichen Kriterien ordnen. Nachfolgend werden die wichtigsten Ordnungskriterien genannt und anhand von Beispielen beschrieben.

Unterscheidung der Märkte nach zeitlichen Kriterien: Märkte finden unterschiedlich häufig statt. Es gibt Märkte, die täglich (z.B. Wertpapier- oder Rohstoffbörsen), wöchentlich (z.B. Wochenmarkt), monatlich (z.B. Flohmarkt) oder nur saisonal (z.B. Weihnachtsmarkt) stattfinden.

Unterscheidung der Märkte nach räumlichen Kriterien: Märkte finden in unterschiedlich großen geografischen Bereichen statt. Es gibt Märkte, die örtlich (z.B. Hamburger Fischmarkt), regional (z.B. Wohnungsmarkt in Nordrhein-Westfalen), national (z.B. Arbeitsmarkt in Deutschland) oder international (z.B. Handel zwischen verschiedenen Staaten) stattfinden.

Unterscheidung der Märkte nach dem Organisationsgrad: Märkte können organisiert, weniger organisiert oder gar nicht organisiert sein. Bei stark organisierten Märkten verläuft das Marktgeschehen nach festen Regeln, an einem zentralen Ort und zu einer bestimmten Zeit (z.B. Auktionen, Börsen). Angebot und Nachfrage werden dort zusammengebracht. Häufig sind Märkte aber weniger oder gar nicht organisiert. In Ladengeschäften treffen beispielsweise Angebot und Nachfrage zufällig aufeinander.

Produktionsfaktoren
Kapitel 3.2

Arbeitsmarkt
Kapitel 5.7.1

Güterarten
Kapital 1.7

Unterscheidung der Märkte nach der gehandelten Leistung: Auf Märkten können bereits fertig produzierte Güter (Gütermarkt) oder die zur Produktion von Gütern benötigten Produktionsfaktoren (Faktormarkt) gehandelt werden. Die klassischen drei Produktionsfaktoren sind: Arbeit, Boden, Kapital. Zum **Faktormarkt** gehören somit der Arbeitsmarkt (Arbeitsleistung wird gegen Entgelt gehandelt), der Immobilienmarkt (Grundstücke und Gebäude werden gehandelt) und der Geld-/Kapitalmarkt (kurzfristige und langfristige Kredite werden gehandelt). Auf dem **Gütermarkt** werden Sachgüter und immaterielle Güter wie Dienstleistungen und Rechte gehandelt.

Konzession
Verleihung eines Nutzungsrechts durch den Staat

Unterscheidung der Märkte nach dem Marktzutritt: Märkte lassen sich nach dem Umfang der Marktzutrittsmöglichkeiten in offene, beschränkte oder geschlossene Märkte unterteilen. Auf offenen Märkten haben Anbieter und Nachfrager freien Marktzutritt, sodass jederzeit neue Wettbewerber hinzukommen können. Müssen die Marktteilnehmer aber bestimmte Voraussetzungen, z.B. staatliche **Konzessionen** erbringen, um am Marktgeschehen teilnehmen zu können, wird von beschränkten Märkten gesprochen. Ein Beispiel hierfür ist der Telekommunikationsmarkt. Bei geschlossenen Märkten ist der Marktzutritt nur einem bestimmten Nachfrager-/Anbieterkreis vorbehalten, z.B. auf Fachmessen oder wenn Patentrechte einen entsprechenden Schutz gewähren.

Plattformökonomie
Kapitel 4.5.5

Unterscheidung der Märkte nach der Interaktion zwischen Anbietern und Nachfragern: Märkte lassen sich auch danach unterscheiden, ob Anbieter und Nachfrager auf direktem Wege miteinander interagieren (lineare Interaktion) oder ob die Nachfrager auf einer digitalen Plattform viele verschiedene Produkte und Anbieter finden (Plattformökonomie).

Unterscheidung der Märkte nach der Marktposition der Marktteilnehmer: Wenn auf einem Markt die Verkäufer eine große Verhandlungsmacht haben, wird von einem **Verkäufermarkt** gesprochen: Einem knappen Angebot steht eine große Nachfrage gegenüber. Diese Situation gab es vor allem nach dem Zweiten Weltkrieg, denn es gab nur wenige Güter im Angebot, aber eine große Nachfrage (Nachfrageüberhang). Auf einem **Käufermarkt** hingegen hat der Käufer eine große Verhandlungsmacht. Die Nachfrage wird hier vom sehr großen und vielfältigen Angebot überstiegen (Angebotsüberhang). Der Anbieter ist also in einer schwächeren Position, da er mit vielen Wettbewerbern um die Gunst der Käufer buhlt.

Nachfrageüberhang
Kapitel 2.6.1

Angebotsüberhang
Kapitel 2.6.1

Unterscheidung der Märkte nach ökonomischen Annahmen: In der Volkswirtschaftslehre wird häufig die Annahme zugrunde gelegt, dass Märkte in einer Marktwirtschaft nach dem **Modell des vollkommenen Marktes** funktionieren. Ein vollkommener Markt hat folgende Merkmale:

Marktwirtschaft
Kapitel 3.9

Denken in Modellen
Kapitel 1.3.2

- **Vollständige Markttransparenz:** Alle Marktteilnehmer besitzen eine umfassende und komplette Marktübersicht, d. h., alle Marktbedingungen wie Qualität, Lieferbedingungen, Mengen, Preise usw. sind jedem Marktteilnehmer bekannt.
- **Homogenität der Güter:** Die gehandelten Güter sind identisch. Hinsichtlich Qualität, Ausstattung, Farbe, Geruch, Verpackung, Service, Garantieleistungen usw. gibt es keine Unterschiede.
- **Fehlen von zeitlichen Unterschieden:** Alle Anbieter liefern zum gleichen Zeitpunkt, räumen allen Kunden die gleichen Zahlungsfristen ein, machen keine Unterschiede bei den Garantiezeiten usw.
- **Fehlen von räumlichen Unterschieden:** Alle Marktteilnehmer befinden sich zum gleichen Zeitpunkt an einem Ort oder die Entfernung zu allen Marktpartnern ist gleich groß. Es besteht kein Unterschied in der räumlichen Erreichbarkeit.
- **Fehlen von räumlichen, zeitlichen und persönlichen Präferenzen:** Da es zwischen den Anbietern keine räumlichen und zeitlichen Unterschiede gibt, gibt es bei den Käufern auch keine entsprechenden Präferenzen. Außerdem gibt es keine persönlichen Vorlieben oder Abneigungen gegenüber den Anbietern, z. B. wird ein Gut nicht deshalb bevorzugt gekauft, weil ein Anbieter besonders freundlich ist. Kaufentscheidungen werden vollkommen rational getroffen: Das einzig entscheidende Kriterium ist der Preis.

Sind alle Merkmale eines vollkommenen Marktes gegeben, kann sich für ein Gut **nur ein Preis** bilden (Gesetz der Unterschiedslosigkeit des Preises).

Ist dagegen eine der genannten Bedingungen nicht erfüllt, so wird von einem **unvollkommenen Markt** gesprochen. Auf unvollkommenen Märkten existieren verschiedene Preise nebeneinander; das Prinzip der Preiseinheitlichkeit ist also aufgehoben. In der Realität sind solche Märkte der Normalfall.

Obwohl in der Realität vollkommene Märkte nicht in Reinform existieren, sind die Modellannahmen des vollkommenen Marktes und damit die Vorstellungen der idealen Preisbildung ein geeignetes Instrument zur Analyse des Marktgeschehens. Von diesem einfachen Modell ausgehend, können dann auch Marktsituationen analysiert werden, bei denen einzelne Bedingungen nicht erfüllt sind. In den nachfolgenden Abschnitten werden die Modellannahmen des vollkommenen Marktes zugrunde gelegt.

2.4 Die Nachfrage

2.4.1 Die Nachfragekurve

In der Regel ist es so, dass die Nachfrage nach einem Gut steigt, wenn der Preis sinkt. Steigt der Preis eines Gutes, dann sinkt die Nachfrage. Dieses Verhalten wird als das **Gesetz der Nachfrage** bezeichnet. Das Gesetz gilt allerdings nur dann, wenn alle anderen Einflüsse auf die Nachfrage unverändert bleiben, das heißt, wenn u. a. die Preise ähnlicher Güter oder das Einkommen der Käufer unverändert bleiben.

Das Verhalten der Nachfrager lässt sich durch die **Nachfragekurve (N)** in einem **Preis-Mengen-Diagramm** veranschaulichen. Im Koordinatensystem wird dazu auf der horizontalen Achse (x-Achse) die Menge des Gutes abgetragen und auf der vertikalen Achse (y-Achse) der Preis des Gutes.

Die Nachfragekurve verläuft in der Regel von links oben nach rechts unten (fallend).

BEISPIEL

Die Nachfragekurve für Kartoffeln auf dem Wochenmarkt in Dortmund ergibt sich aus folgender Tabelle.

Preis in €	Menge in kg
1,00	2,0
2,00	1,5
3,00	1,0
4,00	0,5

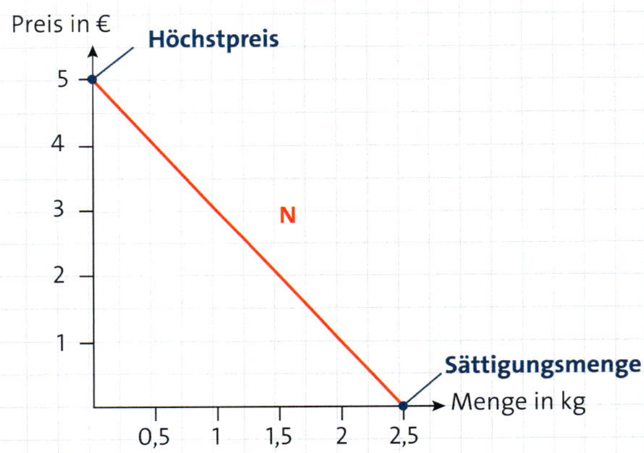

Bei einem Preis von 2,00 Euro werden 1,5 kg Kartoffeln nachgefragt. Bei einem Preis von 4,00 Euro hingegen nur noch 0,5 kg. Bei einem niedrigen Preis kaufen die Kunden also mehr Kartoffeln als bei einem hohen Preis. Erhöht sich der Preis, so wandert man auf der Nachfragekurve nach links. Sinkt der Preis, so wandert man auf der Nachfragekurve nach rechts. Die Sättigungsmenge ist erreicht, wenn selbst bei kostenloser Abgabe die Nachfrage nicht weiter steigt. Der Höchstpreis ist erreicht, wenn die Nachfragemenge gegen null tendiert.

In der Realität wird die Nachfrage nach einem Gut nicht allein vom Preis, sondern noch von weiteren Faktoren beeinflusst:
- von der Höhe des verfügbaren Einkommens,
- von den Vorlieben der Nachfrager,
- von der Existenz und den Preisen ähnlicher Güter (Substitutionsgüter),
- von der Existenz und den Preisen ergänzender Güter (Komplementärgüter),
- von Mode- und Trenderscheinungen,
- von der Qualität der Güter,
- von der technischen Entwicklung,
- von den Zukunftserwartungen der Nachfrager.

Preisänderungen führen zu **Bewegungen auf der Nachfragekurve.** Veränderungen der oben genannten Einflussgrößen hingegen führen zu einer **Verschiebung der Nachfragekurve.** Wenn es zu einer Ausweitung der Nachfragemenge durch diese Faktoren kommt, verschiebt sich die Nachfragekurve nach rechts. Verringert sich hingegen die nachgefragte Menge, verschiebt sich die Nachfragekurve nach links.

BEISPIEL

Erhöht sich das Einkommen der Bevölkerung in einem Land, dann steigt tendenziell die Nachfrage nach Smartphones. Das höhere Einkommen verschiebt die Nachfragekurve nach rechts, weil zu jedem Smartphone-Preis eine höhere Menge nachgefragt wird. Die Nachfragekurve verschiebt sich ebenfalls nach rechts, wenn zusätzliche Nachfrager auf dem Smartphone-Markt auftreten (N_1).

Sinkt das Einkommen oder die Anzahl der Nachfrager, dann verschiebt sich die Nachfragekurve nach links, weil zu jedem Preis weniger Smartphones nachgefragt werden (N_2).

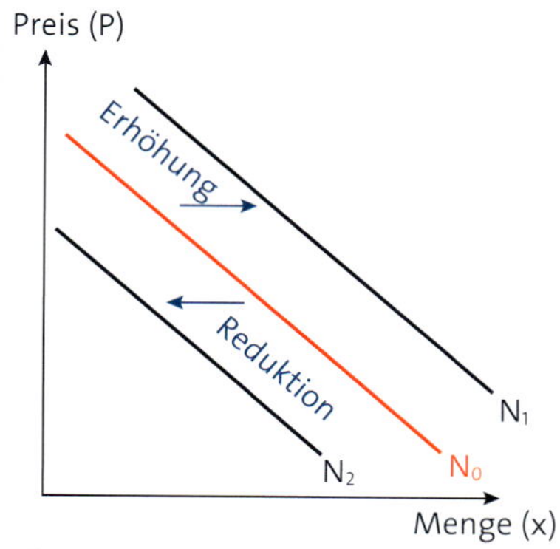

Einen **anormalen Verlauf** der Nachfragekurve bewirkt der sogenannte **Snob-Effekt**. Hier haben steigende Preise steigende Nachfragemengen zur Folge. Der Snob-Effekt spielt insbesondere bei Gütern eine Rolle, deren Marken im Bewusstsein der Verbraucher Statussymbole mit einem hohen Prestige sind. Sinken die Preise, so ist es weniger erstrebenswert, das Gut zu besitzen. Steigen die Preise, so wird mehr gekauft.

2.4.2 Die Preiselastizität der Nachfrage

Die Preiselastizität der Nachfrage ist eine **Kennzahl**, die ausdrückt, wie stark die Nachfrager auf Preisänderungen reagieren. Sie lässt sich berechnen, indem die prozentuale Nachfrageänderung für ein bestimmtes Gut durch die prozentuale Preisänderung dieses Gutes dividiert wird. Um eine positive Kennzahl zu erhalten, wird stets der Betrag des Ergebnisses verwendet.

$$\text{Preiselastizität der Nachfrage } (E_N) = \left| \frac{\text{Änderung der Nachfrage in \%}}{\text{Änderung des Preises in \%}} \right|$$

Die Nachfrage wird als **elastisch** bezeichnet, wenn Preisänderungen relativ große Mengenänderungen bewirken, also die Preiselastizität größer als 1 ist. Verändert sich die Nachfragemenge nach Preisänderungen kaum, wird hingegen von einer **unelastischen** Nachfrage gesprochen. Für die Preiselastizität gilt dann: $E_N < 1$.

Die Preiselastizität der Nachfrage hängt sehr stark von der Art der Güter ab. Bei Gütern, die dringend benötigt werden und für die keine Alternativen existieren, verändert eine Preiserhöhung die Nachfragemenge kaum (**unelastische Nachfrage**). Kann hingegen ein Gut durch ein anderes ersetzt werden, führt eine Preisänderung zu einer großen Nachfrageänderung (**elastische Nachfrage**).

Die folgenden beiden Abbildungen zeigen den **Verlauf der Nachfragekurve** bei einer **unelastischen Nachfrage** und einer **elastischen Nachfrage**.

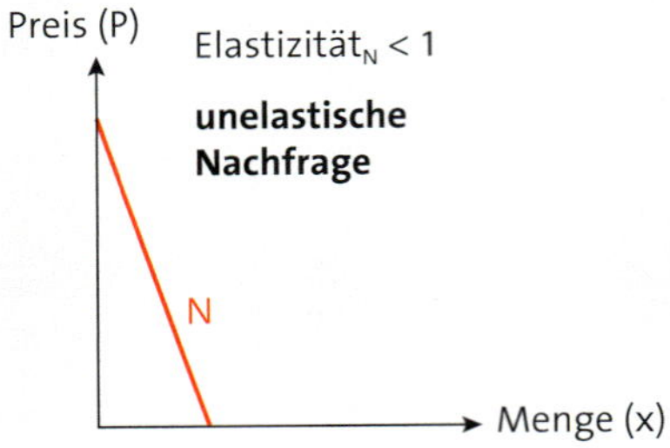

Bei einer unelastischen Nachfrage verläuft die **Nachfragekurve steil. Starke Preisänderungen** führen zu einer verhältnismäßig **geringen Änderung der nachgefragten Menge** (z. B. lebensnotwendige Güter). Für die Anbieter bedeutet dies, dass bei einer Preiserhöhung die Nachfrage annähernd gehalten und der Umsatz gesteigert werden kann.

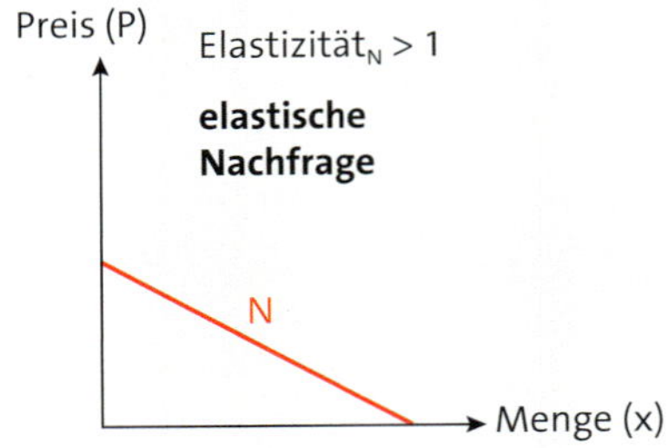

Bei einer elastischen Nachfrage verläuft die **Nachfragekurve flach. Starke Preisänderungen** führen zu einer verhältnismäßig **starken Änderung der nachgefragten Menge** (z. B. Luxusgüter). Für die Anbieter bedeutet dies, dass bei einer Preissenkung die Nachfrage erhöht und der Umsatz gesteigert werden kann.

Elastische Nachfrage

BEISPIEL

Die Preisforderung für Flachbildmonitore wird um 20 % von 500 Euro auf 400 Euro reduziert. Die Nachfrage erhöht sich um 100 %, d. h. von 10 000 Stück auf 20 000 Stück.

Preiselastizität der Nachfrage (E_N) = $\left| \frac{100\,\%}{-20\,\%} \right|$ = 5,0

Die Preissenkungsstrategie der Anbieter wird „belohnt". Die Umsätze steigen von 5 Mio. Euro auf 8 Mio. Euro. Umgekehrt wäre eine Erhöhung der Preise mit einem hohen Nachfragerückgang verbunden.

Unelastische Nachfrage

BEISPIEL

Der Preis pro Liter Heizöl steigt um 25 % von bisher 0,40 Euro auf 0,50 Euro. Die Verbraucher senken die Nachfrage um 10 %, d. h. von 5 000 Liter auf 4 500 Liter.

Preiselastizität der Nachfrage (E_N) = $\left| \frac{-10\,\%}{25\,\%} \right|$ = 0,4

Aufgrund der unelastischen Nachfrage wird die erhöhte Preisforderung nicht „bestraft". Die Umsätze steigen von 2 000 Euro auf 2 250 Euro. Umgekehrt würde sich eine Preissenkung nicht lohnen. Der negative Effekt der Preissenkung würde durch eine entsprechende Nachfrageerhöhung nicht ausgeglichen.

Bei **vollkommen elastischer Nachfrage** verläuft die Nachfragekurve parallel zur Mengenachse. Sie hat an jeder Stelle eine Elastizität von unendlich. Theoretisch würde bei einem gegebenen oder niedrigeren Preis eine unendliche Menge nachgefragt. Preiserhöhungen würden allerdings die Nachfrage sofort auf null sinken lassen. Die vollkommen elastische Nachfrage ist ein theoretischer Grenzfall und kommt in der Realität i. d. R. nicht vor. Jedoch gibt es gelegentlich Fälle, bei denen ein ungewöhnlich stark reduzierter Preis die Nachfrage nach einem Produkt zeitweise fast ins Unendliche treibt.

BEISPIEL

Im September 2018 bot eine Tankstelle im westpfälzischen Ort Kusel Benzin und Diesel zum Billigpreis von nur 99 Cent an. Der Grund: Wegen bevorstehender Umbaumaßnahmen mussten alle Tanks komplett geleert werden. Der Effekt waren 100 Meter lange Warteschlangen und ein Verkehrschaos in der Innenstadt – die Nachfrage schien ins Unendliche zu gehen. Binnen eines Tages verkaufte die Tankstelle 25 000 Liter Sprit.

Bei **vollkommen unelastischer Nachfrage** verläuft die Nachfragekurve parallel zur Preisachse. Sie hat an jeder Stelle eine Elastizität von null und jeder Preis ist durchsetzbar, da die Nachfrager ihre Kaufmenge nicht anpassen. Dies ist z. B. bei Gütern der Fall, die lebensnotwendig sind und für die es keine Ersatzgüter gibt.

BEISPIEL

Für lebensnotwendige Medikamente wie z. B. Insulin sind diejenigen, die darauf angewiesen sind, auch sehr hohe Preise zu zahlen bereit.

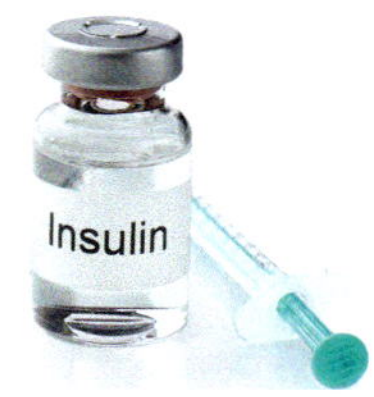

Die folgenden Abbildungen zeigen den **Verlauf der Nachfragekurve** bei einer **vollkommen elastischen Nachfrage** und einer **vollkommen unelastischen Nachfrage**.

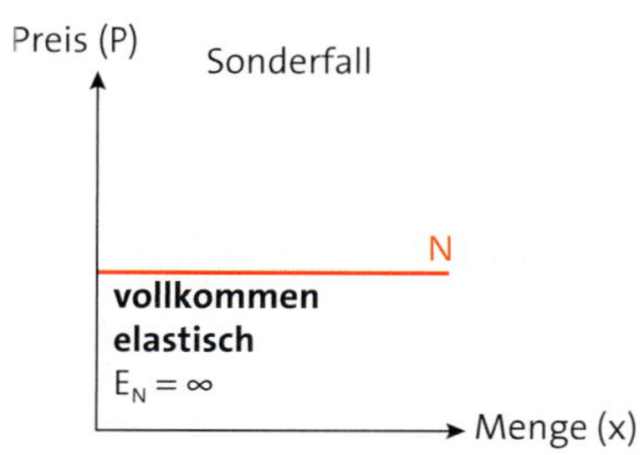

Eine Preisänderung führt zu einer unendlich starken Mengenänderung.

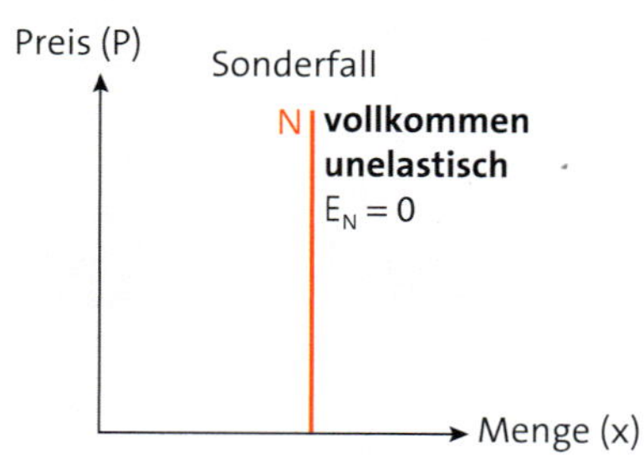

Eine Preisänderung bewirkt keine Mengenänderung.

2.5 Das Angebot

2.5.1 Die Angebotskurve

Die Anbieter legen fest, bei welchen Preisen sie sich mit welchen Angebotsmengen am Marktgeschehen beteiligen. Verkaufspreise und Verkaufsmengen bestimmen die Verkaufserlöse. Die Verkaufserlöse sollten zumindest kostendeckend sein und darüber hinaus Gewinne ermöglichen (Gewinnmaximierung). Die Anbieter folgen in der Regel dem **Gesetz des Angebots**: Sie erhöhen ihr Angebot, wenn sie bei sonst gleichen Bedingungen höhere Preise für ihr Produkt am Markt erzielen können. Umgekehrt sinkt die angebotene Menge eines Gutes, wenn der Preis für dieses Gut sinkt.

Die Beziehung zwischen Preis und angebotener Menge an Gütern lässt sich mit der **Angebotskurve (A)** in einem **Preis-Mengen-Diagramm** abbilden.

BEISPIEL

Die Angebotskurve für Kartoffen auf dem Dortmunder Wochenmarkt ergibt sich aus folgender Tabelle.

Preis in €	Menge in kg
1,00	0,50
2,00	1,50
3,00	2,50
3,50	3,00

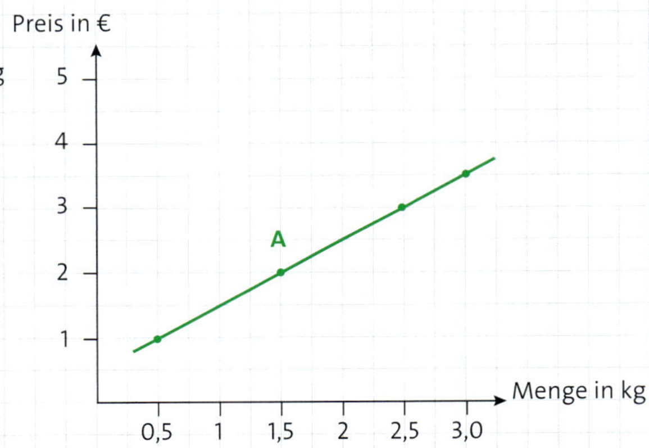

Die Verkäufer bieten mehr Kartoffeln an, wenn der Preis steigt.

Die Angebotskurve verläuft in der Regel von links unten nach rechts oben.

In der Realität werden die Angebotsmengen von Gütern nicht allein vom Preis, sondern noch von weiteren Faktoren beeinflusst:

- von der Höhe der Produktionskosten und der Verfügbarkeit der benötigten Produktionsfaktoren,
- von der Zielsetzung der Anbieter (Umsatz- und Gewinnmaximierung),
- von der Wettbewerbssituation auf dem Absatzmarkt (Marktform),
- von den Preisen der Konkurrenz,
- von der Nachfragesituation,
- von gesetzlichen Vorgaben des Staates,
- von der Konjunkturlage,
- vom technischen Fortschritt.

Produktionsfaktoren **Kapitel 3.2**

Marktform **Kapitel 4.2**

Konjunktur **Kapitel 3.13.2**

Veränderungen der oben genannten Einflussgrößen führen zu einer **Verschiebung der Angebotskurve**. Wenn es zu einer Ausweitung der Angebotsmenge durch diese Faktoren kommt, verschiebt sich die Angebotskurve nach **rechts**. Verringert sich hingegen die angebotene Menge, verschiebt sich die Angebotskurve nach **links**.

2.5.2 Die Preiselastizität des Angebots

Die Preiselastizität des Angebots ist eine **Kennzahl**, die ausdrückt, wie sich Preisänderungen auf die Angebotsmenge auswirken. Sie lässt sich berechnen, indem die prozentuale Angebotsmengenänderung für ein bestimmtes Gut durch die prozentuale Preisänderung dieses Gutes dividiert wird. Um eine positive Kennzahl zu erhalten, wird stets der Betrag des Ergebnisses verwendet.

$$\text{Preiselastizität des Angebots } (E_A) = \left| \frac{\text{Änderung der Angebotsmenge in \%}}{\text{Änderung des Preises in \%}} \right|$$

Wenn die Preise steigen und die Anbieter problemlos in der Lage sind, ihr Angebot auszudehnen, fällt die Änderung der angebotenen Menge größer aus als die Preisänderung. In diesem Fall reagiert das Angebot **elastisch** auf die Preisänderunge ($E_A > 1$).

Lässt sich das Angebot bei steigenden Preisen nur mit Mühe ausdehnen, fällt die Änderung der angebotenen Menge geringer aus als die Preisänderung ($E_A < 1$). In diesem Fall reagiert das Angebot **unelastisch** auf die Preisänderung..

Bei einem **vollkommen elastischen Angebot** verläuft die Angebotskurve parallel zur Mengenachse. Sie hat an jeder Stelle eine Elastizität von unendlich ($E_A = \infty$). Die angebotene Menge reduziert sich auf null, wenn es zu Preissenkungen kommt.

Bei einem **vollkommen unelastischen Angebot** verläuft die Angebotskurve parallel zur Preisachse. Sie hat an jeder Stelle eine Elastizität von null ($E_A = 0$). Die angebotenen Mengen bleiben unabhängig vom Preis immer gleich.

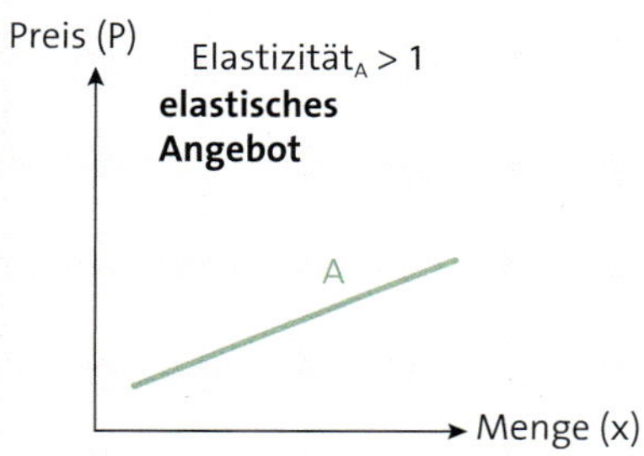

Bei einem elastischen Angebot ist die Neigung der **Angebotskurve flach**. **Kleine Preisänderungen** führen zu **großen Mengenänderungen**.

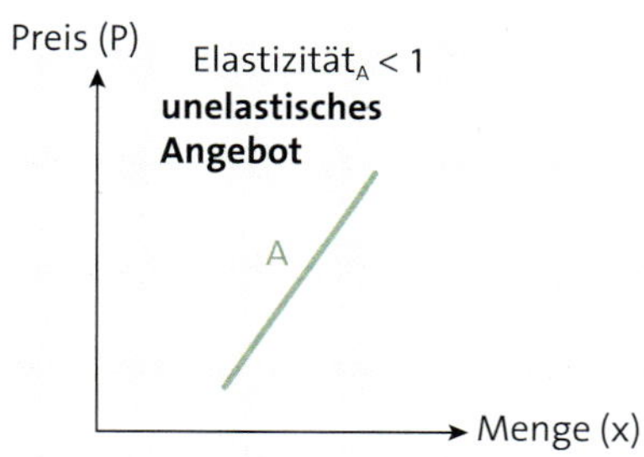

Bei einem unelastischen Angebot ist die Neigung der **Angebotskurve steil**. **Große Preisänderungen** führen zu nur **geringen Mengenänderungen**.

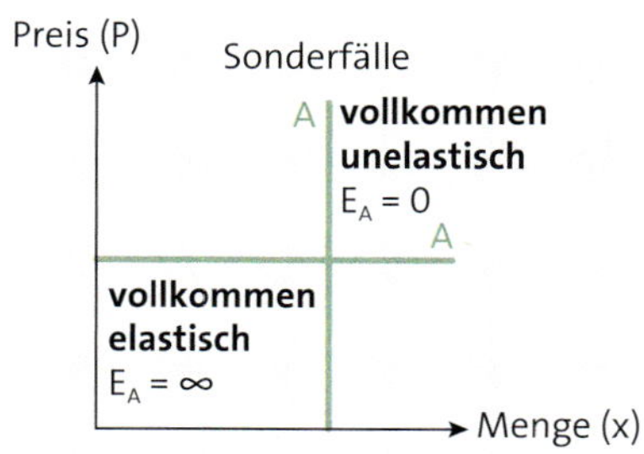

Bei einem **vollkommen unelastischen Angebot** zeigt sich eine **senkrechte Angebotskurve**. Unabhängig vom Preis wird immer die gleiche Menge angeboten (z. B. Unikate). Bei einem **vollkommen elastischen Angebot** zeigt sich eine **waagerechte Angebotskurve**. Jede Preisänderung reduziert die angebotene Menge auf null. In der Realität ist dieser Verlauf eher nicht zu finden.

2.6 Preisbildung auf vollkommenen Märkten im Polypol

2.6.1 Gleichgewichtspreis und Gleichgewichtsmenge

vollkommener Markt
Kapitel 2.3

Polypol
Kapitel 4.2

Das nachfolgend dargestellte Zusammenspiel von Angebot und Nachfrage beruht auf dem **Modell der vollständigen Konkurrenz**. Dieses Modell ist dadurch gekennzeichnet, dass sich auf einem **vollkommenen Markt** unendlich viele Anbieter und unendlich viele Nachfrager gegenüberstehen (**Polypol**). Weder Anbieter noch Nachfrager haben spürbaren Einfluss auf das Marktgeschehen, sie nehmen den vom Markt gegebenen Preis hin und können diesen nicht beeinflussen.

Werden nun die Nachfragekurve und die Angebotskurve aus den vorangegangenen Beispielen in einem Preis-Mengen-Diagramm zusammengeführt, schneiden sich die Kurven in einem gemeinsamen Punkt. Dieser Schnittpunkt stellt das **Marktgleichgewicht** dar. Der im Gleichgewicht herrschende Preis wird als **Gleichgewichtspreis** (Marktpreis) bezeichnet, und die abgesetzte Menge wird **Gleichgewichtsmenge** (Marktmenge) genannt. Im Marktgleichgewicht können alle Anbieter ihre gesamten Güter absetzen und alle Nachfrager können ihre Kaufwünsche erfüllen.

BEISPIEL

Auf dem Kartoffelmarkt in Dortmund ergibt sich bei 1,5 kg Kartoffeln ein Gleichgewichtspreis von 2,00 Euro. Die gesamte nachgefragte Menge entspricht in diesem Punkt der angebotenen Menge.

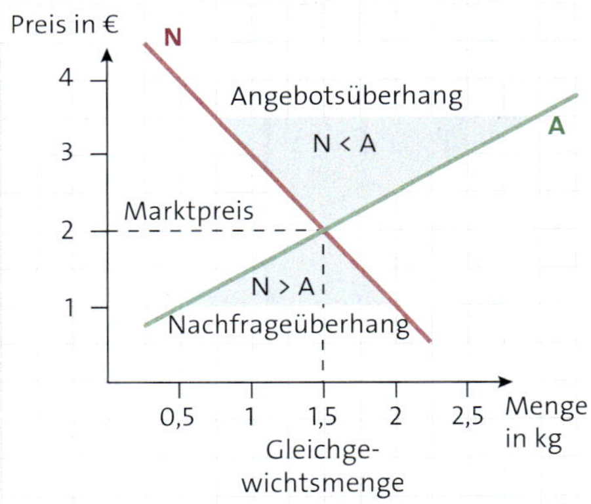

Bei Preisen ober- und unterhalb des Gleichgewichtspreises ergibt sich ein **Marktungleichgewicht** in Form eines Angebots- oder eines Nachfrageüberhangs. Es kommt zu einem **Anpassungsprozess**, sodass durch die Kräfte des Marktes der Preis und die Menge immer wieder zum Marktgleichgewicht zurückkehren.

Angebotsüberhang
Nachfragelücke

Ein **Angebotsüberhang** liegt vor, wenn das Angebot die Nachfrage übersteigt. In diesem Fall können die Anbieter nicht alle Güter verkaufen, da ihre Preise zu hoch sind. Die Nachfrager haben die bessere Verhandlungsposition und somit die größere Marktmacht. Es liegt also ein **Käufermarkt** vor. Beim Angebotsüberhang sinken i. d. R. die Preise und die Güterproduktion wird verringert, sodass das Marktgleichgewicht wiederhergestellt wird. Bei einem **Nachfrageüberhang** ist die Nachfrage höher als das Angebot, da die Preise für ein Marktgleichgewicht zu niedrig sind. Die Nachfrager können die von ihnen gewünschten Mengen nicht am Markt erwerben. In diesem Fall liegt die größere Macht bei den Anbietern, weshalb auch von einem **Verkäufermarkt** gesprochen wird. Beim Nachfrageüberhang wird das Marktgleichgewicht durch steigende Preise und höhere Güterproduktion wiederhergestellt.

Käufermarkt
Kapitel 2.3

Nachfrageüberhang
Angebotslücke

Verkäufermarkt
Kapitel 2.3

2.6.2 Konsumenten- und Produzentenrente

Der normale Verlauf der Nachfragekurve zeigt, dass einige Nachfrager bereit sind, auch über dem Gleichgewichtspreis zu kaufen. Entweder ziehen sie einen besonders hohen Nutzen aus dem Gut oder sie verfügen über eine entsprechende Kaufkraft. Jeder Nachfrager legt für sich individuell den höchsten denkbaren Preis für ein Gut fest. Dieser Preis kann auch als **maximale Zahlungsbereitschaft** des Nachfragers bezeichnet werden.

Liegt der tatsächliche Marktpreis für ein Gut unter der maximalen Zahlungsbereitschaft, so profitieren diese Nachfrager von der Marktsituation. Sie müssen weniger zahlen, als sie bereit gewesen wären zu zahlen. Diese Differenz zwischen der maximalen Zahlungsbereitschaft eines Nachfragers und dem Marktpreis wird als **Konsumentenrente** bezeichnet. Entspricht der Marktpreis genau der maximalen Zahlungsbereitschaft der Nachfrager, so entscheiden sie sich ebenfalls für den Kauf. Sie gelten in diesem Fall als **Grenznachfrager**. Bei einem höheren Marktpreis würde kein Kauf zustande kommen.

BEISPIEL

In einem Trampolinpark wird am Kiosk 1 Liter Mineralwasser für 3,00 Euro (Gleichgewichtspreis) angeboten. Nach einer Stunde Trampolinspringen wäre Tim bereit gewesen, 4,00 Euro zu bezahlen, seine Freundin Susi hätte sogar 5,00 Euro dafür gezahlt. Die Konsumentenrente von Tim beträgt 1,00 Euro und die von Susi 2,00 Euro.

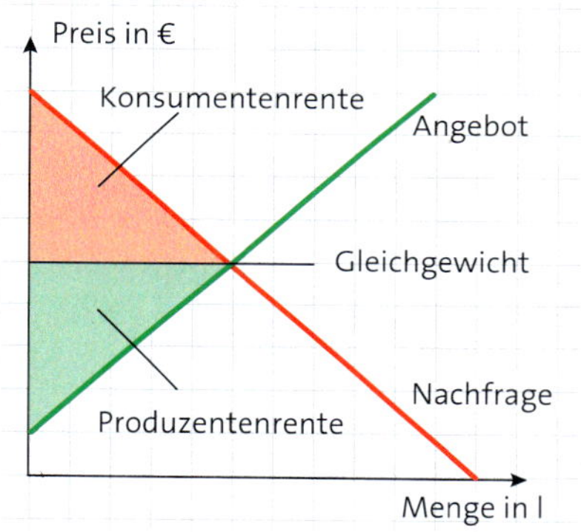

Das Gegenstück zur Konsumentenrente bildet die **Produzentenrente**. Der normale Verlauf der Angebotskurve zeigt, dass einige Anbieter bereit sind, unter dem Gleichgewichtspreis zu verkaufen. Jeder Anbieter legt für sich eine **unterste Preisgrenze** (Mindestpreis) fest, zu der er gerade noch bereit ist, am Markt zu verkaufen.

Liegt der Marktpreis unter dem individuellen Mindestpreis, so ziehen die Anbieter ihre Angebote zurück. Liegt der tatsächliche Marktpreis für ein Gut über der untersten Preisgrenze, so profitieren diese Anbieter von der Marktsituation. Sie erhalten mehr Einnahmen, als sie erwartet haben, da sie auch zu einem niedrigeren Marktpreis verkauft hätten. Die Differenz zwischen dem Marktpreis und der untersten Preisgrenze wird als **Produzentenrente** bezeichnet. Entspricht der Marktpreis genau der untersten Preisgrenze der Anbieter, so verkaufen sie ebenfalls. Sie gelten in diesem Fall als **Grenzanbieter**. Bei einem niedrigeren Marktpreis würde kein Verkauf zustande kommen.

BEISPIEL

Produzent Meier-Milch verkauft einen Liter seiner Milch für 1,49 Euro. Sein Konkurrent Frischeglück ist bereit, den Liter zu 1,09 Euro zu verkaufen, da seine Herstellungskosten niedriger ausfallen. Der Marktpreis liegt bei 1,49 Euro. Frischeglück erhält somit eine Produzentenrente von 0,40 Euro.

2.6.3 Funktionen des Gleichgewichtspreises

In der Marktwirtschaft hat der Preis die Aufgabe, Angebot und Nachfrage zum Ausgleich zu bringen. Auf einem vollkommenen Markt hat der Gleichgewichtspreis folgende Funktionen:

Funktionen des Gleichgewichtspreises

Lenkungs- oder Allokationsfunktion
Der Preis sorgt dafür, dass das Angebot und somit die verwendeten Produktionsfaktoren auf den Markt gelangen, wo sie am dringendsten benötigt werden.

Signal- oder Informationsfunktion
Der Preis informiert über die Knappheit eines Gutes. Steigt der Preis für ein Gut, so ist die Nachfrage bei gleichbleibendem Angebot gestiegen oder das Angebot ist bei gleicher Nachfrage gesunken. In beiden Fällen ist das Gut knapper geworden.

Ausgleichs- oder Koordinationsfunktion
Der Preis führt dazu, dass der Markt „geräumt“ wird: Alle Anbieter, die zum Gleichgewichtspreis anbieten, und alle Nachfrager, die zum Gleichgewichtspreis kaufen wollen, kommen zum Zug.

Erziehungsfunktion
Der Preis „erzieht“ Anbieter, ihre Produktionskosten zu senken, um einträglich arbeiten zu können. Er „erzieht“ Nachfrager, mit knappen Gütern sorgsam umzugehen.

ÜBERBLICK

Der **Markt** ist ein realer oder virtueller Ort, wo Angebot und Nachfrage aufeinandertreffen. Der Markt hat die Funktionen der Preisbildung, der Versorgung, der Koordination und der Verteilung. Es gibt verschiedene Marktarten, die nach unterschiedlichen Kriterien geordnet werden können, z. B. zeitlich und räumlich.

Der **vollkommene Markt** ist ein Modell, es gelten folgende Bedingungen: Vollständige Markttransparenz, Homogenität der Güter, Fehlen von zeitlichen Unterschieden, Fehlen von räumlichen Unterschieden, Fehlen von räumlichen, zeitlichen und persönlichen Präferenzen. In diesem Modell kann es für ein Gut nur einen Preis geben.

Nach dem **Gesetz der Nachfrage** sinkt die Nachfrage, wenn die Preise steigen und steigt die Nachfrage, wenn die Preise sinken. Die **Preiselastizität der Nachfrage** gibt an, wie stark sich die nachgefragte Menge ändert, wenn der Preis geändert wird.

Nach dem **Gesetz des Angebots** steigt die Angebotsmenge, wenn die Preise steigen, und sinkt die Angebotsmenge, wenn die Preise sinken. Die **Preiselastizität des Angebots** gibt an, wie stark sich die angebotene Menge ändert, wenn der Preis geändert wird.

Im **Marktgleichgewicht** ist der Markt geräumt. Alle Anbieter können ihre gesamten Güter absetzen und alle Nachfrager können ihre Kaufwünsche erfüllen.

Die **Konsumentenrente** ist die Differenz zwischen der Zahlungsbereitschaft des Konsumenten und dem Gleichgewichtspreis. Die **Produzentenrente** ist die Differenz zwischen dem Gleichgewichtspreis und dem Mindestpreis des Anbieters.

1 Nennen Sie die Bedingung, die erfüllt sein muss, damit ein Markt entsteht.

2 Nennen Sie das Grundprinzip des Marktes.

3 Erläutern Sie, wie sich Märkte entwickelt haben.

4 Erläutern Sie, warum die Existenz von Märkten für das Funktionieren der Wirtschaft notwendig ist.

5 Nennen Sie die Interessen der Nachfrager und Anbieter auf einem Markt.

6 Erläutern Sie die verschiedenen Funktionen des Marktes anhand von konkreten Beispielen.

7 Erstellen Sie ein Schaubild zu den Marktarten.

8 Unterscheiden Sie Verkäufer- und Käufermarkt.

9 In der Realität gibt es nur sehr wenige vollkommene Märkte.
- **a** Nennen und erläutern Sie die Merkmale eines vollkommenen Marktes.
- **b** Nennen Sie das Gesetz, welches auf einem vollkommenen Markt erfüllt ist.
- **c** Zeigen Sie anhand eines selbst gewählten Beispiels, dass es vollkommene Märkte in der Wirklichkeit kaum gibt.

10 Entscheiden Sie für die nachfolgenden Beispiele, ob es sich um vollkommene Märkte handelt. Begründen Sie Ihre Entscheidung.
- **a** Ebay-Kleinanzeigen
- **b** Handytarife
- **c** Aktienbörse

11 Erläutern Sie das Gesetz der Nachfrage und nehmen Sie anschließend Stellung zu folgender Aussage: „Die Marktnachfrage nach der Pkw-Marke ‚drive‘ steigt, obwohl die Preise für ‚drive‘ gestiegen sind.“

12 Die Nachfrage wird durch verschiedene Einflussfaktoren bestimmt.
- **a** Erläutern Sie vier Faktoren, die Einfluss auf die Nachfrage haben.
- **b** Diskutieren Sie, welcher Einflussfaktor beim Kauf eines neuen Smartphones aus Ihrer Sicht die wichtigste Rolle spielt.

13 Erläutern Sie, warum sich die Nachfragekurve bei einer Preisänderung nicht verschiebt.

14 Stellen Sie die Verschiebung der Nachfragekurve für die Spielkonsole Ypso I dar, wenn ...
- **a** alle Spielkonsolenanbieter auf dem Markt ihre Preise erhöhen.
- **b** der Preis für Spiele für die Spielkonsole Ypso I steigt.
- **c** die nächste Generation der Spielkonsole Ypso auf den Markt kommt.
- **d** die Einkommen der Schüler steigen.
- **e** alle Spielkonsolenhersteller auf dem Markt ihre Preise senken.

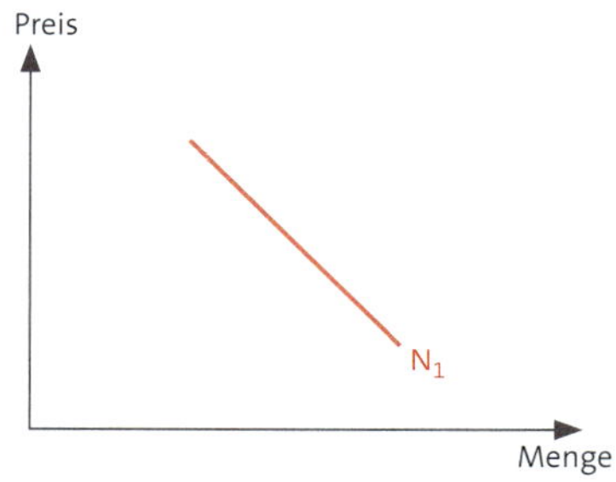

15 Erläutern Sie das Konzept der Preiselastizitäten.

16 Erklären Sie, bei welcher Preiselastizität der Nachfrage Unternehmen den Angebotspreis für ihre Produkte erhöhen sollten.

17 Erläutern Sie das Gesetz des Angebots.

18 Das Angebot wird durch verschiedene Einflussfaktoren bestimmt. Erläutern Sie vier Faktoren, die Einfluss auf das Angebot haben.

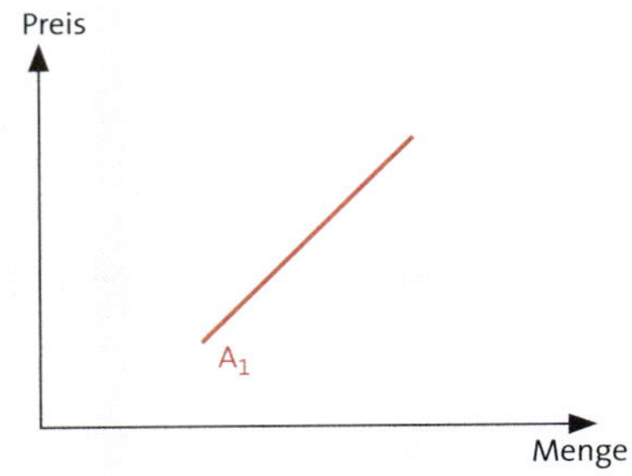

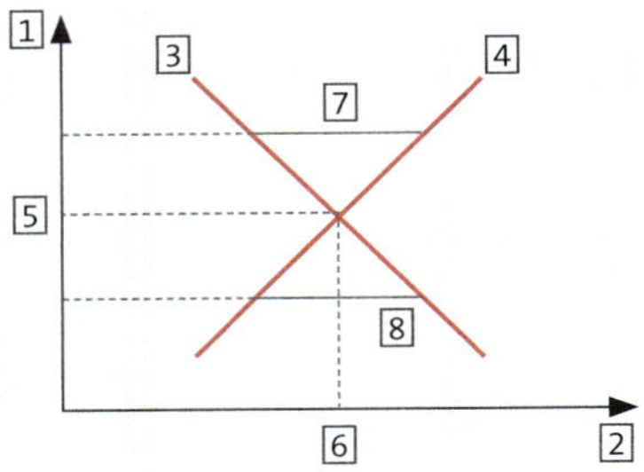

19 Stellen Sie die Verschiebung der Angebotskurve für die Spielkonsole Ypso I dar, wenn …

a durch technischen Fortschritt die Produktionsdauer für Ypso I sinkt.

b ein neues, kostengünstiges Konkurrenzprodukt auf den Markt kommt.

c die Nachfrager nicht mehr bereit sind, den geforderten Preis zu zahlen.

d die Produktion durch gesetzliche Vorgaben erschwert wird.

20 Nennen Sie die Bedingungen, die gegeben sein müssen, damit sich ein Gleichgewichtspreis bilden kann.

21 Schauen Sie die nebenstehende Grafik an.

a Welche Beschriftungen passen zu den Ziffern 1 bis 8?

b Erklären Sie, was unter einem Angebotsüberhang (Nachfragelücke) verstanden wird.

c Erklären Sie, was unter einem Nachfrageüberhang (Angebotslücke) verstanden wird.

22 In einem Vorort von Bochum ergeben sich folgende Daten auf dem Markt für XXL-Currywürste:

Preis in EUR	2,00	3,00	4,00	5,00	6,00	7,00	8,00
nachgefragte Menge	160	140	120	100	80	60	40
angebotene Menge	50	75	100	125	150	175	200

a Tragen Sie die Nachfrage- und die Angebotskurve in ein Preis-Mengen-Diagramm ein. Ermitteln Sie das Marktgleichgewicht.

b Angenommen, der tatsächliche Marktpreis würde 6,00 Euro betragen. Was für eine Marktsituation läge hier vor? Und was würde vermutlich passieren?

c Jetzt herrscht Marktgleichgewicht. Nehmen Sie nun an, dass aufgrund eines stetig wachsenden Umweltbewusstseins veganes Essen immer populärer wird. Infolgedessen boomt der Verkauf von veganen Bratlingen. Welchen Einfluss hat dies auf den Preis von XXL-Currywürsten?

23 Zeigen Sie für die folgenden Ereignisse die Auswirkungen auf die Nachfragekurve, die Angebotskurve, die Gleichgewichtsmenge sowie den Gleichgewichtspreis in einem Diagramm.

a Die deutsche Fußballnationalmannschaft gewinnt die Weltmeisterschaft. Was passiert auf dem Markt für Trikots der Nationalmannschaft?

b Eine Gesundheitsstudie ergibt, dass der Konsum von zuckerhaltigen Softdrinks das Krebsrisiko erhöht. Was passiert auf dem Markt für Cola?

c Aufgrund einer Unwetterphase werden große Teile der Kakaoernte des Jahres vernichtet. Was passiert auf dem Markt für Schokolade?

d Vor der deutschen Nordseeküste werden unerwartet große Erdgasfelder entdeckt. Was passiert auf dem Erdgasmarkt?

24 Erläutern Sie, wie es zum Entstehen einer Produzenten- und einer Konsumentenrente kommen kann.

25 Finden Sie jeweils ein Beispiel, um die verschiedenen Funktionen des Preises zu verdeutlichen.

2.7 Warum (internationaler) Handel?

Eli

Katharina

Elinor steht unter Zeitdruck. Um 13:15 Uhr endet der Unterricht und um 13:25 Uhr geht der Bus zu ihrem alten Praktikumsbetrieb im Gewerbegebiet, wo sie nach der Schule aushilft. Wenn sie den Bus verpasst, muss sie 30 Minuten warten und lässt ihren Chef im Stich. Gleichzeitig muss sie heute um 13:15 Uhr ihr Handout für das Deutsch-Referat zum Kopieren am Lehrerzimmer abgeben. „Wie soll ich das nur schaffen?“, fragt sie Katharina. „Kann ich machen! Ich bin heute mit dem Auto meiner Eltern hier. Das wartet gerne zehn Minuten länger auf mich!“, grinst Katharina, die gerade ihren Führerschein gemacht hat. „Du könntest dafür heute Abend in der Einkaufspassage diesen Pulli für mich umtauschen. Das sind für dich zu Fuß zehn Minuten. Ich brauche mit Parkplatzsuche mindestens 45 Minuten ...“

Am nächsten Morgen übergibt Elinor die Tüte mit dem Pulli an Katharina. „Auf dich ist Verlass“, bedankt sich Katharina. „So jemanden könnten wir auf dem Hof gerade gebrauchen. Hast du am Samstag schon etwas vor?“ Katharina weiß, dass Elinor stets Möglichkeiten zum Geldverdienen sucht, und auf dem Hof ihres Vaters gibt es saisonbedingt dieses Wochenende gerade viel zu tun: Die Online-Buchungen für „Urlaub auf dem Bauernhof“ müssen bearbeitet werden. Schließlich bringt jede Buchung dem Bauernhof einen Ertrag von 30,00 Euro. Gleichzeitig steht die Kirschenernte für den Bauernmarkt an. Sechs Kirschbäume müssen innerhalb weniger Tage komplett abgeerntet werden. Je Kilo geernteter Kirschen erzielt der Bauernhof einen Ertrag von 6,00 Euro. Als Gegenleistung für die geleistete Arbeit entschädigt Katharinas Vater Elinor und Katharina mit einer Erfolgsbeteiligung von 40 % des Ertrags. Die Erfolgsbeteiligung teilen sich beide je zur Hälfte.

Elinor und Katharina wollen am Samstag acht Stunden arbeiten. Am Vormittag arbeiten beide für sich, beantworten je zwei Stunden lang Buchungsanfragen und ernten je zwei Stunden lang Kirschen. Nach vier Stunden Arbeit hat Katharina acht Buchungsanfragen und zehn Kilo Kirschen geschafft. Elinor hat in der Zeit nur 1,5 Buchungsanfragen bearbeitet, da sie mit dieser Tätigkeit nicht vertraut ist, und acht Kilo Kirschen geerntet, eine für sie ungewohnte und anstrengende Arbeit.

Als die Mädchen beim Mittagessen von ihrer Arbeit berichten, sagt Katharinas Vater: „Versteh mich nicht falsch, Katharina. Das ist toll, dass Elinor uns hilft. Aber könnt ihr in den vier Stunden heute Nachmittag die Arbeit nicht besser organisieren? Ich glaube, dass ihr beide davon profitiert.“

1 Recherchieren Sie in Kleingruppen, was man unter absoluten und komparativen Kostenvorteilen versteht, und analysieren Sie die obigen Situationen. Diskutieren Sie Ihre Ergebnisse anschließend im Plenum.
- **a** Warum ist es sinnvoll, dass Katharina Elinors Handout abgibt und Elinor Katharinas Pulli umtauscht?
- **b** Wie sollten Elinor und Katharina die Arbeit auf dem Bauernhof untereinander aufteilen? Begründen Sie Ihren Vorschlag.

2 Diskutieren Sie in Kleingruppen die nachfolgenden Fragen. Visualisieren Sie Ihre Ergebnisse in Form eines Plakats, das Sie im Plenum präsentieren.
- **a** Was haben die obigen Situationen mit dem internationalen Güterhandel zu tun? Gibt es einen Zusammenhang?
- **b** Was für Gründe für Außenhandel gibt es?
- **c** Gibt es auch Gründe, den Außenhandel zu beschränken?

2.8 Die Entwicklung des Welthandels

Wie bereits dargestellt, leben Haushalte nicht mehr als Selbstversorger, sondern handeln mit anderen. Für einen Haushalt ist es in wirtschaftlicher Hinsicht kaum sinnvoll, sich von anderen Menschen abzukapseln und keine wirtschaftlichen Beziehungen einzugehen. Dies gilt in ähnlicher Form für Volkswirtschaften. Der Handel auf dem Weltmarkt ist nicht mit einem sportlichen Wettkampf zu vergleichen, bei dem der eine verliert und der andere gewinnt. Handel zwischen zwei Ländern führt meist dazu, dass es jedem Land wirtschaftlich besser geht. Jede Volkswirtschaft kann sich auf das spezialisieren, was sie am besten kann, und durch Handel eine große Bandbreite an Waren und Dienstleistungen erwerben.

Arbeitsteilung
Kapitel 1.6

Der internationale Handel ist nach dem Zweiten Weltkrieg stetig gewachsen. Seit 1950 ist das Volumen der globalen Waren**exporte** auf das 40-Fache gestiegen. Die Zunahme des Außenhandels kann hauptsächlich durch den Abbau von Handelsbeschränkungen erklärt werden und hat Millionen Menschen in Entwicklungs- und Schwellenländern aus der Armut geholfen. Allerdings sind durch diese Entwicklung auch Millionen von Arbeitsplätzen im verarbeitenden Gewerbe der Industrieländer durch Verlagerung ins Ausland weggefallen.

Export
Verkauf inländischer Güter ins Ausland

Außenhandel
Kapitel 2.9–2.10 und 4.16

Handelsbeschränkungen
Kapitel 2.10

Globalisierung
Kapitel 4.15

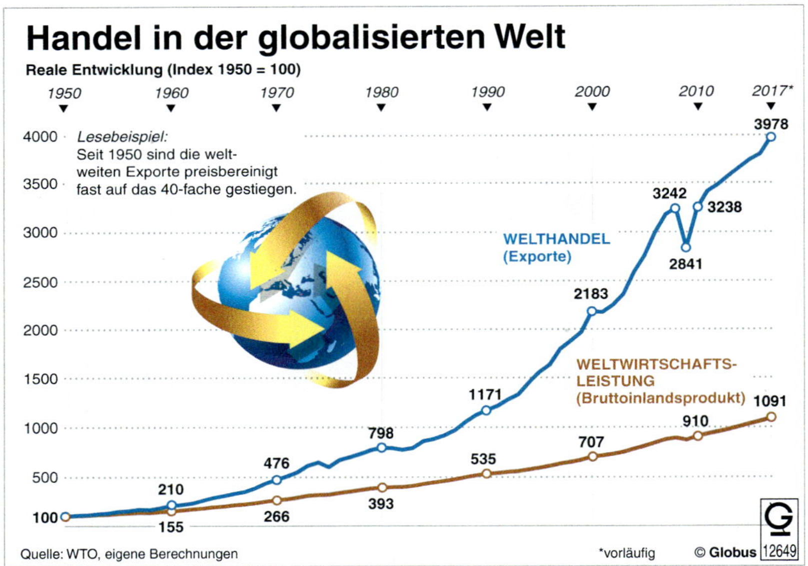

Bruttoinlandsprodukt
Kapital 3.6.1

Aber nicht nur das Wirtschaftsvolumen ist gestiegen, sondern auch die Zahl der Teilnehmer am Welthandel. Seit den 1990er-Jahren öffneten sich z. B. Schwellenländer wie Mexiko, China, Brasilien und Indien verstärkt dem Weltmarkt. China zählt heute, neben den USA und Deutschland, zu den exportstärksten Volkswirtschaften.

Für Deutschland spielt der Außenhandel eine wichtige Rolle für Wachstum, Wettbewerbsfähigkeit und Beschäftigung. So hängen fast 30 % der deutschen Arbeitsplätze direkt oder indirekt vom Export ab. Allerdings ist Deutschland auch auf **Importe** angewiesen, da es an natürlichen Rohstoffen und ausreichenden Agrarflächen mangelt, welche die Gesamtbevölkerung des Landes versorgen könnten. Die deutsche Wirtschaft ist somit eng mit der Weltwirtschaft verflochten und globale wirtschaftliche Entwicklungen haben sowohl positive als auch negative Auswirkungen auf das inländische Wirtschaftsgeschehen.

Bedeutung des Außenhandels für Deutschland
Kapitel 4.16

Import
Kauf von ausländischen Gütern

2.9 Gründe für den Außenhandel

Außenhandel findet i. d. R. aus den folgenden drei Beweggründen statt:

1. **fehlende Verfügbarkeit der Güter** im Inland, z.B. wegen Rohstoffmangel oder ungeeignetem Klima,
2. **unterschiedliche Produktionskosten** im In- und Ausland,
3. **unterschiedlicher Kundengeschmack**, z.B. durch unterschiedliche Produktgestaltung und unterschiedliches Image der Produkte.

2.9.1 Fehlende Verfügbarkeit von Gütern

Wenn bestimmte Güter in einem Land nicht zur Verfügung stehen, werden sie im Ausland gekauft. Das kann daran liegen, dass es im Inland an entsprechenden Rohstoffen fehlt, das Klima ungeeignet ist, es an qualifizierten Arbeitskräften fehlt, oder auch daran, dass nicht genügend Kapital für die Güterproduktion zur Verfügung steht.

BEISPIEL

Nach Deutschland werden Agrargüter wie Kakao, Kaffee, Tee, Bananen usw. importiert, weil sie hier nicht angebaut werden können bzw. ihr Anbau mit sehr hohen Kosten verbunden wäre. Metallische Rohstoffe, die vor allem für High-Tech-Produkte gebraucht werden, müssen zu 100 % importiert werden.

2.9.2 Absolute Kostenvorteile

Bereits Adam Smith (1723–1790) befasste sich mit den Vorteilen der Spezialisierung. Er stellte fest, dass jedes Land die Güter produzieren sollte, welche es **effizienter** herstellen kann als das Ausland. Die anderen Güter sollte es aus dem Ausland importieren. Diese Vorgehensweise führt durch den absoluten Kostenvorteil zur Steigerung der weltweiten Wohlfahrt. Insgesamt können so die beteiligten Länder durch die Spezialisierung über mehr Güter verfügen, die sie wiederum untereinander eintauschen können.

Adam Smith
Kapitel 3.9

effizient
mit verhältnismäßig geringem Aufwand viel bewirkend

BEISPIEL

Deutschland und Frankreich produzieren jeweils eine Maschine und ein Fass Wein zu unterschiedlichen Produktionskosten. Die Produktionskosten werden in Arbeitsstunden ausgedrückt.

Produkt / Land	1 Maschine	1 Fass Wein	∑ Arbeitszeit
Deutschland	10 Std.	12 Std.	22 Std.
Frankreich	12 Std.	8 Std.	20 Std.
Gesamtmenge	2 Maschinen	2 Fässer Wein	-

Frankreich hat einen absoluten Kostenvorteil bei der Produktion von Wein und Deutschland bei der Produktion von Maschinen. ▶

Spezialisieren sich beide Länder nur auf die jeweilige Produktion, stehen bei gleichbleibender Arbeitszeit der Länder insgesamt mehr Güter zur Verfügung:
- Deutschland produziert in 22 Std. 2,2 Maschinen (22 Std./10 Std. zur Produktion einer Maschine).
- Frankreich produziert in 20 Std. 2,5 Fässer Wein (20 Std./8 Std. zur Produktion von einem Fass Wein).

2.9.3 Komparative Kostenvorteile

David Ricardo (1772–1832)

David Ricardo (1772–1832) entwickelte die Theorie des absoluten Kostenvorteils von Adam Smith weiter. Diese Weiterentwicklung zeigt, dass zwei Länder auch dann Vorteile durch internationale Arbeitsteilung erzielen können, wenn ein Land beide Güter effizienter produzieren kann.

BEISPIEL

Jetzt gehen wir davon aus, dass Frankreich bei der Produktion von Wein wie auch Maschinen absolute Kostenvorteile aufweist. Das Beispiel aus dem vorherigen Abschnitt wird wie folgt angepasst:

Produkt / Land	1 Maschine	1 Fass Wein	∑ Arbeitszeit
Deutschland	10 Std.	12 Std.	22 Std.
Frankreich	9 Std.	8 Std.	17 Std.

Theoretisch müsste nun Frankreich beide Güter anbieten und wäre an einem Handel mit Deutschland nicht interessiert. Es kommt aber dennoch zu einem beidseitigen Handel. Wie kann das sein? Dazu müssen die relativen, d. h. die **komparativen Kosten** miteinander verglichen werden.

komparativ
von lat. „comparare“: vergleichen

Wenn Deutschland sich entscheidet, anstatt einer Maschine zwei Maschinen zu produzieren, muss es auf die Herstellung von 0,833 Fass Wein (vgl. folgende Tabelle) verzichten. Für Frankreich gilt, dass es bei der Produktion einer weiteren Maschine auf 1,125 Fass Wein verzichtet. Das Land, welches Maschinen bzw. Wein zu geringeren **Opportunitätskosten** herstellen kann als das andere, hat einen komparativen Vorteil. Also sollte Deutschland Maschinen produzieren und Frankreich Wein (vgl. Hervorhebung in der Tabelle).

Die **Opportunitätskosten** geben an, auf wie viel von einem Gut verzichtet werden muss, um eine Einheit mehr von einem anderen Gut zu erhalten.

Tauschverhältnis / Land	Maschine : Wein (1 Maschine gegen Wein)	Wein : Maschine (1 Fass Wein gegen Maschine)
Deutschland	10 Std./12 Std. = **0,833**	12 Std./10 Std. = **1,2**
Frankreich	9 Std/8 Std. = **1,125**	8 Std./9 Std. = **0,889**

Durch Handel der beiden Länder sind beide Länder mit Maschinen und Wein versorgt. Außerdem haben beide Länder Produktionskosten gespart:
- Deutschland produziert 2 Maschinen in 20 Stunden anstatt 1 Maschine und 1 Fass Wein in 22 Std. (Produktionskostenersparnis: 2 Stunden).
- Frankreich produziert 2 Fässer Wein in 16 Stunden anstatt 1 Maschine und 1 Fass Wein in 17 Stunden (Produktionskostenersparnis: 1 Stunde).

Die ersparten Produktionskosten können Deutschland und Frankreich zur Kapazitäts- bzw. Produktionserweiterung einsetzen.

Das Beispiel zeigt, dass jedes Land mehr Güter für den Konsum zur Verfügung hat, wenn es sich auf die Güter spezialisiert, bei denen es einen komparativen Kostenvorteil hat, und diese gegen Güter tauscht, die ein anderes Land relativ kostengünstig produziert. Außerdem können durch die Spezialisierung weitere Kosten gesenkt werden.

Aus der internationalen Arbeitsteilung und dem Gesetz der komparativen Kosten kann die **Forderung nach Freihandel** abgeleitet werden, d. h., jedermann sollte die Freiheit haben, im In- oder Ausland einzukaufen oder zu verkaufen, einen Arbeitsplatz zu suchen oder Arbeitskräfte einzustellen.

internationale Arbeitsteilung **Kapitel 1.6**

Freihandel **Kapitel 2.10.1**

Schutz vor Außenhandel **Kapitel 2.10**

Viele Produzenten befürchten dabei jedoch eine „Überschwemmung" des Inlandsmarktes mit billigen Waren aus dem Ausland. Daher versuchen Staaten nicht selten, die heimischen Erzeuger vor der ausländischen Konkurrenz zu schützen, sei es durch Einfuhrbeschränkungen, durch Gewährung von Steuerbegünstigungen oder, vor allem im landwirtschaftlichen Sektor, durch staatliche Subventionen.

2.9.4 Intraindustrieller Handel

Beobachtet man den Handel zwischen den Volkswirtschaften, zeigt sich ein interessantes Phänomen: Nicht nur der Handel zwischen den Ländern mit unterschiedlichen Wettbewerbsvorteilen wuchs, sondern auch der Handel zwischen Industrieländern mit derselben Güterart. In diesem Zusammenhang wird vom intraindustriellen Handel gesprochen. Hier stehen nicht die Kostenunterschiede im Vordergrund, sondern hier geben **Konsumentenpräferenzen** den Kaufausschlag.

BEISPIEL

Deutschland exportiert Autos nach Frankreich und Frankreich importiert Autos nach Deutschland. In den Augen der Konsumenten sind Autos der verschiedenen Marken nicht ohne weiteres miteinander vergleichbar und austauschbar. Sie sehen z. B. Unterschiede im Design, unterschiedliche Funktionen, eine unterschiedliche Qualität und ein unterschiedliches Image.

2.10 Instrumente der Außenwirtschaftspolitik

Die Außenwirtschaftspolitik umfasst alle Maßnahmen, die darauf abzielen, die wirtschaftlichen Beziehungen mit dem Ausland im Sinne der eigenen Zielsetzungen zu beeinflussen. Dazu gehören sowohl die Außenhandelspolitik (ordnet und lenkt die internationalen Warenströme) als auch die Währungs- und Wechselkurspolitik (ordnet und lenkt die internationalen Kapitalströme).

Wechselkurssysteme
Kapitel 2.12

2.10.1 Freihandel versus Protektionismus

Zu den besonderen Herausforderungen im internationalen Warenaustausch gehört die Bewältigung des Konflikts zwischen Freihandel und Protektionismus. Vertreter des Freihandels fordern den Abbau von Handelshemmnissen und die Öffnung der Märkte. Protektionisten wollen hingegen den inländischen Markt vor der ausländischen Konkurrenz durch den Aufbau von Handelshemmnissen schützen.

Handelshemmnisse
Kapitel 2.10.2–2.10.3

Im Laufe der Geschichte wechselten sich das Freihandelsprinzip und das Prinzip des Protektionismus mal mehr, mal weniger dominant ab. Vom 16. bis 18. Jahrhundert, im Zeitalter des **Merkantilismus**, dominierte in den europäischen Staaten der Protektionismus. Die Fürsten schlossen z. B. die Grenzen für Importe, um die heimische Wirtschaft zu schützen. Erst durch die Industrialisierung und durch ein besseres Transportwesen begannen sich die Märkte zu öffnen und der Freihandel setzte sich in Europa und Nordamerika weitgehend durch.

Nach dem Ersten Weltkrieg bis nach dem Zweiten Weltkrieg dominierte wieder der Protektionismus. Danach wurde die Liberalisierung des Welthandels durch den Abschluss des **Allgemeinen Zoll- und Handelsabkommens (GATT)** bzw. die Gründung der seit 1995 tätigen **Welthandelsorganisation (WTO)** vorangetrieben. Zudem trugen regionale Freihandelszonen (z. B. die Europäische Union) und viele Freihandelsabkommen zum Abbau von Zöllen und anderen Handelshemmnissen bei.

WTO
Kapitel 2.11

Europäische Union
Kapitel 4.14

Seit der Weltwirtschaftskrise 2008/2009 gibt es wieder vermehrt protektionistische Tendenzen. Einige Länder verwenden seitdem erlaubte Zölle und mehr Vorschriften, um sich gegen **Dumping** zu wehren. Seit 2017 verschärfen auch die USA unter Präsident Trump ihre Außenwirtschaftspolitik, um Arbeitsplätze zurück in die USA zu holen. Dazu werden Zölle auf z. B. Stahl und Aluminium sowie andere handelspolitische Schutzinstrumente eingesetzt. Die betroffenen Länder reagieren darauf mit Vergeltungszöllen. Außerdem wurden verschiedene Handelsabkommen auf Eis gelegt. Es besteht die Gefahr eines weltweiten **Handelskrieges**.

Dumping
zu Schleuderpreisen verkaufen

Handelskrieg
Wettstreit zwischen zwei oder mehr Ländern um Handelsanteile

BEISPIEL

Argumente für Protektionismus:
- Inländische Arbeitsplätze sollen gegen die ausländische, billigere Konkurrenz geschützt werden.
- Junge, sich entwickelnde Industrien sollen solange vorübergehend geschützt werden, bis sie sich im internationalen Wettbewerb behaupten können.
- Alte Industrien, die sich gegenüber der ausländischen Konkurrenz nicht mehr behaupten können, müssen vorübergehend geschützt werden, um sich den veränderten Bedingungen anzupassen.
- Länder müssen spezielle Industrien (z. B. Kohle und Stahl) schützen, um unabhängig zu bleiben und sich im Krisenfall selbst versorgen zu können.

Eine Studie der Bertelsmann Stiftung zu „Konsequenzen einer protektionistischen Handelspolitik der USA" finden Sie unter: www.bertelsmann-stiftung.de/fileadmin/files/BSt/Publikationen/GrauePublikationen/NW_US-Protektionismus.pdf

Häufig genügt die Androhung von protektionistischen Maßnahmen, um nationale Interessen durchzusetzen. Nachfolgend werden die wichtigsten außenwirtschaftspolitischen Instrumente, die in tarifäre und nichttarifäre Handelshemmnisse unterteilt werden können, vorgestellt.

2.10.2 Tarifäre Handelshemmnisse

Unter tarifären Handelshemmnissen versteht man **Zölle** (engl. „tariffs"), also Abgaben an den Staat. Zölle sind ein **sichtbares Instrument**, um einerseits staatliche Einnahmen zu erzielen und andererseits die inländische Wirtschaft vor der ausländischen Konkurrenz zu schützen. Sie werden auf eingeführte, ausgeführte oder durchs Land geleitete Güter erhoben. Mit der Erhebung von **Einfuhrzöllen** verteuern sich die importierten Güter. Wie der Importzoll auf die Wohlfahrt wirkt, hängt von der Größe eines Landes, aber auch von der Marktstruktur und dem Marktverhalten ab.

BEISPIEL

Die EU führt einen Importzoll auf Stahl ein, sodass sich der Stahlpreis künstlich über den Weltmarktpreis hinaus erhöht.

Die **ausländischen Produzenten** können wegen des gestiegenen Preises weniger Stahl in die EU exportieren. Die Importmenge sinkt. Durch die Zollerhebung werden die **inländischen Produzenten** angeregt, mehr zu produzieren, da importierter Stahl durch inländisch produzierten Stahl ersetzt wird. Sie können ihren Stahl zu höheren Preisen verkaufen als bisher (Weltmarktpreis plus Importzoll).

Den Nachteil haben die **inländischen Nachfrager**, denn sie müssen höhere Preise zahlen und werden ggf. ihren Konsum senken.

Die EU hat zwei Ziele erreicht:

1. Schutz der einheimischen Industrie, da weniger Stahl aus dem Ausland nachgefragt wird,
2. Einnahmen aus dem Importzoll.

Aber: Sinkt die Nachfrage nach Stahl im Inland sehr stark, gehen die Effekte aus den beiden erreichten Zielen verloren und es kann sogar zu einem Wohlfahrtsverlust kommen.

2.10.3 Nichttarifäre Handelshemmnisse

Seit dem Jahr 2009 machen Zollmaßnahmen nur ca. 23 % aller protektionistischen Maßnahmen aus. Die meisten aller handelsbeschränkenden Maßnahmen sind folglich nichttarifärer Natur. Sie werden anstelle von Zöllen oder zur Ergänzung der Zollpolitik eingesetzt. Bei der Ausgestaltung von nichttarifären Handelshemmnissen gibt es einen großen kreativen Spielraum, der zu einer Vielzahl unterschiedlicher Formen führt. Alle Formen haben aber das Ziel, inländische Produzenten zu schützen und den Marktzutritt für ausländische Anbieter zu behindern. Nachfolgend seien einige Beispiele, nach Gruppen geordnet, genannt:

Subvention
staatliche Begünstigung, die keine Gegenleistung erfordert

Kontingent
vom Staat festgesetzte wert- oder mengenmäßige Quote zur Begrenzung bestimmter Güter

Kartelle
Kapital 4.4.1 und 4.5.2

administrativ
behördlich

Lizenz
Genehmigung oder Erlaubnis, ein Recht gegen Entgelt wirtschaftlich zu nutzen

- **preisbezogene Maßnahmen**, wie z. B. **Subventionen**, Regierungskäufe, Einfuhrzuschläge, Grenzausgleichssteuer, Ausfuhrsteuer, Sonder- und Zusatzsteuern, Hafengebühren, Steuererleichterungen für inländische Produzenten;
- **mengenbeschränkende Maßnahmen**, wie z. B. Einfuhr- und Ausfuhrverbote, Einfuhr- und Ausfuhr**kontingente**, Einfuhr- und Ausfuhrmindestpreise, freiwillige Exportbeschränkungen, Selbstbeschränkungsabkommen, internationale Kartelle;
- **administrative Maßnahmen**, wie z. B. Begünstigung inländischer Anbieter bei staatlicher Auftragsvergabe, Einfuhrüberwachung und Ursprungskontrollen, Import**lizenzen**, komplizierte Zollbestimmungen und Zollabfertigung, Gesundheits- und Sicherheitsbestimmungen, Verbraucherschutzbestimmungen, technische Normen und Standards, Produktgestaltungsvorschriften, Herstellungsvorschriften, markenrechtliche Bestimmungen, Kennzeichnungsvorschriften, Boykottaufrufe und -handlungen.

2.11 Die Welthandelsorganisation

Die **Welthandelsorganisation** (World Trade Organization, **WTO**) soll dafür sorgen, dass es zu „fairen Spielregeln“ beim internationalen Handel zwischen den Ländern kommt. Bis 1994 war das **Allgemeine Zoll- und Handelsabkommen** (General Agreement on Tariffs and Trade, **GATT**) das maßgebliche Instrument zur Regulierung des Welthandels. Das GATT hatte vornehmlich die Aufgabe, internationale Zollschranken abzubauen. 1995 ging aus dem GATT die WTO hervor und hat seitdem ihren Sitz in Genf (Schweiz). Zurzeit gehören 164 Mitgliedsländer der WTO an.

Die WTO hat folgende **Hauptaufgaben**:

- Sie soll **Handelshemmnisse abbauen,** indem sie den Mitgliedern ein Forum für Verhandlungen bietet.
- Sie soll die **Liberalisierung des Welthandels** überwachen und im Fall der Verletzung von Handelsabkommen **Streit** zwischen den Mitgliedsstaaten **schlichten**.
- Sie soll dabei die besonderen **Bedürfnisse der Entwicklungsländer berücksichtigen**.

Liberalisierung des Welthandels bedeutet aber nicht, dass es grundsätzlich keine Handelsschranken mehr geben darf. So dürfen z. B. Maßnahmen zum Schutz vor Krankheiten und Seuchen ergriffen werden.

Zu den **Hauptprinzipien** der WTO zählen:

- **Meistbegünstigung**: Ein WTO-Mitglied muss alle Handelspartner gleichbehandeln. Vorteile, die einem Handelspartner gewährt werden, müssen auch den anderen zugestanden werden.
- **Inländerbehandlung**: Ausländische Güter dürfen nicht anders behandelt werden als solche aus dem Inland. Darum müssen alle Regelungen und Beschränkungen des Außenhandels der WTO transparent gemacht werden.
- **Gegenseitigkeit**: Die Zugeständnisse der Handelspartner in Verhandlungen sollen ausgewogen sein. Nicht nur ein Land soll Vorteile gewähren, sondern auch die anderen Länder. Entwicklungsländer können davon ausgenommen werden.

2001 wurde in **Doha** eine weitere Runde zur Liberalisierung der weltweiten Handelsbeziehungen eingeläutet. Bis heute wurde kein Abschluss der Verhandlungen erreicht. Grund dafür sind unüberbrückbare Differenzen zwischen den Entwicklungs- und Schwellenländern und den Industrieländern. Besonders im Bereich der Agrarmärkte gibt es Streit. Die Entwicklungsländer beklagen sich, dass die EU und die USA den Zutritt zum Agrarmarkt durch Handelshemmnisse verhindern und durch Exporte in die Entwicklungsländer den Wettbewerb massiv verzerren.

Doha ist eine Stadt im Golfstaat Katar, wo im Jahr 2001 die Auftaktkonferenz stattfand.

BEISPIEL

Europas Agrarindustrie exportiert seit Jahren Massen von billigem Geflügelfleisch und Milchprodukte nach Afrika und verdrängt dadurch die einheimischen Produzenten. „Billige“ Agrarprodukte aus Europa sind möglich, da hohe Subventionen in den dortigen Markt gepumpt werden. Der Wettbewerb wird so verzerrt.

Knock Out in der neunten Runde?

Die Vorgeschichte der aktuellen „Doha-Runde“ zur Liberalisierung der weltweiten Handelsbeziehungen

GATT/WTO (ab 1995) Verhandlungsrunden		Gegenstand der Verhandlungen	teilnehmende Länder	Durchschnittliche Zollsenkung in %
1947	–	Zölle	23	35
1949	Annecy-Runde	Zölle	13	2
1951	Torquay-Runde	Zölle	38	3
1956	Genf-Runde	Zölle	26	2
1960 – 1961	Dillon-Runde	Zölle	26	7
1964 – 1967	Kennedy-Runde	Zölle, Preisdumping	62	35
1973 – 1979	Tokio-Runde	Zölle, nicht-tarifäre Handelshemmnisse*, Rahmenabkommen	102	34
1986 – 1994	Uruguay-Runde	umfassende Reformen, Gründung der WTO	123	40
seit 2001	Doha-Runde	bessere Einbindung der Entwicklungs- und Schwellenländer in den Welthandel	153	?

*z.B. Subventionen, mengenbezogene Ein- und Ausfuhrbeschränkungen

Quelle: Bundesministerium für Wirtschaft und Technologie

© Globus 2261

2.12 Wechselkurssysteme

Währung
gesetzliches Zahlungsmittel einer Volkswirtschaft

Beim Im- und Export werden Güter gegen Geld getauscht. Da es aber keine **Währung** gibt, die in allen Volkswirtschaften gültig ist, müssen Währungen gegeneinander austauschbar sein. Das Austauschverhältnis zweier Währungen kann sowohl mengen- als auch preisnotiert dargestellt werden:

Mengennotierung:
1 Euro = x USD

Außenwert des Geldes
Kapitel 4.10

Preisnotierung:
1 USD = x Euro

- Der **Wechselkurs** gibt an, wie hoch der Preis für eine Einheit der inländischen Währung (z. B. 1 Euro) ausgedrückt in Einheiten der ausländischen Währung (z. B. US-Dollar) ist. Hierbei handelt es sich um die sogenannte **Mengennotierung**. Der Wechselkurs entspricht dem **Außenwert der inländischen Währung**.
- Die **Preisnotierung** (auch als **Devisenkurs** bezeichnet) gibt hingegen an, wie hoch der Preis für eine Einheit der ausländischen Währung (z. B. 1 USD) ausgedrückt in Einheiten der inländischen Währung (z. B. Euro) ist.

Devisen
ausländische Zahlungsmittel

BEISPIEL

Mengennotierung (Wechselkurs)	Preisnotierung (Devisenkurs)
1 EUR = 1,1009 USD	1 USD = 0,9083 EUR
1 EUR = 0,8929 GBP	1 GBP = 1,1199 EUR
1 EUR = 1,0932 CHF	1 CHF = 0,9147 EUR
1 EUR = 118,7005 JPY	100 JPY = 0,84 EUR

Stand: 12.09.2019

Wechselkurse bilden sich entweder frei (flexible Wechselkurse) oder werden politisch festgelegt (fixe Wechselkurse). Daneben gibt es noch eine Vielzahl von Zwischen- und Sonderformen.

2.12.1 Das System der freien (flexiblen) Wechselkurse

Angebot und Nachfrage
Kapitel 2.4–2.5

Die freie Bildung der Wechselkurse wird auch als Floating bezeichnet (von engl. „float": treiben, schwimmen).

Freie bzw. flexible Wechselkurse bilden sich durch Angebot und Nachfrage auf dem Devisenmarkt. Heutzutage werden die meisten großen Weltwährungen (z. B. Euro, US-Dollar, Yen, Britisches Pfund) in einem System flexibler Wechselkurse gehandelt. Da freie Wechselkurse dem Marktgeschehen unterworfen sind, unterliegen sie je nach Marktsituation starken Schwankungen. Sie können sich im Extremfall im Stundentakt oder sogar in noch kürzeren Zeitabständen ändern.

Intervention
Eingriff

Zentralbank
Kapitel 6.7

Im Prinzip lässt dieses System keine **Interventionen** zu. Kurzfristig auftretenden und vor allem spekulativ bedingten Kursausschlägen kann aber dadurch begegnet werden, dass eine einzelne Zentralbank oder eine Gruppe von Zentralbanken gezielt Devisen an- oder verkauft und dadurch den Wechselkurs stabilisiert.

Inflation
Kapitel 4.8

Folgende Faktoren könnten den Wechselkurs beeinflussen:
- Attraktivität des Güterangebots (Art, Qualität, Service),
- Devisenspekulationen,
- Inflationsrate bzw. die Güter- und Faktorpreise,
- Standortbedingungen,
- Höhe der Zinsen und Renditechancen,
- Stabilität der wirtschaftlichen und politischen Verhältnisse,
- Attraktivität des Landes als Urlaubs- und Reiseland.

Wechselkursveränderungen haben vielfältige Auswirkungen auf die wirtschaftlichen Entwicklungen innerhalb des Währungsgebietes:

Ausgangskurs 1 Euro = 1,25 US-Dollar

Annahme:
Sämtliche Rahmenbedingungen sprechen für das Euro-Währungsgebiet.

Aufwertungstendenz des Euro
- Die Nachfragekurve verschiebt sich nach rechts (stärkere Nachfrage nach Euro).
- Die Angebotskurve verschiebt sich nach links (geringeres Angebot an Euro).

→ Durch die Aufwertung steigt der Außenwert des Euro.

Kurs = 1,30 USD – Aufwertung des Euro

- Dollar-Besitzer muss mehr für den Euro ausgeben (Euro wird teurer).
- Euro-Besitzer muss weniger für den Dollar bezahlen (Dollar wird billiger).
- Die Aufwertung des Euro ist also mit einer Abwertung des Dollar verbunden.

Folgen
- Kursgewinne aus Fremdwährungsgeschäften (Ausgaben für Importe in Euro sinken)
- Importimpulse durch niedrigere Fremdwährungspreise
- Bremseffekt für Wachstum und Beschäftigung
- Kursverluste aus Fremdwährungsgeschäften (Exporterlöse in Euro sinken)
- Niedrigere Preise für Importe (positiv bei Importabhängigkeit)
- Niedrigere Preise für Auslandsreisen
- Wachstumsverlust durch verstärkten Kauf ausländischer Produkte
- Tendenziell sinkender Außenbeitrag zum BIP
- Tendenziell steigende Kapitalexporte und sinkende Kapitalimporte

Problem
Trendverstärkung durch Spekulanten, die auf eine weitere Aufwertung setzen und Euro gegen Fremdwährung kaufen (Kursgewinne bei Verkauf nach Aufwertung)

Annahme:
Sämtliche Rahmenbedingungen sprechen für das Dollar-Währungsgebiet.

Abwertungstendenz des Euro
- Die Nachfragekurve verschiebt sich nach links (geringere Nachfrage nach Euro).
- Die Angebotskurve verschiebt sich nach rechts (höheres Angebot an Euro).

→ Durch die Abwertung sinkt der Außenwert des Euro.

Kurs = 1,20 USD – Abwertung des Euro

- Dollar-Besitzer muss weniger für den Euro ausgeben (Euro wird billiger).
- Euro-Besitzer muss mehr für den Dollar bezahlen (Dollar wird teurer).
- Die Abwertung des Euro ist also mit einer Aufwertung des Dollar verbunden.

Folgen
- Kursgewinne aus Fremdwährungsgeschäften (Exporterlöse in Euro steigen)
- Exportimpulse durch niedrigere Fremdwährungsforderungen
- Exportinduziertes Wachstum mit Beschäftigungseffekten
- Kursverluste aus Fremdwährungsgeschäften (Ausgaben für Güterimporte steigen)
- Höhere Preise für Importe (negativ bei Importabhängigkeit)
- Höhere Preise für Auslandsreisen
- Wachstumseffekte durch verstärkten Kauf inländischer Produkte
- Tendenziell steigender Außenbeitrag zum BIP
- Tendenziell steigende Kapitalimporte und sinkende Kapitalexporte

Problem
Trendverstärkung durch Spekulanten, die auf eine weitere Abwertung setzen und Euro gegen Fremdwährung verkaufen (Kursgewinne bei Verkauf der Fremdwährung nach Abwertung des Euro)

Außenbeitrag
Exporte minus Importe
Kapitel 4.16

BIP
Bruttoinlandsprodukt
Kapitel 3.6.1

Aufwertung des Euro = Abwertung des Dollar

BEISPIEL

Kurs am 4.7.: 1 EUR = 1,10 USD **Kurs am 15.7.:** 1 EUR = 1,20 USD

Der Euro wurde aufgewertet, denn man bekommt am 15.7. für die gleiche Menge Euro mehr Dollar. Der Dollar wurde hingegen abgewertet, denn es müssen mehr Dollar gezahlt werden, um einen Euro zu bekommen.

Typische Auswirkungen einer Auf- oder Abwertung

	Aufwertung	Abwertung
Wechselkurs (Außenwert)	steigt	sinkt
Exporte	sinken	steigen
Konjunktur	wird gehemmt	wird gefördert
Anzahl der Arbeitnehmer	sinkt	steigt
Importe	steigen	sinken
Preisniveau	sinkt	steigt

Zu beachten ist, dass die Abwertung einer Währung zwar zunächst zu einer Erhöhung des Exportvolumens führt, dass dieser Effekt aber durch einen Anstieg des Preisniveaus (aufgrund der gestiegenen Importpreise, z. B. für Rohstoffe) leicht wieder zunichte gemacht werden kann.

Für Unternehmen, die Außenhandelsgeschäfte tätigen, kann ein System freier Wechselkurse erhebliche **Kursrisiken** mit sich bringen, da Vertragsabschluss und Zahlungstermin normalerweise zeitlich auseinanderfallen. Kann der Exporteur einer Ware die Rechnung in seiner eigenen (Inlands-)Währung ausstellen, fällt das Risiko eines Wertverlustes der Auslands- gegenüber der Inlandswährung dem Importeur zu. Soll die Bezahlung der Ware dagegen in der Währung des Auslandskunden erfolgen, muss der Exporteur das Währungsrisiko tragen.

BEISPIEL

Die Auto AG exportiert in den und importiert aus dem Dollarraum. Die Rechnungswährung ist der US-Dollar. Das Zahlungsziel beträgt für Exporte wie Importe 3 Monate. Bei Vertragsabschluss liegt der Kurs bei 1,25 USD.

Es wird unterstellt, dass am Zahltag
- der Kurs auf 1,20 USD abgewertet hat (Alternative 1),
- der Kurs auf 1,30 USD aufgewertet hat (Alternative 2).

Betrachtet werden folgende Fälle:
- Fall 1 (Export): Der Exportpreis für einen Mittelklassewagen wird auf der Basis von 20 000 Euro = 25 000 USD kalkuliert.
- Fall 2 (Import): Es werden für 10 000 USD = 8 000 Euro Vorleistungen bezogen.

	Kurs für 1 Euro		
	1,25 USD	1,20 USD	1,30 USD
Fall 1 (Export)			
Exportpreis in Euro	20 000,00 Euro	20 000,00 Euro	20 000,00 Euro
Zahlungseingang in USD	25 000,00 USD	25 000,00 USD	25 000,00 USD
Tatsächlicher Erlös nach Umtausch in Euro	20 000,00 Euro	20 833,33 Euro	19 230,77 Euro
Kursgewinn/Kursverlust	0,00 Euro	+ 833,33 Euro	– 769,23 Euro
Kalkulierter Preis für Folgegeschäfte in USD	25 000,00 USD	24 000,00 USD	26 000,00 USD
Fall 2 (Import)			
Importpreis in USD	10 000,00 USD	10 000,00 USD	10 000,00 USD
Kalkulierter Kostenpreis in Euro	8 000,00 Euro	8 000,00 Euro	8 000,00 Euro
Tatsächlicher Kostenpreis	8 000,00 Euro	8 333,33 Euro	7 692,31 Euro
Kursgewinn/Kursverlust	0,00 Euro	– 333,33 Euro	+ 307,69 Euro
Kalkulierte Kosten für Folgegeschäfte	8 000,00 Euro	8 333,33 Euro	7 692,31 Euro

Rohstoffe wie Erze und Rohöl werden auf den internationalen Märkten meist auf Basis des US-Dollars als Drittwährung abgerechnet, egal in welchem Land die Exporteure und Importeure ihren Geschäftssitz haben. Hier sind beide Vertragspartner den Risiken der Devisenmärkte ausgesetzt.

Leitwährung
Kapitel 4.11

Zur Absicherung des Wechselkursrisikos empfiehlt sich daher für den/die betroffenen Geschäftspartner der Abschluss eines **Devisentermingeschäfts**. Dabei wird mit einer Bank die Lieferung oder der Ankauf eines bestimmten Geldbetrags in einer bestimmten Auslandswährung zu einem vorab festgelegten Zeitpunkt und Kurs (sogenannter **Terminkurs**) vereinbart, unabhängig vom jeweiligen Tageskurs (sogenannter **Kassakurs**). Zwar berechnet die Bank für die Übernahme des Währungsrisikos einen Aufschlag, den sogenannten **Report** oder **Swap**, doch kann dieser in die Preiskalkulation fest eingerechnet werden.

2.12.2 Das System der fixen (festen) Wechselkurse

In einem System fixer (fester) Wechselkurse ergibt sich der Währungskurs nicht als Marktpreis. Er wird politisch vorgegeben: Das Tauschverhältnis der inländischen Währung kann dabei an eine ausländische Währung, an den Goldpreis oder an einen Währungskorb (Durchschnitt aus verschiedenen Währungen) gekoppelt werden. Bei fixen Wechselkursen entfällt das Problem nicht vorhersehbarer Kursschwankungen, denn alle grenzüberschreitenden Transaktionen werden zum fixen Kurs abgerechnet. Kursverluste und Kursgewinne sind ausgeschlossen. Der Vorteil dieses Wechselkurssystems liegt somit in der Kurssicherheit für Außenhändler. Demgegenüber steht der mögliche Nachteil eines nicht marktgerechten Außenwertes. Ein System fixer Wechselkurse kann jedoch nur funktionieren, wenn die wichtigsten Wirtschaftsdaten, insbesondere die Inflationsrate, der beteiligten Länder weitgehend übereinstimmen.

Inflation
Kapitel 4.8

BEISPIEL

Angenommen, ein fixer Wechselkurs beträgt 1 Euro = 1,25 USD. Aufgrund eines höheren Preisniveaus in den USA steigt die Nachfrage nach europäischen Gütern. Gleichzeitig verbringen immer mehr Amerikaner ihren Urlaub in Europa. Auch US-amerikanische Direktinvestitionen nehmen wegen der Erschließung der europäischen Märkte zu. Zudem setzen Spekulanten darauf, dass der Euro in naher Zukunft aufgewertet wird.

Der fixe Wechselkurs von 1,25 USD wirkt in der aktuellen Situation als staatlich festgesetzter Höchstpreis. Da Güterkäufe und Kapitalanlagen im Euro-Währungsgebiet aber günstiger sind als in den USA, übersteigt die Nachfrage nach Euro das Angebot (Angebotslücke). In einem System freier Wechselkurse hätte die verstärkte Nachfrage nach Euro einen unmittelbaren Aufwertungseffekt zur Folge und dadurch eine bremsende Wirkung auf Güterexporte und Kapitalimporte. Der fixierte Kurs wird jedoch nicht angepasst. Der Euro ist unterbewertet. Der Dollar ist überbewertet.

Währungspolitische Interventionen der Zentralbanken sind im System fixer Wechselkurse unvermeidbar. Entsteht eine bei Höchstpreisfestsetzungen typische **Angebotslücke**, wie im vorangegangenen Beispiel beschrieben, muss sie durch Interventionen der Zentralbanken geschlossen werden.

Angebotslücke
(Nachfrageüberhang)
Kapitel 2.6.1

Europäische Zentralbank
Kapitel 6.7

In dem Beispiel erhöht also entweder die Europäische Zentralbank das Euro-Angebot und kauft Dollar auf oder die US-amerikanische Notenbank setzt aus dem Bestand ihrer Währungsreserven Euro zur Kursstabilisierung ein. Hält der Trend dennoch an und vergrößert sich die Angebotslücke, muss der Kurs des Euro angehoben werden (Aufwertung des Euro), um die Unterbewertung zu beenden.

Eine **nachträgliche Anpassung** (Realignment) ist nicht immer im Interesse des Landes, das gezwungen ist aufzuwerten. Seine Exporte und Kapitalimporte sind von einer Aufwertung negativ betroffen. Das Land, dessen Währung gegenüber der aufzuwertenden Währung abgewertet wird, drängt hingegen auf die Anpassung, denn seine Exporte und Kapitalimporte werden durch die Abwertung begünstigt.

Fiskalpolitik
Kapitel 6.5.1

Geldpolitik
Kapitel 6.9–6.11

Realignments können auch zu sogenannten **Abwertungswettläufen** führen. Da eine Abwertung mit Wettbewerbsvorteilen für den Export verbunden ist, profitiert ein Land davon, einseitig einen niedrigeren Preis für seine Währung festzulegen. Das kann zur Folge haben, dass andere Länder sich anschließen. Letztlich gibt es keine Gewinner. Beteiligen sich Länder mit einer hohen Importabhängigkeit an diesem Wettlauf, können sie ohnehin nur verlieren, da eine Abwertung die Importe verteuert. Will man Abwertungen verhindern, muss grundsätzlich auch wirtschaftspolitisch entgegengesteuert werden, z. B. mit Instrumenten der Fiskal- oder Geldpolitik.

Protektionistische Maßnahmen
Kapitel 2.10

Manche Länder versuchen, den Druck auf fixe Wechselkurse durch protektionistische Maßnahmen zu mildern, wie z. B. Einschränkungen der freien Austauschbarkeit ihrer Währung. Denkbar sind auch Kapitalverkehrskontrollen, wie z. B. Beschränkungen oder sogar Verbote der Devisenausfuhr und der Deviseneinfuhr.

ÜBERBLICK

Außenhandel wird nicht nur deshalb betrieben, weil manche Güter in manchen Ländern nicht verfügbar sind. Er lohnt sich auch dann, wenn bestimmte Güter in anderen Ländern billiger produziert werden können (**absolute Kostenvorteile**). Darüber hinaus kann er selbst dann erstrebenswert sein, wenn ein Land alle benötigten Güter billiger herstellen könnte als ein anderes Land (**komparative Kostenvorteile**).

Der **Außenhandelspolitik** stehen verschiedene Instrumente zum Schutz der inländischen Unternehmen zur Verfügung. Unter **tarifären Handelshemmnissen** werden die Zölle verstanden. Subventionen, Kontingente, bürokratische oder technische Vorschriften gehören zu den **nichttarifären Handelshemmnissen**. Alle Handelshemmnisse verzerren den internationalen Wettbewerb. Ihr Abbau gehört daher zu den wichtigsten Aufgaben der **Welthandelsorganisation WTO**.

Da beim Außenhandel Güter gegen Geld getauscht werden, müssen auch die **Währungen** der einzelnen Volkswirtschaften austauschbar sein. Das Austauschverhältnis zweier Währungen kann sowohl mengenorientiert (**Wechselkurs:** 1 Euro = x USD) als auch preisorientiert (**Devisenkurs**: 1 USD = x Euro) dargestellt werden. In einem **System freier (flexibler) Wechselkurse** bilden sich die Währungskurse durch Angebot und Nachfrage auf dem Markt. Sie können starken Schwankungen unterworfen sein. In einem **System fixer (fester) Wechselkurse** werden die Währungskurse politisch vorgegeben. Sie sind stabil, aber nicht immer marktgerecht.

1 Erklären Sie, was unter Welthandel zu verstehen ist.

2 Beschreiben Sie, was der Welthandel mit Ihnen zu tun hat. In welchen Ländern wurden die Güter hergestellt, die Sie täglich nutzen oder konsumieren?

3 Recherchieren Sie die vier wichtigsten Importgüter und die vier wichtigsten Exportgüter Deutschlands.

4 Recherchieren Sie die fünf wichtigsten Exportnationen.

5 Interpretieren Sie die Grafik „Handel in der globalisierten Welt“ auf S. 66 gemäß der Drei-Schritte-Technik auf S. 19.

6 Es gibt gute Gründe für Handel zwischen verschiedenen Ländern.
   a Nennen Sie die Gründe, die dazu führen, dass internationaler Handel betrieben wird.
   b Erstellen Sie ein Schaubild mit den unter a genannten Gründen und fügen Sie jeweils eine Erklärung ein.

7 Gehen Sie von folgender Situation aus:

	Produktionseinheit pro Arbeitseinheit	
	Inland	Ausland
Gut X	20	30
Gut Y	20	10

   a Zeigen Sie, wie die absoluten und relativen Kostenvorteile in dieser Situation verteilt sind. Warum ist Handel zwischen den Ländern vorteilhaft?
   b Inwiefern ändern sich die Kostenvorteile, wenn das Inland mit einer Einheit Arbeit jeweils nur 5 Einheiten von Gut X bzw. 5 Einheiten von Gut Y fertigen könnte? Ist auch in dieser Situation Handel vorteilhaft?

8 Erklären Sie, inwiefern die Theorie der absoluten Kosten im Widerspruch zur Realität steht und wie David Ricardo mit seiner Theorie des komparativen Kostenvorteils diesen Widerspruch auflöst.

9 Zeigen Sie anhand einer fiktiven Arbeitsteilung zwischen zwei Ländern, wie die Theorie des komparativen Kostenvorteils mit dem ökonomischen Konzept der Opportunitätskosten zusammenhängt.

10 Diskutieren Sie, weshalb die Theorie des komparativen Kostenvorteils die heutige Struktur des Außenhandels nicht hinreichend erklären kann.

11 Beschreiben Sie anhand eines selbst gewählten Beispiels, welche Faktoren zum intraindustriellen Handel führen.

12 Erklären Sie, was unter Freihandel und was unter Protektionismus verstanden wird. Finden Sie für beide Konzepte Argumente.

13 Unterscheiden Sie tarifäre und nichttarifäre Handelshemmnisse. Welche Bedeutung haben diese für den internationalen Handel?

14 Die Welthandelsorganisation soll für „faire Spielregeln“ im internationalen Handel sorgen. Erläutern Sie die Ziele und die Hauptprinzipien der WTO.

15 Recherchieren Sie den aktuellen Stand der Doha-Runde.

16 Recherchieren Sie, welche Rolle der Internationale Währungsfonds (IWF) und die Weltbank im internationalen Handel spielen. Erstellen Sie einen Steckbrief für die beiden Institutionen.

17 Nehmen Sie an, dass in der EU für ein beliebiges Agrarprodukt Subventionen gezahlt werden.
- **a** Skizzieren Sie mithilfe eines Preis-Mengen-Diagramms die Wirkung von Agrarsubventionen.
- **b** Erläutern Sie den Zweck von Agrarsubventionen.
- **c** Beurteilen Sie die Folgen von Agrarsubventionen für die Entwicklungsländer. Betrachten Sie dazu auch die Karikatur „Welt-Markt“ auf S. 71.

18 Erläutern Sie den Unterschied zwischen Mengen- und Preisnotierung, wenn es um das Austauschverhältnis zweier Währungen geht.

19 Recherchieren Sie die aktuellen Wechsel- und Devisenkurse und aktualisieren Sie die Tabelle auf S. 74.

20 Erläutern Sie, wie sich Wechselkurse bilden:
- **a** in einem System freier Wechselkurse,
- **b** in einem System fester Wechselkurse.

21 Arbeiten Sie die Vor- und Nachteile freier Wechselkurse sowie die Vor- und Nachteile fester Wechselkurse heraus.

22 Erklären Sie mithilfe je eines Beispiels, was unter den folgenden Begriffen zu verstehen ist:
- **a** Aufwertung einer Währung,
- **b** Abwertung einer Währung.

23 Erläutern Sie jeweils zwei Gründe für einen steigenden und für einen sinkenden Wechselkurs.

24 Zeichnen Sie eine Skizze des Marktmodells für den Devisenmarkt für Euro. Zeichnen Sie die vier möglichen Verschiebungen von Angebots- und Nachfragekurven ein. Erläutern Sie die Auswirkungen jeder Verschiebung auf den Wechselkurs.

25 Im News-Ticker lesen Sie folgende Meldung: „US-Dollar legt gegenüber dem Euro kräftig zu.“ Erläutern Sie, welche Auswirkungen eine solche Kurssteigerung langfristig hat auf
- **a** Importe aus den USA nach Deutschland,
- **b** Exporte aus Deutschland in die USA,
- **c** das Preisniveau in Deutschland,
- **d** Konjunktur und Beschäftigung in Deutschland.

26 Diskutieren Sie in Kleingruppen ...
- **a** warum die Bundesregierung an einem starken Euro interessiert ist.
- **b** welche Vor- und Nachteile ein zu hoher Wechselkurs hat.
- **c** welche Vor- und Nachteile ein zu niedriger Wechselkurs mit sich bringt.
- **d** welche Wirtschaftsdaten für die Entwicklung des Wechselkurses entscheidend sind.

Wie wirkt sich der Strukturwandel auf den Einsatz und die Kombination der Produktionsfaktoren aus?

Wie können die natürlichen Lebensgrundlagen erhalten werden?

Welche Bedeutung haben Wirtschaftsordnung und Wirtschaftspolitik für die Lebensbedingungen und den Wohlstand einer Gesellschaft?

Was sind die Ziele und Akteure der Wirtschaftspolitik?

Welche Gründe gibt es für Wirtschaftsschwankungen?

HANDLUNGSFELD 3

Volkswirtschaftliche Aspekte zu
Leistungserstellung

3.1 Hambacher Forst

Eli

Katharina

Elinor fällt es heute sichtlich schwer, sich auf den Unterricht zu konzentrieren. In der Pause spricht sie ihre Freundin Katharina an: „Sag mal, fährst du am Freitag mit mir nach Essen, um zusammen mit ‚Fridays for Future' gegen den Abbau von Braunkohle durch den RWE-Konzern im Hambacher Forst zu demonstrieren?" Katharina zögert einen Moment. Dann sagt sie: „Mir ist schon klar, dass RWE durch die Verstromung von Kohle eine Mitverantwortung für die Klimakrise trägt. Aber was soll so eine Demo bringen? Außerdem sind meine Noten momentan nicht so gut ... Da kann ich nicht einfach die Schule schwänzen ..." Dieses Argument lässt Elinor nicht gelten: „Ach komm! Nur mit massivem, lautem Protest können wir die Unternehmen und Politiker dazu bringen, nicht nur vom Umweltschutz zu reden, sondern endlich zu handeln!" Katharina sträubt sich noch immer: „Sei mir nicht böse, aber ich kann da nicht mitfahren. Meine Tante wohnt mit ihrer Familie in Hambach. Wenn der Kohleabbau dort eingestellt wird, verlieren mein Onkel und die zwei Söhne ihre Jobs ... Das würden die mir nie verzeihen ..." Elinor bleibt hartnäckig: „Durch den Kohleabbau wird aber massiv in die Natur eingegriffen! Und die Gewinnung von Energie durch Braunkohle gilt als eine der Hauptquellen für die zunehmende Luftverschmutzung!" „Das mag ja sein", entgegnet Katharina, „doch wenn der Abbau eingestellt wird, hat auch das Folgen, die sehr teuer sind ..."

Energieriese RWE am Pranger

„Fridays for Future" stellt Vorstand auf Hauptversammlung zur Rede

Von Claus Haffert

Essen (dpa). Proteste von Umweltschützern gehören seit Jahren zu Hauptversammlungen des RWE-Konzerns. Weil das Aktionärstreffen diesmal auf einen Freitag fiel, meldete sich auch die Protestbewegung „Fridays for Future" vor den versammelten Aktionären zu Wort.

Die Hauptversammlung entwickelte sich zu einem Schlagabtausch zwischen Schülern und dem Stromkonzern. Auf der einen Seite: Rolf Martin Schmitz (61), Verstandschef des größten deutschen Braunkohle-Verstromers. Seine Gegenspielerin: Luisa Neubauer (23), Studentin, talkshowerfahrenes Gesicht der Klimaschutz-Bewegung „Fridays for Future".

Schmitz versuchte es mit Lob für die Schüler, die aus mehreren Städten nach Essen gekommen waren und vor der Halle für mehr Klimaschutz demonstrierten – um danach durch die Innenstadt zur RWE-Zentrale zu ziehen. Klima- und Umweltschutz seien Herausforderungen für alle Generationen, sagte Schmitz. „Ich finde es gut, dass sich viele Schülerinnen und Schüler dafür interessieren." Es lohne sich, für den Klimaschutz „seine Stimme zu erheben". [...]

Quelle: Westfalen-Blatt, 04./05.05.2019. (Auszug.)

1 Teilen Sie Ihre Klasse in vier gleich große Gruppen ein, um Recherchen zum Thema „Kohleausstieg" anzustellen. Jede Gruppe sollte die Ergebnisse ihrer Recherchen auf einem Handzettel festhalten, der für alle Mitglieder der Klasse kopiert wird.

a **Gruppe 1:** Im Juni 2018 wurde von der Bundesregierung eine „Kommission für Wachstum, Strukturwandel und Beschäftigung" (kurz auch „Kohlekommission" genannt) eingesetzt, die Vorschläge für den Strukturwandel in den Braunkohleregionen erarbeiten sollte. Im Januar 2019 legte die Kommission ihren Abschlussbericht vor. Recherchieren Sie im Internet die Kernpunkte dieses Abschlussberichts. Was sind die wichtigsten Vorschläge?

b **Gruppe 2:** Die Protestbewegung „Fridays for Future" vertritt zum Thema „Kohleausstieg" andere Positionen als die „Kohlekommission". Recherchieren Sie im Internet, welche Forderungen die Schülerinnen und Schüler stellen.

c **Gruppe 3:** Recherchieren Sie im Internet, welche Positionen der RWE-Konzern zu den „Fridays for Future"-Protesten wie auch zu den Vorschlägen der „Kohlekommission" vertritt. Aussagen hierzu finden Sie z. B. in der Rede, die der Vorstandsvorsitzende Dr. Rolf Martin Schmitz bei der Hauptversammlung 2019 gehalten hat.

d **Gruppe 4:** Recherchieren Sie im Internet, was die Beschäftigten im Braunkohlebergbau und deren Gewerkschaften (IG Bergbau, Chemie, Energie und Verdi) in diesem Kontext fordern.

2 Bilden Sie nun Vierergruppen, in denen aus allen vorherigen Gruppen jeweils eine Person vertreten ist. Jede Vierergruppe erstellt ein Plakat, das sie anschließend im Plenum präsentiert.

a Visualisieren Sie die unterschiedlichen Positionen zum Thema Kohleausstieg. Zeigen Sie, wo es Übereinstimmungen gibt und wo die Konfliktlinien verlaufen.

b Erstellen Sie eine Liste von (begründeten) Vorschlägen, die Sie als Gruppe vertreten.

3.2 Güterknappheit und volkswirtschaftliche Produktionsfaktoren

Damit die Menschen ihre Bedürfnisse befriedigen können, benötigen sie Güter wie beispielsweise Fahrräder oder Schuhe. Diese Güter stehen nicht grenzenlos zur Verfügung, sondern müssen in Unternehmen hergestellt werden.

Für die Herstellung von Gütern sind Produktionsfaktoren erforderlich. Zu den klassischen **Produktionsfaktoren** zählen aus volkswirtschaftlicher Sicht **Arbeit, Boden** bzw. **Natur (Umwelt)** und **Kapital**.

Produktionsfaktor Arbeit

Der Produktionsfaktor Arbeit umfasst das gesamte Potenzial der Arbeitskräfte einer Volkswirtschaft. Dies betrifft alle Arten von körperlicher und geistiger Arbeit, sowohl ausführende als auch leitende oder unternehmerische Tätigkeiten.

Volkswirtschaftliche Gesamtrechnung **Kapitel 3.6**

In der Volkswirtschaftlichen Gesamtrechnung werden nur die Tätigkeiten erfasst, für die ein Entgelt bezahlt wird.

BEISPIEL

Wenn ein Gärtner den Rasen mäht, dann arbeitet er. Mäht ein Mitglied der Familie den Rasen, dann gilt das formal nicht als Arbeit.

Das Maß für die Effizienz von Arbeit ist die **Arbeitsproduktivität**: Das mengenmäßige Produktionsergebnis (Output) wird durch die eingesetzte Arbeitszeit dividiert.

$$\text{Produktivität} = \frac{\text{Output}}{\text{Input}} \qquad \text{Produktivität der Arbeit} = \frac{\text{erzeugte Produktionsmenge}}{\text{Arbeitszeit}}$$

Die Produktivität von Arbeit hängt von der **Leistungsfähigkeit** ab. Bestimmende Faktoren sind dabei neben der Leistungsfähigkeit der Mitarbeiter (Qualifikation) auch deren Leistungsbereitschaft (Motivation) und die Leistungsfähigkeit der genutzten Maschinen (technische Ausstattung).

Produktionsfaktor Boden bzw. Natur (Umwelt)

Inzwischen wird der Begriff „Boden“ zumeist durch den umfassenderen Begriff „Natur“ bzw. „Umwelt“ ersetzt.

Zum Produktionsfaktor Boden bzw. Natur (Umwelt) gehören alle natürlichen Ressourcen:

- Grund- und Bodenfläche, die für landwirtschaftliche, industrielle, gewerbliche und verkehrsmäßige Nutzung benötigt wird, sowie
- Luft, Wasser,
- vorhandene Bodenschätze.

Produktionsfaktor Kapital

Der Produktionsfaktor Kapital umfasst Real- und Geldkapital:

- Zum **Realkapital** gehören alle Güter, die hergestellt worden sind und dann für die Produktion eingesetzt werden, z. B. Werkzeuge, Maschinen, Gebäude, EDV-Systeme, Patente.
- Das **Geldkapital** umfasst alle Geldmittel, die einem Unternehmen für Erneuerung und Erweiterung (Investitionen) der Produktionsmittel zur Verfügung stehen.

Produktionsfaktor Wissen

Folgen der Digitalisierung
Kapitel 3.3.1

Neben Arbeit, Natur und Kapital wird zunehmend das Wissen als „vierter" Faktor angesehen. In einer Zeit, in der das Wissen ständig anwächst und die weltweite Vernetzung sich zunehmend beschleunigt, werden Fähigkeiten und Techniken der Gewinnung, Verarbeitung und Bewertung von Informationen immer bedeutsamer.

Der Austausch von Wissen und Informationen sind die Grundlage für neuere Entwicklungen und technischen Fortschritt. Technische Neuerungen sind wiederum eine Voraussetzung, um die Arbeitsproduktivität zu steigern.

Faktorkombination und -substitution

Im Hinblick auf den Einsatz der Produktionsfaktoren im Produktionsprozess stellen sich die Fragen:

- Wie viele Arbeitsstunden, wie viel Kapital und wie viele natürliche Ressourcen sollen verwendet werden?
- Mit welchen Produktionsmitteln soll gearbeitet werden?

Wenn vermehrter Input eines Produktionsfaktors mit der Zunahme eines anderen einhergeht, wird dies als **Faktorkombination** bezeichnet. Wird ein Produktionsfaktor durch einen anderen ersetzt, spricht man von **Faktorsubstitution**. Die Faktorsubstitution erfolgt nach dem ökonomischen Prinzip: Der jeweils teurere Produktionsfaktor wird durch den preiswerteren Faktor ersetzt.

ökonomisches Prinzip
Kapitel 1.3.1

Rationalisierung

Die wichtigste Form der Faktorsubstitution ist der Ersatz des Faktors Arbeit durch Kapital. Bedingt durch den technologischen Fortschritt wurde es möglich, zunächst schwere körperliche Arbeiten und später auch ganze Fertigungsabläufe durch Maschinen (Industrieroboter) erledigen zu lassen. Ziel solcher Rationalisierungsmaßnahmen ist aus unternehmerischer Sicht die Steigerung der Produktivität.

Die volkswirtschaftlichen Produktionsfaktoren

3.3 Strukturwandel

Stillgelegtes Stahlwerk

Strukturwandel bedeutet eine Verlagerung der Wertschöpfungsprozesse in andere Branchen, Sektoren und Regionen, was teilweise schmerzhafte Anpassungsprozesse erfordert. Dies gilt insbesondere für den **Faktor Arbeit**, wenn Arbeitsplätze in schrumpfenden Branchen verloren gehen. Doch nicht nur die Arbeit ist vom Strukturwandel betroffen. Werksschließungen entwerten auch den **Faktor Boden**. Ohne Anschlussnutzung verfallen Gebäude und noch nutzbare Produktionsmittel werden stillgelegt.

3.3.1 Sektoraler und intrasektoraler Strukturwandel

Arbeitslosigkeit **Kapitel 5.7**

Wirtschaftspolitik **Kapitel 3.11**

Anpassungsfähigkeit an den Strukturwandel ist ein entscheidender Erfolgsfaktor im Leistungswettbewerb. Trotzdem kann es politisch gewollt sein, dass der Staat im Rahmen seiner wirtschaftspolitischen Aktivitäten helfend eingreift und mit strukturpolitischen Maßnahmen Unternehmenszusammenbrüche und die Vernichtung von Arbeitsplätzen verhindert. Allerdings ist Strukturpolitik immer dann kritisch zu beurteilen, wenn sie dazu beiträgt, dass langfristig notwendige Anpassungsprozesse an den Strukturwandel verzögert oder sogar verhindert werden. Ferner beinhalten strukturpolitische Maßnahmen stets auch die Gefahr der Wettbewerbsverzerrung und sie belasten öffentliche Haushalte.

Wirtschaftssektoren **Kapitel 1.4**

Konzentrationstendenzen **Kapitel 4.4**

Sektoraler Strukturwandel ist dadurch gekennzeichnet, dass sich die Bedeutung der Wirtschaftssektoren (primärer, sekundärer und tertiärer Sektor) innerhalb einer Volkswirtschaft verändert. Produktionsprozesse werden verlagert, die Beschäftigtenstrukturen befinden sich im Umbruch. Von einem **intrasektoralen Strukturwandel** spricht man dann, wenn es Verschiebungen innerhalb eines Sektors gibt. Auslösender Faktor ist häufig der technische Fortschritt. Es kommt zu branchenspezifischen Produkt- und Prozessinnovationen mit starken Auswirkungen auf den Faktoreinsatz.

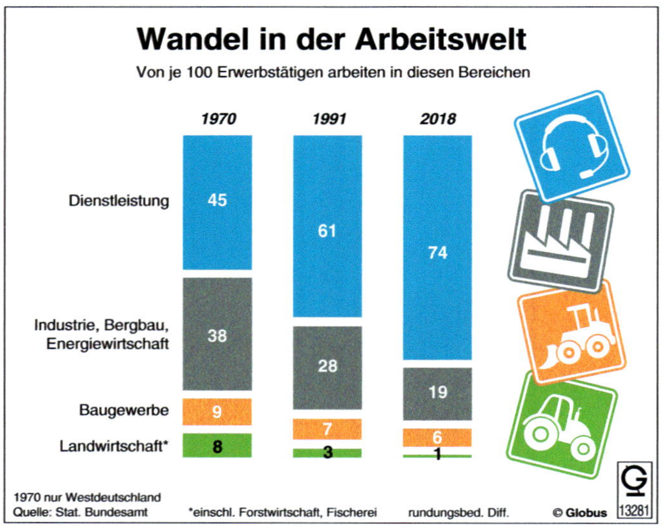

BEISPIEL

Kapitalintensive Produktionsverfahren ersetzen personalintensive Verfahren. Dies geht zulasten des Faktors Arbeit. Selbst wenn Arbeitskräfte nicht entlassen werden, verändern sich die Anforderungen an die Arbeitnehmer. Kapitalintensive Produktionsverfahren verändern häufig auch die optimalen Betriebsgrößen. Die Kapitalintensität verlangt größere Produktionseinheiten; die Marktkonzentration nimmt zu. Auch die zunehmende Auslagerung von Arbeitsprozessen verändert Branchenstrukturen. Outsourcing erhöht den Anteil der Fremdfertigung, was sich ebenfalls negativ auf die Beschäftigung auswirkt.

Negativfolgen sektoraler oder intrasektoraler Veränderungen können auf bestimmte Regionen begrenzt bleiben. In diesem Fall wird Strukturpolitik als **regionale Strukturpolitik** oder **Regionalpolitik** bezeichnet.

Folgen der Digitalisierung

Die fortschreitende **Digitalisierung** führt zu rasanten technologischen Entwicklungen und Veränderungen des Produktionsfaktors Wissen mit weitreichenden Folgen für volks- und betriebswirtschaftliche Prozesse.

Digitalisierung bedeutet, Informationen digital zu speichern und für die elektronische Datenverarbeitung verfügbar zu machen
Kapitel 5.7.6

Die Veränderung betrifft die Art, wie wir uns Informationen beschaffen, kommunizieren und konsumieren. In welcher Weise der digitale Wandel bewältigt wird, wird einen wesentlichen Einfluss darauf haben, ob dieser Wandel mehr Wohlstand und Lebensqualität für die Bürger schafft. Mit der Digitalisierung verändert sich auch grundlegend die **nationale und internationale Arbeitsteilung**. Eine entscheidende Frage ist, welche Arbeitsplätze aufgrund der Digitalisierung wegfallen und ersetzt werden. Forscher des Zentrums für Europäische Wirtschaftsforschung haben in einer empirischen Untersuchung herausgefunden, dass vorrangig von Routine geprägte Berufe, wie beispielsweise Büroberufe (Sachbearbeiter), einfache Berufe in der Fertigung oder auch in der Maschinenführung gefährdet sind.

Arbeitsteilung
Kapitel 1.6

Zugleich werden im Zuge der Digitalisierung aber auch **neue Arbeitsplätze** entstehen. Das bedeutet, dass mit der Digitalisierung zusätzliches Personal für die Entwicklung, Produktion und Einführung neuer Technologien benötigt wird. Zudem könnte die Nachfrage nach Arbeitskräften steigen, weil mit der Digitalisierung neue Produkte entstehen und Waren für die Kunden preisgünstiger werden können.

Empirische Analysen von Forschungsinstituten stellen gegenwärtig fest: „Unter dem Strich hat Europa […] durch den technologischen Fortschritt rund 1,5 Millionen Arbeitsplätze dazugewonnen, viele im Bereich der Dienstleistungen. Darunter sind nicht nur einfache Jobs, wie sie etwa der Internethandel in Vertrieb und Logistik schafft. Auch anspruchsvolle Betätigungsfelder wachsen – so die Bereiche Software, Marketing und Medien."

Quelle: Holger Bonin (2019): Bedroht Digitalisitung die Arbeitswelt?, in: Frankfurter Allgemeine Zeitung, 27.05.2019. (Auszug.)

Letztendlich geht es darum, wie die institutionellen Rahmenbedingungen gestaltet werden müssten, damit der Strukturwandel

- aus volkswirtschaftlicher Sicht wohlfahrtssteigernd wirkt,
- positive Beschäftigungsimpulse geben kann,
- zugleich aber mögliche negative Wirkungen für die Betroffenen weitgehend vermieden werden können.

3.3.2 Ökologisch bedingter Strukturwandel

Am 28. November 2018 legte die EU-Kommission ein **Konzept für ein klimaneutrales Europa** bis zum Jahr 2050 vor. Es beinhaltet Strategien, wie ein wirtschaftlicher Strukturwandel eingeleitet werden soll, um die Wirtschaft klimaneutral umzugestalten und ihre Wettbewerbsfähigkeit zu erhalten. Klimaneutralität bedeutet, dass nicht mehr Treibhausgase ausgestoßen werden, als durch natürliche oder künstliche Kohlenstoff-Speicher aufgenommen werden können. Vorschläge zur Klimaneutralität der Wirtschaft umfassen nahezu alle EU-Politikbereiche. Insbesondere Maßnahmen in Schlüsselbereichen wie Industriepolitik, Finanzwesen oder Forschung sollen aufeinander abgestimmt werden, wobei sich der Strukturwandel sozial gerecht vollziehen soll.

EU-Kommission
Kapitel 4.14.2

Am 11. Dezember 2019 hat die neue EU-Kommissionspräsidentin Ursula von der Leyen erstmals ihren Plan für einen „Green Deal" für die Europäische Union vorgestellt, um Europa bis 2050 zu einem klimaneutralen Kontinent zu entwickeln. Konkretisierungen sollen 2020 erfolgen.

Im November 2019 haben die USA schriftlich ihren Austritt aus dem Pariser Klimaabkommen bei den UN beantragt. Formal kann der Ausstieg aber erst am 4. November 2020 erfolgen.

Das EU-Konzept steht mit den Zielen des **Pariser Klimaabkommens** im Einklang. In Paris haben 2015 zum ersten Mal 197 Staaten einen völkerrechtlich bindenden Vertrag beschlossen, um den Klimawandel zu bremsen und seine Auswirkungen abzufedern. Die Erderwärmung soll auf deutlich unter 2 Grad Celsius im Vergleich zur vorindustriellen Zeit beschränkt werden. Die Staaten wollen versuchen, die Erwärmung auf 1,5 Grad Celsius zu begrenzen. Der Pariser Klimavertrag ist am 4. November 2016 in Kraft getreten.

Grenzkosten
die Kosten, die durch die Produktion einer zusätzlichen Mengeneinheit eines Produktes entstehen,

Grenzvermeidungskosten
die Kosten, die durch die Vermeidung einer zusätzlichen Tonne CO_2 entstehen

Aus umweltökonomischer Sicht haben Maßnahmen zur Vermeidung von Umweltbelastungen dort anzusetzen, wo die **Grenzkosten** zur Vermeidung einer weiteren umweltschädlichen Einheit am geringsten sind. Aufwandsbedingt sind z. B. die **Grenzvermeidungskosten** zur weiteren CO_2-Einsparung für Diesel- und Benzinmotoren relativ hoch, während sie in anderen Bereichen der Wirtschaft (z. B. große Industrieanlagen, Kraftwerke) deutlich geringer ausfallen.

Die EU-Kommission sieht ihr Konzept als Impulsgeber für einen tiefgreifenden wirtschaftlichen Strukturwandel an, der sozial gerecht ausgestaltet werden soll und auf die Schaffung neuer Arbeitsplätze setzt. Neben der Richtung der Klimapolitik wird ein Rahmen vorgegeben, wie langfristig die Klimaziele von Paris umgesetzt werden sollen. An diesem (zu) langfristigen Zeithorizont entzündet sich eine vielfältige Kritik und es wird der Europäischen Union sowie den Verantwortlichen in den einzelnen Mitgliedsländern eine „Verzögerungstaktik" vorgeworfen.

BEISPIEL

Unter dem Hashtag #FridaysforFuture streikt die schwedische Schülerin Greta Thunberg jeden Freitag, damit Politiker endlich den Klimawandel ernst nehmen und handeln. Die 16-Jährige ist nicht allein: Woche für Woche schließen sich ihr freitags Schüler auch in Deutschland an, um sich für das Klima einzusetzen. Die Schüler treten mit ihrem Schul- bzw. Klimastreik bewusst in Widerspruch zur in Deutschland herrschenden Schulpflicht und werfen politisch Verantwortlichen Untätigkeit vor.

Die generelle politische Herausforderung liegt in der Frage, ob die Staats- und Regierungschefs in der Europäischen Union die Strategie der EU-Kommission einstimmig beschließen werden. Spätestens im Jahr 2020 muss die EU ihre beschlossene Strategie an die UN übermitteln, wie es im Pariser Abkommen von den Vertragsstaaten eingefordert wird. Gegenwärtig ist allerdings noch offen, welche Maßnahmen ein entsprechender Beschluss zur Folge haben wird, um die Klimaneutralität der Wirtschaft tatsächlich einzuleiten und zu gestalten.

Nähere Informationen unter: https://www.bundestag.de/dokumente/textarchiv/2019/kw43-de-klimaschutzgesetz-664360

Damit Deutschland die zugesagte Minderung seiner CO_2-Emissionen bis 2030 erreicht, hat die Bundesregierung im Oktober 2019 ein **Klimaschutzpaket** verabschiedet. Dabei geht es um die Einführung eines nationalen Emissionshandels ab 2021 und die energetische Gebäudesanierung. Das erste Gesetz soll den Ausstoß von Kohlendioxid im Straßenverkehr und für Gebäudeheizung teurer machen, d. h., CO_2 bekommt auf der Basis eines Emissionshandels einen Preis. Nachdem der ursprünglich vorgesehene Einstiegspreis von 10 Euro pro Tonne CO_2 ab 2021 als viel zu niedrig kritisiert worden war, einigten Bund und Länder sich im Dezember 2019 auf einen Einstiegspreis von 25 Euro. Das Gesetz zur Gebäudesanierung legt u. a. fest, dass Ölheizungen, die vor 1991 verbaut wurden, ab 2021 nicht mehr betrieben werden dürfen.

3.4 Umweltschutz – eine vielschichtige Herausforderung

Als **Umweltprobleme** werden solche Ereignisse oder Entwicklungen in der Natur bezeichnet, die von Menschen verursacht werden und die Lebensgrundlagen bedrohen oder zerstören. Umweltprobleme haben eine lokale (z. B. Wegwerfen von Abfällen auf der Straße), nationale (z. B. Vergiftung des Bodens) und internationale Dimension (z. B. globale Klimaerwärmung).

Die Fülle der gegenwärtigen Umweltprobleme und die Konsequenzen, die zu ihrer Verminderung oder Vermeidung erforderlich sind, werden fast dramatische wirtschaftliche Veränderungen bzw. einen entsprechenden Strukturwandel zur Folge haben. Erinnert sei an dieser Stelle an den Klimawandel und die Entwicklung von Autos mit Elektroantrieb, an die sogenannte Energiewende und die Förderung regenerativer Energieerzeugung sowie an die Notwendigkeit der Entwicklung biologisch abbaubarer Verpackungen, um den Plastikabfall in den Weltmeeren zu verringern.

Nähere Informationen zum Klimawandel und seinen Folgen unter: www.klimafakten.de

Die Natur gehört keinem Menschen, wird aber von jedem genutzt und wirkt sich auf jeden Einzelnen aus. Luft, Wasser und Boden ermöglichen es, dass Menschen, Tiere und Pflanzen auf der Erde leben können. Aufgrund unserer Lebensweise und der gegenwärtigen Art zu wirtschaften belasten wir jedoch die Umwelt in einem Ausmaß, dass inzwischen das Überleben auf der Erde gefährdet erscheint.

Luft

Wasser

Boden

3.4.1 Verhältnis von Ökonomie und Ökologie

Bereits im Jahr 1972 hat der **Club of Rome** darauf aufmerksam gemacht, dass der derzeitige Umgang des Menschen mit der Natur zur Zerstörung der Lebensgrundlagen des Menschen führen wird. Die meisten Menschen sind sich heute bewusst, dass die Umwelt tagtäglich benutzt und belastet wird. Fast jeder ist für den Schutz der Umwelt. Nur das konkrete Handeln sieht meist anders aus: Auf alte Gewohnheiten will man nicht verzichten, und finanzielle Opfer zum Schutz der Umwelt will man nicht auf sich nehmen. Aus ökologischer Sicht sollte unser Handeln aber so ausgerichtet sein, dass der Zustand von Luft, Wasser und Boden das Überleben von Menschen, Tieren und Pflanzen sichert. Aus ökonomischer Sicht sollte der Staat die wirtschaftlichen Rahmenbedingungen deshalb so gestalten, dass Ressourcenverbrauch und Folgen des Wirtschaftens die Umwelt nicht gefährden.

Club of Rome
ein Zusammenschluss von Experten verschiedener Länder und Disziplinen, der sich für eine nachhaltige Politik einsetzt. Die Organisation wurde 1968 gegründet.

Nachhaltigkeit
Kapitel 3.4.2

Die vielfältigen **Beziehungen zwischen Ökonomie und Ökologie** können im Rahmen einer modellhaften Betrachtungsweise folgendermaßen dargestellt werden:

- Die Umwelt liefert elementare Güter wie z. B. Luft, Wasser und Boden. Diese können für die Produktion von Gütern verwendet oder vom Menschen „konsumiert" werden.
- Die Umwelt dient dem ökonomischen System als Lieferant von erneuerbaren und nicht erneuerbaren Ressourcen (z. B. Energie). Diese gehen als Input in die Produktion ein und werden im Produktionsprozess in Güter umgewandelt.
- Im Rahmen von Produktions- und Konsumprozessen können Emissionen, d. h. Abfälle und Schadstoffe, anfallen, die z. T. nicht oder nur auf lange Sicht abbaubar sind. Sie werden von der Luft, dem Wasser und/oder dem Boden als Immissionen aufgenommen, sofern sie nicht über Recyclingverfahren in den Wirtschaftsprozess zurückgeführt werden. Diese Schadstoffe können sich eventuell durch biochemische Prozesse in neue Schadstoffe verwandeln.

Konflikt zwischen Ökonomie und Ökologie

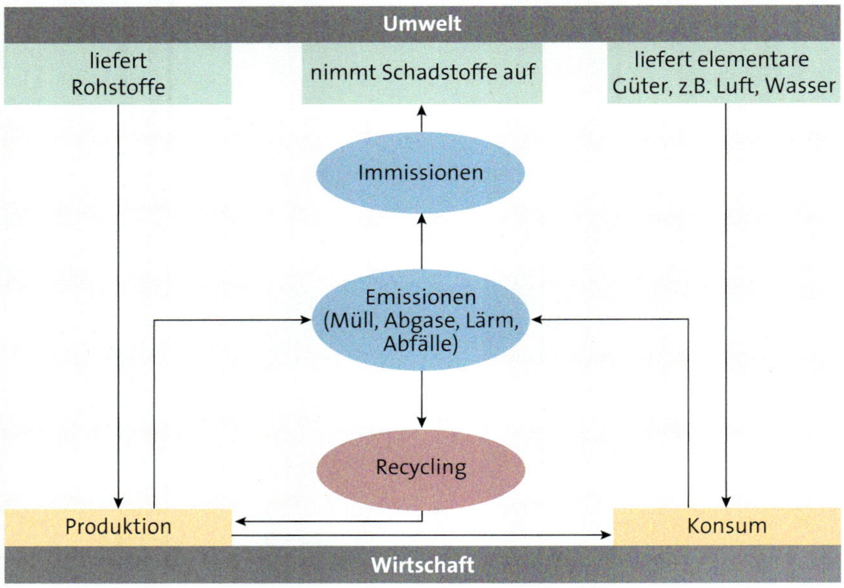

Die Funktionen der Umwelt werden durch die zunehmenden ökologischen Schädigungen immer mehr beeinträchtigt, sodass ein **Nutzungskonflikt** entstanden ist. Dieser Konflikt rührt im Kern daraus, dass die Umwelt ein allen Menschen zugängliches **öffentliches Gut** ist und dass die Kosten für die Beseitigung ökologischer Schäden im Regelfall nicht vom Verursacher, sondern von der Allgemeinheit getragen werden müssen (externe Effekte).

Für die Umwelt als **öffentliches Gut** gilt, dass auch derjenige, der sich nicht an der Bereitstellung einer sauberen Umwelt beteiligt, in den Genuss dieses Gutes gelangen kann (Trittbrettfahrerverhalten).

Es spricht viel dafür, dass der Konflikt zwischen Ökonomie und Ökologie im Kern nicht zu lösen ist. Einerseits können wir auf wirtschaftliches Handeln nicht verzichten, weil wir nur auf dieser Basis unsere Existenz sichern können. Andererseits ist menschliches Wirtschaften immer mit Eingriffen in die Natur verbunden. Der Konflikt kann nur entschärft werden, indem die Produktion und der Konsum von Gütern so umweltfreundlich wie möglich gestaltet werden.

3.4.2 Leitbild der nachhaltigen Entwicklung und Instrumente der Umweltpolitik

In den letzten 30 Jahren, in denen Umweltschutz betrieben wurde, sind durchaus Erfolge in Teilbereichen erzielt worden. Entsprechende Aktivitäten waren aber im Kern oftmals an einer Kontrolle von Schadstoffen bzw. Verringerung von Schadstoffemissionen orientiert. In Zukunft wird es verstärkt darum gehen, vorausschauend Maßnahmen zum Umweltschutz einzuleiten. Diese sollten darauf abzielen, Strukturen in der Gesellschaft und Volkswirtschaft so zu ändern, dass Umweltbelastungen, die zur Zerstörung der Lebensgrundlagen führen, gar nicht erst entstehen können.

Konzept der Nachhaltigkeit

Im Rahmen der Konferenz für Umwelt und Entwicklung der Vereinten Nationen (UNCED) in Rio de Janeiro 1992 hat sich die internationale Staatengemeinschaft auf das Leitbild der nachhaltigen Entwicklung („sustainable development") verständigt. Der Begriff der **Nachhaltigkeit** stammt ursprünglich aus der Forstwirtschaft und bedeutet: In einem bestimmten Zeitraum dürfen nur so viele Bäume geschlagen werden, dass der Wald sich z. B. durch Aufforstung regenerieren kann. Eine nachhaltige Entwicklung kann nur durch die gleichzeitige und gleichberechtigte Umsetzung von **ökologischen, ökonomischen und sozialen Zielen** erreicht werden.

> *„Nachhaltigkeit ist eine Entwicklung, die wirtschaftliche Leistungsfähigkeit und soziale Sicherheit mit der langfristigen Erhaltung der natürlichen Lebensgrundlagen in Einklang bringt."*
> Quelle: www.bmu.de

Instrumente der Umweltpolitik

Im Hinblick auf die Realsierung umweltpolitischer Ziele existiert eine Vielzahl von umweltpolitischen Instrumenten, auf die hier kurz eingegangen werden soll.

Instrumente der Umweltpolitik

direkter Einfluss – **Instrumente** – indirekter Einfluss

planungsrechtliche Instrumente	ordnungsrechtliche Instrumente	ökonomische Instrumente	informelle Instrumente
planen z. B. – Gesamtplanung – Planfeststellung – Umweltverträglichkeitsprüfung (UVP)	greifen ein z. B. – Verbote – Gebote – Anmelde-, Auskunfts- und Anzeigepflichten	stimulieren z. B. – Gebühren – Steuern – Lizenzen	ergänzen z. B. – Absprachen – Aufklärung – Selbstverpflichtung – Kooperationsvereinbarungen
Gesetze (Bund/Länder), Verordnungen (Bund/Länder), Satzungen (Kommunen)			z. B. mündliche oder schriftliche Abkommen

Planungsrechtliche Instrumente

Planungsrechtliche Instrumente spielen vor allem bei Planungen für öffentliche Maßnahmen des Bundes, der Länder und der Kommunen eine Rolle. Das gilt z. B. für Verkehrsplanung, Energie- und Ressourcenplanung und die Erstellung von Flächennutzungs- und -bebauungsplänen.

Ordnungsrechtliche Instrumente

Als ordnungsrechtliche Instrumente stehen **Gebote und Verbote** zur Verfügung. Verbote können Umweltschäden vollständig unterbinden, z. B. Produktionsstillegungen. Gebote, z. B. Grenzwerte für Schadstoffemissionen, lassen ein begrenztes Maß an Umweltbelastungen zu.

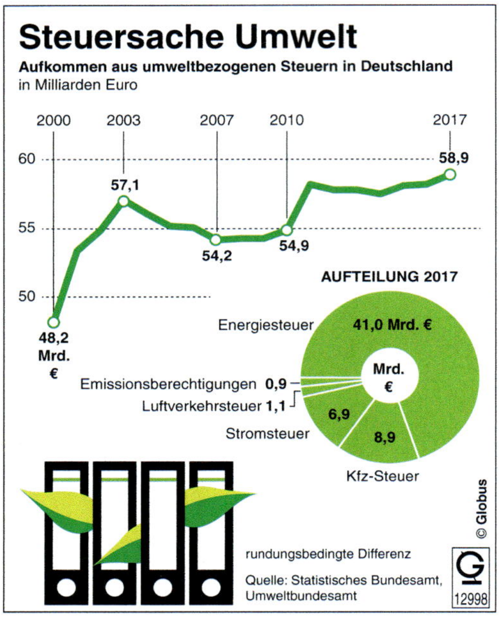

Ökonomische Instrumente

Beim Einsatz ökonomischer (marktorientierter) Instrumente gilt im Rahmen einer Abgabenpolitik: Wer die Umwelt als Produktionsfaktor nutzt, muss dafür einen entsprechenden Preis zahlen. Instrumente der Abgabenpolitik sind z. B. Umweltsteuern, -gebühren, -beiträge, Emissionslizenzen und Abgaben auf Produkte.

Mithilfe von **Emissionslizenzen** wird die Preisbildung für bestimmte Umweltnutzungen nicht dem Staat überlassen, sondern dem Markt übertragen. Im Hinblick auf gewünschte Umweltqualitätsziele legt der Staat für bestimmte Schadstoffe eine Obergrenze fest. Ein Unternehmen, das an Verschmutzungsrechten interessiert ist, muss entsprechend Emissionslizenzen kaufen. Darüber hinaus kann der Staat die Menge von Lizenzen verknappen und dadurch zusätzliche Anreize für umweltschützende Innovationen schaffen.

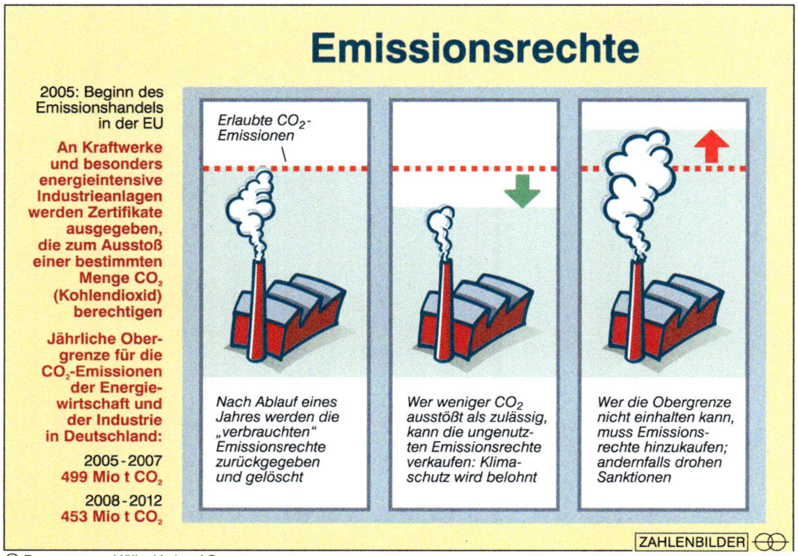

© Bergmoser + Höller Verlag AG 126 306

Informelle Instrumente

Informelle Instrumente wie Kooperationsvereinbarungen, Absprachen, Selbstverpflichtungen oder Aufklärung ergänzen die planungsrechtlichen, ordnungsrechtlichen und ökonomischen Instrumente.

3.4.3 Diskrepanz zwischen Umweltbewusstsein und -verhalten

Alle Überlegungen, wie Umweltschutz in das Handeln der Wirtschaftssubjekte integriert werden kann, haben sich mit dem „Egoismus" des Einzelnen auseinanderzusetzen. Menschen sind i.d.R. auf den eigenen Vorteil bedacht. Im Hinblick auf ihr Umweltverhalten sind Konsumenten wie Produzenten daher häufig inkonsistent. Sie agieren in manchen Bereichen durchaus umweltgerecht, in anderen wiederum nicht. Ergebnisse empirischer Forschungen deuten darauf hin, dass auch Personen mit hohem Umweltbewusstsein dieses nicht immer in entsprechendes Verhalten umsetzen.

Hinsichtlich der Realisierung umweltgerechten Verhaltens gibt es folgende Tendenz:
- In sogenannten **Low-Cost-Situationen**, in denen ein umweltgerechtes Verhalten ohne größere persönliche Nachteile oder Kosten möglich ist, wird es leichter realisiert (z.B. Papierrecycling).
- In sogenannten **High-Cost-Situationen**, in denen umweltgerechtes Verhalten mit persönlichen Nachteilen oder höheren Kosten einhergeht, unterbleibt es häufig (z.B. Verzicht auf das Autofahren).

Zudem ist zu berücksichtigen, dass inzwischen fast jeder Mensch nachweisen kann, dass er sich in manchen Bereichen umweltgerecht verhält. Allerdings werden diese Bereiche nicht selten zum Maßstab des gesamten persönlichen Umweltverhaltens gemacht. Andere, umweltschädigende Verhaltensweisen werden dann gerne ignoriert.

ÜBERBLICK

In der Volkswirtschaftslehre werden die drei **Produktionsfaktoren Arbeit**, **Natur (Boden)** und **Kapital** unterschieden. In neuerer Zeit wird Information (Wissen) als ein weiterer Produktionsfaktor angesehen.

Wenn der vermehrte Input eines Produktionsfaktores mit der Zunahme eines anderen einhergeht, spricht man von **Faktorkombination**. Wenn ein Produktionsfaktor durch einen anderen ersetzt wird, spricht man von **Faktorsubstitution**. Das Ziel ist die Steigerung der **Produktivität**.

Strukturwandel bedeutet schmerzhafte Anpassungsprozesse im Wirtschaftsgeschehen. Man unterscheidet zwischen sektoralem und intrasektoralem Strukturwandel. Eine besondere Herausforderung liegt in der ressourcenschonenden Gestaltung des Strukturwandels.

Die **Umwelt** sichert das Überleben von Menschen, Tieren und Pflanzen, deshalb muss sie geschützt werden. **Umweltprobleme** haben in der Regel menschliche Ursachen. Durch die Produktion von Gütern werden beispielsweise Rohstoffe verbraucht und Schadstoffe ausgestoßen.

Nachhaltigkeit bedeutet, wirtschaftliche Leistungsfähigkeit und soziale Sicherheit so zu gestalten, dass langfristig die natürlichen Lebensgrundlagen erhalten bleiben. Zur Realisierung umweltpolitischer Ziele stehen der Politik **planungsrechtliche**, **ordnungsrechtliche**, **ökonomische** und **informelle Instrumente** zur Verfügung. Zu den ökomonischen Instrumenten zählen Emissionslizenzen, mit deren Hilfe die Preisbildung für bestimmte Formen der Umweltnutzung dem Markt übertragen wird.

AUFGABEN

1 Erläutern Sie die Bedeutung der klassischen Produktionsfaktoren für wirtschaftliches Handeln anhand von Beispielen.

2 Von welchen Faktoren hängt die Arbeitsproduktivität ab? Nennen Sie jeweils ein Beispiel.

3 Begründen Sie, warum neben den traditionellen Produktionsfaktoren heute Wissen als zusätzlicher Produktionsfaktor angesehen wird.

4 Was wird unter Faktorkombination und Faktorsubstitution verstanden?

5 Begründen Sie, warum der Ersatz des Faktors Arbeit durch den Faktor Kapital als die wichtigste Form der Faktorsubstitution gilt.

6 Wodurch unterscheiden sich sektoraler und intrasektoraler Strukturwandel?

7 Interpretieren Sie die Grafik „Wandel in der Arbeitswelt“ auf S. 86 gemäß der Drei-Schritte-Technik auf S. 19.

8 Was für Faktoren können einen wirtschaftlichen Strukturwandel auslösen?

9 Nennen Sie Beispiele für die Auswirkungen der Digitalisierung.

10 Was war der Anlass des Pariser Klimagipfels 2015 und was wurde dort beschlossen?

11 Im November 2018 legte die EU-Kommission ein Konzept für ein klimaneutrales Europa vor.
- a Was für Strategien hat die EU-Kommission in ihrem Konzept vorgeschlagen?
- b Worin bestehen die Herausforderungen bei der Umsetzung dieser Strategien?

12 Wie werden Umweltprobleme definiert? Erläutern Sie die Definition anhand von Beispielen.

13 Erläutern Sie das Verhältnis von Ökologie und Ökonomie anhand von Beispielen.

14 Die Umwelt ist ein öffentliches Gut. Begründen Sie, warum sich daraus ein Nutzungskonflikt ergibt.

15 Das „Global Footprint Network“ berechnet jährlich den Welterschöpfungstag (Earth Overshoot Day), um die Menschheit wachzurütteln und zum Nachdenken über ihr Konsumverhalten zu bewegen.
- a Was bedeutet der errechnete Welterschöpfungstag?
- b Wann war der Welterschöpfungstag im vergangenen Jahr? Wann war/wird er in diesem Jahr sein?
- c Zeigen Sie die Konsequenzen des derzeitigen Ressourcenverbrauchs auf.

16 Was beinhaltet das Konzept der Nachhaltigkeit?

17 Nennen Sie zu den Instrumenten der Umweltpolitik jeweils zwei Beispiele:
- a Planungsrechtliche Instrumente
- b Ordnungsrechtliche Instrumente
- c Ökonomische Instrumente
- d Informelle Instrumente

18 Interpretieren Sie die Grafik „Steuersache Umwelt“ auf S. 92 gemäß der Drei-Schritte-Technik auf S. 19.

19 Erläutern Sie die Vor- und Nachteile der folgenden zwei ökonomischen Instrumente der Umweltpolitik. Recherchieren Sie hierzu ggf. im Internet.
a Gebühren
b Steuern

20 Recherchieren Sie im Internet das Prinzip des Emissionsrechtehandels und erläutern Sie dessen Vor- und Nachteile.

21 Drei Unternehmen emittieren Schadstoffe in die Luft. Der Staat will die Gesamtemissionen auf 24 Tonnen begrenzen.
a Der Staat begrenzt die Emissionen für jedes Unternehmen auf 8 Tonnen. Wie hoch sind die Gesamtkosten für die Unternehmen?
b Der Staat stellt für jedes Unternehmen Emissionslizenzen über 8 Tonnen aus. Die Lizenzen sind frei handelbar. Der Preis pendelt sich bei 8 Euro pro Tonne ein. Wie hoch sind die Gesamtkosten für die Unternehmen?
c Um was für umweltpolitische Instrumente handelt es sich bei den zuvor genannten Maßnahmen?

	Ist-Emission	Soll-Emission	Angaben für a: Vermeidungskosten pro Tonne	Angaben für b: Kauf von Lizenzen
Unternehmen 1	4 Tonnen	Nicht mehr als 24 Tonnen insgesamt	10 Euro	– 4 Tonnen
Unternehmen 2	10 Tonnen		6 Euro	+ 2 Tonnen
Unternehmen 3	10 Tonnen		8 Euro	+ 2 Tonnen

22 Diskutieren Sie in Kleingruppen: Inwiefern ist Umweltbewusstsein eine notwendige Bedingung für eine nachhaltige Umweltpolitik?

23 Nennen Sie Maßnahmen, die Sie
a in Ihrem Alltag,
b in der Schule,
c in Ihrem Praktikums- oder Ausbildungsbetrieb
ergreifen können, um Ihren ökologischen Fußabdruck zu verringern.

24 Erläutern Sie anhand von Beispielen, was unter Low-Cost- und High-Cost-Situationen im Umweltbereich zu verstehen ist.

3.5 Macht Geld glücklich?

Die Familie Schelling sitzt beim gemeinsamen Abendessen. Alle sind müde vom langen Arbeits- bzw. Schultag. Plötzlich fragt Elinor ihre Mutter: „Sag mal, Mama, bist du eigentlich glücklich?“ Akilah ist von dieser Frage etwas überrascht und zunächst ungewohnt sprachlos: „Hm ... ja ... nicht immer ... aber meistens ...“

„Was macht dich denn glücklich?“, will Elinor wissen. „Ihr“, sagt Akilah, „meine Familie, mein Beruf, auch wenn es nicht immer rund läuft. Manchmal auch nur eine Kleinigkeit wie ein Sonnenstrahl im Winter oder ein Lied, das Erinnerungen weckt.“

Gary schaltet sich ein: „Macht Geld eigentlich glücklich?“ „Ja und nein“, meint Paul Schelling. „Das mit dem Geld ist so eine Sache: Geld allein macht nicht glücklich. Ohne Geld ist man aber auch nicht glücklich.“

„Kann man Glück eigentlich messen?“, will Elinor wissen. „Es wird zumindest versucht“, sagt Paul, „aber Glück ist schwer zu definieren und bedeutet für jeden Menschen etwas anderes. Für Wissenschaftler ist Glück nur dann greifbar, wenn es sich in Zahlen messen lässt. Und dazu braucht es eine Messgröße, die aussagt, wie glücklich ein Mensch ist und ob er glücklicher ist als andere. Am einfachsten machen es sich die traditionellen Ökonomen: Dem Homo oeconomicus geht es immer besser, je mehr er besitzt. In der Realität ist Glück aber viel komplexer. Und weil Geld allein eben nicht glücklich macht, gibt es inzwischen viele alternative Konzepte zum BIP, wie beispielweise den Better Life Index der OECD.“

Glück statt BIP

Wir müssen die Entwicklung unserer Gesellschaft neu messen

[...] In den vergangenen 70 Jahren wurde die Welt von einem zentralen Paradigma bestimmt: Wachstum bedeutet Entwicklung. Und der beste Indikator zur Quantifizierung von Fortschritt in diesem Kontext ist das Bruttoinlandsprodukt eines Landes – sein BIP. Als Gesamtwert der im Inland erzeugten Waren und Dienstleistungen war BIP-Wachstum gleichbedeutend mit mehr Jobs, mehr Geld, mehr Wohlergehen, mehr Entwicklung. Doch bereits in den 1930er Jahren warnte Simon Kuznets als Erfinder davor, dass das BIP nicht als geeignetes Maß für die Entwicklung eines Landes diene. BIP-Wachstum und gesellschaftliche Wohlfahrt seien sogar zwei Variablen, die sich durchaus in entgegengesetzte Richtung verändern könnten.

[...] Beim Blick auf erste Konzepte zur Messung von Glück und allgemeinem Wohlbefinden zeigt sich ein interessantes Bild: Mehrere Entwicklungsländer belegen die vorderen Plätze – und das ganz ohne ein Pro-Kopf-BIP von 50 000 US-Dollar. Der Happy Planet Index etwa listet Länder entsprechend ihrem empfundenen Wohlbefinden, der Lebenserwartung sowie dem ökologischen Fußabdruck. Mit gerade mal einem Viertel des durchschnittlichen Einkommens der USA findet sich Costa Rica neben weiteren Staaten Lateinamerikas am oberen Ende der Liste wieder. [...]

Quelle: Daniel Anthes (2016): Glück statt BIP, [online] https://www.wiwo.de/technologie/green/glueck-statt-bip-wir-muessen-die-entwicklung-unserer-gesellschaft-neu-messen/13553956.html [25.11.2019]. (Auszug.)

1 Entwickeln Sie in Einzelarbeit Ihre eigene Definition von „Glück“.
a Sammeln Sie Assoziationen: Was macht Sie persönlich glücklich?
b Stellen Sie Ihren persönlichen Better Life Index zusammen. Nutzen Sie hierfür den Index auf der Website der OECD: http://www.oecdbetterlifeindex.org/de

2 Betrachten Sie die folgende Grafik „Wie glücklich ist die Welt?“. Diskutieren Sie in Kleingruppen: Warum sind Menschen in manchen Regionen der Welt glücklicher als in anderen?

Wie glücklich ist die Welt?

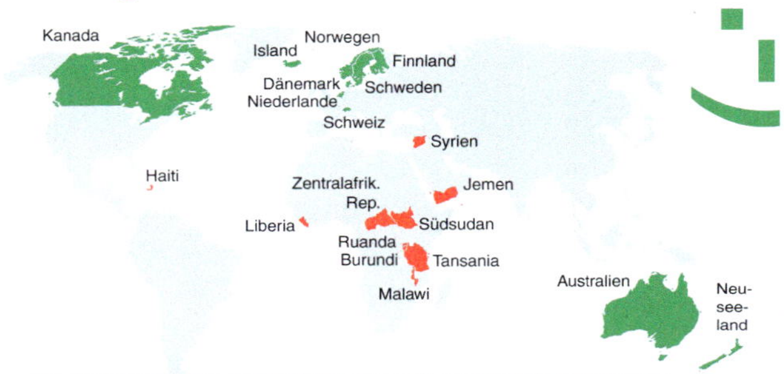

Auf einer Skala von 0 bis 10 (unglücklich bis sehr glücklich)

1	Finnland	7,63
2	Norwegen	7,59
3	Dänemark	7,56
4	Island	7,50
5	Schweiz	7,49
6	Niederlande	7,44
7	Kanada	7,33
8	Neuseeland	7,32
9	Schweden	7,31
10	Australien	7,27
	...	
15	Deutschland	6,97
	...	
147	Malawi	3,59
148	Haiti	3,58
149	Liberia	3,50
150	Syrien	3,46
151	Ruanda	3,41
152	Jemen	3,36
153	Tansania	3,30
154	Südsudan	3,25
155	Zentralafrik. Rep.	3,08
156	Burundi	2,91

Der ***World Happiness Report 2018*** untersucht, wie glücklich die Menschen in 156 Ländern sind. Für den Vergleich wurden Umfragen und Statistiken ausgewertet, u. a. zum Bruttoinlandsprodukt, zur Unterstützung durch Familie und Freunde sowie zur Korruption.

12375 Durchschnitt der Jahre 2015 bis 2017
Quelle: SDSN (World Happiness Report 2018) © Globus

3 Wählen Sie Ihr persönliches „Traumland“ und suchen Sie sich einen oder mehrere Partner mit demselben „Traumland“.
a Recherchieren Sie in Teamarbeit, wie Ihr „Traumland“ im weltweiten Vergleich in den folgenden Kategorien abschneidet:
- BIP,
- Human Development Index,
- World Happiness Report,
- Better Life Index,
- Happy Planet Index.

b Gibt es starke Abweichungen zwischen den Platzierungen Ihres „Traumlandes“ in den verschiedenen Rankings? Falls ja, versuchen Sie die Gründe zu analysieren.
c Erstellen Sie einen Flyer mit Informationen zu Ihrem „Traumland“ und erläutern Sie die Informationen im Plenum.

4 Bilden Sie fünf Gruppen, die sich mit je einem der in Aufgabe 3 genannten Indizes beschäftigen.
a Finden Sie in der Gruppe möglichst viele Argumente, die für „Ihren“ Index und gegen die anderen sprechen.
b Wählen Sie eine Person aus Ihrer Gruppe, die mit Vertretern der anderen Gruppen eine Podiumsdiskussion über die Vor- und Nachteile der Indizes führt.
c Diskutieren Sie abschließend in der Gruppe, welcher Index aus Ihrer Sicht der sinnvollste ist.

3.6 Volkswirtschaftliche Gesamtrechnung

Wirtschaftskreislauf
Kapitel 1.12

Die Volkswirtschaftliche Gesamtrechung (VGR) basiert auf dem Modell des Wirtschaftskreislaufs. Sie ist ein großes Regelwerk, das die Ergebnisse des Wirtschaftsprozesses einer Volkswirtschaft für einen abgelaufenen Zeitraum (z. B. für ein Jahr) erfasst.

3.6.1 Bruttoinlandsprodukt und Bruttonationaleinkommen

Für die Unterscheidung von Inländern und Ausländern ist in der Volkswirtschaftlichen Gesamtrechnung nur der Wohnsitz bedeutsam, nicht jedoch die Staatsbürgerschaft: Ein in Deutschland lebender Türke gilt als Inländer, ein in den USA lebender Deutscher gilt als Ausländer.

Die zentrale Messgröße für den Erfolg der wirtschaftlichen Aktivitäten (Produzieren, Verteilen, Konsumieren, Investieren, Finanzieren) einer Volkswirtschaft ist das **Bruttoinlandsprodukt (BIP)**. Es erfasst alle im Inland entstandenen wirtschaftlichen Leistungen. In die Berechnung des Bruttoinlandsprodukts fließen sämtliche Einkünfte ein, die von Inländern (privaten Haushalten, Unternehmen und Staat) sowie Ausländern **im Inland** erzielt wurden. Einkünfte, die von Inländern im Ausland erzielt wurden, werden dagegen nicht berücksichtigt. Deshalb wird dieses Konzept auch als **Inlandskonzept** bezeichnet

BEISPIEL

Herr Raul und Frau Öztürk leben und arbeiten in Deutschland. Ihre Einkünfte fließen in die Berechnung des BIP ein (Einkünfte von Inländern im Inland).

Frau de Mol lebt in den Niederlanden. Sie pendelt aber jeden Tag über die Grenze, um bei einem Unternehmen in Deutschland zu arbeiten. Ihr Einkommen wird bei der Berechnung des BIP ebenfalls berücksichtigt (Einkünfte einer Ausländerin im Inland).

Frau Fischer lebt in Deutschland. Sie pendelt aber jeden Tag über die Grenze, um bei einem Unternehmen in Dänemark zu arbeiten. Ihr Einkommen (Einkünfte einer Inländerin im Ausland) fließt nicht in das BIP ein.

Das Bruttonationaleinkommen wurde bis 1999 auch Bruttosozialprodukt (BSP) genannt.

Das **Bruttonationaleinkommen (BNE)** ergibt sich aus den wirtschaftlichen Leistungen, die von Inländern erbracht wurden. In seine Berechnung fließen alle Einkünfte ein, die von Inländern **im In- oder Ausland** erzielt wurden (**Inländerkonzept**). Zu beachten ist dabei, dass als Inländer jede Person gilt, die im Inland wohnt. Die Staatsbürgerschaft spielt keine Rolle.

BEISPIEL

Bei der Berechnung des BNE werden die Einkünfte von Herrn Raul und Frau Öztürk sowie die Einkünfte von Frau Fischer berücksichtigt. Das Einkommen von Frau de Mol fließt dagegen nicht in das BNE ein. Auch das Einkommen von Herrn Müller, der zwar Deutscher ist, aber in den USA lebt und arbeitet, wird nicht berücksichtigt.

	Pass	Wohnsitz	Arbeitsort	BIP	BNE
Herr Raul	deutsch	Deutschland	Deutschland	✓	✓
Frau Öztürk	türkisch	Deutschland	Deutschland	✓	✓
Frau de Mol	niederländisch	Niederlande	Deutschland	✓	--
Frau Fischer	deutsch	Deutschland	Dänemark	--	✓
Herr Müller	deutsch	USA	USA	--	--

Das Bruttonationaleinkommen beleuchtet die Einkommensseite einer Volkswirtschaft, das Bruttoinlandsprodukt dagegen die Produktionsseite. Wenn alle Unternehmensleistungen mit den aktuellen Preisen bewertet und zusammengerechnet werden, erhält man das **nominale Bruttoinlandsprodukt**.

BEISPIEL

Eine Volkswirtschaft besteht aus drei Unternehmen und dem Sektor „private Haushalte“: Ein Winzer (U1) baut Weintrauben an, veredelt diese zu Wein und füllt den Wein in Flaschen ab. Ein Weinhändler (U2) kauft diesen Wein und verkauft ihn an einen Supermarkt (U3) weiter.

Der Winzer (U1) verlangt für die Herstellung und Abfüllung von einem Hektoliter Wein 500 Geldeinheiten (GE). Er hat Löhne zu zahlen und möchte Gewinn erzielen. **Vorleistungen** von anderen Unternehmen benötigt er nicht. Die Wertschöpfung, d. h. die Summe aus Löhnen und Gewinnen, beträgt 500 GE und fließt an die privaten Haushalte.

Der Weinhändler (U2) kauft den Wein vom Winzer und verkauft ihn für 900 GE weiter an einen Supermarkt (U3). In diesem Preis sind die 500 GE vom Winzer (U1) als Vorleistung enthalten. Die Wertschöpfung des Weinhändlers beträgt somit 400 GE. Die Löhne und Gewinne fließen an die privaten Haushalte.

Der Supermarkt (U3) möchte beim Verkauf an die privaten Haushalte ebenfalls einen Gewinn erzielen. An seine Mitarbeiter zahlt er Löhne und Gehälter. Den Wein verkauft er für 1 100 GE; die Wertschöpfung beträgt 200 GE. Das BIP kann nun als Summe der Wertschöpfung der drei Unternehmen ermittelt werden.

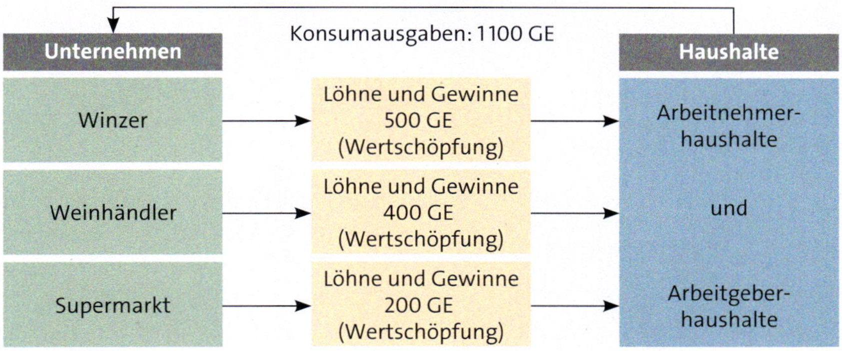

Vorleistungen
Wert aller Güter, die inländische Wirtschaftseinheiten von anderen in- oder ausländischen Wirtschaftseinheiten für den Produktionszweck bezogen und verbraucht haben

Wertschöpfung U1	500 GE
+ Wertschöpfung U2	400 GE
+ Wertschöpfung U3	200 GE
= BIP	1100 GE

Das nominale Bruttoinlandsprodukt ist ein Wert, dessen Höhe vom aktuellen Preisniveau abhängt. Dieser Wert sinkt bei sinkenden Marktpreisen (Deflation) und steigt bei steigenden Marktpreisen (Inflation). Das **reale Bruttoinlandsprodukt** kann man nur messen, indem man die Gesamtmenge der produzierten Güter mit den Preisen des Basisjahres bewertet.

Inflation, Deflation
Kapitel 4.8–4.9

Das reale Bruttoinlandsprodukt lässt sich errechnen, indem man das nominale Bruttoinlandsprodukt durch den aktuellen Preisindex (z. B. 104 bei einer Preissteigerungsrate von 4 % im Vergleich zum Basisjahr) dividiert und mit 100 multipliziert.

Preisindex
Kapitel 1.9.3

Die Veränderungsrate des realen Bruttoinlandsprodukts ist die Messgröße für das **Wirtschaftswachstum**. Dieses ist nicht nur für Politiker und Zentralbanken eine wichtige Größe. Auch Unternehmen verwenden sie als Orientierungshilfe bei ihren Produktions- und Verkaufsplanungen.

BEISPIEL

Das nominale BIP im Basisjahr betrug 1 100 Geldeinheiten (GE). Das nominale BIP im Berichtsjahr beträgt 1 144 GE, hat sich im Vergleich zum Basisjahr also um 4 % erhöht. Die Preise sind im Vergleich zum Basisjahr allerdings auch um 4 % gestiegen, sodass der aktuelle Preisindex 104 beträgt. Das reale BIP lässt sich dann folgendermaßen berechnen:

$$BIP_{real} = \frac{BIP_{nominal} \cdot 100}{Preisindex} = \frac{1\,144\ GE \cdot 100}{104} = 1\,100\ GE$$

Im Vergleich zum Basisjahr ist das reale BIP konstant geblieben. Die Veränderungsrate des realen BIP beträgt in diesem Fall also 0 %.

$$\text{Wachstumsrate (in \%)} = \frac{BIP\ (Jahr_{20X2}) - BIP\ (Jahr_{20X1})}{BIP\ (Jahr_{20X1})} \cdot 100$$

Veränderung des realen Bruttoinlandsprodukts in Deutschland (in %)

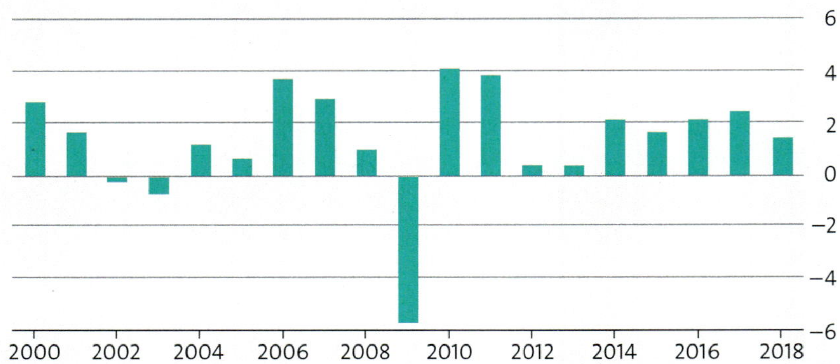

Quelle: Statistisches Bundesamt (Destatis) (2019): BIP, Veränderung gegenüber Vorjahr, [online], https://service.destatis.de/DE/vgr_dashboard/bip.html [25.11.2019]. (Eigene Gestaltung.)

3.6.2 Berechnungsarten in der Volkswirtschaftlichen Gesamtrechnung

Die Volkswirtschaftliche Gesamtrechnung (VGR) wird vom Statistischen Bundesamt durchgeführt. Sie lässt sich unter den Gesichtspunkten der Entstehung, der Verwendung und der Verteilung des Bruttoinlandsprodukts betrachten.

Bei der **Entstehungsrechnung** wird die Wertschöpfung der einzelnen Wirtschaftssektoren ermittelt und addiert. Die **Wertschöpfung** ist die Summe aller Werte, die durch die Produktion von Waren und Dienstleistungen neu entstanden sind.

Wertschöpfung
Kapitel 3.6.1

Wirtschaftssektoren
Kapitel 1.4

Entstehungsrechnung (vereinfachte Darstellung)

	Wertschöpfung Land- und Forstwirtschaft
+	Wertschöpfung produzierendes Gewerbe
+	Wertschöpfung Dienstleistungsgewerbe
=	Bruttoinlandsprodukt (BIP)

Im Rahmen der **Verwendungsrechnung** wird ermittelt, von wem die produzierten Güter verbraucht werden. Der größte Teil wird von den Haushalten und vom Staat konsumiert. Ein kleinerer Teil wird von den Unternehmen in die Erhaltung oder Erweiterung ihrer Produktionsanlagen investiert. Die Investitionen bilden die Grundlage für die zukünftige Produktion. Güter, die vom Ausland konsumiert werden (Exporte), sind Teil des Bruttoinlandsprodukts. Güter, die aus dem Ausland importiert werden, sind hingegen kein Teil des Bruttoinlandsprodukts. Die Differenz zwischen Exporten und Importen geht als **Außenbeitrag** in die Verwendungsrechnung ein.

Exporte und Importe
Kapitel 2.9 und 4.16

Verwendungsrechnung

	Privater Konsum
+	Staatsausgaben
+	Investitionen
+/–	Außenbeitrag
=	Bruttoinlandsprodukt (BIP)

	Exporte von Gütern
–	Importe von Gütern
=	Außenbeitrag

In der **Verteilungsrechnung** wird ermittelt, wie das erwirtschaftete Geld verteilt wird. Grundlage der Verteilungsrechnung ist aber nicht unmittelbar das Bruttonationaleinkommen, sondern das **Volkseinkommen**. Dieses errechnet sich wie folgt:

	Bruttonationaleinkommen (BNE)
–	Abschreibungen
=	**Nettonationaleinkommen** (Primäreinkommen)
–	Produktions- und Importabgaben an den Staat
+	Subventionen vom Staat
=	**Volkseinkommen**

Das Volkseinkommen wird an Arbeitnehmer, Unternehmer und Kapitalgeber verteilt. Die Arbeitnehmer erhalten ihren Anteil als Löhne und Gehälter (**Arbeitnehmerentgelte**), die Unternehmer und Kapitalanleger als Gewinne, Zinsen, Mieten, Pachten und Dividenden (**Unternehmens- und Vermögenseinkommen**).

Lohn- und Gewinnquote
Kapitel 5.3.1

Verteilungsrechnung

	Arbeitnehmereinkommen
+	Unternehmens- und Vermögenseinkommen
+	Produktions- und Importabgaben
–	Subventionen vom Staat
+	Abschreibungen
+/–	Saldo der Einkommen vom/ans Ausland
=	Bruttoinlandsprodukt (BIP)

3.6.3 Das Bruttoinlandsprodukt als Wohlstandsindikator?

öffentliche Güter
Kapitel 1.7

Da gesellschaftlicher Wohlstand sehr unterschiedlich definiert werden kann, gibt es auch sehr unterschiedliche Verfahren zu dessen Messung. Die bekannteste und gebräuchlichste Größe ist das Bruttoinlandsprodukt. Dieses erfasst allerdings nur Leistungen, die auf dem Markt gehandelt werden. Daher ist es als Wachstumsmaßstab nur bedingt geeignet. Leistungen, die nicht in das Bruttoinlandsprodukt einfließen, sind z. B. Hausarbeit, Schwarzarbeit, ehrenamtliche Tätigkeit und Nachbarschaftshilfe. Auch die Benutzung von Straßen und Schulen fließt nicht in die Berechnung ein. Sie werden vom Staat kostenlos als Kollektivgüter zur Verfügung gestellt.

„[...] Kindererziehung und Krankenpflege daheim? Sie steigern das BIP kein bisschen. Umweltschäden, die keiner mehr beseitigen kann? Senken das BIP kein bisschen. Mehr Freizeit und Selbstverwirklichung für alle? Im Zweifelsfall eher schlecht fürs BIP. Zunehmender sozialer Unfrieden und Kriminalität? Keine Auswirkung. Halt doch! Wenn ein Hooligan eine Scheibe einwirft, muss der Glaser kommen. Dann wächst das BIP sogar. An diesem Unsinn aber richten wir unsere Politik aus. Als Bankkonzerne dank ihrer Luftbuchungen gewaltige Gewinne verzeichneten, haben wir es dankbar als einen Teil des gestiegenen BIPs verbucht. Der Steigerung des BIPs verschreiben wir unser Bildungssystem, unsere Forschungsförderung, unsere Infrastruktur. Der Raubbau an den Wäldern, bodenzerstörende Monokulturen, die Zersetzung von Gesellschaft durch Überarbeitung – sie dienen kurzfristig der Steigerung des BIPs und zerstören langfristig die Lebensgrundlage des Menschen. Dennoch feiern wir Länder, die beim BIP-Wachstum vorn liegen, wie Leistungssportler: Schaut her, China hat die Zehnprozentmarke gerissen! [...]“

Quelle: Thomas Fischermann (2009): Besser wachsen, in: Die Zeit, 23.04.2009, S. 1. (Auszug.)

Umweltschutz
Kapitel 3.4

Schäden, die durch Umweltverschmutzung entstehen und mit finanziellem Aufwand beseitigt werden müssen, steigern das Bruttoinlandsprodukt. Dadurch entstehen jedoch hohe **soziale Kosten**. Der Wohlstand und die Lebensqualität werden nicht erhöht, sondern eher verringert. Das Wachstum einer Volkswirtschaft, gemessen als Steigerung des Bruttoinlandsprodukts, sagt also nichts über die Lebensbedingungen und Lebensqualität aus.

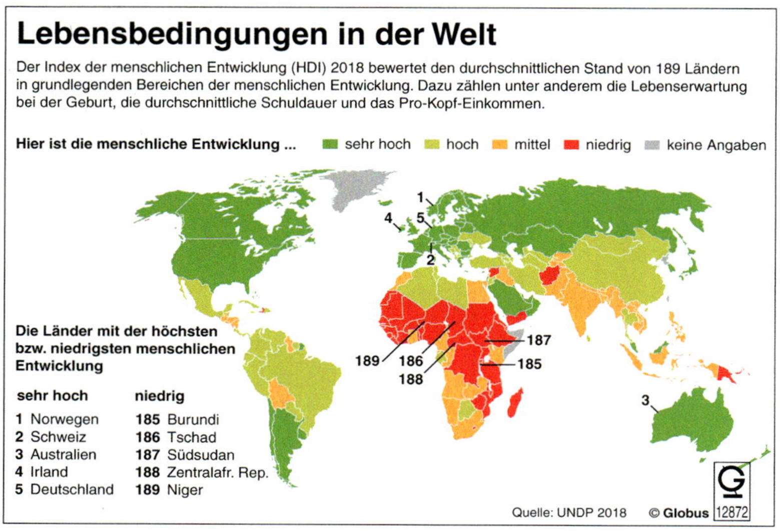

Daher ist man auf der Suche nach alternativen Wohlstandsmaßen. Das bekannteste ist der **Human Development Index (HDI)** der Vereinten Nationen. Als veränderliche Größen werden z. B. Lebenserwartung, Alphabetisierungsrate von Erwachsenen, Durchschnittsdauer des Schulbesuchs und Pro-Kopf-Einkommen zur Messung verwendet.

Noch mehr Faktoren berücksichtigt die Organisation für wirtschaftliche Zusammenarbeit und Entwicklung (OECD) in ihrem **Better Life Index**. Bei diesem Index, der erstmals 2011 veröffentlicht wurde, werden folgende Kriterien berücksichtigt: Wohnverhältnisse, Einkommen, Beschäftigung, Gemeinsinn, Bildung, Umwelt, Zivilengagement, Gesundheit, Lebenszufriedenheit, Sicherheit, Work-Life-Balance.

Human Development Report
www.hdr.undp.org

OECD
Kapitel 4.5.4

Better Life Index
www.oecdbetterlifeindex.org

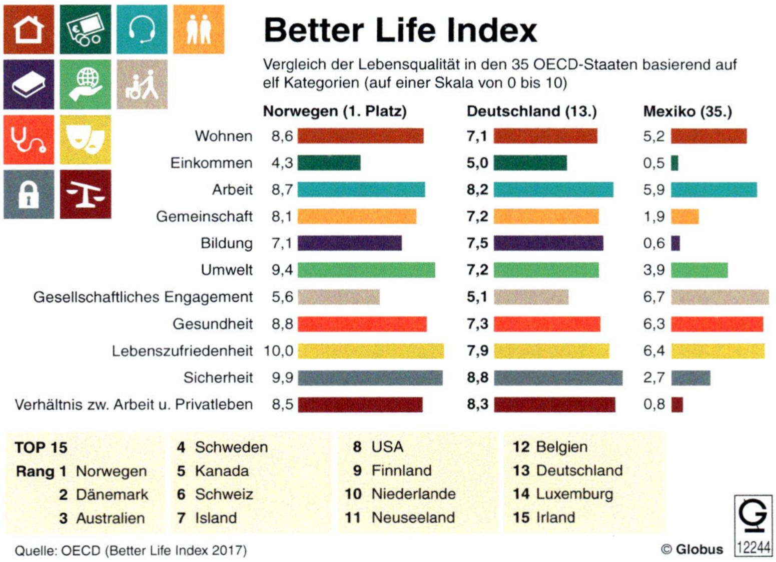

Der **Happy Planet Index (HPI)** der britischen New Economics Foundation berücksichtigt keine monetären Größen, bezieht aber das Kriterium der Nachhaltigkeit mit ein. Der HPI kombiniert seit 2006 die Lebenserwartung mit der aus Umfragen ermittelten Lebenszufriedenheit und setzt sie ins Verhältnis zum **ökologischen Fußabdruck**. Der ökologische Fußabdruck ist ein Flächenmaß. Er misst die Land- und Wasserflächen, die von der Bevölkerung bei ihrem gegenwärtigen Konsum, unter Berücksichtigung der gegenwärtigen Technologien benötigt werden. Dabei fließt auch die Aufnahme von Abfällen in die Flächenberechnung mit ein. Besonders gut schneiden nach diesem Index Länder ab, in denen die Menschen viele glückliche Lebensjahre mit möglichst geringem Umweltschaden verbringen.

New Economics Foundation
www.neweconomics.org

Happy Planet Index
www.happyplanetindex.org

Global Footprint Network
www.footprintnetwork.org/de

Ökologischer Fußabdruck – Deutschland
www.footprint-deutschland.de

ÜBERBLICK

Die Leistung einer Volkswirtschaft wird mithilfe des **Bruttoinlandsprodukts (BIP)** angegeben. Das BIP erfasst die im Inland produzierten Leistungen (**Inlandskonzept**). Das **Bruttonationaleinkommen (BNE)** erfasst hingegen die Leistungen, die von Inländern im Inland und im Ausland erbracht werden (**Inländerkonzept**).

Das **nominale BIP** entspricht den jeweiligen Preisen, das **reale BIP** ist preisbereinigt.

Das BIP wird im Rahmen der **Volkswirtschaftlichen Gesamtrechnung (VGR)** unter den Gesichtspunkten seiner Entstehung, seiner Verwendung und seiner Verteilung betrachtet.

Da das BIP über die Lebensbedingungen und die Lebensqualität nur wenig aussagt, ist es als **Wohlstandsindikator** umstritten. Mittlerweile gibt es eine Reihe von **alternativen Wohlstandsmaßen**. Dazu gehören der Human Development Index, der Better Life Index und der Happy Planet Index.

AUFGABEN

1 Grenzen Sie die Begriffe Bruttoinlandsprodukt (BIP) und Bruttonationaleinkommen (BNE) voneinander ab.

2 Eine kleine Volkswirtschaft besteht aus vier Unternehmen und den privaten Haushalten. Bei den Unternehmen handelt es sich um einen Landwirtschaftsbetrieb, eine Mühle, eine Bäckerei und einen Lebensmittelhandel. Der Landwirt verkauft Weizen im Wert von 700 Geldeinheiten (GE) an die Mühle. Von dem Erlös bezahlt er seinen Auszubildenden; der Rest ist Gewinn für seine Arbeit und seinen Kapitaleinsatz. In der Mühle wird das Korn gemahlen und das Mehl ausgesiebt. Das Mehl wird für 1400 GE an eine Großbäckerei verkauft. Die dort produzierten Brötchen werden für 2300 GE von dem Lebensmittelhändler gekauft und von diesem für 2900 GE an seine Kunden weiterverkauft.
a Entwickeln Sie ein Kreislaufbild dieser Volkswirtschaft.
b Berechnen Sie die Wertschöpfung auf den einzelnen Stufen.
c Wie hoch ist das Bruttoinlandsprodukt in dieser Volkswirtschaft?
d Begründen Sie anhand des Beispiels, warum die folgende Aussage falsch ist: „Das Bruttonationaleinkommen ist die Summe der in einem Jahr produzierten Güter in einer Volkswirtschaft."

3 Grenzen Sie nominales und reales Bruttoinlandsprodukt (BIP) voneinander ab. Wie wird das reale BIP gemessen?

4 Warum und für wen ist das Wirtschaftswachstum eine wichtige Messgröße?

5 Erläutern Sie anhand der Grafik „Veränderung des realen Bruttoinlandprodukts in Deutschland" auf S. 100 die Entwicklung von 2000 bis 2018.

6 Unter welchen Gesichtspunkten wird die Volkswirtschaftliche Gesamtrechnung vom Statistischen Bundesamt durchgeführt?

7 Interpretieren Sie die Grafik „Das Bruttoinlandprodukt 2018" auf S. 100 gemäß der Drei-Schritte-Technik auf S. 19.

8 Grenzen Sie die Begriffe Bruttonationaleinkommen und Volkseinkommen voneinander ab.

9 Wie aussagekräftig ist das Wachstum einer Volkswirtschaft gemessen am BIP hinsichtlich der Lebensbedingungen und der Lebensqualität?

10 In Deutschland ereignen sich mehr als 2,5 Millionen Verkehrsunfälle pro Jahr; die Schadenssumme, für die die obligatorische Haftpflichtversicherung aufkommen muss, beträgt durchschnittlich knapp 3500 Euro pro Unfall.
a Welchen Einfluss hat dies auf das BIP?
b Wie ist vor diesem Hintergrund das BIP als Wohlstandsindikator zu beurteilen?

11 Stellen Sie anhand des Auszugs aus dem Artikel „Besser wachsen" auf S. 102 zwei Listen zusammen:
a mit Dingen, die das BIP steigern, aber nicht die Lebensqualität verbessern,
b mit Dingen, die die Lebensqualität verbessern, aber nicht das BIP steigern.

12 Interpretieren Sie die Grafik „Lebensbedingungen in der Welt" auf S. 102 gemäß der Drei-Schritte-Technik auf S. 19.

13 Interpretieren Sie die Grafik „Better Life Index" auf S. 103 gemäß der Drei-Schritte-Technik auf S. 19.

3.7 Das Auf und Ab der Konjunktur

Eli

Mutter

Elinors Mutter kommt in letzter Zeit öfters genervt nach Hause. Wenn Elinor von ihren Erlebnissen des Tages erzählen will, winkt Akilah müde ab: „Sei mir nicht böse, Elinor, aber ich bin mit meinen Gedanken gerade woanders.“ „Was gibt's denn?“, will Elinor wissen. „Wir haben gerade ziemliche Probleme mit unserem größten Absatzmarkt Asien. Unsere Exportorientierung macht uns zu schaffen. Seit die wirtschaftliche Dynamik in einigen asiatischen Ländern nachlässt, merken wir, wie abhängig wir vom Ausland sind.“

Als Leiterin der Personalabteilung hat Akilah Schelling nicht nur den Umsatz und die Gewinnentwicklung im Blick, sondern auch die möglichen Konsequenzen für die 240 Mitarbeiter ihrer Firma. Elinor kann die Sorgen ihrer Mutter nachvollziehen. Und sie weiß noch, dass ihre Mutter ähnlich gestresst war, als 2008 die weltweite Finanz- und Wirtschaftskrise ausbrach. Damals hatte die deutsche Wirtschaft den größten Rückgang des Wirtschaftswachstums seit Kriegsende zu verkraften. Riesige „Rettungspakete“ für Unternehmen wurden geschnürt und in den Nachrichten gab es kaum ein anderes Thema. Für Elinor hatte sich damals aber fast nichts geändert: Ihr Vater und ihre Mutter hatten auch weiterhin ihre Jobs, die Familie wohnte nach wie vor im selben Haus, hatte ein Auto und genug zu essen.

Oma Daniela, die den Schellings gerade bei der Wäsche hilft, kann da ganz andere Dinge erzählen. Denn sie kam kurz nach Ende des Zweiten Weltkriegs zur Welt und hat als junges Mädchen das deutsche „Wirtschaftswunder“ miterlebt. Als Elinor ihre Oma darauf anspricht, zeigt die ihr eine Grafik des Statistischen Bundesamtes: „Hier siehst du die konjunkturelle Entwicklung der Bundesrepublik Deutschland seit über 60 Jahren. Fällt dir was auf?“ „Es geht ständig auf und ab“, stellt Elinor fest. „Genau, das nennt man Konjunktur“, sagt Daniela.

1 Betrachten Sie die Grafik auf der nächsten Seite. Analysieren Sie in Kleingruppen die Ursachen für die wirtschaftlichen Ab- und Aufschwünge in Deutschland seit den 1960er-Jahren und notieren Sie Ihre Ergebnisse zu den Punkten 1 bis 9. Recherchieren Sie hierfür im Internet mithilfe der Stichworte „Rezession“, „Depression“ und „Boom“.

2 Recherchieren Sie im Internet nach aktuellen Konjunkturprognosen für Deutschland und erstellen Sie in Teamarbeit ein Plakat zu den nachfolgend genannten Aspekten. Präsentieren und diskutieren Sie Ihr Plakat im Plenum.
- **a** Was für eine Wirtschaftsentwicklung wird erwartet? Vergleichen Sie die Konjunkturprognosen von mindestens drei verschiedenen Institutionen.
- **b** Was für Indikatoren werden bei diesen Prognosen verwendet?
- **c** Was für Gründe werden für die Prognosen angeführt?
- **d** Gibt es Abweichungen zwischen den Prognosen? Falls ja – woran könnte das liegen?

3 Recherchieren und diskutieren Sie in Teamarbeit über die nachfolgend genannten Fragen. Tauschen Sie sich anschließend im Plenum über Ihre Ergebnisse aus.
- **a** Warum werden Konjunkturprognosen so häufig revidiert?
- **b** Gibt es Möglichkeiten, die Genauigkeit von Konjunkturprognosen zu verbessern?

TIPP

Es gibt zahlreiche Institutionen, die Konjunkturprognosen veröffentlichen: z. B. die Bundesregierung, die EU-Kommission, der Internationale Währungsfonds, die OECD, die Bundesbank, der Sachverständigenrat zur Begutachtung der gesamtwirtschaftlichen Entwicklung, das Deutsche Institut für Wirtschaftsforschung (Berlin), das ifo Institut (München), das Institut für Weltwirtschaft (Kiel), das Institut der deutschen Wirtschaft (Köln) und viele andere.

Konjunktur in Deutschland (Zeitverlauf)

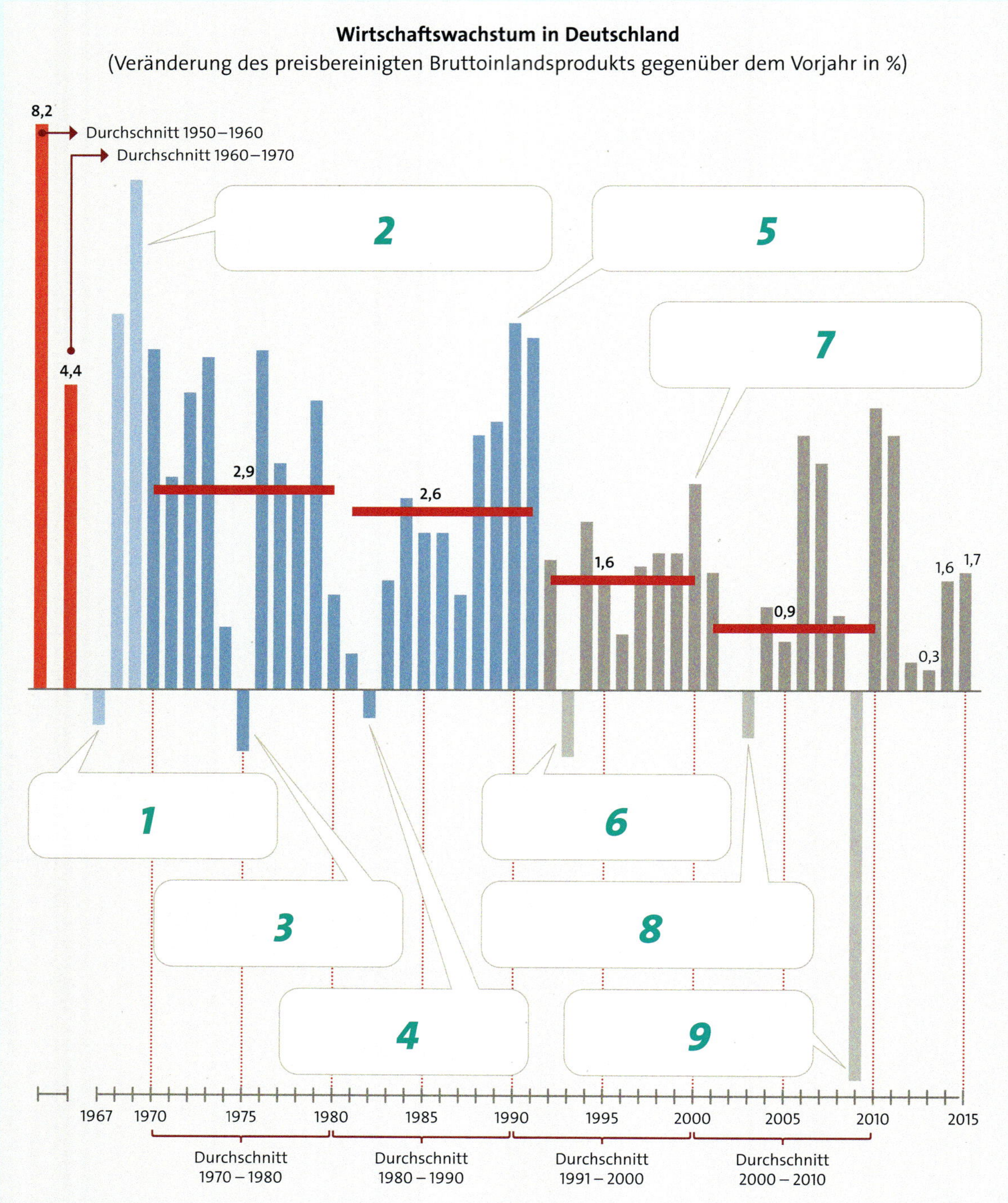

Quelle: Statistisches Bundesamt (Destatis) (2017): Bruttoinlandsprodukt 2016 für Deutschland, S. 6, [online] https://www.destatis.de/DE/Presse/Pressekonferenzen/2017/BIP2016/pressebroschuere-bip.pdf?__blob=publicationFile [25.11.2019]. (Eigene Gestaltung.)

3.8 Wirtschaftsordnung als Grundlage von Wohlstandskonzepten

Überall, wo Menschen zusammenleben, sind bestimmte Regeln nötig. Jedes Land hat seine Gesetze, Spiele haben ihre Spielregeln, Schulen ihre Schulordnung und Häuser ihre Hausordnung. Das Gleiche gilt für das Wirtschaftsleben: Auch dessen Abläufe müssen durch eine Ordnung geregelt werden.

In jeder Volkswirtschaft der Welt muss dasselbe grundlegende Problem gelöst werden: Wie können die unendlich vielen Bedürfnisse der Menschen trotz knapper Ressourcen befriedigt werden? Dieser Ausgangspunkt jeglichen wirtschaftlichen Handelns wird als **Knappheitsproblem** bezeichnet.

Güterknappheit
Kapitel 1.6

Je weiter die wirtschaftliche Entwicklung voranschreitet, desto mehr Spezialberufe gibt es und desto unüberschaubarer werden die Beziehungen zwischen den Wirtschaftssubjekten. Hieraus ergeben sich neue Fragen: Was soll wann, wie, wo, von wem und für wen produziert werden? Und wie können die wirtschaftlichen Aktivitäten der unzähligen einzelnen Wirtschaftssubjekte koordiniert werden? Dieser Komplex von Fragen wird als **Koordinationsproblem** bezeichnet.

Um das Koordinationsproblem zu lösen, brauchen komplexe, entwickelte Volkswirtschaften eine **Wirtschaftsordnung**. Eine Wirtschaftsordnung ist ein System von Institutionen und Regeln, die das Funktionieren einer Volkswirtschaft sichern und die wirtschaftlichen Aktivitäten auf zielgerichtete Weise koordinieren sollen.

Die wichtigste Funktion einer Wirtschaftsordnung besteht darin, die wirtschaftlichen Aktivitäten einer Vielzahl von Wirtschaftssubjekten zu koordinieren: Was soll wann, wie, wo, von wem und für wen produziert werden? Und wie gelangen die Waren dorthin, wo sie gebraucht werden?

Entwicklung einer Wirtschaftsordnung

Knappheitsproblem:
Die Bedürfnisse sind unendlich, doch die Ressourcen sind knapp.

↓

Maßnahme: Die Wirtschaftssubjekte versuchen, die Produktivität durch Spezialisierung und Arbeitsteilung zu steigern.

↓

Folge 1: Die Wirtschaftsprozesse werden zu Tauschprozessen.

Folge 2: Ein anerkanntes Tauschmittel (Geld) wird erforderlich.

↓

Koordinationsproblem:
Das Geschehen wird immer undurchschaubarer.
Wie kann die Funktionsfähigkeit der Volkswirtschaft gesichert und wie können die vielen Aktivitäten koordiniert werden?

↓

Maßnahme: Das Institutionen- und Regelsystem einer Wirtschaftsordnung ist der Versuch, das Koordinationsproblem zu lösen.

Ein wesentliches Unterscheidungsmerkmal von Wirtschaftsordnungen ist die Frage: Wer plant? Die einzelnen Wirtschaftssubjekte oder der Staat?

Jede Wirtschaftsordnung hat drei grundlegende **Funktionen** zu erfüllen:

- Herstellung und Sicherung der Funktionsfähigkeit einer Volkswirtschaft,
- Zielgerichtete Koordination der wirtschaftlichen Aktivitäten in einer Volkswirtschaft,
- Förderung gesellschaftlicher Grundwerte (z. B. Freiheit, Sicherheit, Gerechtigkeit und Wohlstand).

Ein wesentliches Unterscheidungsmerkmal von Wirtschaftsordnungen liegt in der Frage der **Planungshoheit** und der Planungsabstimmung. In einer **freien Marktwirtschaft** kann jedes Wirtschaftssubjekt seine wirtschaftlichen Aktivitäten selber planen. Die Institution, die die Millionen von Individualplänen koordinieren soll, ist der Markt. In einer **Zentralverwaltungswirtschaft** hingegen ist es Aufgabe des Staates, alle wirtschaftlichen Aktivitäten zu planen und zu koordinieren.

Neben dem Planungs- und Lenkungssystem sind die Eigentumsformen, die Prinzipien der betrieblichen Ergebnisrechnung und die Preisbildungsformen die zentralen Ordnungselemente, auf denen Wirtschaftsordnungen beruhen:

freie Marktwirtschaft **Kapitel 3.9**

Zentralverwaltungswirtschaft **Kapitel 3.10**

- **Planungs- und Lenkungssystem**: Die zahllosen wirtschaftlichen Aktivitäten in einer arbeitsteilig organisierten Volkswirtschaft können auf unterschiedliche Weise aufeinander abgestimmt werden. In einer Zentralverwaltungswirtschaft wird das Wirtschaftsgeschehen durch eine staatliche Planungsbehörde zentral koordiniert. In einer freien Marktwirtschaft erfolgt die Koordination dezentral über den Markt.
- **Eigentumsformen**: Entscheidungsbefugnisse sind eng mit dem Eigentum an den Produktionsmitteln (z. B. Fabriken, Grundstücke und Rohstoffe) verbunden. In einer freien Marktwirtschaft dürfen Individuen über Produktionsmittel verfügen; in einer Zentralverwaltungswirtschaft darf dies nur der Staat bzw. die Gesellschaft.

Gewinnmaximierung **Kapitel 2.5.1**

- **Betriebliche Ergebnisrechnung**: In einer freien Marktwirtschaft wirtschaften Unternehmen nach dem Prinzip der Gewinnmaximierung. In einer Zentralverwaltungswirtschaft hingegen wirtschaften sie nach dem Prinzip der Planerfüllung. Ihre wirtschaftlichen Aktivitäten orientieren sich also an zentral aufgestellten Plänen. Beide Formen des Wirtschaftens können durch spezielle Prämiensysteme ergänzt werden.

Preisbildung **Kapitel 2.6 und 4.3**

- **Preisbildungsformen**: Ein wesentliches Steuerungsinstrument für wirtschaftliche Aktivitäten stellen die Preise dar, zu denen die produzierten Güter verkauft werden können oder sollen. In einer freien Marktwirtschaft bilden sich die Preise auf dem Markt. In einer Zentralverwaltungswirtschaft werden sie dagegen vom Staat festgelegt.

3.9 Freie und soziale Marktwirtschaft

Das Modell der freien Marktwirtschaft hat – im Sinne einer idealtypischen Modellvorstellung – seine geistigen Wurzeln in den Ideen des **klassischen Liberalismus**. **Adam Smith** (1723–1790) ist zwar nicht der einzige Begründer des klassischen Liberalismus, er gilt aber als der bedeutendste Theoretiker dieser ökonomischen Lehre. Grundlegend für die Auffassung von Smith ist die Einsicht, dass der wirtschaftliche Erfolg nicht auf der Nächstenliebe (Altruismus), sondern auf der Eigenliebe der Einzelnen (Egoismus) beruht. Ferner nimmt er an, dass das sogenannte Eigennutzstreben die wesentliche Antriebskraft für wirtschaftliches Handeln ist. Jeder Mensch verfolgt seinen eigenen Vorteil und nicht den der Gesellschaft. Doch die **„unsichtbare Hand“** des Marktes sorgt für die Vereinbarkeit von Einzel- und Gesamtinteressen.

Adam Smith (1723–1790)

Ordnungspolitik
Kapitel 6.5.2

Die liberalen Klassiker wandten sich **gegen Eingriffe des Staates** in das Wirtschaftsgeschehen. Ihnen zufolge soll der Staat keine eigenen Interessen wahrnehmen, sondern nur den ordnungspolitischen Rahmen schaffen.

Nach dem Ende des Zweiten Weltkriegs stellte sich die Frage, wie das geteilte Deutschland politisch und wirtschaftlich organisiert werden sollte. In der Bundesrepublik Deutschland wurde aufgrund der negativen Erfahrungen mit dem Frühkapitalismus des 19. Jahrhunderts und der Kriegswirtschaft des nationalsozialistischen Regimes der Versuch gemacht, in wirtschaftlicher Hinsicht einen neuen Weg einzuschlagen. Dieser bestand in dem Konzept, eine marktwirtschaftliche Ordnung mit staatlich regulierenden und sozialen Elementen anzureichern. So entstand das **Modell der sozialen Marktwirtschaft,** als deren maßgebliche Begründer der Wirtschaftsminister und spätere Bundeskanzler Ludwig Erhard und sein Staatssekretär Alfred Müller-Armack gelten.

Alfred Müller-Armack (1901–1978)

Ludwig Erhard (1897–1977)

Für Ludwig Erhard war die soziale Marktwirtschaft das Grundmodell für die Realisierung eines Wohlstandskonzepts „für alle“. Sein Kernsatz lautete: „Das erfolgversprechendste Mittel zur Erreichung und Sicherung jeden Wohlstands ist der Wettbewerb.“

Die soziale Marktwirtschaft zeichnet sich durch **vier Grundprinzipien** aus:

Wettbewerb
Kapitel 4.2 und 4.5

1. **Wettbewerbsprinzip:** Ordnungspolitische Basis ist der Wettbewerb, der als dynamischer Prozess aufgefasst wird und letztlich wirtschaftliches Wachstum und technischen Fortschritt sichert.

Sozialpolitik
Kapitel 5.2–5.4

2. **Sozialprinzip**: Wirtschaftliche Leistungsfähigkeit schafft prinzipiell die Basis für soziale Gerechtigkeit und Sicherheit. Allerdings ist der Markt nicht in der Lage, alle auftretenden sozialen Probleme zu lösen. Im Rahmen der Sozialpolitik ist der Staat gefordert, die Marktwirtschaft sozial auszugestalten.

konjunkturelle Schwankungen
Kapitel 3.13.2

3. **Konjunkturpolitisches Prinzip**: Zu große Schwankungen in der wirtschaftlichen Entwicklung sollte der Staat durch entsprechende Maßnahmen zu verhindern versuchen.

Preisbildung
Kapitel 2.6 und 4.3

4. **Prinzip der Marktkonformität**: Wirtschaftspolitische Maßnahmen des Staates müssen weitgehend marktkonform erfolgen, d. h., die freie Preisbildung auf den Märkten darf nicht eingeschränkt werden.

Wirtschaftspolitische Instrumente

Die optimale Nutzung der Produktionsmittel und damit die bestmögliche Güterversorgung werden am ehesten durch einen funktionierenden **Leistungswettbewerb** gesichert. Eine wichtige Aufgabe des Staates in einer sozialen Marktwirtschaft besteht deshalb darin, durch **Ordnungspolitik**

Ordnungspolitik
Kapitel 6.5.2

Wettbewerbspolitik
Kapitel 4.5

- für einen reibungslosen Ablauf des Marktgeschehens zu sorgen,
- das Entstehen von Marktmacht zu verhindern,
- Machtmissbrauch zu unterbinden,
- den freien Zugang zu den Markten zu gewährleisten.

Gesetz gegen Wettbewerbsbeschränkungen
Kapitel 4.5.2

Ordnungspolitisch begründete Eingriffe des Staates in die Planungsautonomie der Wirtschaftssubjekte werden dann als vertretbar angesehen, wenn sie dem Leistungswettbewerb dienen. In Deutschland ist die gesetzliche Grundlage hierfür das **Gesetz gegen Wettbewerbsbeschränkungen (GWB)** aus dem Jahr 1957, dessen zentrale Inhalte das Kartellverbot, die Fusionskontrolle und die Missbrauchsaufsicht über marktbeherrschende Unternehmen sind.

Preisniveaustabilität
Kapitel 4.7

Inflation
Kapitel 4.8

Geldpolitik
Kapitel 6.9–6.11

Von grundlegender Bedeutung für das Funktionieren einer Volkswirtschaft und für die soziale Gerechtigkeit ist auch die **Stabilität der Währung**, d. h. eine möglichst niedrige Inflation. Im Bundesbankgesetz von 1957 wurde daher festgelegt, dass die **Geldpolitik** der Deutschen Bundesbank vor allem darauf abzielen soll, die Stabilität der Währung zu sichern. Außerdem wurde in diesem Gesetz die Unabhängigkeit der Bundesbank gegenüber der Bundesregierung festgeschrieben.

Konjunkturpolitik
Kapitel 6.5.1

Ziele der Wirtschaftspolitik
Kapitel 3.11

Im Zuge der Rezession der Jahre 1966/67 wurde dem Staat zudem die Aufgabe zugewiesen, aktiv in das wirtschaftliche Geschehen einzugreifen und große wirtschaftliche Schwankungen mit einer gezielten **Konjunkturpolitik** zu verhindern. Die gesetzliche Grundlage hierfür war das bis heute gültige Stabilitäts- und Wachstumsgesetz (StWG) aus dem Jahr 1967, in dem die vier zentralen wirtschaftspolitischen Ziele (stetiges und angemessenes Wirtschaftswachstum, hohes Beschäftigungsniveau, stabiles Preisniveau und außenwirtschaftliches Gleichgewicht) festgeschrieben wurden.

3.10 Zentralverwaltungswirtschaft

Inzwischen wird von unterschiedlicher Seite die Frage gestellt, ob unsere Wirtschaftsordnung noch den Wohlstand für alle Gesellschaftsmitglieder sichern kann. Damit stellt sich erneut die Systemfrage. Im Folgenden soll daher kurz das System der Zentralverwaltungswirtschaft dargestellt werden, das u. a. für die ehemalige DDR charakteristisch war.

Die Wirtschaftsordnung der Deutschen Demokratischen Republik (DDR) beruhte nach dem Vorbild der Planwirtschaft der sowjetischen Besatzungsmacht auf dem Modell der Zentralverwaltungswirtschaft (ZVW) und der weltanschaulichen Grundlage des **Marxismus-Leninismus.** Die Grundideen der sozialistischen Planwirtschaft stammen von **Karl Marx und Friedrich Engels**. Vorläufer waren die utopischen Sozialisten, beispielsweise Thomas Morus (1478–1535), Henri de Saint-Simon (1760–1825), Charles Fourier (1772–1832) und Robert Owen (1771–1851).

Karl Marx (1818–1883)

Karl Marx und Friedrich Engels lebten und wirkten in einer Zeit, als die Industriearbeiterschaft begann, sich als eigenständige gesellschaftliche Kraft zu formieren. Sie studierten die wirtschaftliche und gesellschaftliche Entwicklung des kapitalistischen Systems und entwickelten daraus die Schlussfolgerung: Der Kapitalismus werde an seinen Widersprüchen zugrunde gehen. In Gestalt der **Arbeiterklasse** werde jene Kraft entstehen, die eine neue Gesellschaft errichten werde.

Im Zentrum der Betrachtung stand die kapitalistische Produktionsweise. Der Kapitalismus ist nach Marx dadurch charakterisiert, dass sich die Produktionsmittel in den Händen einer kleinen privilegierten Schicht befinden, während die Arbeiter genötigt sind, ihre Arbeitskraft zu verkaufen. Die Entwicklung des Kapitalismus führt nach Marx dazu, dass sich die Gesellschaft immer mehr in zwei feindliche, sich bekämpfende Lager spaltet: die „Kapitalisten" auf der einen und das „Proletariat" auf der anderen Seite.

Friedrich Engels (1820–1895)

Die ökonomische Grundlage der sozialistischen Wirtschaft bildet das **„gesellschaftliche Eigentum an den Produktionsmitteln"**. Die Entscheidungsstruktur in der Volkswirtschaft wird zentral vom Staat bestimmt. Zugrunde liegt eine kollektivistische Gesellschaftsordnung: Der einzelne Mensch wird als der Gesellschaft untergeordnet angesehen. Das Individuum hat sein Denken und Handeln an den Zielen des Kollektivs auszurichten. Ein **zentraler Wirtschaftsplan** bündelt sämtliche Produktionsmittel einer Volkswirtschaft und legt fest, welche Güter in welchen Mengen wie und in welchen staatlichen Betrieben zu produzieren sind.

Das System der Zentralverwaltungswirtschaft hat sich in der Vergangenheit als nicht lebensfähig erwiesen. Zentral gelenkte Wirtschaftssysteme scheiterten insbesondere an der fehlenden Produktivität der Leistungserstellung, der Fehllenkung der Produktionsprozesse sowie an den Informationsdefiziten hinsichtlich der Individualbedürfnisse der privaten Haushalte. Die Unzufriedenheit der Bevölkerung mit der Güterversorgung und den fehlenden wirtschaftlichen und politischen Freiheitsrechten hat in der DDR und fast allen anderen Ländern mit einer zentral gelenkten Wirtschaftsordnung zum Systemwechsel geführt.

3.11 Ziele staatlicher Wirtschaftspolitik

Träger und Akteure der Wirtschaftspolitik **Kapitel 3.12**

Mithilfe der Wirtschaftspolitik wird das wirtschaftliche Geschehen im Rahmen bestimmter Zielvorgaben beeinflusst. Da die Wirtschaft nur ein Teilbereich der Gesellschaft ist, müssen sich die wirtschaftspolitischen Ziele an übergeordneten **gesellschaftlichen Grundwerten** orientieren.

3.11.1 Gesellschaftliche Grundwerte

Die wichtigsten gesellschaftlichen Grundwerte, an denen die Wirtschaftspolitik in Deutschland sich auszurichten hat, sind Freiheit, Gerechtigkeit, Sicherheit und Fortschritt:

Monopol **Kapitel 4.3.3 und 4.5.2**

Einkommensverteilung **Kapitel 5.3.3**

soziale Sicherung **Kapitel 5.2 und 5.4**

- **Freiheit**: Freiheit schafft die Voraussetzung für die freie Entfaltung der Persönlichkeit. Die Wirtschaftspolitik muss sicherstellen, dass die persönliche Freiheit des Einzelnen auch bei seinen wirtschaftlichen Entscheidungen garantiert ist und z. B. nicht durch die wirtschaftliche Macht eines Monopolisten eingeschränkt wird.
- **Gerechtigkeit:** Alle Bürger des Staates haben die gleichen Rechte. Niemand darf aufgrund seiner Herkunft, seines Glaubens, seines Geschlechts usw. bevorzugt oder benachteiligt werden. Auf wirtschaftlichem Gebiet zielt die Forderung nach Gerechtigkeit insbesondere auf die Verteilungsgerechtigkeit ab, d. h., Einkommen und Vermögen sollten möglichst gerecht verteilt sein.
- **Sicherheit:** In der Gesellschaft dürfen Krankheit, Behinderung, Alter oder sonstige Umstände, die die Leistungsfähigkeit verringern, nicht zu sozialer Verelendung führen. Die Gesellschaft muss deshalb die soziale Sicherheit als solidarische Aufgabe aller Bürger begreifen.
- **Fortschritt:** Fortschritt ist kein Wert an sich, sondern ist immer neu in Annäherung an vorgegebene gesellschaftspolitische Ziele zu interpretieren. Wirtschaftliches Wachstum kann nur dann Fortschritt hervorbringen, wenn das Wachstum nicht nur ökonomischen, sondern auch sozialen, ökologischen und humanen Aspekten gerecht wird. Nur so lässt sich die Lebensqualität verbessern und das Gemeinwohl steigern.

3.11.2 Gesetzliche Ziele staatlicher Wirtschaftspolitik

In engem Zusammenhang mit den genannten gesellschaftlichen Grundwerten stehen die grundlegenden Zielsetzungen staatlicher Wirtschaftspolitik. Diese sind in Deutschland in einer Reihe von Gesetzen verankert. Die vier wichtigsten Ziele sind im Stabilitäts- und Wachstumsgesetz (StWG) aus dem Jahr 1967 festgeschrieben.

Das magische Viereck

Die starke wirtschaftliche Dynamik in der Wiederaufbauphase nach dem Zweiten Weltkrieg überdeckte in der Bundesrepublik Deutschland fast zwei Jahrzehnte lang die Notwendigkeit des Aufbaus einer langfristigen wirtschaftspolitischen Entwicklungsstrategie. Erst die (aus heutiger Sicht nur sehr milde) Rezession der Jahre 1966/67 drängte die Verantwortungsträger dazu, sich stärker mit der Stabilisierung des volkswirtschaftlichen Wohlstands zu beschäftigen und feste Entwicklungsziele zu definieren.

Im **Stabilitäts- und Wachstumsgesetz (StWG)** von 1967 sind folgende Zielsetzungen formuliert:

- ein stetiges und angemessenes Wirtschaftswachstum,
- ein hohes Beschäftigungsniveau,
- ein stabiles Preisniveau,
- außenwirtschaftliches Gleichgewicht.

Diese vier Ziele aus dem Stabilitäts- und Wachstumsgesetz sind bis heute gültig. Da sie nie alle gleichzeitig erreicht werden können, werden sie auch als magisches Viereck bezeichnet.

1. Stetiges und angemessenes Wirtschaftswachstum: Von wirtschaftlichem Wachstum wird gesprochen, wenn das **reale Bruttoinlandsprodukt (BIP)** im Zeitverlauf zunimmt. Das Wachstum wird mithilfe der Volkswirtschaftlichen Gesamtrechnung (VGR) ermittelt. Wirtschaftswachstum ermöglicht z. B. den Arbeitnehmern höhere Lohnabschlüsse, den Unternehmern höhere Renditen und den öffentlichen Haushalten höhere Einnahmen. Als wünschenswert gilt ein jährlicher Anstieg des realen BIP von ca. 3 %. Dieser Wert wird in der jüngeren Wirtschaftsgeschichte aber nur noch selten erreicht.

Bruttoinlandsprodukt
Kapitel 3.6.1

Volkswirtschaftliche Gesamtrechnung
Kapitel 3.6

2. Hohes Beschäftigungsniveau: Ein hohes Beschäftigungsniveau bedeutet, dass die Zahl der Arbeitslosen möglichst gering ist. Gemessen wird die Situation auf dem Arbeitsmarkt mithilfe der **Arbeitslosenquote**. Arbeitslosigkeit stellt ein schweres persönliches Schicksal dar. Sie geht mit finanziellen Einbußen, persönlichen Problemen und nicht zuletzt dem Verlust des Selbstwertgefühls einher. Unter wirtschaftlichen Gesichtspunkten bedeutet jeder Arbeitslose zugleich einen Verzicht auf die Nutzung volkswirtschaftlicher Ressourcen und auf Staatseinnahmen in Form von Steuern. Aufgrund von notwendigen Anpassungsprozessen in der Wirtschaft (z. B. bedingt durch sich verändernde Qualifikationsanforderungen) bleibt jedoch auch im Idealfall eine geringe Arbeitslosenquote bestehen. Deshalb gilt eine Arbeitslosenquote von 3 % noch als Vollbeschäftigung.

Arbeitslosenquote
Kapitel 5.7.2

Typen von Arbeitslosigkeit
Kapitel 5.7.3

3. Stabiles Preisniveau: Preisniveaustabilität bedeutet, dass die Kaufkraft der Währung nicht durch einen Prozess allgemeiner und dauerhafter Preissteigerungen geschmälert wird. Es gilt dafür Sorge zu tragen, dass für die gleiche Menge Geld nicht immer weniger Waren gekauft werden können. Aber nicht jede Preissteigerung ist in diesem Sinne nachteilig: Da sich viele Waren im Laufe der Zeit qualitativ verbessern, erhält der Kunde für einen höheren Preis oft auch einen Mehrwert. Erst jährliche Preissteigerungen über 2 % werden von der Europäischen Zentralbank (EZB) als bedenklich eingestuft.

Preisniveau, Preissteigerungsrate
Kapitel 1.9.3 und 4.7

Inflation
Kapitel 4.8

Ziele der EZB
Kapitel 6.9

Leistungsbilanz
Kapitel 4.16.1

4. Außenwirtschaftliches Gleichgewicht: Jeder Staat ist auf wirtschaftliche Beziehungen zu anderen Volkswirtschaften angewiesen. Außenwirtschaftliches Gleichgewicht wird hergestellt, wenn die **Leistungsbilanz** eines Staates in etwa ausgeglichen ist. Dies heißt (vereinfacht), dass die Summe der Geldzuflüsse aus dem Ausland ungefähr der Summe der Geldabflüsse ins Ausland entsprechen sollte.

Das magische Sechseck

Aus weiteren Gesetzen lassen sich zusätzlich **zwei bedeutsame Ziele ableiten,** sodass aus dem magischen Viereck ein magisches Sechseck wird:

Einkommensverteilung
Kapitel 5.3.3

5. Gerechte Einkommens- und Vermögensverteilung: Eine gerechte Einkommens- und Vermögensverteilung ist gesellschaftlich und wirtschaftlich von hoher Bedeutung. Wenn große Teile der Bevölkerung vom gesellschaftlichen Wohlstand ausgeschlossen werden, kann dies zu erheblichen gesellschaftlichen Problemen führen. Nur wenn die bestehenden Einkommens- und Vermögensverhältnisse von der Bevölkerung akzeptiert werden, kann der soziale Frieden in einer Gesellschaft gewahrt werden.

Umweltschutz
Kapitel 3.4

6. Umweltschutz: Künftige Generationen sollen in einer lebenswerten Umwelt wirtschaften und leben können. Die Umweltpolitik des Staates muss daher darauf ausgerichtet sein, Umweltschäden zu verhindern und entstandene Umweltschäden zu beseitigen.

Magisches Sechseck

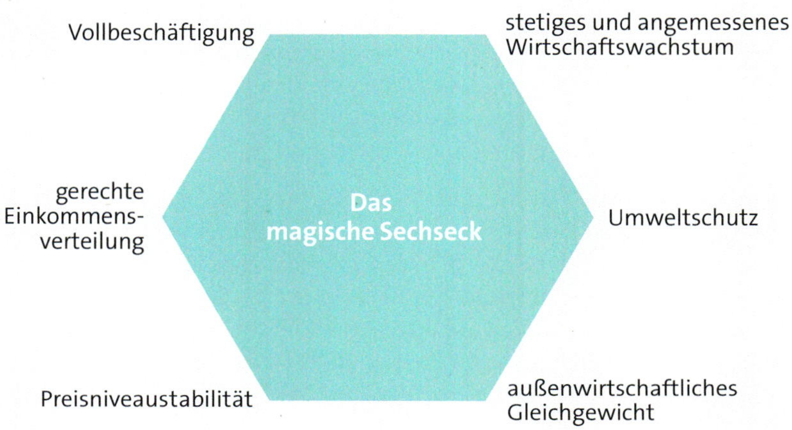

3.11.3 Zielbeziehungen

Alle Ziele des magischen Sechsecks stehen in Wechselbeziehung zueinander. Diese Wechselbeziehungen sind jedoch nicht alle gleich: Die Ziele können sich neutral zueinander verhalten, miteinander harmonieren oder in Konflikt stehen.

BEISPIEL

Zielneutralität besteht zwischen außenwirtschaftlichem Gleichgewicht und gerechter Einkommensverteilung: Das außenwirtschaftliche Gleichgewicht hat keinen Einfluss auf die Gerechtigkeit der Einkommensverteilung.

Zielharmonie besteht zwischen Wirtschaftswachstum und hohem Beschäftigungsniveau: Wenn mehr Güter produziert und gehandelt werden, stellen die Unternehmen mehr Beschäftigte ein.

Ein **Zielkonflikt** besteht zwischen wirtschaftlichem Wachstum und Preisniveaustabilität: Wirtschaftliches Wachstum bedingt eine steigende Nachfrage nach Investitions- und Konsumgütern, eine steigende Nachfrage fördert aber auch Preissteigerungen.

Zielkonflikte

Nicht selten kommt es bei der Realisierung der wirtschaftlichen Ziele zu Spannungen. Obwohl jedes der vier bzw. sechs wirtschaftspolitischen Ziele für sich genommen erstrebenswert ist, stehen die Ziele häufig in einem Konfliktverhältnis zueinander. Es ist z. B. leicht verständlich, dass das Ziel des wirtschaftlichen Wachstums mit dem Ziel einer lebenswerten Umwelt in Konflikt stehen kann. Vor dem Hintergrund des magischen Sechsecks erweist sich auch die Bekämpfung der Inflation als nicht unproblematisch. Wenn z. B. die öffentlichen Haushalte zur Bekämpfung der Nachfrageinflation die eigene Nachfrage senken, werden unter Umständen die Ziele Wirtschaftswachstum und Vollbeschäftigung verletzt. Auch zwischen dem Ziel Vollbeschäftigung, das im Allgemeinen über eine wachstumsorientierte Wirtschaftspolitik angestrebt wird, und den Zielen Umweltschutz und Preisniveaustabilität kann es zu Konflikten kommen.

Eine verantwortungsvolle **Lösung von Zielkonflikten** (z. B. durch die Festlegung bestimmter Mindeststandards und die Gewichtung der konkurrierenden Ziele) gehört zu den zentralen Herausforderungen von Wirtschaftspolitik.

„Hurra, wieder 2,5 % höher!" Karikatur von Horst Haitzinger

3.12 Träger und Akteure der Wirtschaftspolitik

Ziele der Wirtschaftspolitik
Kapitel 3.11

Der wichtigste Träger der Wirtschaftspolitik ist der Staat. Zu den Zielen und Aufgaben der **Bundesregierung** gehört es, eine stetige wirtschaftliche Entwicklung mit Wachstum, stabilen Preisen, Vollbeschäftigung und außenwirtschaftlichem Gleichgewicht zu bewirken. Sie hat jedoch keinen unbegrenzten Handlungsspielraum: Für ihre Entscheidungen benötigt sie die Zustimmung des **Bundestages** und des **Bundesrates**. Zudem wird Wirtschaftspolitik nicht nur auf Bundes-, sondern auch auf Landes- und kommunaler Ebene betrieben. Die Landesregierungen und -parlamente sind vor allem dann gefordert, wenn es um die Ansiedlung von Industriebetrieben, den Ausbau des Straßennetzes oder andere infrastrukturelle Maßnahmen geht.

Welthandelsorganisation
Kapitel 2.11

Europäische Union
Kapitel 4.14

Auch die außenwirtschaftlichen Verflechtungen der Bundesrepublik schränken den Handlungsspielraum der Bundesregierung ein. Neben den Vereinbarungen im Rahmen der **World Trade Organization (WTO),** die sich auf den internationalen Freihandel beziehen, spielt vor allem Deutschlands Mitgliedschaft in der **Europäischen Union** eine maßgebliche Rolle. So müssen die von den Organen der Europäischen Union erlassenen Verordnungen und Richtlinien beachtet und in deutsches Recht umgesetzt werden.

Europäische Wirtschafts- und Währungsunion
Kapitel 4.14.3

Geldpolitik,
Kapitel 6.9–6.11

Europäische Zentralbank
Kapitel 6.7 und 6.9–6.11

Deutsche Bundesbank
Kapitel 6.7

Besonders starke Auswirkungen auf die nationale Wirtschaftspolitik hat die Einbindung in die **Europäische Wirtschafts- und Währungsunion**: Bei der Haushaltspolitik sind die Vorgaben aus bestehenden Verträgen (z. B. Stabilitätspakt) einzuhalten. Im Bereich der Geldpolitik kommt eine besondere Bedeutung der **Europäischen Zentralbank** zu: Sie ist für die Geldwertstabilität in der EU verantwortlich. Die **Deutsche Bundesbank** ist im Zusammenwirken mit der EZB für die Geldversorgung der Wirtschaft zuständig und sorgt für die Abwicklung des Zahlungsverkehrs im In- und Ausland.

Träger und Akteure der Wirtschaftspolitik

Wichtige wirtschaftspolitische Entscheidungsträger sind auch die **Tarifpartner**. Die Vertreter der Arbeitgeber (Arbeitgeberverbände, z. B. der Arbeitgeberverband Gesamtmetall) und die Vertreter der Arbeitnehmer (Gewerkschaften, z. B. die Industriegewerkschaft Metall) haben das im Grundgesetz verankerte Recht, frei von staatlichen Eingriffen Tarifverträge abzuschließen (Tarifautonomie).

Schließlich gibt es noch eine Fülle von **Verbänden und Organen** ohne eigene Entscheidungskompetenz, die politische Entscheidungen jedoch indirekt beeinflussen können. Auf der Anbieterseite gibt es z. B. die Interessenvertretungen der Unternehmer (Bundesverband der Deutschen Industrie u. a.); auf der Nachfragerseite gibt es z. B. die Verbraucherverbände (Verbraucherzentralen, Mieterbund u. a.). Erwähnenswerten Einfluss haben auch die Selbstverwaltungsorgane der Wirtschaft, vor allem die Kammern (Industrie- und Handelskammern, Handwerkskammern).

Interessenverbände, die sich vor allem sozial- und umweltpolitisch oder für die Menschenrechte engagieren und dabei nicht auf Gewinnerzielung ausgerichtet sind, werden als **NGOs** bezeichnet. Neben bekannten Organisationen wie z. B. Greenpeace, Attac, Amnesty International gehören hierzu auch gemeinnützige Vereine.

NGO
Non-governmental organization (Nichtregierungsorganisation)

Die politischen Aktivitäten von Interessengruppen werden auch als **Lobbyismus** bezeichnet. Lobbyisten versuchen auf die Ausformulierung von Gesetzen und Beschlüssen Einfluss zu nehmen, indem sie Abgeordnete und Fachreferenten der Ministerien beraten.

Eine Mitwirkung von Interessenverbänden ist in den Geschäftsordnungen des Bundestages und der Bundesregierung ausdrücklich vorgesehen. Ministerien ziehen nicht selten bei der Vorbereitung von Gesetzen offizielle Vertreter der Spitzenverbände hinzu. Sie benötigen den Sachverstand von Verbänden, damit Gesetze nicht unvollständig oder fehlerhaft ausgestaltet werden. Der Einfluss der Interessengruppen auf die politischen Entscheidungsträger erweist sich aber oftmals als problematisch. Einerseits sind die politischen Gremien bei der Entwicklung von Gesetzentwürfen auf das Fachwissen der Interessenverbände angewiesen. Andererseits besteht die Gefahr, dass die Regierungen und Abgeordneten in ihren Entscheidungen einseitig beraten und beeinflusst werden.

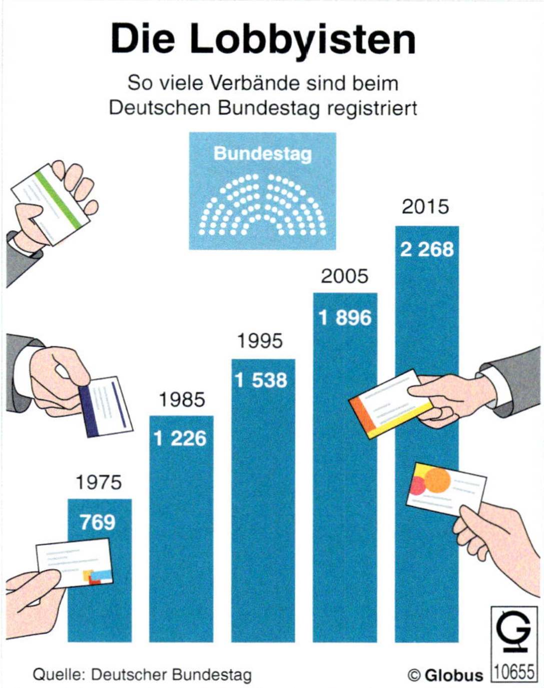

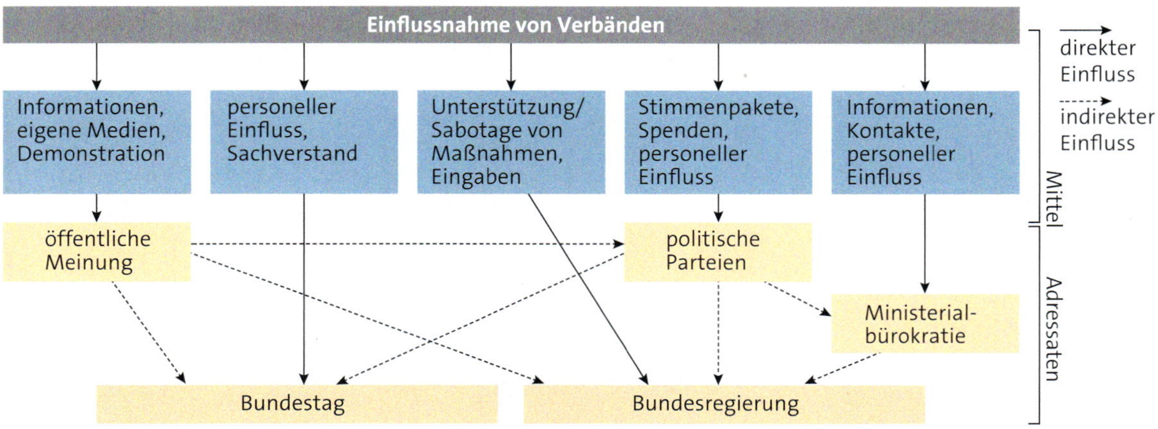

3.13 Wirtschaftsschwankungen

Die Entwicklung einer Volkswirtschaft verläuft niemals völlig konstant, sondern ist verschiedenen Arten von wellenförmigen Schwankungen unterworfen, die kurzfristiger, mittelfristiger oder langfristiger Natur sein können.

3.13.1 Saisonale Schwankungen

Saisonale Schwankungen sind unvermeidliche, vor allem wetterbedingte Schwankungen im Verlauf der Jahreszeiten. Besonders stark davon betroffen sind wetterabhängige Branchen wie die Bau-, Land- und Forstwirtschaft, die ihre Arbeit in den Wintermonaten zum Teil einstellen müssen. Weitere Branchen, deren Umsätze jahreszeitlichen Schwankungen unterliegen, sind die Tourismus- und die Getränkebranche. Auch jährlich wiederkehrende Feste wie z. B. Weihnachten können zu saisonalen Schwankungen in einzelnen Branchen (z. B. im Einzelhandel) führen.

3.13.2 Konjunkturelle Schwankungen (Konjunkturzyklen)

Zur Ermittlung des aktuellen Konjunkturverlaufs werden Konjunkturindikatoren herangezogen.
Kapitel 6.2

Während von saisonalen Schwankungen vor allem einzelne Branchen betroffen sind, sind konjunkturelle Schwankungen ein gesamtwirtschaftliches Phänomen. Hierbei handelt es sich um mittelfristige Schwankungen in der Auslastung der gesamtwirtschaftlichen Produktionskapazitäten. Sie verlaufen zyklisch, wobei ein Konjunkturzyklus sich normalerweise über vier bis zehn Jahre erstreckt.

Phasen des Konjunkturzyklus

Ein Konjunkturzyklus besteht aus vier Phasen:
- Aufschwung (Expansion),
- Hochkonjunktur (Boom),
- Abschwung (Rezession),
- Tiefstand.

Bruttoinlandsprodukt
Kapitel 3.6.1

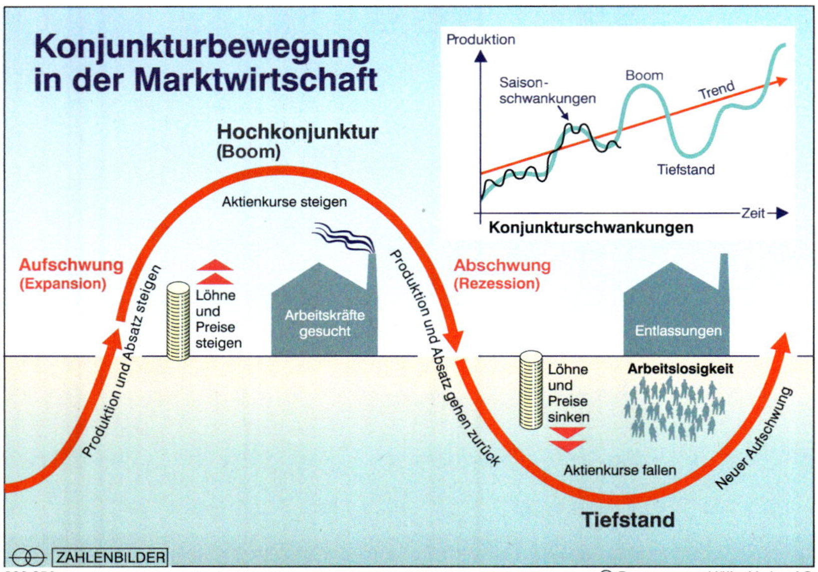

© Bergmoser + Höller Verlag AG

In der Aufschwungphase bestehen bei Herstellern und Verbrauchern optimistische Zukunftserwartungen. Das reale Bruttoinlandsprodukt (BIP) steigt. Die Mehrproduktion erhöht die Auslastung der Produktionskapazitäten. Die Nachfrage nach Produktionsgütern und Faktorleistungen nimmt zu. Dadurch erhöhen sich auch die Einkommen der privaten Haushalte. Hiervon profitiert der Staat durch Steuermehreinnahmen und Minderausgaben. Insgesamt steigt das verfügbare Einkommen und kann zur erneuten Ausweitung der Nachfrage verwendet werden.

Das dynamische Wachstum der Aufschwungsphase geht im weiteren Verlauf in eine Phase der **Hochkonjunktur (Boom)** über. Diese ist durch ausgelastete Kapazitäten und einen hohen Beschäftigungsgrad gekennzeichnet. Der Nachfrageüberhang macht Preis-, aber auch Lohnerhöhungen leichter durchsetzbar, die Inflationsgefahr ist hoch. Die Sorge wächst, dass die konjunkturelle Entwicklung einbricht, die Stimmung wird zunehmend skeptisch und Investitionsvorhaben werden ausgesetzt.

Nachfrageüberhang
Kapitel 2.6.1

Nachfrageinflation
Kapitel 4.8.2

Die zunehmend pessimistische Stimmung führt zu einer Veränderung des Konsum- und Investitionsverhaltens. Nun beginnt die **Abschwungphase (Rezession)**: Die gesamtwirtschaftliche Nachfrage sinkt. Die Unternehmen entlassen wegen der schlechten Auftragslage Personal. Privaten und öffentlichen Haushalten stehen geringere finanzielle Mittel zur Verfügung. Sie schränken ihre Nachfrage weiter ein. Das nominale Bruttoinlandsprodukt (BIP) steigt zwar zunächst noch, weil die Preissteigerungsrate den mengenmäßigen Nachfragerückgang übertrifft. Doch das reale BIP, aus dem die Preiserhöhungen herausgerechnet sind, geht zurück.

nominales und reales BIP
Kapitel 3.6.1

Eine Erhöhung des BIP, die nicht auf Wachstum, sondern auf Inflation beruht, bezeichnet man auch als Stagflation.
Kapitel 4.8.1

Hält die Rezession über mehrere Jahre an oder kommt es zu schockartigen Einbrüchen der gesamtwirtschaftlichen Nachfrage, so droht eine **Depression**, d. h. eine tiefgreifende Krise einer Volkswirtschaft. Das BIP wird von Jahr zu Jahr geringer. Es stehen Produktionskapazitäten im Übermaß zur Verfügung.

Am Ende der Rezessionsphase werden die Zukunftserwartungen allmählich wieder positiver. Hellt die Stimmung von Unternehmern und Verbrauchern sich so weit auf, dass sie ihre Investitions- und Konsumpläne ausweiten, ist der **Tiefstand** überwunden und ein **neuer Konjunkturzyklus** beginnt.

Gründe für Konjunkturschwankungen

Konjunkturelle Schwankungen können verschiedene exogene wie auch endogene Ursachen haben.

Mit **exogenen Ursachen** sind solche gemeint, die von außerhalb des Wirtschaftssystems auf die Konjunktur wirken, z. B. technische Neuerungen, Streiks, Katastrophen, Terroranschläge, Kriege, Ölpreisveränderungen, Bevölkerungsentwicklung und internationale Krisen.

Endogene Ursachen liegen innerhalb des Wirtschaftsprozesses bzw. innerhalb des Wirtschaftssystems selbst. Schwankungen werden z. B. durch

- ein verändertes Nachfrageverhalten,
- die Veränderung der Geldpolitik und des Kreditangebots,
- das Investitionsverhalten und
- die Einkommensverteilung beeinflusst.

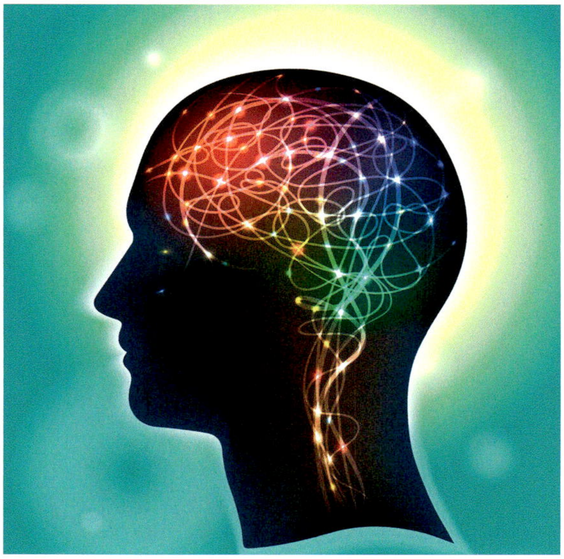

Der deutsche Bundeskanzler Ludwig Erhard sagte einst: „Wirtschaft ist zu 50 % Psychologie.“ Dass der Konjunkturverlauf in der Tat durch psychologische Faktoren beeinflusst wird, gilt mittlerweile als erwiesen. Konjunkturentwicklungen haben oftmals den Charakter einer „selbsterfüllenden Prophezeiung“ („self-fulfilling prophecy“): Der Aufschwung setzt deshalb ein, weil alle ihn erwarten und ihr wirtschaftliches Verhalten danach ausrichten. Gleiches gilt umgekehrt auch für den Abschwung.

3.13.3 Langfristige Entwicklung

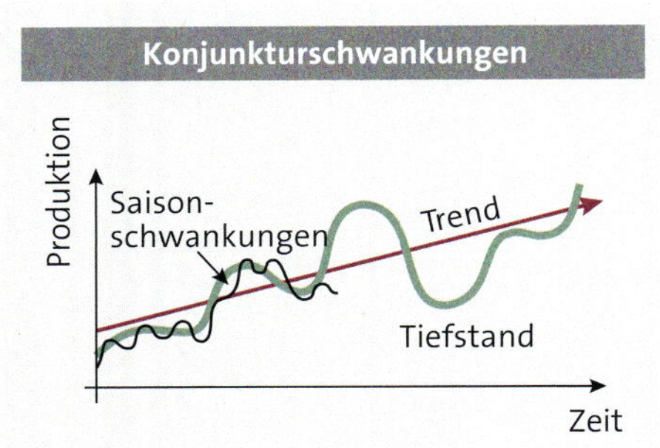

Die kurzfristigen saisonalen und die mittelfristigen konjunkturellen Schwankungen einer Volkswirtschaft bewegen sich um einen langfristigen Entwicklungstrend herum, der als **Wachstumspfad** bezeichnet wird.

Die langfristige Entwicklung einer Volkswirtschaft ist ihrerseits Schwankungen unterworfen, die als **strukturelle Schwankungen** bezeichnet werden. Diese Wellenbewegungen wurden 1926 von N. D. Kondratieff (1892–1938) festgestellt und heißen daher **Kondratieff-Zyklen**. Sie dauern ca. 40 bis 60 Jahre und können auf technische Neuerungen wie z. B. die Erfindung der Dampfmaschine oder der Eisenbahn, die Verfügbarkeit von elektrischem Strom, die neuen Informations- und Kommunikationstechnologien oder die Gentechnologie zurückgeführt werden.

Strukturwandel
Kapitel 3.3

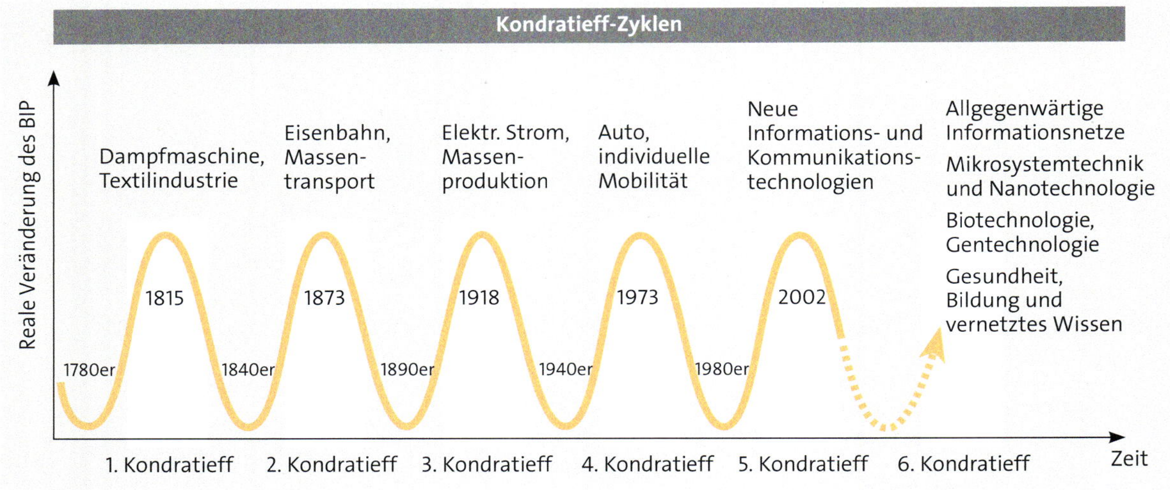

ÜBERBLICK

Die **freie Marktwirtschaft** ist eine idealtypische Wirtschaftsordnung und beruht auf den Ideen des klassischen Liberalismus.

Die Grundprinzipien der **sozialen Marktwirtschaft** sind Wettbewerbsprinzip, Sozialprinzip, konjunkturpolitisches Prinzip und das Prinzip der Marktkonformität.

In der **Zentralverwaltungswirtschaft** bündelt ein zentraler Wirtschaftsplan sämtliche Produktionsmittel einer Volkswirtschaft. Es wird festgelegt, welche Güter in welchen Mengen, wie und in welchen staatlichen Betrieben zu produzieren sind.

Wirtschaftspolitik umfasst alle Maßnahmen des Staates, um das wirtschaftliche Geschehen zu beeinflussen. Die Ziele der Wirtschaftspolitik in Deutschland werden als **magisches Viereck bzw. Sechseck** bezeichnet. Manche dieser Ziele (z. B. Wachstum und Vollbeschäftigung) sind gut miteinander vereinbar, doch zwischen manchen Zielen (z. B. Wachstum und Umweltschutz) bestehen **Zielkonflikte**.

Die Entwicklung einer Volkswirtschaft ist verschiedenen Arten von **Schwankungen** unterworfen, die kurz-, mittel- und langfristiger Natur sein können.

1 Erläutern Sie, warum in einer modernen Volkswirtschaft die Notwendigkeit besteht, Wirtschaftsprozesse zu koordinieren.

2 Erläutern Sie die zentralen Ordnungselemente von Wirtschaftsordnungen.

3 Welche ökonomischen Kerngedanken enthält der klassische Liberalismus?

4 Welche der folgenden Aussagen gelten für die Preise in einer freien Marktwirtschaft? (2 richtige Antworten)
   a Anbieter haben eine Preisgarantie und können so ihre Preisforderung durchsetzen.
   b Nachfrager mit niedrigen Preisgeboten erhalten kein Angebot.
   c Der Marktpreis ist ein Gleichgewichtspreis, bei dem Kauf- und Verkaufsmengen übereinstimmen.
   d Anbieter mit Preisforderungen unterhalb des Marktpreises werden durch den einheitlichen Marktpreis „bestraft“.
   e Nur Nachfrager, die hohe Preisforderungen zu akzeptieren bereit sind, kommen zum Zuge.
   f Marktpreise sichern die Güterversorgung der Verbraucher zu niedrigen Preisen, da zwischen den Anbietern ein harter Wettbewerb herrscht.

5 Erläutern Sie die Rolle des Staates aus Sicht des klassischen Liberalismus.

6 Was für Funktionsprobleme können in einer freien Marktwirtschaft entstehen?

7 Erläutern Sie die Entstehung und Entwicklung der sozialen Marktwirtschaft.

8 Erläutern Sie die vier Grundprinzipien der sozialen Marktwirtschaft.

9 Wodurch unterscheidet sich eine soziale Marktwirtschaft von einer freien Marktwirtschaft im Sinne des klassischen Liberalismus?

10 Was für Funktionsprobleme können in einer sozialen Marktwirtschaft entstehen?

11 Wie begründeten Marx und Engels ihre Vorstellung, dass der Kapitalismus an seinen eigenen Widersprüchen zugrunde gehen werde?

12 Erläutern Sie die wichtigsten Merkmale einer Zentralverwaltungswirtschaft.

13 Was für Funktionsprobleme können in einer Zentralverwaltungswirtschaft entstehen?

14 Erläutern Sie den Zusammenhang zwischen den gesellschaftlichen Grundwerten und den Zielen der Wirtschaftspolitik in Deutschland.

15 Wie könnte sich Ihrer Meinung nach ein Verzicht auf wirtschaftliches Wachstum auf den sozialen Frieden auswirken?

16 Informieren Sie sich beim zuständigen Arbeitsamt über die Entwicklung der Arbeitslosigkeit in Ihrer Region in den letzten fünf Jahren.

17 Stellen Sie sich vor, in Deutschland würde aus umweltpolitischen Gründen die Automobilproduktion eingestellt. Welche Auswirkungen hätte das auf die anderen Ziele des magischen Sechsecks?

18 Nehmen Sie zu dieser Aussage Stellung: „Das Ziel Umweltschutz steht mit den Zielen Vollbeschäftigung und Wirtschaftswachstum dauerhaft im Konflikt.“

19 Interpretieren Sie die Grafik „Das magische Viereck der Wirtschaftspolitik" auf S. 113 gemäß der Drei-Schritte-Technik auf S. 19.

20 Nennen Sie zwei Ziele des magischen Sechsecks (S. 114), die gleichzeitig
- **a** gut zu erreichen,
- **b** schwer zu erreichen sind.

21 Informieren Sie sich in Kleingruppen über die Ziele und Aufgaben von jeweils zwei Trägern der Wirtschaftspolitik.

22 Begründen Sie, warum politische Gremien bei der Entwicklung von Gesetzesentwürfen auf das Fachwissen von Interessenverbänden angewiesen sind.

23 Erläutern Sie anhand der Abbildung „Einflussnahme von Verbänden" auf S. 117, in welcher Weise nichtstaatliche Verbände in Deutschland Einfluss auf die Wirtschaftspolitik und auf wirtschaftspolitische Entscheidungen nehmen können.

24 Interpretieren Sie die Grafik „Die Lobbyisten" auf S. 117 gemäß der Drei-Schritte-Technik auf S. 19.

25 Erläutern Sie den Unterschied zwischen saisonalen und konjunkturellen Schwankungen.

26 Beschreiben Sie ausführlich die vier Phasen des Konjunkturzyklus.

27 Welche Konjunkturphasen liegen in den nachfolgenden gesamtwirtschaftlichen Situationen vor?
- **a** Bei niedriger Kapazitätsauslastung und hohen Lagerbeständen geraten Löhne und Preise unter Druck.
- **b** Die Arbeitslosigkeit und der Druck auf Löhne und Preise steigen.
- **c** Die Nachfrage ist größer als das Angebot und die Inflation ist hoch.

28 Legen Sie eine Tabelle mit den Spalten „Aufschwung" und „Abschwung" an und füllen Sie diese mit Faktoren, die die jeweilige Phase beeinflussen bzw. kennzeichnen (z. B. steigende bzw. sinkende Nachfrage).

29 Erläutern Sie, wodurch Konjunkturkrisen ausgelöst werden können.

30 In einer sozialen Marktwirtschaft sollte der Staat zu große Schwankungen in der wirtschaftlichen Entwicklung durch entsprechende Maßnahmen zu verhindern versuchen. Diskutieren Sie:
- **a** Warum ist Konjunkturpolitik relativ kurzfristig angelegt?
- **b** Warum kann es nicht Aufgabe der Konjunkturpolitik sein, konjunkturelle Schwankungen vollständig zu unterbinden?

31 Recherchieren Sie im Internet die aktuellen Konjunkturprognosen wichtiger deutscher Wirtschaftsforschungsinstitute.

32 Diskutieren Sie darüber, in welcher Konjunkturphase die deutsche Wirtschaft sich derzeit befindet.

33 Erläutern Sie den Unterschied zwischen konjunkturellen und strukturellen Schwankungen.

34 Erläutern Sie anhand der Grafik auf S.120, wodurch sich die bisherigen Kondratieff-Zyklen ergeben haben.

Wie funktioniert die Preisbildung auf unvollkommenen Märkten?

Wie lässt sich der Wettbewerb schützen?

Was sind die Ursachen und Auswirkungen von Inflation und Deflation?

Welchen Einfluss hat Inflation auf den Außenwert des Geldes?

Warum entstand und wie funktioniert die Europäische Union?

Welche Bedeutung hat der Außenhandel für Deutschland?

HANDLUNGSFELD 4

Volkswirtschaftliche Aspekte zu Absatz

4.1 Warum sind die Longdrinks so teuer?

Eli

Katharina

Vater

Es ist Samstagabend. Wie fast jedes Wochenende wirbeln Elinor und Katharina über die Tanzfläche eines Clubs in der Altstadt. Nach einer Stunde sind beide außer Atem und beschließen, eine Pause einzulegen. An der Theke studieren sie die Longdrink-Karte. „Ich hätte Lust auf einen ‚Blue Angel'!", brüllt Elinor in Katharinas Ohr, um die wummernden Techno-Beats aus den Lautsprechern zu übertönen. „Und ich hätte Lust auf einen ‚Absolut Tropical'!", brüllt Katharina in Elinors Ohr. „Aber die Preise sind nicht mehr normal! Warum bloß werden die Longdrinks in allen Clubs immer teurer?" „Das ist mir auch schon aufgefallen!", schreit Elinor. „Außerdem werden die Clubs sich immer ähnlicher – überall das gleiche Design, die gleichen DJs, die gleiche Musik! Findest du nicht auch?" „Ja, das finde ich auch", schreit Katharina zurück, „und irgendwie gefällt mir das nicht!"

Als Elinor am nächsten Tag ihrem Vater von diesen Beobachtungen erzählt, sagt Paul Schelling: „Dass die Clubs sich immer ähnlicher und die Getränke immer teurer werden, überrascht mich nicht. Denn das Nachtleben in der Stadt wird heutzutage von nur noch zwei Familien kontrolliert: den McCannisters und den Barks."

1 Finden Sie mithilfe des Spiels „Longdrinkpreise" mögliche Verhaltensweisen der Familien McCannister und Bark heraus.

Ziel des Spiels: Die Familien McCannister und Bark verfolgen das Ziel, ihren Gewinn für Longdrinks für eine Periode (ein Jahr) zu maximieren. Hierfür müssen sie die Preise für Longdrinks zu Beginn eines jeden Monats neu festlegen.
Ablauf des Spiels: Bilden Sie Vierergruppen aus jeweils zwei Paaren, von denen eines die Familie McCannister und eines die Familie Bark vertritt. Folgen Sie dann den Anweisungen auf „Ihrer" Spielkarte.

Spielkarte für Familie McCannister
- Sie und die Familie Bark haben die gleichen Kosten für Longdrinks.
- Ihr Gewinn ist abhängig von Ihrer Preisentscheidung und der Preisentscheidung der Barks.
- Legen Sie zu Beginn des Monats fest, ob Sie einen **hohen** oder einen **niedrigen Preis** für Longdrinks verlangen. Notieren Sie Ihre Entscheidung auf einem Zettel.
- Zum Ende des Monats treffen Sie sich mit Familie Bark und tauschen die Zettel mit Ihren Entscheidungen aus.
- Notieren Sie die Entscheidungen in einer Tabelle (siehe Muster auf S. 125). Den Gewinn pro Monat entnehmen Sie der Gewinnmatrix auf S. 125.
- Bis Juni dürfen Sie vor der Festlegung der Preise nicht mit Familie Bark sprechen.
- Ab Juli dürfen Sie sich vor der Festlegung der Preise mit Familie Bark absprechen.

Spielkarte für Familie Bark
- Sie und die Familie McCannister haben die gleichen Kosten für Longdrinks.
- Ihr Gewinn ist abhängig von Ihrer Preisentscheidung und der Preisentscheidung der McCannisters.
- Legen Sie zu Beginn des Monats fest, ob Sie einen **hohen** oder einen **niedrigen Preis** für Longdrinks verlangen. Notieren Sie Ihre Entscheidung auf einem Zettel.
- Zum Ende des Monats treffen Sie sich mit Familie McCannister und tauschen die Zettel mit Ihren Entscheidungen aus.
- Notieren Sie die Entscheidungen in einer Tabelle (siehe Muster auf S. 125). Den Gewinn pro Monat entnehmen Sie der Gewinnmatrix auf S. 125.
- Bis Juni dürfen Sie vor der Festlegung der Preise nicht mit Familie McCannister sprechen.
- Ab Juli dürfen Sie sich vor der Festlegung der Preise mit Familie McCannister absprechen.

Gewinnmatrix

Gewinn pro Monat in Tsd. Euro		Familie Bark	
		hoher Preis	niedriger Preis
Familie McCannister	hoher Preis	30 / 30	50 / 0
	niedriger Preis	0 / 50	20 / 20

Gewinn-Tabelle

	Familie McCannister			Familie Bark		
Monat	hoher Preis	niedriger Preis	Gewinn in Tsd. €	hoher Preis	niedriger Preis	Gewinn in Tsd. €
Jan.						
Feb.						
usw.						
Gewinn						

Auswertung pro Vierergruppe

2 Tauschen Sie sich in der Vierergruppe über den Verlauf des Spiels aus: Was war auffällig? Notieren Sie Ihre Ergebnisse auf Metaplan-Karten, um sie im Plenum zu präsentieren und zu diskutieren.

3 Diskutieren Sie mit Ihrem Partner, wie Sie sich unabhängig vom Preis von Ihrem Konkurrenten unterscheiden können, um einen größeren Marktanteil zu erlangen. Notieren Sie Ihre Ergebnisse wieder auf Metaplan-Karten und stellen Sie diese im Plenum vor.

4 Überlegen Sie in Ihrer Vierergruppe, wie sich das Verhalten der beiden Familien ändern würde, wenn Familie McCannister höhere Kosten für Longdrinks hätte als Familie Bark. Die Gewinnmatrix ändert sich dementsprechend:

Gewinnmatrix

Gewinn pro Monat in Tsd. Euro		Familie Bark	
		hoher Preis	niedriger Preis
Familie McCannister	hoher Preis	30 / 10	50 / 0
	niedriger Preis	0 / 20	20 / −10

Sie können das Longdrinkpreis-Spiel auch gerne noch einmal in dieser Variante spielen, um die Verhaltensweisen der beiden Familien herauszufinden.

Notieren Sie Ihre Ergebnisse wieder auf Metaplan-Karten, um sie im Plenum zu präsentieren und zu diskutieren.

4.2 Marktformen

vollkommener Markt
Kapitel 2.3

vollständige Konkurrenz
Kapitel 2.6

Preisbildung auf vollkommenen Märkten im Polypol
Kapitel 2.6

Bisher wurde die Preisbildung im Modell der vollständigen Konkurrenz betrachtet. Bei vollständiger Konkurrenz, also im Polypol auf einem vollkommenen Markt, kann kein Marktteilnehmer den Preis beeinflussen. In der Realität herrscht ein solcher Wettbewerb aber nur an den Börsen. Zudem verstärkt das Internet den Wettbewerb, da es Markttransparenz schafft und die Zahl der Anbieter und Nachfrager erhöht.

Vollständige Konkurrenz gilt in der Realität nicht unbedingt als erstrebenswert, weil sich z. B. individuelle Verbraucherwünsche nicht durch homogene Güter, sondern nur durch Produktdifferenzierung erfüllen lassen. Außerdem machen die Anbieter bei vollständiger Konkurrenz keine Gewinne, sodass sie keinen Anreiz für Innovationen haben.

Heinrich von Stackelberg (1905–1946)

Bei der **Preisbildung auf unvollkommenen Märkten** wird zwischen mehreren Marktformen unterschieden. Nach Heinrich von Stackelberg gibt es neun verschiedene Marktformen. Er unterscheidet auf Anbieter- sowie auf Nachfragerseite jeweils zwischen einem, wenigen und vielen Marktteilnehmern und erhält aus der Kombination der beiden Seiten folgendes **Marktformenschema**:

Marktformen	viele Anbieter	wenige Anbieter	ein Anbieter
viele Nachfrager	**Polypol** *Beispiel:* *viele Blumenhändler – viele Konsumenten*	**(Angebots-)Oligopol** *Beispiel:* *wenige Autohersteller – viele Konsumenten*	**(Angebots-)Monopol** *Beispiel:* *ein Wasserwerk – viele Konsumenten*
wenige Nachfrager	**Nachfrageoligopol** *Beispiel:* *viele Landwirte – wenige Molkereien*	**zweiseitiges Oligopol** *Beispiel:* *wenige Eisenbahnhersteller – wenige Abnehmer*	**beschränktes Angebotsmonopol** *Beispiel:* *ein Hersteller eines speziellen Medikamentes – wenige Nachfrager, da seltenes Krankheitsbild*
ein Nachfrager	**Nachfragemonopol** *Beispiel:* *viele Bundeswehrstiefelhersteller – Staat als einziger Nachfrager*	**beschränktes Nachfragemonopol** *Beispiel:* *mehrere Straßenbauunternehmen – Staat als einziger Nachfrager*	**zweiseitiges Monopol** *Beispiel:* *ein Hersteller von Panzern – Bundeswehr als einziger Abnehmer*

In den folgenden Abschnitten werden die drei Marktformen (Polypol, Oligopol und Monopol) in der ersten Zeile des Marktformenschemas betrachtet.

Die Zahl der Marktteilnehmer beeinflusst den Grad des Wettbewerbs. Es gilt: Je weniger Marktteilnehmer es auf einer Marktseite gibt, desto höher ist deren Marktmacht und desto geringer der Wettbewerb. Von **Marktmacht** wird dann gesprochen, wenn ein oder mehrere Anbieter bzw. Nachfrager auf Preise, Leistungen und/oder Konditionen anderer Marktteilnehmer verstärkt Einfluss nehmen können. Die Marktmacht hat Folgen für die Preisbildung.

4.3 Preisbildung auf unvollkommenen Märkten

4.3.1 Preisbildung im unvollkommenen Polypol

Das Polypol auf einem unvollkommenen Markt ist eine sehr verbreitete Marktform. Vom Polypol auf einem vollkommenen Markt unterscheidet es sich dadurch, dass keine vollständige Markttransparenz besteht, dass die angebotenen Güter nicht homogen sind und dass die Nachfrager Präferenzen verschiedener Art haben.

vollkommener Markt
Kapitel 2.3

Polypol auf einem vollkommenen Markt
Kapitel 2.6

Gelingt es in dieser Situation einem Polypolisten, sich von der Konkurrenz z. B. durch Qualität, Werbung, Verpackung, Liefer- und Zahlungsbedingungen abzuheben, verfügt er über einen gewissen **„monopolistischen Spielraum"**. In diesem Spielraum kann er seine Preise relativ unabhängig von der Konkurrenz gestalten, ohne größere Nachfrageeinbußen befürchten zu müssen (vgl. Grafik unten). Die Nachfrager reagieren in diesem Bereich auf Preisänderungen recht unelastisch. Je größer die Heterogenität der Güter, je stärker die Präferenzen und je unübersichtlicher der Markt, desto ausgeprägter ist der monopolistische Preisspielraum.

Preiselastizität der Nachfrage
Kapitel 2.4.2

Für die Nachfrager gibt es aber gewöhnlich eine „Schmerzgrenze", die obere Preisgrenze. Erhöht der Polypolist seinen Preis darüber hinaus, ist die Wahrscheinlichkeit groß, dass Nachfrager zur Konkurrenz abwandern. Wenn der Polypolist seinen Preis hingegen stark senkt (untere Preisgrenze), ist damit zu rechnen, dass er viele neue Nachfrager gewinnt. In diesen beiden sogenannten **polypolistischen Bereichen** ist die Nachfrage elastisch bis sehr elastisch. Grafisch betrachtet ergibt sich so eine **doppelt geknickte Preisabsatzfunktion**.

Die **Preisabsatzfunktion** wird auch als Nachfragefunktion oder Preisabsatzkurve bezeichnet. Sie gibt an, welche Menge eines Gutes bei unterschiedlichen Preisen absetzbar ist.

Doppelt geknickte Preisabsatzfunktion

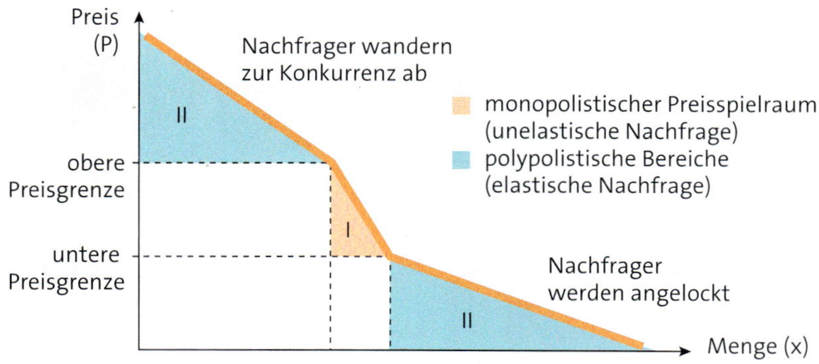

BEISPIEL

In Köln gibt es viele Bäcker, die Brötchen anbieten. Die Brötchen haben nicht die gleiche Qualität und die Konsumenten haben verschiedene geschmackliche, örtliche, zeitliche und persönliche Präferenzen. Haben die Brötchen einen Marktpreis von 0,40 Euro, so kann ein Bäcker seinen Preis z. B. auf 0,43 Euro erhöhen, ohne größere Absatzeinbußen hinnehmen zu müssen. Erhöht er allerdings den Preis auf 0,60 Euro, so muss er damit rechnen, dass viele Kunden abwandern. Senkt der Bäcker den Preis nur geringfügig auf z. B. 0,38 Euro, so wird er kaum neue Kunden gewinnen. Nimmt er aber eine deutliche Preissenkung auf z. B. 0,30 Euro vor, so ist mit vielen neuen Kunden zu rechnen.

4.3.2 Preisbildung im Oligopol

Neben dem Polypol ist das Oligopol eine weitverbreitete Marktform. In einem Oligopol stehen wenige große Anbieter vielen Nachfragern gegenüber, wie z. B. auf dem Mineralölmarkt, dem Mobilfunkmarkt oder dem Gasmarkt. Der einzelne Oligopolist besitzt einen großen Marktanteil und hat dadurch eine gewisse Marktmacht. Er kann durch seine Preis- und Mengenentscheidungen das Marktgeschehen beeinflussen. Bei der Preisgestaltung muss er die Reaktion der Nachfrager aber ebenso berücksichtigen wie das Verhalten der Konkurrenz. Je homogener das Gut, umso größer ist die Abhängigkeit von möglichen Maßnahmen der unmittelbaren Konkurrenz.

homogene Güter
Kapitel 2.3

Bei homogenen Gütern kommt es im Oligopol häufig zu einer **Preisstarrheit**, denn erhöht ein Oligopolist seinen Preis, so muss er befürchten, dass die anderen Oligopolisten nicht mitziehen werden und seine Nachfrage stark zurückgeht. Diese typische Marktsituation wird durch zwei zusammengesetzten Preisabsatzfunktionen als **geknickte Preisabsatzfunktion** dargestellt.

Preisabsatzfunktion
Kapitel 4.3.1

Erhöht ein Oligopolist seinen Preis, verläuft die Preisabsatzfunktion flach (rote Linie in der Grafik unten), da die anderen Oligopolisten nicht auf die Preisänderung reagieren. Wird hingegen der Preis gesenkt, verläuft die Preisabsatzfunktion steiler (grüne Linie), da die anderen Oligopolisten auf die Preissenkung ebenfalls mit einer Preissenkung reagieren. Die Preisabsatzfunktion verläuft umso steiler, je ausgeprägter die Reaktion der anderen Oligopolisten ist.

BEISPIEL

Ein Oligopolist setzt seinen Preis für einen Liter Benzin (homogenes Gut) von 2,00 Euro auf 2,10 Euro herauf. Die anderen Anbieter halten ihre Preise konstant. Viele Nachfrager wandern ab, da sie beim günstigsten Anbieter kaufen wollen (rote Linie).

Senkt der Oligopolist allerdings seinen Preis für einen Liter Benzin von 2,00 Euro auf 1,70 Euro, werden auch die anderen Anbieter ihre Preise senken (grüne Linie).

Geknickte Preisabsatzfunktion

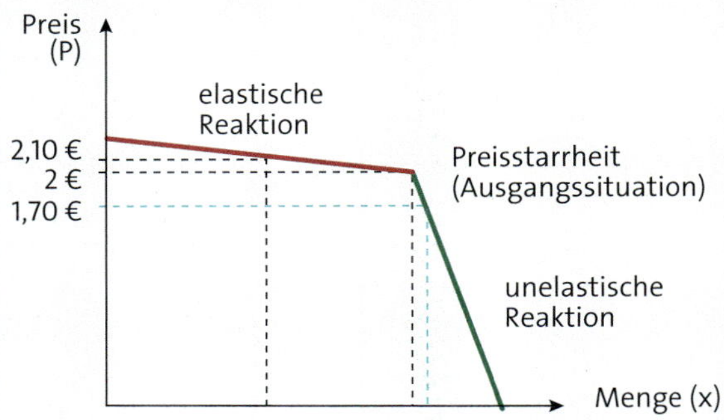

In einem Oligopol sind generell vier Verhaltensweisen möglich. Drei davon sind kooperativ und eine ist nicht kooperativ.

Kooperative Verhaltensweisen:
- Häufig herrscht im Oligopol **Preisstarrheit**, da die Anbieter wissen, dass ein massiver Preiskampf zulasten aller Anbieter gehen kann.
- Eine weitere Möglichkeit besteht darin, dass sich die Oligopolisten bezüglich der **Preise absprechen**. Abgestimmtes Verhalten oder vertragliche Vereinbarungen zwischen Anbietern sind nach dem Gesetz gegen Wettbewerbsbeschränkungen aber verboten, da der Wettbewerb auf diese Weise umgangen wird.
- Auf oligopolistischen Märkten liegt bei Preisänderungen häufig eine **Preisführerschaft** vor. Im Regelfall übernimmt ein Oligopolist mit einem sehr hohen Marktanteil die Preisführerschaft. Erhöht er seine Preise, gibt er seinen Mittbewerbern quasi das Signal, ihrerseits die Preise anzuheben. Dieses Parallelverhalten ist zwar eine Wettbewerbsbeschränkung, es gilt aber: „Absprechen ist verboten, abgucken nicht".

Gesetz gegen Wettbewerbsbeschränkungen
Kapitel 4.5.2

Die drei kooperativen Verhaltensweisen sind friedlicher Art und die Oligopolisten können sich nur durch **Produktdifferenzierung** voneinander absetzen, um Preise über denen der Konkurrenten zu realisieren.

Nichtkooperative Verhaltensweise:
Versucht ein Oligopolist, die Preisstarrheit durch Preissenkungen zu durchbrechen, um die Marktanteile der anderen Oligopolisten zu gewinnen, wird von **Verdrängungswettbewerb** gesprochen. Die anderen Oligopolisten werden allerdings auf seine Preissenkung auch mit Preissenkungen reagieren. Ein solcher Preiskampf kann dazu führen, dass Oligopolisten aus dem Markt verdrängt werden, da sie längerfristig ihre Kosten nicht mehr decken können. In diesem Fall wird von **ruinösem Wettbewerb** gesprochen.

4.3.3 Preisbildung im Monopol

Im Monopol stehen viele Nachfrager einem einzigen Anbieter gegenüber. Es kann zwar weitere Anbieter geben, diese stehen aber in keiner unmittelbaren Konkurrenz zu ihm. Der Monopolist hat Marktmacht und kann auf dem Markt entweder den Preis festlegen, zu dem er verkaufen will (Preissetzer), oder die Menge bestimmen, die er anbieten möchte (Mengensetzer). Allerdings kann der Monopolist nicht beliebig hohe Gewinne durch beliebig hohe Preise erzielen, da hohe Preise die Nachfrage senken. Bei seinen Entscheidungen muss der Monopolist somit auch das Nachfrageverhalten der Konsumenten berücksichtigen.

Monopole können in den folgenden Situationen entstehen:
- Die Produktionsfaktoren befinden sich im **Alleineigentum** eines Unternehmens, z. B. eine Wasserquelle in Trockengebieten.
- Der Staat erteilt einem einzigen Unternehmen die **Lizenz**, bestimmte Güter herzustellen und zu verkaufen, z. B. im Rahmen des Patentrechts.
- Es liegt ein sogenanntes **natürliches Monopol** vor: Ein Unternehmen kann ein Gut auf dem Markt zu niedrigeren Produktionskosten anbieten als mehrere andere Unternehmen zusammen, z. B. die Deutsche Bahn den Schienenverkehr aufgrund ihres Schienennetzes.

Produktionsfaktoren
Kapitel 3.2

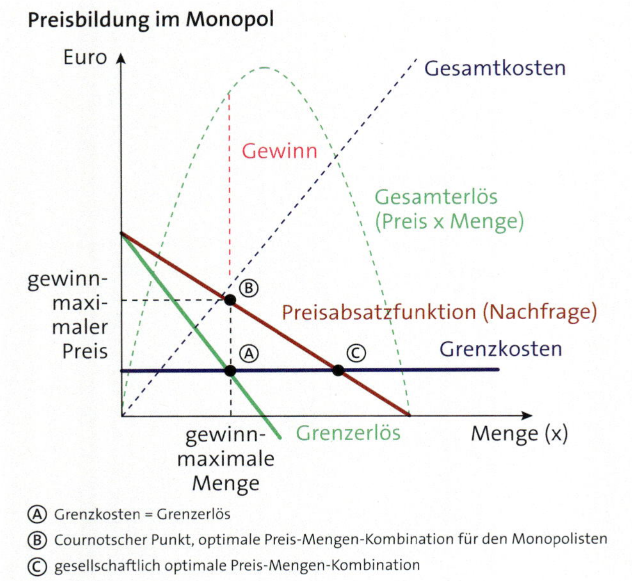

Auf dem Markt wird ein Monopolist seine Preis-Mengen-Kombination so festlegen, dass er seinen Gewinn maximiert. Die **gewinnmaximale Produktionsmenge** lässt sich mit der Regel **„Grenzkosten gleich Grenzerlös"** ermitteln (Punkt A in der Grafik).

Die **Grenzkosten** (blaue Linie) sind der Betrag, um den die Gesamtkosten steigen, wenn die Produktionsmenge um eine Einheit erhöht wird. Der **Grenzerlös** (grüne Linie) ist der zusätzliche Erlös je zusätzlich verkaufter Einheit.

Der **gewinnmaximale Preis** ergibt sich, indem ausgehend von der gewinnmaximalen Menge eine senkrechte Linie bis zur Nachfragekurve (rote Linie) gezogen wird (Punkt B). Punkt B wird auch **Cournotscher Punkt** genannt und zeigt die optimale Preis-Mengen-Kombination des Monopolisten.

vollständige Konkurrenz
Kapitel 2.6

In der Grafik lässt sich erkennen, dass ein Monopol die Güterversorgung verschlechtert, weil eine geringere Menge zu einem höheren Preis verkauft wird, als dies bei vollständiger Konkurrenz der Fall wäre (Punkt C). Allerdings hängt der Markterfolg des Monopolisten immer auch von der Elastizität der Nachfrage ab: Je unelastischer die Nachfrage, desto höher die Macht des Monopolisten.

Innerhalb des monopolistischen Preisspielraums ist eine solche Preisdifferenzierung auch im unvollkommenen Polypol möglich.

Um seinen Gewinn zu erhöhen, kann der Monopolist auf einem **unvollkommenen Markt** das gleiche Gut an verschiedene Nachfragergruppen zu unterschiedlichen Preisen verkaufen. Es gibt mehrere **Formen der Preisdifferenzierung**:

Art der Preisdifferenzierung	Erklärung	Beispiel
Räumliche Preisdifferenzierung	Das Gut wird an verschiedenen Orten/Regionen/Ländern zu unterschiedlichen Preisen angeboten.	Ein pharmazeutisches Unternehmen verkauft das gleiche Medikament im Ausland zu einem anderen Preis als im Inland.
Zeitliche Preisdifferenzierung	Das Gut wird zu unterschiedlichen Zeitpunkten zu unterschiedlichen Preisen angeboten.	Ein Energieversorgungsunternehmen bietet nachts einen günstigeren Stromtarif an als am Tag.
Sachliche Preisdifferenzierung	Das Gut wird für unterschiedliche Verwendungen zu unterschiedlichen Preisen angeboten.	Ein Bahnunternehmen verlangt von Geschäftsreisenden einen niedrigeren Tarif als von Privatkunden.
Persönliche Preisdifferenzierung	Das Gut wird verschiedenen Personengruppen zu unterschiedlichen Preisen angeboten.	Der Eintrittspreis im Schwimmbad ist für Schüler, Studenten und Senioren ermäßigt.

Funktionen des Marktpreises
Kapitel 2.6.3

Kartellgesetz
Kapitel 4.5.2

Im Monopol verliert der Preis seine Lenkungsfunktion, da er die Knappheitsverhältnisse nicht mehr korrekt wiedergibt. Außerdem fehlt der Kostendruck, der zu Investitionen in den technischen Fortschritt oder Innovationen zwingt. Damit Monopole verhindert werden und Monopolisten ihre Marktmacht nicht missbrauchen, gibt es in Deutschland das Kartellgesetz.

4.4 Unternehmenszusammenschlüsse

Im Zuge der Globalisierung verschärft sich der weltweite Wettbewerb. Anbieter aus der ganzen Welt stehen plötzlich im Wettbewerb miteinander. Die Öffnung der Märkte erhöht den Druck auf viele Unternehmen, sodass sie ihre Ziele nicht mehr allein erreichen können. Aus diesem Grund schließen sich immer häufiger Unternehmen mit anderen zusammen, um ihre Wirtschaftlichkeit und Wettbewerbsfähigkeit zu steigern.

Globalisierung
Kapitel 4.15

Zusammenschlüsse führen i. d. R. zu einer Vergrößerung der wirtschaftlichen Macht. Sie können zwischen Unternehmen derselben Wirtschaftsstufe (**horizontaler Zusammenschluss**), zwischen Unternehmen aufeinanderfolgender Wirtschaftsstufen (**vertikale Zusammenschlüsse**) oder zwischen branchenfremden Unternehmen (**diagonale Zusammenschlüsse**) vereinbart werden.

Unternehmenszusammenschlüsse nach Wirtschaftsstufen	Erklärung	Beispiel
horizontaler Zusammenschluss	Unternehmen derselben Produktionsstufe (Branche) schließen sich zusammen.	Mehrere Ölkonzerne schließen sich zusammen.
vertikaler Zusammenschluss	Unternehmen aufeinanderfolgender Produktionsstufen schließen sich zusammen.	Ein Spanplattenhersteller, ein Küchenhersteller und eine Handelskette für Küchenmöbel schließen sich zusammen.
diagonaler Zusammenschluss	Diverse Unternehmen unterschiedlicher Branchen schließen sich zusammen.	Ein Nahrungsmittelhersteller, ein Versicherungsunternehmen und eine Schiffswerft schließen sich zusammen.

Neben der Unterscheidung der Zusammenschlüsse nach Wirtschaftsstufen kann auch nach der Enge des Zusammenschlusses unterschieden werden: Bei **Kooperationen** verpflichten sich die Unternehmen durch Verträge zur freiwilligen Zusammenarbeit. Ihre rechtliche Selbstständigkeit bleibt bestehen, nur ihre wirtschaftliche Selbstständigkeit kann ggf. eingeschränkt werden. Bei **Konzentrationen** hingegen geben die Unternehmen ihre rechtliche und/oder wirtschaftliche Selbstständigkeit auf und stellen sich unter eine einheitliche Leitung.

Kooperationen und Konzentrationen nach der Intensität des Zusammenschlusses

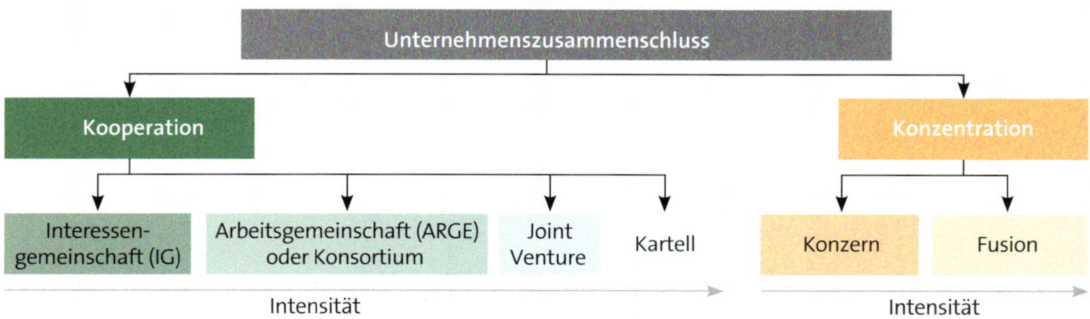

4.4.1 Kooperationen

Die freiwillige Zusammenarbeit zwischen rechtlich und zumeist auch wirtschaftlich selbstständigen Unternehmen wird Kooperation genannt. Die Unternehmen wollen so ihre Wettbewerbsfähigkeit stärken oder sie verfolgen ein gemeinsames Ziel, z. B. ein größeres Projekt. Es gibt verschiedene Arten der Kooperation: Interessengemeinschaften (IG), Arbeitsgemeinschaften (ARGE) bzw. Konsortien, Joint Ventures sowie Kartelle.

Interessengemeinschaften sind horizontale Zusammenschlüsse.

Interessengemeinschaften (IG) werden von mehreren rechtlich und wirtschaftlich selbstständig bleibenden Unternehmen gebildet, um ein gemeinsames Ziel, z. B. Gewinnmaximierung, zu erreichen. So können z. B. Forschungs- und Entwicklungsarbeiten oder der Einkauf von Gütern gemeinsam durchgeführt werden. Typischerweise gründen die Unternehmen dazu eine **BGB-Gesellschaft**, die allerdings nicht nach außen in Erscheinung tritt.

BGB-Gesellschaft
auch Gesellschaft bürgerlichen Rechts (GbR) genannt: einfachste Gesellschaftsform, die dem Erreichen gemeinsamer Ziele dient

Arbeitsgemeinschaften (ARGE) oder **Konsortien** werden häufig für Großprojekte, z. B. im Baubereich zur Risikoverteilung oder bei Banken für die Ausgabe von Aktien gebildet. Für die Durchführung werden BGB-Gesellschaften gegründet, die nach außen z. B. der Konsortialführer vertritt. Wurde das gemeinsame Ziel erreicht, werden sie wieder aufgelöst. Die sich zusammenschließenden Unternehmen behalten ihre wirtschaftliche und rechtliche Selbstständigkeit.

Arbeitsgemeinschaften oder Konsortien können sowohl horizontale als auch vertikale Zusammenschlüsse sein.

Bei **Joint Ventures** (deutsch: Gemeinschaftsunternehmen) gründen die beteiligten Unternehmen zusammen ein neues, rechtlich selbstständiges Unternehmen, an dem sie mit ihrem Kapital beteiligt sind. Daneben bringen die Unternehmen häufig ihr Know-how mit ein, um Synergien zu schaffen und zu nutzen. Die an der Gründung beteiligten Unternehmen bleiben dabei wirtschaftlich und rechtlich selbstständig.

Joint Ventures gibt es als horizontale, vertikale oder diagonale Zusammenschlüsse.

BEISPIEL

Die Daimler AG hat zusammen mit dem chinesischen Lkw-Hersteller Beiqi Foton Motor das Joint Venture „Beijing Foton Daimler Automotive Co., Ltd." gegründet. Daimler erhofft sich, so den chinesischen Markt zu erschließen. Beiqi Foton Motor hofft auf einen höheren Bekanntheitsgrad.

Wenn konkurrierende Unternehmen ihr Verhalten am Markt vertraglich koordinieren, um den Wettbewerb zu verhindern, zu verfälschen oder vollständig auszuschalten, wird von einem **Kartell** gesprochen. Die beteiligten Unternehmen bleiben dabei rechtlich selbstständig, allerdings geben sie durch die vertraglichen Vereinbarungen einen Teil ihrer wirtschaftlichen Selbstständigkeit auf. Die wichtigsten Kartelle sind aus Sicht des Bundeskartellamts:

- Preiskartelle (Unternehmen treffen Preisabsprachen),
- Quotenkartelle (Unternehmen bestimmen Produktionsmengen für die einzelnen Kartellmitglieder) und
- Gebietskartelle (Unternehmen teilen den Markt in Regionen auf).

Kartelle können horizontale und vertikale Zusammenschlüsse sein.

Kartelle sind die Kooperationsform, die den Wettbewerb am meisten einschränkt. Für die Konsumenten führen Kartelle i. d. R. zu höheren Preisen und/oder zur Verschlechterung des Angebots.

Nach dem **Gesetz gegen Wettbewerbsbeschränkungen** (Kartellgesetz) und den Artikeln 101 ff. des „Vertrags über die Arbeitsweise der Europäischen Union" (AEUV) sind Kartelle grundsätzlich verboten. Allerdings gibt es auch Ausnahmen, die vom Bundeskartellamt genehmigt werden.

Gesetz gegen Wettbewerbsschränkungen
Kapitel 4.5.2

Wettbewerbsaufsicht in der Europäischen Union
Kapitel 4.5.3

Bundeskartellamt
Kapitel 4.5.1

Wegen des Kartellverbots versuchen Unternehmen häufig, mit informellen Absprachen den Wettbewerb zu beschränken. Diese nicht schriftlich fixierten und daher nicht nachweisbaren Absprachen werden auch **Frühstückskartell** genannt, da sie beim „Frühstücken" oder „Kaffeetrinken" besprochen bzw. abgestimmt werden. Abgestimmtes Verhalten kann kaum vom Parallelverhalten unterschieden werden.

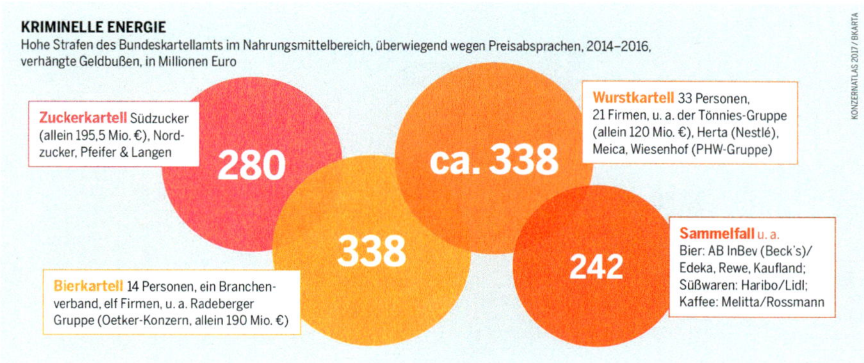

Quelle: Heinrich-Böll-Stiftung, Rosa-Luxemburg-Stiftung, BUND, Oxfam Deutschland, Germanwatch & Le Monde diplomatique (2017): Konzernatlas 2017, S. 44, [online] https://www.boell.de/de/konzernatlas [12.12.2019].

„Da kann ich nichts machen. Das ist keine unzulässige Absprache; das ist ihre Art zu grüßen."

Karikatur von Jupp Wolter

4.4.2 Konzentration

Bei Konzentrationen geben Unternehmen ihre rechtliche und/oder wirtschaftliche Selbstständigkeit auf und stehen unter einer zentralen Leitung. Dies ist z.B. bei Konzernen oder Fusionen der Fall.

Ein **Konzern** ist im Unterschied zum Kartell ein Zusammenschluss von Unternehmen, der durch eine kapitalmäßige Verflechtung zustande kommt. Ein Konzern entsteht i. d. R. durch den Erwerb von Beteiligungen an anderen Unternehmen, sodass es ein herrschendes Mutterunternehmen gibt, während das Tochterunternehmen bzw. die Tochterunternehmen abhängige Einheiten sind. Im Konzern bleiben die Tochterunternehmen unter einer gemeinsamen Leitung rechtlich selbstständig, ihre wirtschaftliche Selbstständigkeit geht aber verloren. Die einheitliche Leitung ermöglicht es, die wirtschaftlichen Interessen und Aufgaben der Konzernunternehmen aufeinander abzustimmen und somit die Marktsituation zu verbessern.

Zehn Konzerne stellen fast alle Lebensmittel her

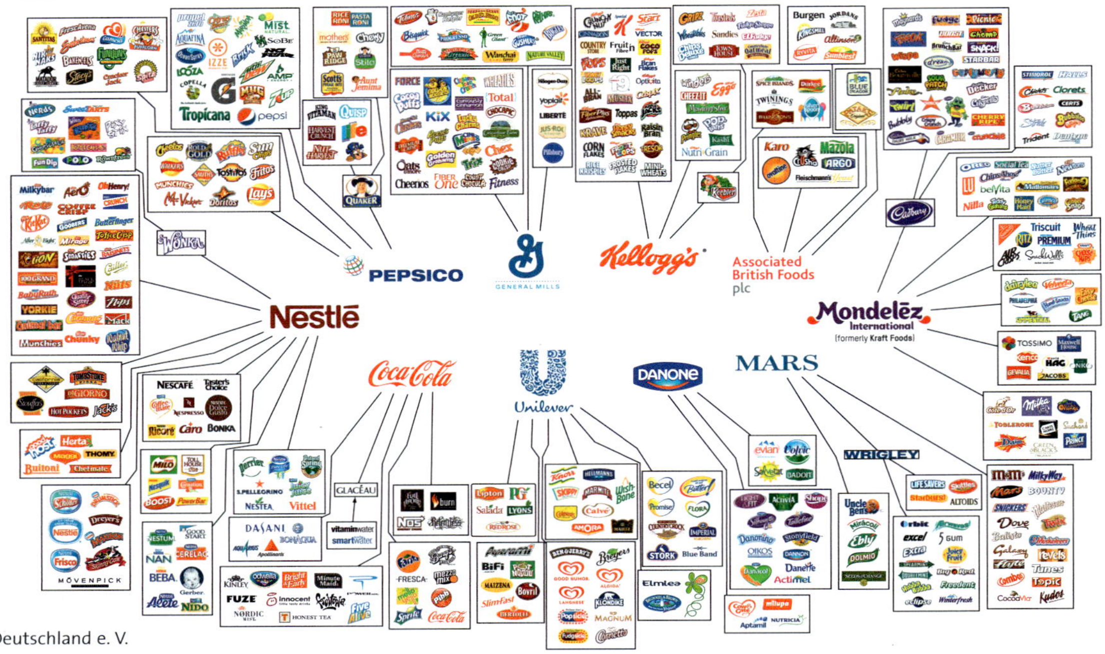

Quelle:
Oxfam Deutschland e. V.

Der Zusammenschluss von zwei oder mehreren Unternehmen zu einer Einheit stellt die am weitesten gehende wirtschaftliche Konzentration dar. Durch die Verschmelzung geben die Unternehmen ihre wirtschaftliche und auch rechtliche Selbstständigkeit auf. Dieser Vorgang wird als **Fusion** bezeichnet. Nach der Fusion besteht nur noch ein rechtlich und wirtschaftlich selbstständiges Unternehmen. Eine Fusion kann als Unternehmensübernahme oder Unternehmensneugründung erfolgen.

Bei der Fusion durch Übernahme gehen das Vermögen oder die Schulden des übernommenen Unternehmens vollständig auf das aufnehmende Unternehmen über.

Unternehmensübernahme

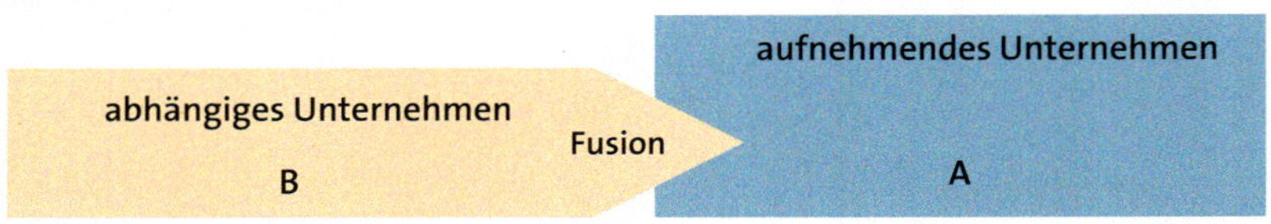

Bei der Fusion durch Neugründung gehen die beteiligten Unternehmen mit ihren Vermögen oder Schulden in einem neu gegründeten Unternehmen auf.

Unternehmensneugründung

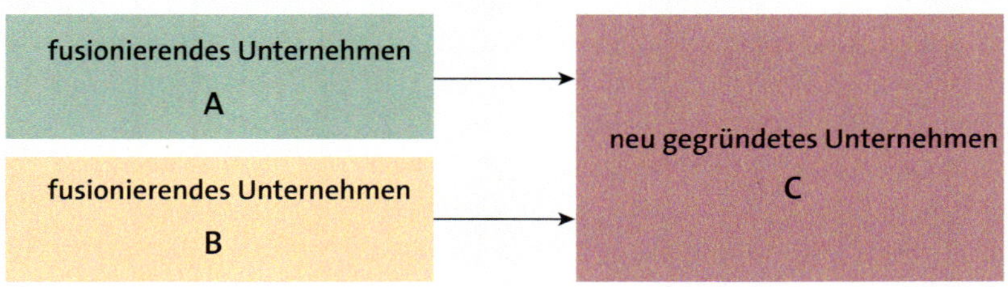

4.5 Wettbewerbskontrolle

Wettbewerb ist ein Grundpfeiler der sozialen Marktwirtschaft. Er sorgt unter anderem dafür, dass

- die verschiedenen Unternehmen um die Konsumenten konkurrieren,
- die Unternehmen ein Angebot bereitstellen, welches den Wünschen der Konsumenten entspricht,
- die Unternehmen die knappen Produktionsfaktoren so einsetzen, dass die Bedürfnisse der Konsumenten bestmöglich erfüllt werden,
- der technische Fortschritt vorangetrieben wird, um bessere und kostengünstigere Güter zu entwickeln,
- sich durch Angebot und Nachfrage ein Marktpreis bildet.

soziale Marktwirtschaft
Kapitel 3.9

Produktionsfaktoren
Kapitel 3.2

Preisbildung
Kapitel 2.6

Da der Wettbewerb für die einzelnen Unternehmen i. d. R. anstrengend ist, besteht die Versuchung, den Wettbewerb einzuschränken oder gar zu unterbinden. Aus diesem Grund hat die **Wettbewerbspolitik** vor allem dafür zu sorgen,

- dass es keine Marktzutrittsschranken gibt,
- dass keine Kartelle den Wettbewerb außer Kraft setzen,
- dass Marktmacht nicht missbraucht werden kann.

Wettbewerbspolitik
alle Maßnahmen des Staates, die einen freien und funktionsfähigen Wettbewerb ermöglichen und sichern

4.5.1 Wettbewerbsaufsicht in Deutschland

Zuständig für den Wettbewerbsschutz in Deutschland ist das **Bundeskartellamt** mit Sitz in Bonn. Zu seinen Aufgaben gehört es, auf die Einhaltung des **Gesetzes gegen Wettbewerbsbeschränkungen (GWB)** zu achten und den Wettbewerb zu schützen. Außerdem kann das Bundeskartellamt das europäische Wettbewerbsrecht anwenden, soweit die Europäische Kommission nicht selbst tätig wird. Die Zuständigkeit des Bundeskartellamts erstreckt sich auf alle Wettbewerbsbeschränkungen, die sich in Deutschland auswirken.

Daneben wurde 1973 die **Monopolkommission** eingerichtet, die aus fünf unabhängigen Gutachtern besteht und die die Aufgabe hat, die Bundesregierung in wettbewerbspolitischen Fragen zu beraten.

Nähere Informationen unter:
www. bundeskartellamt.de

Gesetz gegen Wettbewerbsbeschränkungen (GWB)
Kapitel 4.5.2

Wettbewerbsaufsicht in der Europäsichen Union
Kapitel 4.5.3

Europäische Kommission
Kapitel 4.14.2

4.5.2 Gesetz gegen Wettbewerbsbeschränkungen

Die gesetzliche Grundlage staatlicher Wettbewerbspolitik in Deutschland ist das Gesetz gegen Wettbewerbsbeschränkungen (GWB) von 1957 – auch Kartellgesetz genannt – mit späteren Änderungen. Wichtigste Inhalte dieses Gesetzes sind das Kartellverbot, die Fusionskontrolle, die Missbrauchsaufsicht über marktbeherrschende Unternehmen und seit 2007 die Überprüfung der Vergabe öffentlicher Aufträge.

Kartellverbot

In § 1 GWB gibt es ein generelles Kartellverbot. Dieses soll Unternehmen daran hindern, sich abzusprechen und ihr Verhalten aufeinander abzustimmen, um den Wettbewerb zu verhindern, einzuschränken oder zu verfälschen.

Ablauf eines Kartellverfahrens beim Bundeskartellamt

Verfahrenseinleitung
Aufdeckung durch Hinweise von
- Kartellmitgliedern, die als Kronzeugen mit dem Amt kooperieren
- Kunden/Lieferanten, Wettbewerbern, ehem. Kartellmitgliedern

→

Ermittlungen
Vorgehen des Bundeskartellamtes:
- Durchsuchung von Unternehmen
- Auswertung von Beweismitteln
- Zeugenvernehmungen

→

Verfahrensabschluss
Zwei mögliche Verfahrensarten:
- Untersagung des wettbewerbswidrigen Verhaltens
- Verhängung von Bußgeld mit der Möglichkeit zum Vergleich (sog. Settlement)

Quelle: Bundeskartellamt (2015). (Eigene Gestaltung.)

Obwohl Kartelle grundsätzlich verboten sind, gibt es auch eine ganze Reihe von **Ausnahmen**. Diese schaden dem Wettbewerb nicht.

Kartelle sind erlaubt, wenn sie unter die sogenannten **Freistellungsvoraussetzungen** fallen (§ 2 GWB). Die Freistellungsvoraussetzungen sind erfüllt, wenn z. B. die Warenerzeugung verbessert wird, der technische Fortschritt gefördert wird und die Verbraucher an dem entstehenden Gewinn angemessen beteiligt werden. Wenn Unternehmen diese Freistellungsvoraussetzungen erfüllen, gelten die Zusammenschlüsse grundsätzlich als legal (**Legalausnahme**). Für Unternehmen bedeutet das, dass sie selbst einschätzen müssen, ob ihr Zusammenschluss mit dem Kartellrecht vereinbar ist. Dieses System der Legalausnahme stellt hohe Anforderungen an die Unternehmen.

Darüber hinaus sind gemäß § 3 GWB **Mittelstandskartelle** vom Kartellverbot ausgenommen, wenn sie zu einer Rationalisierung wirtschaftlicher Vorgänge führen. Dies gilt allerdings nur dann, wenn der Wettbewerb nur unwesentlich beeinträchtigt wird und das Kartell dazu dient, die Wettbewerbsfähigkeit kleiner und mittlerer Unternehmen zu verbessern.

Fusionskontrolle

Unternehmenszusammenschlüsse sind in Deutschland grundsätzlich erlaubt, sofern die Unternehmen dadurch ihre Geschäftsfelder verbessern oder neu ausrichten können. Das Bundeskartellamt prüft Fusionen nur, wenn
- die beteiligten Unternehmen zusammen einen Weltumsatz von mehr als 500 Mio. Euro erzielen **und**
- innerhalb Deutschlands mindestens ein beteiligtes Unternehmen einen Umsatz von mehr als 25 Mio. Euro und ein weiteres Unternehmen einen Umsatz von mehr als 5 Mio. Euro erzielt.

Zu den Kriterien für eine marktbeherrschende Stellung siehe auch den Abschnitt zur Missbrauchsaufsicht auf der nächsten Seite.

Eine geplante Fusion wird dann untersagt, wenn dadurch auf dem relevanten Markt eine **marktbeherrschende Stellung** entsteht oder verstärkt wird. Ein Marktanteil des aus der Fusion hervorgegangenen Unternehmens von mindestens 33 % weist auf eine Marktbeherrschung hin, ist aber noch kein endgültiger Beweis. Das Kartellamt untersucht dann noch viele weitere Kriterien.

Wird eine Fusion untersagt, haben die Unternehmen, die fusionieren wollen, noch die Möglichkeit nachzuweisen, dass durch den Zusammenschluss auch Verbesserungen der Wettbewerbsbedingungen eintreten, die den Nachteil der Marktbeherrschung überwiegen. Gelingt die sogenannte Umkehr der Beweislast, kann der Zusammenschluss doch noch erlaubt werden.

Außerdem hat der Bundeswirtschaftsminister die Möglichkeit, vom Bundeskartellamt untersagte Fusionen ausnahmsweise zu genehmigen, wenn dies durch übergeordnete, gesamtwirtschaftliche Vorteile gerechtfertigt ist (sogenannte **Ministererlaubnis**).

Ablauf eines Fusionskontrollverfahrens

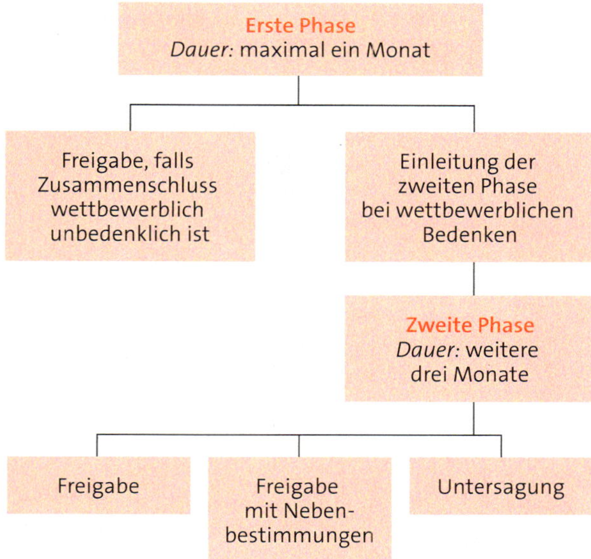

Quelle: Bundeskartellamt (2015). (Eigene Gestaltung.)

Missbrauchsaufsicht

In § 19 GWB ist definiert, wann eine **marktbeherrschende Stellung** vorliegt. Sie liegt dann vor, wenn ein Unternehmen keine Wettbewerber hat oder gegenüber seinen Wettbewerbern eine überragende Marktstellung einnimmt. Eine marktbeherrschende Stellung wird vermutet, wenn

- ein Unternehmen einen Marktanteil von einem Drittel hat,
- bis zu drei Unternehmen einen Marktanteil von zusammen 50 % haben,
- bis zu fünf Unternehmen einen Marktanteil von zusammen zwei Dritteln

erreichen.

Missbräuchliches Verhalten ist in der Praxis oftmals nur schwer nachweisbar. Ein Unternehmen missbraucht seine wirtschaftliche Macht immer dann, wenn durch sein Verhalten die wirtschaftlichen Handlungsmöglichkeiten anderer Unternehmen erheblich beeinträchtigt werden. Missbräuchliches Verhalten tritt in zwei Ausprägungsformen auf: als Behinderungs- und als Ausbeutungsmissbrauch.

Ein **Behinderungsmissbrauch** liegt vor, wenn ein marktübermächtiges Unternehmen den möglichen Konkurrenten den Zugang zu eigenen Netzen verweigert, sodass ein anderes Unternehmen nicht in den Markt eintreten kann. Außerdem zählt eine sogenannte Kampfpreisstrategie zum Behinderungsmissbrauch. Das marktmächtige Unternehmen versucht den Konkurrenten durch extrem niedrige Preise aus dem Markt zu drängen.

BEISPIEL

Würde die Deutsche Bahn ihren Konkurrenten den Zugang zu ihrem Schienennetz untersagen, könnten die Konkurrenten nicht in den Markt eintreten. Bei Gewährung des Zugangs hat die Deutsche Bahn aber einen Anspruch auf ein angemessenes Nutzungsentgelt.

Ausbeutungsmissbrauch liegt vor, wenn ein Unternehmen von seinen Abnehmern überzogene Preise oder Konditionen fordert oder wenn es gegenüber einem abhängigen Zulieferer Preisdumping betreibt.

Das Bundeskartellamt kann im Fall von missbräuchlichem Verhalten anordnen, das beanstandete Verhalten zu beenden oder überhöhte Preise an die Betroffenen zurückzuerstatten. Außerdem kann ein Bußgeld verhängt werden.

BEISPIEL

Das Bundeskartellamt wies den Berliner Wasserbetrieben durch Vergleich der Preise mit Hamburg, München und Köln überhöhte Wasserpreise nach. Es ordnete eine Preissenkung von mehr als 440 Mio. Euro für 2012 bis 2018 an.

Überprüfung der Vergabe öffentlicher Aufträge
Das Gesetz gegen Wettbewerbsbeschränkungen schreibt auch Regeln für die Vergabe öffentlicher Aufträge durch Bund, Länder und Kommunen vor (§§ 97–129). Das Bundeskartellamt ist aber nur dann zuständig, wenn die Aufträge einen bestimmten Schwellenwert (z. B. 206 000 Euro für Liefer- und Dienstleistungen und 5,15 Mio. Euro für Bauaufträge) erreichen.

4.5.3 Wettbewerbsaufsicht in der EU

Zuständig für den Wettbewerbsschutz in der Europäischen Union ist die **Europäische Kommission**. Sie arbeitet mit den Wettbewerbsbehörden der Mitgliedsstaaten zusammen.

Grundlagen des europäischen Wettbewerbsrechts wurden bereits im Vertrag der Europäischen Wirtschaftsgemeinschaft (EWG) von 1957 gelegt. Seit dem 1. Dezember 2009 gelten die Artikel 101–118 des „**Vertrags über die Arbeitsweise der Europäischen Union**“ (AEUV) für die gemeinsamen Wettbewerbsregeln.

Die **Fusionskontrolle** wurde 2004 in einer Verordnung geregelt. Danach ist die EU-Kommission zuständig, wenn folgende Umsatzschwellen erreicht werden:
- Die beteiligten Unternehmen haben mehr als 5 Milliarden Euro Weltumsatz und mindestens zwei Unternehmen erzielen einen EU-Umsatz von mehr als 250 Millionen Euro.
- Oder: Alle am Zusammenschluss beteiligten Unternehmen haben zusammen einen weltweiten Gesamtumsatz von mehr als 2,5 Mrd. Euro, mindestens zwei der beteiligten Unternehmen erzielen einen gemeinschaftsweiten Umsatz von jeweils mehr als 100 Mio. Euro, alle am Zusammenschluss beteiligten Unternehmen erreichen zusammen in mindestens drei Mitgliedstaaten einen Gesamtumsatz von jeweils mehr als 100 Mio. Euro und mindestens zwei der beteiligten Unternehmen erzielen in jedem dieser drei Mitgliedstaaten einen Umsatz von jeweils mehr als 25 Mio. Euro.

Die EU-Kommission ist jedoch nicht zuständig, wenn die beteiligten Unternehmen mehr als zwei Drittel des EU-Umsatzes in ein und demselben Mitgliedstaat erzielen.

4.5.4 Internationale Zusammenarbeit

Die Europäische Kommission und die nationalen Wettbewerbsbehörden bilden gemeinsam das Netzwerk der europäischen Wettbewerbsbehörden (**European Competition Network**, kurz **ECN**). Sie tauschen sich gegenseitig über Fälle und Entscheidungen aus, unterstützen sich bei Ermittlungen und tauschen Beweismaterial.

Außerhalb Europas ist das Bundeskartellamt in unterschiedlichen Netzwerken tätig:

- **International Competition Network (ICN):** In diesem Netzwerk arbeiten über 130 Mitgliedsbehörden weltweit in Fragen der Kartellrechtsanwendung zusammen.
- **Organisation für wirtschaftliche Zusammenarbeit und Entwicklung (OECD):** In diesem weltweiten Forum werden wettbewerbspolitische Fragen diskutiert.
- **Konferenz der Vereinten Nationen für Handel und Entwicklung (UNCTAD):** Ziel ist die Förderung der Integration der Entwicklungsländer in den Welthandel.

4.5.5 Digitale Ökonomie als Herausforderung für die Wettbewerbssicherung

Internetkonzerne wie z.B. Google, Amazon oder Facebook und sogenannte digitale Märkte gewinnen weltweit immer mehr Nutzer und somit einen wachsenden Einfluss. Die dadurch entstehende Marktmacht versetzt die Konzerne in die Lage, sich z.B. einer nationalen Besteuerung weitgehend zu entziehen, den Eintritt neuer Wettbewerber in die Märkte zu erschweren oder Nutzerrechte zu beschränken. Die Frage, wie es gelingen kann, diesem möglichen Missbrauch von Marktmacht Einhalt zu gebieten und den Wettbewerb zu sichern, stellt Volkswirtschaften auf der ganzen Welt vor neue Herausforderungen.

Marktmacht
Kapitel 4.5.2

Missbrauch von Marktmacht
Kapitel 4.5.2

Digitale Märke (Plattformökonomien)

Die Besonderheit von digitalen Märkten bzw. Plattformökonomien liegt darin, dass sie im Internet zwei oder mehrere Nutzergruppen (Anbieter von Produkten und Dienstleistungen einerseits, Nachfrager bzw. Konsumenten andererseits) zusammenbringen. Diese treffen sich online. In der Regel wird eine Plattform (z.B. Amazon) für eine Nutzergruppe (z.B. Konsumenten) umso interessanter, je größer die andere Nutzergruppe (Anbieter) ist. Käufer profitieren somit indirekt von anderen Käufern, weil eine größer werdende Anzahl von Käufern weitere Anbieter anzieht. Mehr Anbieter vergrößern wiederum das Spektrum der Waren, die auf der Plattform gehandelt werden.

BEISPIEL

Amazon stellt im Internet eine Plattform zur Verfügung, auf der Händler Waren (z. B. Haushaltsgeräte, Fernseher, Schuhe usw.) zum Verkauf anbieten können. Konsumenten, die diese Plattform zum Kauf nutzen wollen, finden ein großes Angebot vor, erhoffen sich Preisvorteile gegenüber dem stationären Handel und eine Verbesserung ihrer Marktübersicht (Markttransparenz). Sie können online viele verschiedene Angebote vergleichen, wodurch das zeitlich aufwendige Suchen nach weiteren Anbietern entfällt (Verminderung von Suchkosten).

Digitale Märkte sind also für alle Beteiligten umso attraktiver, je mehr Anbieter und Nutzer auf einer Plattform vertreten sind. Auf den Wettbewerb hat dies zwei verschiedene Auswirkungen:

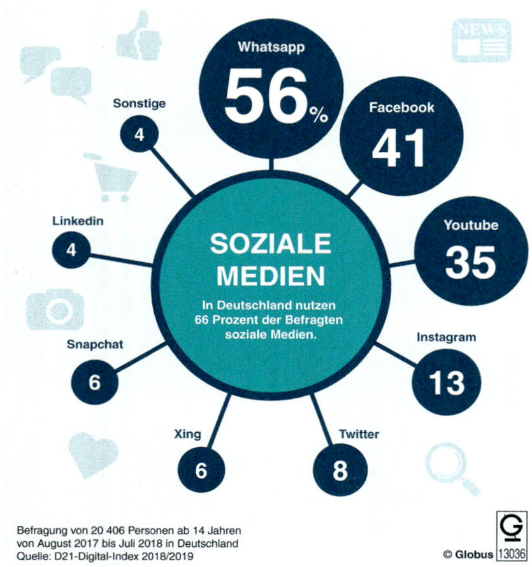

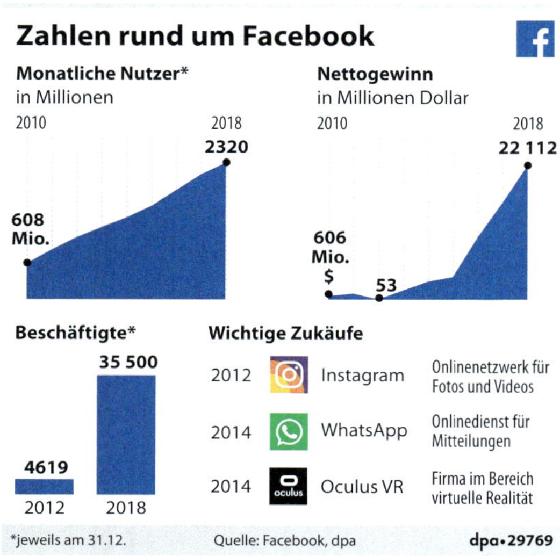

- Einerseits führt die **Markttransparenz** auf der Plattform zu einem verschärften **Wettbewerb zwischen den Anbietern von Waren**.
- Andererseits wächst die **Marktmacht des Plattformanbieters**, weil die **Netzeffekte** (je mehr Nutzer, desto stärker die Anziehungskraft auf weitere Nutzer) einen **Wachstumsvorteil** (Skalenvorteil) für den Plattformbetreiber begründen. Hinzu kommt, dass Internetkonzerne wie z. B. Amazon viele **Nutzerdaten** sammeln.

Social-Media-Plattformen (soziale Netzwerke)

Bei Social-Media-Plattformen (sozialen Netzwerken) steht nicht das Verkaufen und Kaufen von Waren im Vordergrund, sondern das **Sammeln und Verkaufen von Daten**. Die Zahl der Nutzer („User") solcher Plattformen nimmt weltweit zu: Facebook ist inzwischen auf über 2,3 Milliarden Nutzer gewachsen, Youtube (das dem Google-Mutterkonzern Alphabet gehört) verzeichnet 1,9 Milliarden Nutzer und WhatsApp (das dem Facebook-Konzern gehört) wird von 1,5 Milliarden Menschen genutzt.

Auf den Social-Media-Plattformen hinterlassen die Nutzer eine Vielzahl von sogenannten **Datenspuren**. Der Plattformanbieter hält z. B. fest, welche Seiten Benutzer im Internet besuchen, welche Produkte sie gesucht („gegoogelt") oder welche Vorlieben sie haben. Ferner kann ermittelt werden, welche Informationen Nutzer mit anderen teilen, was sie gut finden („liken") oder welchen Gruppen („Freunde") sie angehören. Facebook, Google und andere Konzerne werten diese Daten aus und bieten sie Datenverarbeitungsfirmen zum Kauf an. Diese bereiten die Daten auf und verkaufen sie anschließend an Unternehmen. Für die Unternehmen sind solche zielgruppenspezifischen Infomationen vor allem für die Gestaltung von Werbung interessant.

Schon das Verfügen über **große Datenmengen** („Big Data") kann eine erhebliche Marktmacht begründen: Wenn beispielsweise Werbung mithilfe personenbezogener Daten „personalisiert" werden kann, lassen sich Produktivitätsgewinne und dementsprechende **Wettbewerbsvorteile** erzielen. Die Kombination von „Big Data" und den oben beschriebenen Netzeffekten bzw. Wachstumsvorteilen kann schließlich zu starken **Konzentrationstendenzen** bis hin zu **Monopolbildungen** führen.

Konzentration
Kapitel 4.4.2

Monopol
Kapitel 4.3.3

Maßnahmen gegen die Marktmacht der Internetkonzerne

Für die Wettbewerbshüter stellt die Marktmacht der großen Internetkonzerne eine große Herausforderung dar, deren Bewältigung letztlich nur in internationaler Zusammenarbeit möglich sein wird.

internationale Zusammenarbeit
Kapitel 4.5.4

In Deutschland wurden bereits einzelne Maßnahmen ergriffen, um die Internetkonzerne besser kontrollieren zu können. So hat die Bundesregierung 2017 im **Gesetz gegen Wettbewerbsbeschränkungen** (GWB) geregelt, dass ein Markt auch dann vorliegen kann, wenn zwischen den beteiligten Nutzern und Plattformanbietern kein Geld fließt, sondern Daten „getauscht" werden, wie beispielsweise bei Internetsuchmaschinen (z. B. Google), Social-Media-Plattformen (z. B. Facebook), Vergleichsportalen (z. B. Check24) oder Informationsdiensten. Das **Bundeskartellamt** kann somit auch in diesen Fällen untersuchen, ob ein Internetkonzern den Wettbewerb behindert. Ferner wurde die Fusionskontrolle angepasst. Heute werden auch kleinere Fusionen überprüft, in denen der Kaufpreis 400 Millionen Euro überschreitet (z. B. Übernahme von WhatsApp durch Facebook).

Gesetz gegen Wettbewerbsbeschränkungen
Kapitel 4.5.2

Bundeskartellamt
Kapitel 4.5.1–4.5.2

Fusionskontrolle
Kapitel 4.5.2

Die **Europäische Union** plant die Einführung einer Digitalsteuer in Höhe von 3 % auf Umsätze, die aufgrund von Online-Werbung, Verkauf von Nutzerdaten und der Bereitstellung von Online-Marktplätzen erzielt werden. Betroffen sind nur Großunternehmen. Der Zeitpunkt einer Einführung steht allerdings noch nicht fest.

Wettbewerbsaufsicht in der EU
Kapitel 4.5.3

ÜBERBLICK

Reale Märkte sind fast immer **unvollkommene Märkte**: Es gibt keine vollständige Transparenz, die Güter sind nicht homogen und die Marktteilnehmer haben räumliche, zeitliche und persönliche Präferenzen. Dies führt dazu, dass Anbieter im unvollkommenen **Polypol** gewisse Spielräume bei der Preisgestaltung haben. Im **Oligopol** hingegen müssen die Anbieter sehr auf die Reaktionen ihrer Konkurrenten achten. Im **Monopol** wiederum liegt alle Macht in den Händen eines einzelnen Anbieters, der die Preis-Mengen-Kombination anbietet, die ihm den maximalen Gewinn einbringt.

Es gibt vielfältige Formen von **Unternehmenszusammenschlüssen**, mit denen Unternehmen ihre Position im globalen Wettbewerb zu verbessern versuchen. **Wettbewerbshüter** wie das Bundeskartellamt und die EU-Kommission versuchen zu verhindern, dass solche Zusammenschlüsse zu übermäßiger Marktmacht und deren Missbrauch führen. **Kartelle**, also das koordinierte Verhalten von Unternehmen zur Einschränkung des Wettbewerbs, sind grundsätzlich verboten; Ausnahmegenehmigungen sind aber möglich.

Neue Herausforderungen für die Wettbewerbssicherung ergeben sich durch die **Marktmacht von Internetkonzernen**, die zum einen über große Datenmengen („Big Data") und zum anderen über Wachstumsvorteile aufgrund von Netzeffekten verfügen.

AUFGABEN

1 Erklären Sie, wann ein Marktteilnehmer über Marktmacht verfügt.

2 Vollkommene Märkte sind in der Realität sehr selten.
- **a** Was sind die Merkmale eines vollkommenen Marktes?
- **b** Was ist der Unterschied zwischen einem vollkommenen und einem unvollkommenen Markt?
- **c** Was ist der Unterschied zwischen einem vollkommenen Polypol und einem unvollkommenen Polypol?

3 Ordnen Sie die folgenden Beispiele den Marktformen im Schema auf S. 126 zu.
- **a** In Münster gibt es viele Bäckereien und viele Nachfrager nach Backwaren.
- **b** Der Staat ist der einzige Nachfrager nach Bundeswehruniformen. In Deutschland gibt es aber viele Textilunternehmen, die Bundeswehruniformen produzieren können.
- **c** Airbus ist einer von wenigen Flugzeugherstellern, die für wenige Fluggesellschaften Flugzeuge herstellen.
- **d** Auf dem Weihnachtsmarkt in Essen bietet nur ein einziger Verkäufer Baumkuchen an. Viele Besucher wollen Baumkuchen kaufen.
- **e** Viele Landwirte bieten ihre Milch einer kleinen Anzahl von Molkereien an.
- **f** Bei ihrer Auktion vergab die Bundesnetzagentur die Lizenzen für das 5G-Netz an folgende Provider: Deutsche Telekom, Vodafone, Telefónica Germany und 1&1 Drillisch Netz AG.
- **g** RWE, E.ON, Vattenfall und EnBW decken 80 % des Strommarktes in Deutschland ab.

Preisbildung im Polypol

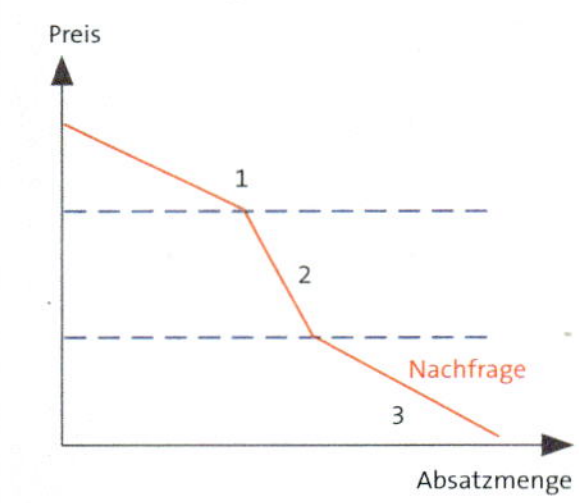

4 Erläutern Sie die Preisbildung im Polypol. Benennen Sie hierfür die Bereiche 1 bis 3 in der nebenstehenden Grafik.

5 Welche der folgenden Aussagen trifft für die Bereiche 1 und 3 zu?
- **a** Kleine Preisänderungen führen zu relativ großen Nachfragenänderungen
- **b** Preisänderungen führen zu prozentual gleichen Nachfrageänderungen.
- **c** Kleine Preisänderungen führen zu sehr geringen Nachfrageänderungen.

Preisbildung im Oligopol

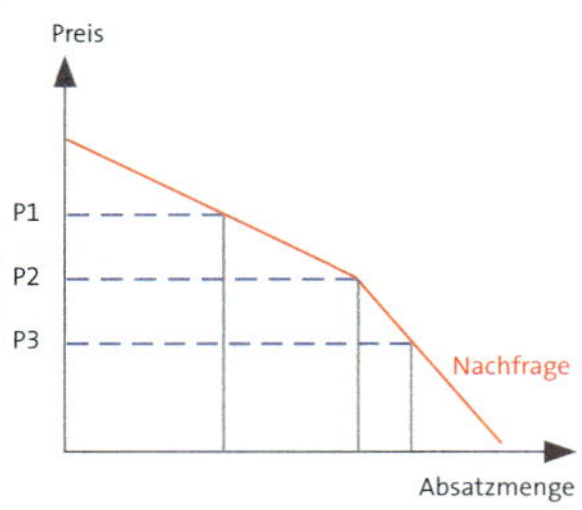

6 Erläutern Sie die Preisbildung im Oligopol.
- **a** Bei welchem Preis in der nebenstehenden Grafik herrscht Preisstarrheit?
- **b** In welchem Bereich der Preisabsatzkurve ist die Nachfrage elastisch und in welchem unelastisch?
- **c** Welche Verhaltensmöglichkeiten bestehen für Anbieter im Oligopol?

7 Begründen Sie die folgenden Aussagen:
- **a** In einer oligopolistischen Branche können Unternehmen ihre Gewinne erhöhen, indem sie ein Kartell bilden.
- **b** Kartellabsprachen sind aber häufig nicht stabil.

8 Nennen und erläutern Sie die Gründe, warum Monopole entstehen.

Preisbildung im Monopol

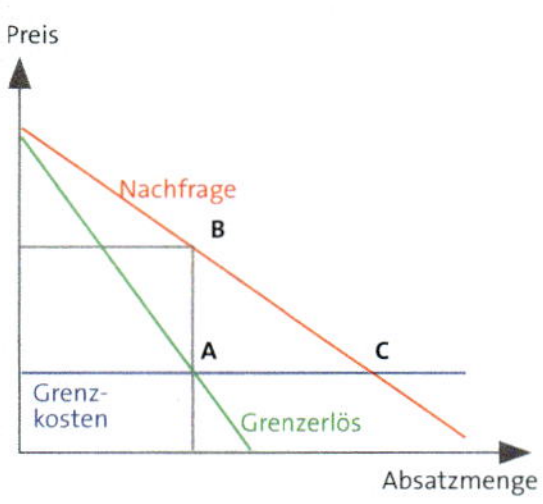

9 Erläutern Sie die Preisbildung im Monopol. Erklären Sie hierfür die Punkte A, B und C in der nebenstehenden Grafik.

10 Erläutern Sie die folgenden zwei Aussagen:
- **a** „Je unelastischer die Nachfrage, desto größer die Macht des Monopolisten."
- **b** „Das Polypol und das Monopol weisen teilweise Ähnlichkeiten auf."

11 Finden Sie für die Formen der Preisdifferenzierung, die im Monopol bzw. im monopolistischen Spielraum von Polypolisten möglich sind, je ein Beispiel.

12 Erläutern Sie, welche Vor- und Nachteile die Marktformen Polypol, Oligopol und Monopol für Käufer und für Anbieter haben.

13 Ordnen Sie folgende Begriffe/Beschreibungen dem Polypol, dem Oligopol oder dem Monopol zu:

a Gefahr der Kartellbildung
b monopolistischer Spielraum
c höchste Marktmacht
d doppelt geknickte Preisabsatzfunktion
e kein Wettbewerb
f viele Anbieter desselben Gutes
g Preisstarrheit
h geknickte Preisabsatzfunktion
i Produktdifferenzierung
j hohe Gewinne
k ein Anbieter
l wenige Anbieter
m Preisdifferenzierung
n Preisführerschaft
o aus Verbrauchersicht beste Güterversorgung

14 Finden Sie jeweils ein Beispiel für einen horizontalen, einen vertikalen und diagonalen Unternehmenszusammenschluss.

15 Ein deutsches Textilunternehmen übernimmt ein kleines amerikanisches Textilunternehmen, sodass eine Einheit entsteht. Um welche Form des Unternehmenszusammenschlusses handelt es sich hier?

16 Diskutieren Sie für die Unternehmenszusammenschlüsse in der Grafik auf S. 131 die folgenden zwei Fragen:
a Bleibt die wirtschaftliche Selbstständigkeit bestehen oder geht sie verloren?
b Bleibt die rechtliche Selbstständigkeit bestehen oder geht sie verloren?

17 Diskutieren Sie in Gruppen die Chancen und Risiken von Kooperationen und Konzentrationen für das Marktgeschehen. Berücksichtigen Sie in ihrer Diskussion die Perspektive von Unternehmen, Konsumenten und Arbeitnehmern.

18 Sammeln Sie Zeitungsartikel, die sich mit Unternehmenszusammenschlüssen beschäftigen. Werten Sie diese in Kleingruppen aus:
a Um welche Form der Kooperation oder Konzentration handelt es sich?
b Welche Chancen sehen die Unternehmen in dem Zusammenschluss?
c Welche Risiken sehen z. B. Verbraucher, Konkurrenten und Politiker?
d Gab es in letzter Zeit Fusionen, die erlaubt oder untersagt wurden? Wenn ja, was waren die Gründe für die Erlaubnis bzw. das Verbot?

19 Warum ist Wettbewerbspolitik in der sozialen Marktwirtschaft erforderlich?

20 Das Gesetz gegen Wettbewerbsbeschränkungen beinhaltet drei wichtige Instrumente, um für einen fairen Wettbewerb zu sorgen. Erläutern Sie
a das Kartellverbot,
b die Fusionskontrolle,
c die Missbrauchsaufsicht.

21 Wie hängen nationale und europäische Wettbewerbspolitik zusammen?

22 Wodurch unterscheiden sich digitale Märkte und Social-Media-Plattformen?

23 Worauf beruhen die Konzentrationstendenzen in der digitalen Ökonomie?

24 Recherchieren Sie den Sachstand zur Einführung einer europäischen Digitalsteuer.

4.6 Eine Kinokarte für 1 Milliarde Euro?

Eli

Es ist Unterrichtspause. Elinor, die sich gerade eine Cola am Schulkiosk gekauft hat, steht mit Oriana, einer Mitschülerin aus ihrer Klasse, zusammen. „Stell dir vor", sagt Elinor, „der Schulkiosk hat den Preis für eine Flasche Cola von 1,50 Euro auf 2,00 Euro erhöht. Ist das nicht frech? Das ist ein Preisanstieg von 33 %!" „Na ja", entgegnet Oriana, „die Preise wurden sehr lange nicht erhöht. Aber im Laufe der Zeit steigen die Kosten – und irgendwann müssen die Preise eben angepasst werden." „Aber gleich um 33 %?", mault Elinor. Oriana lächelt: „Alles ist relativ." „Wie meinst du das?", fragt Elinor. „Meine Mutter stammt aus Venezuela", antwortet Oriana, „und wir haben noch viele Verwandte dort. Du glaubst gar nicht, was da gerade los ist!" „Was ist denn dort los?", will Elinor wissen. „In Venezuela gibt es derzeit eine Hyperinflation", erzählt Oriana. „Nach offiziellen Angaben liegt die Inflationsrate in diesem Jahr bei 200 000 %. Aber der Internationale Währungsfonds tippt sogar auf 10 Millionen % ..." „10 Millionen %?", ruft Elinor ungläubig. „Das kann ich mir überhaupt nicht vorstellen!" „Das kann sich auch keiner vorstellen, der das nicht selbst erlebt hat", erwidert Oriana. „In vielen Situationen, wie z. B. beim Tanken, zahlen die Leute gar nicht mehr mit Geld, sondern mit Naturalien. Also mit Maismehl, Reis, Kaffee, Zigaretten, Feuerzeugen ..." „Krass!", staunt Elinor.

Als Elinor nachmittags nach Hause kommt, sitzt Oma Daniela gerade in der Küche. Und weil Elinor noch immer an das Gespräch mit Oriana denken muss, fragt sie kurzerhand ihre Großmutter: „Oma, du hast doch schon selber erlebt, wie es ist, wenn das Geld seinen Wert verliert. Wie fühlt sich das an?" „Preisschwankungen sind in der Regel etwas vollkommen Normales, manchmal geraten sie aber aus dem Ruder", erklärt Oma Daniela. „Die heftigste Geldentwertung in Deutschland fand 1923 statt, eine sogenannte Hyperinflation. Sie war eine Spätfolge des Ersten Weltkriegs, der hohen Kosten für den Krieg und für den Wiederaufbau danach. Das Deutsche Reich hatte damals enorme Schulden bei den Siegermächten und bei der eigenen Bevölkerung. Um den Zahlungsverpflichtungen nachzukommen, brachte die Regierung immer mehr Geld in Umlauf. Bald hatte das Geld überhaupt keinen materiellen Gegenwert mehr, fast wie Spielgeld. Immer mehr Geld war immer weniger wert. Die Preise und Löhne schaukelten sich gegenseitig hoch. Wer seinen Lohn nicht sofort ausgab, konnte bereits wenige Stunden später nichts mehr dafür kaufen. Quasi über Nacht lösten sich alle Ersparnisse in Luft auf. Die Schuldner profitierten allerdings davon: Wer sich vor 1923 ein Haus gekauft hatte, war über Nacht alle seine Schulden los. Das beste Geschäft machte jedoch der Staat: Die gesamten Kriegsschulden beliefen sich nach Einführung der neuen Währung, der Rentenmark, Ende 1923 nur noch auf wenige Pfennige. Die Inflationsrate betrug damals mehrere Tausend Prozent im Jahr.".

„Das kann ich mir nicht vorstellen, hast du ein Beispiel?", fragt Elinor. Oma Daniela entgegnet: „Stell dir vor, du kaufst im Café zwei Colas für je 10 000 Euro. Dafür erhältst du eine Rechnung über 25 000 Euro, denn du hast die beiden Colas leider nicht gleichzeitig bestellt und in der Zwischenzeit sind die Preise gestiegen. Oder du gehst mit einer Schubkarre voller Geld – also mehreren Millionen Euro – ins Kino, kriegst aber kein Ticket, weil die Karte mittlerweile 1 Milliarde Euro kostet." „Krass!", staunt Elinor.

1 Übertragen Sie die Tabelle in Ihr Heft und ermitteln Sie die Inflationsraten für Elinors Warenkorb. Besprechen Sie Ihre Ergebnisse mit einem Partner. Sollten Fragen offenbleiben, klären Sie diese im Plenum.

a Setzen Sie die fehlenden Preise ein und ermitteln Sie die fehlenden Werte der Warenkörbe.

b Berechnen Sie für die Jahre 2 bis 4 den Preisindex im Verhältnis zum Basisjahr 1.

c Berechnen Sie die jährlichen Preissteigerungsraten in Prozent.

	Menge in Stück	Einzelpreis in € Jahr 1	Einzelpreis in € Jahr 2	Einzelpreis in € Jahr 3	Einzelpreis in € Jahr 4
Schokoriegel	50	1,00	0,70	1,10	0,80
Flasche Cola	30	1,50	2,00		2,00
Kinobesuch	5	12,00	15,00	15,00	14,00
Jeans	2	72,50		103,00	93,20
Wert des Warenkorbs			330,00	396,00	
Preisindex		100,00			
Jährliche Preissteigerungsrate					

2 Simulieren Sie Preisniveauveränderungen anhand eines eigenen kleinen Warenkorbs.

a Notieren Sie zehn Waren oder Dienstleistungen, die Sie regelmäßig kaufen bzw. in Anspruch nehmen. Notieren Sie auch die Menge für Ihr „Basisjahr" (z. B. 100 Energiedrinks).

b Berechnen Sie die Gesamtausgaben für Ihren Warenkorb (z. B. 100 Energiedrinks x 1,50 € = 150 € + ...).

c Simulieren Sie zwei Folgejahre: Wie könnten die Preise der Waren und Dienstleistungen sich gegenüber dem Basisjahr verändert haben? Berechnen Sie für beide Folgejahre die Gesamtausgaben für Ihren Warenkorb.

d Berechnen Sie für die zwei Folgejahre den Preisindex: Teilen Sie die Gesamtkosten von Folgejahr 1 und Folgejahr 2 jeweils durch die Gesamtkosten des Basisjahres und multiplizieren Sie das Ergebnis mit 100 (z. B. 875 € ÷ 850 € x 100 = 102,9).

e Berechnen Sie die Inflationsrate für Folgejahr 1 und Folgejahr 2.

f Stellen Sie Ihren Warenkorb und Ihre Ergebnisse einem Partner vor.

3 Setzen Sie sich in Vierergruppen mit dem Thema „Inflation" auseinander.

a Jedes Gruppenmitglied informiert sich zunächst in Einzelarbeit über den Begriff und die Arten von Inflation (siehe Kapitel 4.8.1). Klären Sie danach offene Fragen in der Gruppe.

b Ordnen Sie jedem Gruppenmitglied eine der vier möglichen Ursachen von Inflation zu. Jedes Gruppenmitglied informiert sich über „seinen" Inflationstypus mithilfe einer freien Recherche und/oder Lektüre von Kapitel 4.8.2. Anschließend stellt jedes Gruppenmitglied „seinen" Typus vor und beantwortet Fragen.

4 Diskutieren Sie in der Vierergruppe über die Inflation von 1923.

a Was für eine Art von Inflation war das?

4.7 Preisniveaustabilität

Preisniveau
Kapitel 1.9.3

Geldpolitik
Kapitel 6.9–6.11

Stabilitäts- und Wachstumsgesetz
Kapitel 3.11.2

Europäische Zentralbank
Kapitel 6.7 und 6.9

Euro-Währungsgebiet
Kapitel 4.14.3

Verbraucherpreisindex
Kapitel 1.9.3

Inflationsrate
Kapitel 1.9.3

Inflation
Kapitel 1.9.3 und 4.8

In allen Volkswirtschaften spielt die Entwicklung der Preisniveaus eine wichtige Rolle und ist eine zentrale Entscheidungsgrundlage für die Wirtschafts- und Geldpolitik.

Ein Ziel des deutschen Stabilitäts- und Wachstumsgesetzes ist die **Stabilität des Preisniveaus**. Wann aber ist das Preisniveau stabil? Die Europäische Zentralbank (EZB) hat festgelegt, dass von einem stabilen Preisniveau gesprochen werden kann, wenn der Harmonisierte Verbraucherpreisindex (HVPI) für das Euro-Währungsgebiet pro Jahr um knapp 2 % ansteigt. Wie beim nationalen Verbraucherpreisindex geht es auch hier um die durchschnittliche Teuerungsrate und nicht um die Preisentwicklung einzelner Güter.

In Deutschland ist es das Statistische Bundesamt, das neben dem nationalen Verbraucherpreisindex (VPI) auch den Anstieg des **Harmonisierten Verbraucherpreisindex (HVPI)** für Deutschland berechnet. Der Begriff „harmonisiert" bedeutet, dass alle Länder der Europäischen Union dieselbe Methode anwenden, damit die Daten verglichen werden können. Das Statistische Bundesamt berechnet den HVPI, indem es die Preise von etwa 700 Waren und Dienstleistungen des täglichen Bedarfs in einem Warenkorb ermittelt und mit ihrer Bedeutung für die Haushalte gewichtet. Die Gewichtungen werden jährlich angepasst. Der Vergleich der Kosten des aktuellen Warenkorbs mit denen des Warenkorbs aus dem Vorjahr ergibt die Inflationsrate.

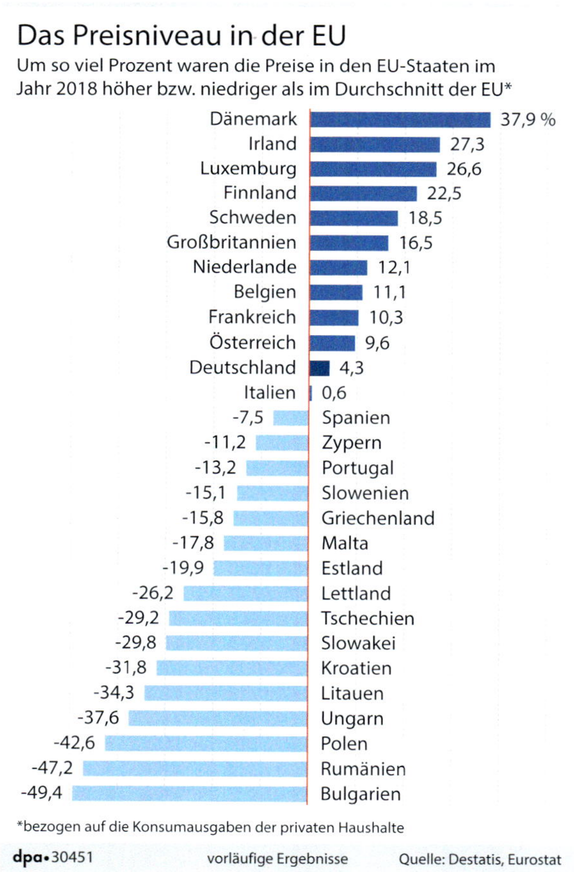

Der Harmonisierte Verbraucherpreisindex ermöglicht einen länderübergreifenden Vergleich der Preisentwicklung und dient der Europäischen Zentralbank (EZB) als zentraler Indikator zur Beurteilung der Preisniveaustabilität innerhalb der Eurozone. Mithilfe dieses Indikators kann die EZB die Anzeichen einer Inflation erkennen, bekämpfen und für stabile Preise sorgen.

4.8 Inflation

4.8.1 Begriff und Arten der Inflation

Von Inflation wird gesprochen, wenn das Preisniveau über einen längeren Zeitraum steigt und somit der Geldwert sinkt: Dies bedeutet, dass man für einen Euro im Laufe der Zeit immer weniger kaufen kann.

Kaufkraft des Geldes
Kapitel 1.9.3

Es gibt verschiedene **Arten von Inflation**, die sich nach der Erkennbarkeit, der Geschwindigkeit und der Ursache der Preisniveausteigerung unterscheiden lassen.

Preissteigerungsrate (Inflationsrate)
Kapitel 1.9.3

Arten von Inflationen

Erkennbarkeit der Preisniveausteigerung	Geschwindigkeit der Preisniveausteigerung	Ursache der Preisniveausteigerung
Eine **offene Inflation** liegt vor, wenn die Preissteigerungen wahrgenommen werden und der Kaufkraftverlust des Geldes erkennbar ist.	Die **schleichende Inflation** ist durch einen geringen Anstieg des Preisniveaus gekennzeichnet. Damit ist eine jährliche Preissteigerung von unter 5 %. gemeint.	Eine **nachfragebedingte Inflation** entsteht, wenn die Nachfrage nach Gütern das vorhandene Angebot übersteigt (vgl. Kap. 4.8.2).
Von **verdeckter Inflation** wird gesprochen, wenn der Staat Preiserhöhungen untersagt (z. B. durch Festlegung von Höchstpreisen). Die Inflation wird dadurch spürbar, dass zu den staatlich reglementierten Preisen kein ausreichendes Warenangebot besteht, weil die Produzenten lieber auf nicht reglementierte Waren oder auf den Schwarzmarkt ausweichen oder die nicht gewinnträchtige Produktion ganz einstellen.	Eine **trabende Inflation** liegt vor, wenn der Preisniveauanstieg im Jahr zwischen 5 % und 50 % liegt. Von **galoppierender Inflation** (Hyperinflation) wird gesprochen, wenn die jährliche Preissteigerung über 50 % liegt. Der Internationale Währungsfonds rechnet 2019 in Venezuela mit einer Inflation von 10 Millionen %. Da das Geld kaum noch einen Wert hat, wird es zur Bezahlung nicht mehr angenommen, sondern auf Schwarzmärkten wird wieder mit Warengeld bezahlt.	Eine **angebotsbedingte Inflation** entsteht, wenn das Angebot bei gleichbleibender Nachfrage zurückgeht oder teurer wird (vgl. Kap. 4.8.2). Eine **Geldmengeninflation** entsteht, wenn die umlaufende Geldmenge stärker ansteigt als das Güterangebot (vgl. Kap. 4.8.2). Von einer **importierten Inflation** wird gesprochen, wenn das Preisniveau aufgrund von Einflüssen aus dem Ausland steigt (vgl. Kap. 4.8.2).

Ein Sonderfall ist die sogenannte **Stagflation**, eine Situation, in der wirtschaftliche Stagnation und Inflation zugleich auftreten: Die Wirtschaft wächst nicht oder schrumpft sogar (**Stagnation**), während gleichzeitig das Preisniveau steigt (**Inflation**). In der Regel gibt es bei einer Stagflation eine hohe Arbeitslosigkeit und die Produktionskapazitäten sind nicht ausgelastet.

Wirtschaftswachstum
Kapitel 3.6.1 und 3.13

Arbeitslosigkeit
Kapitel 5.7.2

BEISPIEL

1973 drosselte die OPEC wegen politischer Spannungen im Nahen Osten die Ölfördermenge. Innerhalb von zwei Jahren vervierfachte sich dadurch der Ölpreis und die Inflation stieg von 6 auf 13 %. In Deutschland kam es zur Stagflation.

OPEC
Abkürzung für „Organization of the Petroleum Exporting Countries". Die OPEC betreibt eine gemeinsame Erdölpolitik.
www.opec.org

4.8.2 Ursachen von Inflation

Nachfrage und Angebot
Kapitel 2.4 und 2.5

Geldmenge
Kaptitel 6.8

Es gibt verschiedene Ansätze, um Preissteigerungen zu erklären. Eine Inflation kann von der Nachfrageseite (nachfragebedingte Inflation) oder von der Angebotsseite (angebotsbedingte Inflation) ausgehen. Außerdem kann sie ihre Ursache in einer Veränderung der Geldmenge (geldmengenbedingte Inflation) oder in Einflüssen aus dem Ausland (importierte Inflation) haben.

Nachfrageinflation

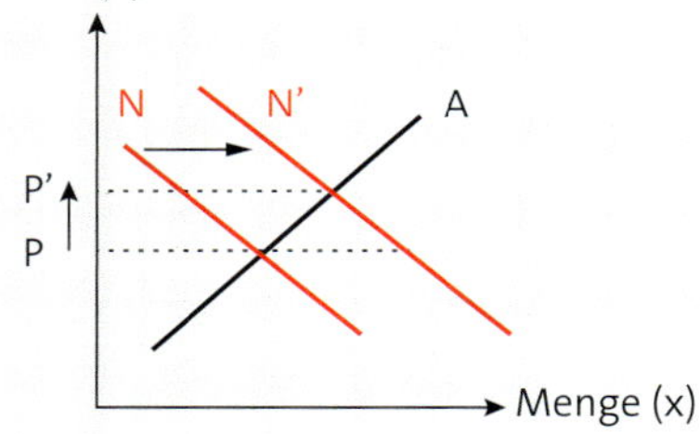

Nachfragebedingte Inflation

Eine nachfragebedingte Inflation entsteht durch ein Ungleichgewicht von Angebot und Nachfrage auf dem Gütermarkt. Die Ursache liegt hierbei auf der Nachfrageseite: Die Nachfrage nach Gütern übersteigt das vorhandene Angebot (Nachfrage > Angebot). Es kommt zu einer Rechtsverschiebung der Nachfragekurve und die Unternehmen können höhere Preise verlangen, da die Angebotsfunktion sich nicht verändert. Dies kann z. B. daran liegen, dass die Unternehmen nicht auf die erhöhte Nachfrage mit einer Produktionsausweitung reagieren wollen oder können.

Je nachdem, durch welche Nachfragergruppe (private Haushalte, Unternehmen oder Staat) eine Nachfrageinflation ausgelöst wird, sind die folgenden Arten von nachfragebedingter Inflationen zu unterscheiden:

- Eine **Konsuminflation** entsteht durch eine zusätzliche Nachfrage der privaten Haushalte nach Konsumgütern. Diese zusätzliche Nachfrage kann z. B. durch mehr verfügbares Einkommen, durch Auflösung von Ersparnissen oder Kredite finanziert werden.
- Eine **Investitionsinflation** entsteht durch zusätzliche Investitionen der Unternehmen, z. B. aufgrund positiver Zukunftserwartungen.
- Eine **Staatsinflation** entsteht, wenn Investitionen des Staates (z. B. kreditfinanzierte Beschäftigungsprogramme) zu einer Erhöhung der gesamtwirtschaftlichen Nachfrage, nicht aber des Güterangebots führen.

Angebotslückeninflation

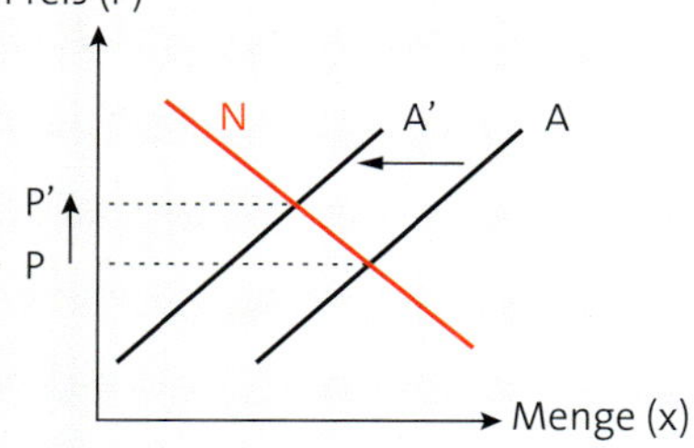

Angebotsbedingte Inflation

Eine angebotsbedingte Inflation entsteht ebenfalls durch ein Ungleichgewicht von Angebot und Nachfrage auf dem Gütermarkt. Allerdings beruht sie hier auf einem Rückgang des Angebots bei gleichbleibender Nachfrage (Angebot < Nachfrage). Je nachdem, wodurch die Veränderung auf der Angebotsseite ausgelöst wird (Angebotslücken, Kostendruck, Gewinndruck), können die folgenden Arten von angebotsbedingter Inflation unterschieden werden.

- Eine **Angebotslückeninflation** entsteht, wenn z. B. durch Streiks, politische Krisen oder Katastrophen das Angebot zurückgeht. Möglich ist auch, dass die Unternehmen das Angebot künstlich verknappen, um höhere Preise durchzusetzen. Grafisch lässt sich der Rückgang des Angebots mit einer Linksverschiebung der Angebotskurve darstellen. Auf einer bestimmten Höhe des Preisniveaus wird weniger angeboten.

BEISPIEL

Die OPEC reduziert das Fördervolumen von Öl, sodass die Preise nach oben getrieben werden.

- Eine **Kostendruckinflation** entsteht dadurch, dass Unternehmen aufgrund gestiegener Produktionskosten ihre Verkaufspreise anheben, um ihre bisherige Gewinnspanne beizubehalten. Ursachen der Kostendruckinflation können gestiegene Rohstoffpreise, gestiegene Kreditkosten bzw. Zinskosten oder gestiegene Löhne sein. Bei der Kostendruckinflation kommt es zu einer Verschiebung der Angebotsfunktion nach oben.
- Eine **Gewinndruckinflation** kann entstehen, wenn ein Unternehmen eine marktbeherrschende Stellung (Monopolsituation) innehat und höhere Preise am Markt durchsetzen kann. Durch diese Preiserhöhung wird die Gewinnspanne des Unternehmens vergrößert.

Kostendruckinflation

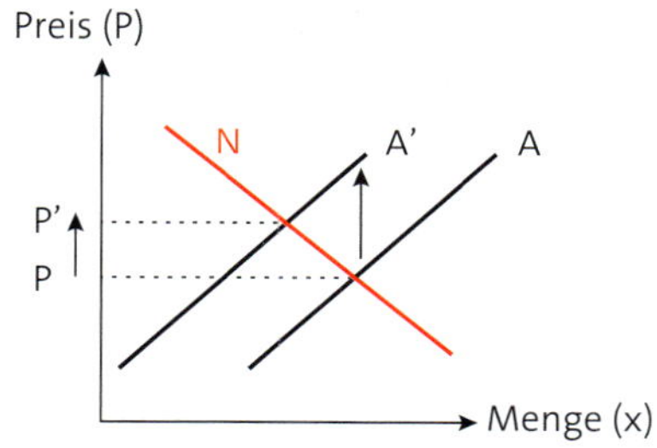

Monopol
Kapitel 4.3.3

Geldmengeninflation

Sowohl die nachfragebedingte als auch die angebotsbedingte Inflation haben ihre Ursache in einem Ungleichgewicht auf dem Gütermarkt. Der Auslöser einer Geldmengeninflation ist hingen ein Ungleichgewicht zwischen der umlaufenden Geldmenge und dem Güterangebot. Dies lässt sich anhand der sogenannten **Quantitätsgleichung des Geldes** erklären:

Geldmenge
Kapitel 6.8–6.9

Quantitätsgleichung des Geldes

Geldmenge (M) × **Umlaufgeschwindigkeit** (U)	=	Gütermenge (X) × Preisniveau (P)
=		=
Nachfragewirksame Geldmenge		Wert der verkauften Gütermenge

Die **Umlaufgeschwindigkeit** drückt aus, wie oft das Geld in einer Periode für wirtschaftliche Transaktionen verwendet wird, d. h., wie oft derselbe Euro durch Besitzerwechsel wieder für eine Kaufhandlung zur Verfügung steht.

Wenn bei konstanter Umlaufgeschwindigkeit des Geldes die Geldmenge in einer Volkswirtschaft stärker wächst als das Güterangebot, kommt es im Normalfall zu einer Erhöhung des Preisniveaus. In der EU ist es die Europäische Zentralbank, die mit ihren geldpolitischen Instrumenten die Geldmenge steuern kann.

Europäische Union
Kapitel 4.14

geldpolitische Instrumente der EZB
Kapitel 6.10

BEISPIEL

In einer Volkswirtschaft existieren nur 100,00 Euro und 100 Kartoffeln. Doch zum Thronjubiläum macht der König seinen Landsleuten ein Geschenk: Er lässt weitere 100,00 Euro drucken und unter sein Volk verteilen. Das Volk jubelt zunächst, macht aber bald eine bestürzende Entdeckung: Da es weiterhin nur 100 Kartoffeln (und sonst nichts) zu kaufen gibt, können die Anbieter den Preis der Kartoffeln problemlos verdoppeln, ohne dass der Absatz einbricht. Mit der Verdoppelung der Geldmenge hat sich nur der Geldwert halbiert.

Zusammenhang zwischen Güter- und Geldmenge

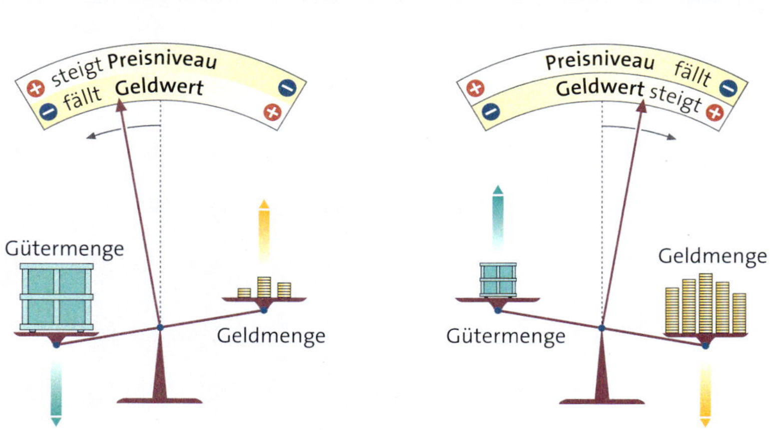

Importierte Inflation

Eine inländische Inflation kann ihre Ursachen auch in Einflüssen aus dem Ausland haben. In diesem Fall wird von importierter Inflation gesprochen. Hierbei lassen sich die folgenden Varianten unterscheiden:

- Eine **importierte nachfragebedingte Inflation** kann entstehen, wenn im Ausland die Preise schneller als im Inland steigen. Dadurch steigt auch die ausländische Nachfrage nach inländischen Gütern. Es entsteht ein Exportüberschuss, durch den sich das inländische Güterangebot verknappt. Bei gleichbleibender Geldmenge führt dies zu einer Inflation.
- Eine **importierte Kostendruckinflation** kann entstehen, wenn steigende Preise für importierte Rohstoffe zu einem erhöhten Kostendruck bei den inländischen Unternehmen führen.
- Eine **importierte Geldmengeninflation** kann entstehen, wenn Devisen aus dem Ausland, z. B. für Geldanlagen, ins Inland fließen und dadurch die Geldmenge steigt.

4.8.3 Wirkungen von Inflation

Der Verlust der Preisniveaustabilität kann für eine Volkswirtschaft erhebliche wirtschaftliche und gesellschaftspolitische Folgen haben. Die Auswirkungen sind vielschichtig und betreffen verschiedene Gruppen von Wirtschaftssubjekten unterschiedlich stark.

Transferzahlungen
Kapitel 5.3.2 und 6.4.3

Zu den Verlierern einer Inflation zählen die **Arbeitnehmer**, da ihre Löhne nicht oder erst mit zeitlicher Verzögerung – z. B. aufgrund fester Laufzeiten von Tarifverträgen – an die Preissteigerung angepasst werden. Gleiches gilt für die **Bezieher von Transferzahlungen** wie z. B. Renten, Kindergeld und Sozialhilfe, denn auch Transferzahlungen werden nur zeitverzögert an die Kaufkraftentwicklung angepasst. Steigen Löhne und Transferzahlungen langsamer als die Preise, können weniger Güter eingekauft werden.

Funktionen des Geldes
Kapitel 1.9.2

Inflationsverlierer sind auch die **Gläubiger (Sparer)**, wenn die Verzinsung nicht ausreicht, um die Geldwertverluste auszugleichen. In diesem Fall verlieren z. B. Bankguthaben, Spareinlagen und festverzinsliche Wertpapiere ihren Wert und das Geld büßt seine Wertaufbewahrungsfunktion ein. Die Eigentümer von Geldvermögen flüchten aus Angst vor dem Vermögensverfall oft in Sachwerte wie z. B. Grundstücke, Immobilien oder Edelmetalle. Die Nachfrage nach solchen Sachwerten führt dann zu einer zusätzlichen Preissteigerung. Möglich ist auch eine „Kapitalflucht" ins Ausland, bei der Geldbesitzer ihr Geld in preisstabilere Länder „retten".

Einkommensteuer
Kapitel 5.3.2 und 6.4.2

Steuerzahler gehören ebenfalls zu den Inflationsverlierern: Wird der Lohn eines Arbeitnehmers erhöht, um die Inflation auszugleichen, zieht dies eine Erhöhung der Einkommensteuer nach sich: Der Steuerzahler hat dann trotz steigenden Einkommens weniger Geld in der Tasche. Der Effekt dieser „kalten Progression" ist umso stärker, je höher die Inflationsrate ausfällt.

BEISPIEL

Anton erhält eine Gehaltserhöhung von 2 %. Die Inflationsrate beträgt ebenfalls 2 %. Es scheint, als würden Gewinn und Verlust sich ausgleichen. Durch die Gehaltserhöhung wird Anton vom Steuerrecht aber so behandelt, als ob er leistungsfähiger geworden wäre, und muss einen höheren Steuersatz für sein Einkommen bezahlen. Trotz Gehaltserhöhung hat Anton am Ende weniger Kaufkraft als vorher.

Unternehmen können zu den kurzfristigen Gewinnern einer Inflation gezählt werden: Durch die Preissteigerung steigen zunächst ihre Gewinne, da die eingesetzten Produktionsfaktoren noch zu geringeren Kosten bezogen wurden. Werden dann z. B. höhere Löhne von der Arbeitnehmerseite durchgesetzt, versuchen die Unternehmen, diese höheren Kosten auf die Güterpreise abzuwälzen, sodass das Preisniveau weiter steigt (Lohn-Preis-Spirale). Wenn aber die Kosten nicht in vollem Umfang abgewälzt werden können, sinkt der Unternehmensgewinn.

Produktionsfaktoren
Kapitel 3.2

Kostendruckinflation
Kapitel 4.8.2

Schuldner sind tendenziell Gewinner einer Inflation, da der Realwert des Kreditbetrags abnimmt. Insbesondere der Staat als größter Schuldner profitiert von einer hohen Inflationsrate, da die reale Staatsverschuldung sinkt.

Staatsverschuldung
Kapitel 1.10.2 und 6.4.4

BEISPIEL

Mathilda leiht ihrer Freundin Greta 1 000 Euro. Da Greta ihre beste Freundin ist, möchte sie keine Zinsen von ihr. Nach einem Jahr zahlt Greta die 1 000 Euro zurück. Die Inflation betrug in diesem Zeitraum 10 %. Mathilda erleidet als Gläubigerin einen Wertverlust, denn die 1 000 Euro, die sie zurückbekommt, sind nur noch 909,09 Euro wert. Greta als Schuldnerin hat hingegen einen Vorteil, denn die 1 000 Euro sind nun weniger wert.

Unabhängig von den Schulden kann der **Staat** auch durch höhere Steuereinnahmen kurzfristig von einer Inflation profitieren: Durch das progressive Steuersystem steigt bei inflationsbedingten Einkommenssteigerungen die Einkommensteuer („kalte Progression"). Aufgrund der höheren Güterpreise steigen außerdem die Einnahmen aus der Mehrwertsteuer. Mittel- und langfristig wachsen aber auch die öffentlichen Ausgaben, sodass die inflationsbedingten Mehrausgaben des Staates die inflationsbedingten Mehreinnahmen schon bald übersteigen können.

In der Marktwirtschaft zeigen die Preise den Knappheitsgrad der Güter an. Bei einer Inflation verlieren sie diese Signal- oder Informationsfunktion, da alle Güter teurer werden. Dies führt dazu, dass die Unternehmen nicht einschätzen können, wie sich ihre Gewinne entwickeln werden. Eine (hohe) Inflation erschwert also die wirtschaftliche Planung der Unternehmen und verringert die Investitionsneigung.

Marktwirtschaft
Kapitel 3.10

Funktionen des Gleichgewichtspreises
Kapitel 2.6.3

Bei sehr hoher Inflation schwindet bei allen Wirtschaftssubjekten das Vertrauen in die Wirtschaft des betroffenen Staates. Schwarzarbeit und staatliche Eingriffe wie Lohnstopps oder Kapitalkontrollen nehmen zu. Unter Umständen ist sogar die Demokratie in Gefahr und ein Staatsbankrott droht.

Langfristig ergeben sich durch inflationäre Prozesse also erhebliche wirtschaftliche Unsicherheiten, die unterm Strich zu abnehmenden Wirtschaftsaktivitäten und einem geringeren Wachstum führen.

4.9 Deflation

Geldmenge **Kapitel 6.8**

Instrumente der Zentralbank **Kapitel 6.10**

Die Deflation ist durch **fallende Preise** gekennzeichnet, weil ein Überangebot von Gütern einer zu geringen Nachfrage gegenübersteht. Die Ursachen können in einer abnehmenden Nachfrage, einer Ausdehnung des Güterangebots oder in einer Verknappung der Geldmenge liegen. Die Geldmenge nimmt z.B. durch das Sparverhalten der privaten Haushalte und des Staates ab oder die Zentralbank sorgt mit entsprechenden Maßnahmen für eine Drosselung der Geldmenge.

Wie im Fall der Inflation werden auch verschiedene Arten von Deflation unterschieden:
- Eine **offene Deflation** liegt vor, wenn das Sinken der Preise wahrgenommen wird.
- Von **verdeckter Deflation** wird gesprochen, wenn bei gleichbleibenden Preisen die Qualität steigt oder andere wertsteigernde Faktoren hinzukommen.

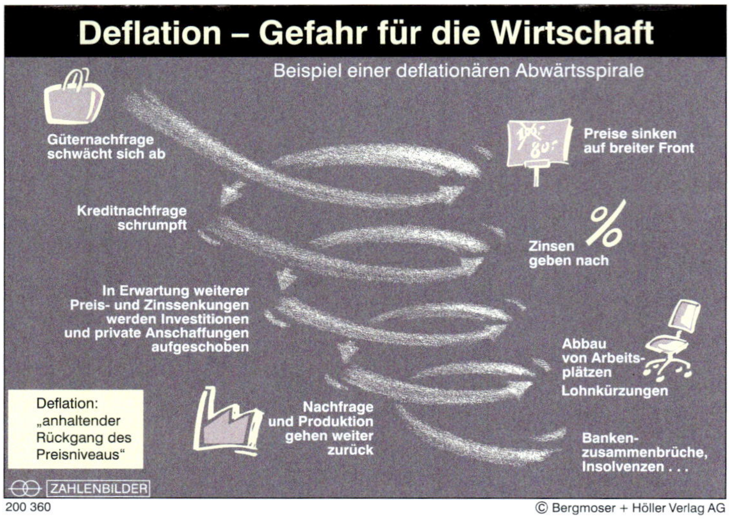

Fallende Preise, ein auf den ersten Blick geradezu konsumentenfreundlicher Zustand, wirken sich noch verheerender aus als eine Inflation: Bei sinkenden Preisen wird der Kauf umso günstiger, je später der Kaufzeitpunkt ist. Sowohl Unternehmen als auch Konsumenten werden deshalb versuchen, Einkäufe so lang wie möglich aufzuschieben. Durch den fehlenden Absatz wächst der Konkurrenzdruck auf die Unternehmen. Dies nötigt sie, ihre Produkte noch günstiger anzubieten, was aber nur dazu führt, dass Kaufzurückhaltung noch lohnender erscheint. Am Ende stehen die vollkommene Lähmung des wirtschaftlichen Geschehens, Massenentlassungen und der Ruin ganzer Wirtschaftszweige.

BEISPIEL

In der Weltwirtschaftskrise der 1930er-Jahre verzichteten die Konsumenten aufgrund pessimistischer Zukunftserwartungen auf Konsumausgaben, die Unternehmen auf Investitionen. Das Geld wurde gehortet und so dem Wirtschaftskreislauf entzogen. Die Folge waren ein Überangebot auf den Gütermärkten und daraus resultierend fallende Preise. Die Unternehmen konnten ihre Produkte nicht oder nur unter den Herstellungskosten absetzen. Der Preisverfall führte damals zur Produktionsdrosselung und schließlich zur Vernichtung zahlreicher Unternehmen und zur Massenarbeitslosigkeit.

Arbeitslose warten vor dem Sozialamt in Berlin, 1930

4.10 Zusammenhang von Binnenwert und Außenwert des Geldes

Bei Geldwertstörungen (Inflation und Deflation) verändert sich der **Binnenwert** des Geldes, d.h. die Kaufkraft des Geldes im Inland. Geld hat aber auch einen **Außenwert**. Dies ist der **Wert einer Währung** (z.B. des Euro) im Verhältnis zu einer anderen Währung (z.B. dem US-Dollar). Der Außenwert des Geldes spielt vor allem dann eine Rolle, wenn Reisen ins Ausland unternommen werden oder wenn Handel mit dem Ausland stattfindet. Er kann als Wechselkurs oder **Devisen**kurs ausgedrückt werden:

Binnenwert des Geldes
Kapitel 1.9.

Wechselkurs und Devisenkurs
Kapitel 2.12

Devisen
alle ausländischen Zahlungsmittel, z. B. Guthaben bei ausländischen Banken oder auf ausländische Währungseinheiten ausgestellte Schecks

$$\text{Wechselkurs (Mengennotierung)} = \frac{\text{Einheiten ausländischer Währung}}{\text{1 Einheit inländischer Währung}}$$

$$\text{Devisenkurs (Preisnotierung)} = \frac{\text{Einheiten inländischer Währung}}{\text{1 Einheit ausländischer Währung}}$$

Unter **Währung** wird die Geldsorte eines Staates oder Gebietes verstanden. Im internationalen Währungshandel werden alle Währungen mit einer genormten Abkürzung, die aus drei Buchstaben besteht, geführt:

wichtige Währung	genormte Abkürzung	ungenormte Abkürzung/ Währungssymbol
Euro	EUR	€
US-Dollar	USD	$
Britisches Pfund	GBP	£
Schweizer Franken	CHF	sfr
Japanischer Yen	JPY	¥
Chinesischer Yuan	CNY	¥

Auf dem **Devisenmarkt** werden täglich die verschiedenen Währungen gegeneinander getauscht. Es treffen Devisenangebot und Devisennachfrage aufeinander und es werden Wechselkurse festgestellt, zu denen der Tausch stattfindet.

In einem **System freier Wechselkurse** ist der Außenwert des Geldes der Marktpreis einer Währung im Verhältnis zu anderen Währungen. Dieser Marktpreis bildet sich auf den Devisenmärkten heraus und hängt von vielen unterschiedlichen Faktoren wie z.B. den Zinssätzen ab. Zu heftigen Schwankungen der Kurse kann es vor allem dann kommen, wenn eine Währung ins Visier von Spekulanten gerät, die mit An- und Verkäufen großer Beträge kurzfristige Kursgewinne realisieren wollen.

System freier Wechselkurse
Kapitel 2.12.1

Inflation
Kapitel 4.8

Veränderungen des Binnenwertes einer Währung schlagen sich nicht zwangsläufig im Außenwert nieder: Sie spielen nur dann eine Rolle, wenn die Inflationsraten der betreffenden Länder unterschiedlich hoch sind. Da der Außenwert von vielen Faktoren abhängt, können Binnen- und Außenwert sich kurzfristig sogar gegenläufig entwickeln. Längerfristig ist aber meist ein Zusammenhang zwischen (hoher) Inflation und Wechselkurs zu bemerken.

BEISPIEL

In einem System freier Wechselkurse treiben zwei Länder (A und B) miteinander Handel. Die Inflationsrate von Land B liegt deutlich über der von Land A. Dies wirkt sich auf den Außenwert von Währung B im Verhältnis zu Währung A aus.

Land A mit Währung A	Land B mit Währung B
In Land A ist der **Binnenwert** des Geldes **stabil**: Die Preise sind nahezu konstant.	In Land B **sinkt der Binnenwert** des Geldes: Die Preises steigen.
Für die Bewohner von Land A werden Güter aus Land B immer teurer.	Für die Bewohner von Land B werden Güter aus Land A immer attraktiver.
Die Bewohner von Land A importieren weniger Güter aus Land B.	Die Bewohner von Land B importieren mehr Güter aus Land A.
Der Export von Land A nach Land B steigt.	Der Export von Land B nach Land A sinkt.
Durch den steigenden Export steigt die Nachfrage nach Währung A.	Durch den sinkenden Export sinkt die Nachfrage nach Währung B.
Infolge der steigenden Nachfrage **steigt der Außenwert** von Währung A im Verhältnis zu Währung B (**Aufwertung**).	Infolge der sinkenden Nachfrage **sinkt der Außenwert** von Währung B im Verhältnis zu Währung A (**Abwertung**).
Für die Bewohner von Land A werden Güter aus Land B nun wieder billiger.	Für die Bewohner von Land B werden Güter aus Land A nun wieder teurer.

Auswirkungen von Wechselkursänderungen
Kapitel 2.12

importierte Kostendruckinflation
Kapitel 4.8.2

Die Abwertung von Währung B im Verhältnis zu Währung A ist für Land B vorteilhaft, weil es dadurch wieder konkurrenzfähiger wird und mehr Güter exportieren kann. Je nachdem, wie abhängig Land B von Importen aus Land A ist, können die gestiegenen Importgüterpreise sich aber ihrerseits auf die Inflationsrate auswirken. Der Effekt der Abwertung könnte durch einen weiteren Anstieg des Preisniveaus also schnell wieder zunichte gemacht werden. Wenn Land B es nicht schafft, den Binnenwert seines Geldes zu stabilisieren, wird der Prozess von Inflation und Abwertung sich fortsetzen.

Zu beachten ist, dass die hohe Inflationsrate von Land B sich deshalb auf den Außenwert auswirkt, weil die Inflationsrate von Land A niedriger ist. Wenn in einem dritten Land C die Inflationsrate genauso hoch wie in Land B ist, wird der Außenwert von Währung B im Verhältnis zu Währung C konstant bleiben. Und wenn in einem vierten Land D die Inflationsrate noch deutlich höher ist als in Land B, wird der Außenwert von Währung B im Verhältnis zu Währung D sogar steigen.

4.11 Stellenwert des Euro im weltwirtschaftlichen Kontext

Eine Frage, die viele Ökonomen beschäftigt, ist die Frage, welche Währung im internationalen Währungssystem zukünftig die Leitwährung sein wird: Der US-Dollar? Der Euro? Der chinesische Yuan? Oder alle drei?

Als **Leitwährung** wird eine Währung bezeichnet, die international eine dominierende Rolle als **Transaktionswährung** und als **Reservewährung** spielt. Zugleich dient eine Leitwährung auch als **Ankerwährung**, d. h., viele andere Länder versuchen, die Wechselkurse ihrer Währungen gegenüber dieser Währung stabil zu halten.

Im 1944 errichteten internationalen Wechselkurssystem von **Bretton Woods** war der US-Dollar die Leitwährung, an die alle anderen Währungen gekoppelt waren. Als dieses System 1973 zusammenbrach, entschieden die 190 ehemaligen Mitgliedsländer sich teils für freie und teils für feste Wechselkurse; manche wählten auch Mischsysteme. Der **Dollar** blieb weltweit die Leitwährung. Bis heute ist der US-Dollar die wichtigste Transaktionswährung. Vor allem im internationalen Rohstoffhandel wurden 2018 fast 90 % aller Rechnungen in US-Dollar ausgestellt. Über 60 Länder weltweit nutzen den US-Dollar auch weiterhin als Ankerwährung. Allerdings sank der Anteil des US-Dollars an den weltweiten Währungsreserven von 2000 bis 2018 von 70,5 % auf 61,7 %.

Seit der Gründung der **Europäischen Währungsunion** und der Einführung des **Euro** zum 1.1.1999 hat der US-Dollar in seiner Funktion als internationaler Leitwährung Konkurrenz bekommen. Mittlerweile ist der Euro die zweitwichtigste Währung der Welt. 2018 wurden ca. 31 % aller weltweiten Devisentransaktionen in Euro durchgeführt. Auch als Ankerwährung kann sich der Euro sehen lassen, denn ca. 60 Länder der Welt verwenden den Euro, wollen ihn verwenden oder haben ihre Währung an ihn gebunden. Der Anteil des Euro als Reservewährung belief sich 2018 auf 20 %. Dennoch ist die internationale Verwendung des Euro noch nicht wieder auf dem Stand wie vor der Staatsschuldenkrise.

Transaktionswährung
Währung, die für internationale Güter- und Kapitalgeschäfte verwendet wird

Reservewährung
Währung, die von Zentralbanken als Devisenreserve genutzt wird

Ankerwährung
Währung, an die andere Länder ihre eigene Währung koppeln

Wechselkurssysteme
Kapitel 2.12

Staatsschuldenkrise
Kapitel 4.14.4

Länder, die den Euro verwenden oder ihre Währung an den Euro binden

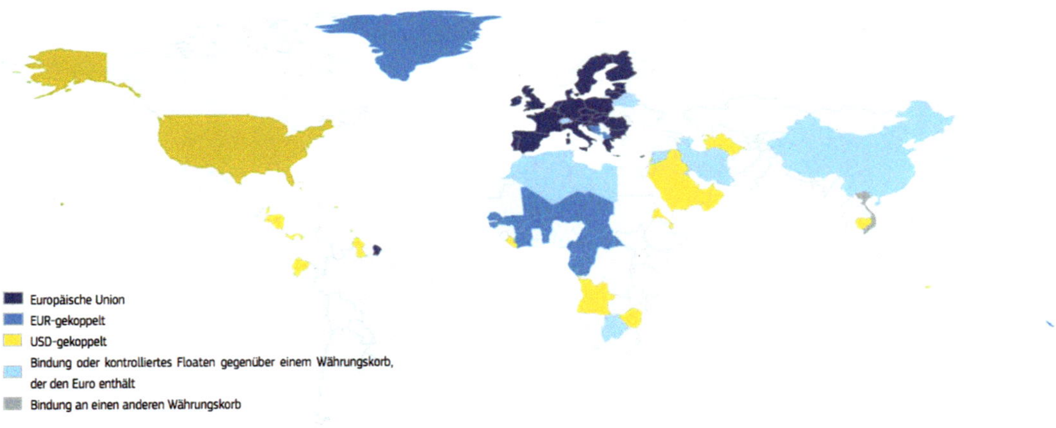

Quelle: Daten auf Grundlage von IWF- und EZB-Daten

Das zukünftige Währungssystem – ein „multipolares"?

Aufgrund der wirtschaftlichen Stärke Chinas, der derzeit zweitgrößten Volkswirtschaft der Welt, stellt sich die Frage, ob der chinesische **Yuan** ein weiterer „Kandidat" für eine künftige internationale Leitwährung ist. Um den Yuan zu einer internationalen Leitwährung zu machen, entkoppelte die chinesische Regierung 2015 den Yuan vom US-Dollar. 2016 wurde der Yuan in den Währungskorb des **Internationalen Währungsfonds (IWF)** aufgenommen und wurde neben dem Dollar, dem Euro, dem japanischen Yen und dem britischen Pfund zu einer Leitwährung. Als Transaktionswährung spielt der Yuan bisher aber keine große Rolle. 2018 wurden lediglich 4 % aller weltweiten Devisentransaktionen in Yuan durchgeführt. Als Reservewährung machte der Yuan weltweit einen Anteil von ca. 3 % aus. Allerdings ist der Yuan bisher nicht frei konvertierbar, Chinas Finanzmarkt stark unterentwickelt und die Regierung kontrolliert den Devisenmarkt streng. Sollte sich dies in einigen Jahren ändern, könnte sich ein „multipolares" Währungssystem herausbilden, in dem US-Dollar, Euro und Yuan jeweils in bestimmten Regionen der Welt die Leitwährungsrolle übernehmen.

Internationaler Währungsfonds
Sonderorganisation der Vereinten Nationen, die den Mitgliedsländern Hilfe bei Zahlungsbilanzdefiziten leistet

ÜBERBLICK

Ein **Verlust der Preisniveaustabilität** hat für die betroffene Volkswirtschaft vielfältige wirtschaftliche und gesellschaftspolitische Auswirkungen, von denen nahezu alle Wirtschaftssubjekte betroffen sind.

Bei einer **Inflation** steigen die Preise und sinkt der Wert des Geldes. Die Ursachen können in Ungleichgewichten auf dem Gütermarkt (nachfragebedingte oder angebotsbedingte Inflation) oder auch in einem Ungleichgewicht zwischen Geldmenge und Güterangebot (Geldmengeninflation) liegen. Ist eine Inflation vor allem durch Einflüsse aus dem Ausland bedingt, spricht man von importierter Inflation. Bei einer Inflation gibt es viele Verlierer (Arbeitsnehmer, Bezieher von Transferzahlungen, Sparer, Steuerzahler). Auch vermeintliche Gewinner (Staat, Unternehmen, Schuldner) profitieren meist nur kurzfristig. Unterm Strich führen inflationäre Prozesse zu erheblichen Unsicherheiten und Vertrauenseinbußen, die sich negativ auf Wirtschaftsaktivitäten und -wachstum auswirken.

Bei einer **Deflation** sinken die Preise und steigt der Wert des Geldes. Dies kann eine Negativspirale auslösen, die für eine Volkswirtschaft noch verheerender ist als die Auswirkungen einer Inflation.

Ist die Inflationsrate in einer Volkswirtschaft deutlich höher oder niedriger als in anderen Ländern, schlägt sich dies auch im **Außenwert** des Geldes, also im Wechselkurs nieder.

Eine Währung, die im internationalen Währungssystem eine dominierende Rolle spielt, wird als **Leitwährung** bezeichnet. Lange Zeit war der US-Dollar die einzige Leitwährung. Seit der Gründung der Europäischen Währungsunion hat er aber Konkurrenz durch den Euro bekommen. In der Zukunft könnte auch der chinesische Yuan zu einer weiteren Leitwährung in einem „multipolaren" Währungssystem aufsteigen.

1 Erläutern Sie den Zusammenhang zwischen Preisniveau und der Kaufkraft des Geldes.

2 Schauen Sie sich den Warenkorb in der Grafik an:

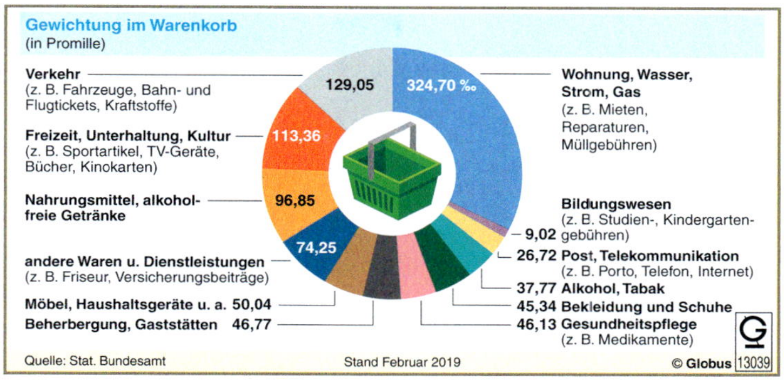

a Erläutern Sie das dargestellte Wägungsschema und begründen Sie, warum es von Zeit zu Zeit aktualisiert werden muss.

b Gehen Sie davon aus, dass in einem Berichtsjahr die Ausgaben für die Hauptgruppe „Wohnung …“ um 20 % gestiegen sind, während die Preise für die Hauptgruppe „Nahrungsmittel …“ um 10 % gesunken sind. Wie verändert sich das Preisniveau?

3 Die amtliche Ermittlung und Veröffentlichung der Preissteigerungsrate durch das Statistische Bundesamt bezieht sich immer auf einen durchschnittlichen 4-Personen-Haushalt. Nennen Sie drei weitere typische Haushalte in Deutschland, für die Ihrer Meinung nach eine Preissteigerungsrate ermittelt werden sollte. Begründen Sie Ihre Meinung.

4 Erklären Sie, was unter dem Harmonisierten Verbraucherpreisindex (HVPI) verstanden wird.

5 Bei einer Inflation verringert sich die Kaufkraft des Geldes dauerhaft. Erläutern Sie diese Aussage anhand eines selbstgewählten Beispiels.

6 Erläutern Sie die verschiedenen Arten von Inflation.

a Was ist der Unterschied zwischen einer offenen und einer verdeckten Inflation?

b Grenzen Sie schleichende, trabende und galoppierende Inflation voneinander ab.

c Erklären Sie die möglichen Ursachen (Nachfrage, Angebot, Geldmenge, ausländische Einflüsse) einer Inflation.

7 Recherchieren Sie, was unter „gefühlter Inflation“ verstanden wird und welche Faktoren bei der Inflationswahrnehmung der Menschen eine Rolle spielen.

8 Welche Art von Inflation (nachfragebedingt, angebotsbedingt oder importiert) können die folgenden Sachverhalte auslösen?

a Die Beiträge zur gesetzlichen Sozialversicherung werden erhöht.

b Die Sparquote der privaten Haushalte sinkt.

c Die Unternehmen schauen optimistisch in die Zukunft und investieren mehr.

d Der Aufschwung beschleunigt sich.

e Die Rohölpreise steigen.

f Der Wechselkurs (Außenwert) des Euro sinkt.

g Die Tariflöhne werden erhöht.

9 Nehmen Sie an, die Rohölpreise auf dem Weltmarkt steigen nachhaltig. Welche Folgen hat das für eine auf Rohölimporte angewiesene Volkswirtschaft?

10 Erläutern Sie anhand der Quantitätsgleichung des Geldes die Auswirkungen auf das Preisniveau und die Kaufkraft des Geldes, wenn sich die Geldmenge verdoppelt. Gehen Sie dabei von folgenden Daten aus:
- Geldmenge: 150 Mrd. GE
- Umlaufgeschwindigkeit: 2
- Produktionsvolumen: 50 Mrd. GE
- Preisniveau: ?

11 Im Newsticker lesen Sie folgende Meldung: „Verbraucherpreise sinken wieder. Droht uns jetzt eine Deflation?"
- **a** Erläutern Sie das Wesen einer Deflation.
- **b** Beschreiben Sie, zu welchem Verhalten Verbraucher und Produzenten während einer Deflationsphase neigen und warum daraus die Gefahr einer beschleunigten konjunkturellen Abwärtsbewegung resultiert.

12 Stellen Sie fest, ob die nachfolgenden Schaubilder für den Zeitraum von Z_1 bis Z_2 unter sonst gleichen Bedingungen in der Entwicklung
- **a** eine Deflation,
- **b** eine Inflation,
- **c** weder eine Inflation noch eine Deflation darstellen.

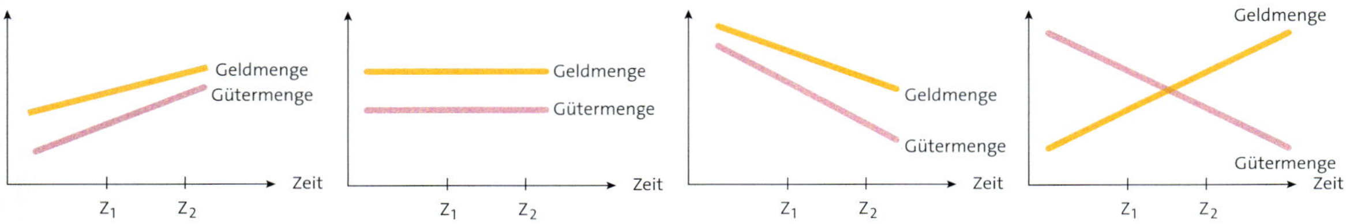

13 Erstellen Sie eine Tabelle mit den Folgen einer Inflation und einer Deflation nach folgendem Muster.

Folgen einer Inflation	Folgen einer Deflation
Reallöhne und -zinsen sinken tendenziell	Reallöhne und -zinsen steigen tendenziell
...	...

14 Erstellen Sie eine Mindmap zum Thema Preisniveauveränderungen.

15 Unterscheiden Sie Binnenwert und Außenwert des Geldes und erläutern Sie, wie beide gemessen werden.

16 Erläutern Sie den Unterschied zwischen Wechselkurs und Devisenkurs.

17 Diskutieren Sie, welche Faktoren die Entwicklung des Wechsel- bzw. des Devisenkurses beeinflussen können.

18 Erklären Sie, was unter einer Leitwährung verstanden wird. Erläutern Sie in diesem Zusammenhang auch den Stellenwert des Euro im weltwirtschaftlichen Kontext.

19 Nennen Sie die fünf wichtigsten Währungen.

4.12 Deutscher Außenhandel in Zeiten der Globalisierung

Gary

Eli

Katharina

Da Gary einen freien Tag hat, holt er Katharina und Elinor mit seinem alten Auto von der Schule ab, um mit ihnen gemeinsam ins Freibad zu gehen. „Wie läuft es denn so in deinem Job?“, fragt Elinor. „Total interessant!“, berichtet Gary stolz. „Ich arbeite mit Menschen aus der ganzen Welt zusammen. Auf den Absatzmärkten von Nonticental geht die Sonne niemals unter!“ Die Mädchen kichern. „Jetzt übertreibst du aber!“, sagt Elinor. „Ich dachte, deine Firma produziert hier in der Region Teile für die Autoindustrie in Deutschland.“ „So einfach ist das nicht!“, antwortet Gary. „Nonticental bezieht alles, was sich woanders günstiger und besser herstellen lässt, aus dem Ausland. Deswegen baut Nonticental Werke im Ausland. Und das meiste, was sie hier herstellen, liefern sie auch wieder ins Ausland. Zurzeit läuft das Exportgeschäft richtig gut. Deshalb kann Nonticental es sich leisten, in unserer Region mehrere Sportvereine und Stiftungen zu sponsern.“

„Das ist mir zu einseitig“, schaltet sich Katharina ein. „Wenn Globalisierung so toll ist, wieso mussten dann so viele Zechen und Stahlwerke im Ruhrgebiet schließen?“ Gary zögert. „Nicht jeder in Deutschland profitiert von der Globalisierung“, fährt Katharina fort. „Mein Vater sagt, früher war es für unseren Hof auch einfacher – ohne weltweiten Handel mit Agrargütern zu Dumpingpreisen!“

Jetzt wird es Elinor zu viel: „Deine Familie vermietet Zimmer an Gäste aus der ganzen Welt und kann sich jedes Jahr drei Wochen Urlaub in Dubai oder Thailand leisten. So schlimm kann das mit der Globalisierung wohl nicht sein!“ Als Nächstes knöpft sie sich ihren Bruder vor: „Gary, woher willst du wissen, ob das Geschäft für Nonticental in zwei Jahren noch so gut läuft? Übernimmt dich dein Arbeitgeber nach der Lehre auch bei schlechter Auftragslage?“

Gary grinst und sagt: „So ein Management-Talent wie ich läuft nicht lange frei auf dem Arbeitsmarkt herum!“ Doch dann fügt er kleinlaut hinzu: „Apropos ... Ich soll für meinen Chef eine PowerPoint-Präsentation machen, mit der er unserem Ausbildungslehrgang die Situation des deutschen Außenhandels in Zeiten der Globalisierung erklären will. Könntet ihr zwei mir dabei vielleicht helfen?“

1 Fertigen Sie in Kleingruppen eine Mindmap zu den Vor- und Nachteilen der Globalisierung an.

2 Erstellen Sie in Ihrer Kleingruppe eine PowerPoint-Präsentation zum Thema „Deutschlands Außenhandel in Zeiten der Globalisierung“. Berücksichtigen Sie hierbei die Tipps auf der nächsten Seite. Ihre Präsentation sollte mindestens die folgenden Punkte enthalten:
- **a** Begriff der Globalisierung
- **b** Chancen und Risiken der Globalisierung für Deutschland
- **c** Entwicklung des deutschen Außenhandels
- **d** Deutschlands wichtigste Handelspartner
- **e** Deutschlands Exporte und Importe
- **f** Inhalt und Aufbau der Zahlungsbilanz
- **g** Bedeutung und Ursachen des deutschen Leistungsbilanzüberschusses

Wie Sie eine PowerPoint-Präsentation aufbauen

Allgemeines:

- Bei der Abfolge der Folien sollten Sie folgendes Schema beachten:

Folie 1	Titelfolie mit dem Thema des Vortrags
Folie 2	Inhaltsangabe/Gliederung
Ab Folie 3	Ausführungen zum Thema
Vorletzte Folie	Zusammenfassung der wesentlichen Ergebnisse
Letzte Folie	Quellenverzeichnis

- Das Foliendesign sollte zum Inhalt passen. Die Grundregel lautet: „Weniger ist mehr!“
- Wählen Sie ein einheitliches Layout.

Text:

- Beschränken Sie sich auf möglichst wenig Text pro Folie. Fassen Sie sich kurz und bündig, verwenden Sie Stichworte.
- Wählen Sie für Überschriften eine Schriftgröße von maximal 44 Punkt.
- Verwenden Sie für den Text eine Schriftgröße von maximal 36 Punkt und mindestens 20 Punkt.
- Verwenden Sie nicht mehr als zwei Schriftarten.
- Verwenden Sie serifenlose Schriften, z. B. Arial. (Serifenschriften wie z. B. Times New Roman erkennen Sie daran, dass die Linien, aus denen die Buchstaben geformt sind, nicht gleich breit, sondern mal dicker und mal dünner sind. Am Ende der Buchstabenstriche befinden sich kleine Querstriche – die Serifen.)
- Verwenden Sie maximal drei Schriftfarben pro Folie.

Hintergrund:

- Wählen Sie passende Farben: Farben im Gelb-Orange-Rot-Bereich wirken eher warm, Farben im Blau-Grün-Bereich wirken hingegen eher kalt.
- Achten Sie auf das Zusammenspiel von Hintergrund und Schriftfarbe: Alles muss gut lesbar sein.
- Knallbunt ermüdet die Augen: Machen Sie Ihre Folien nicht zu bunt.

Bilder:

- Bilder, Grafiken usw. sollen den Inhalt veranschaulichen und müssen zum Inhalt passen.
- Überladen Sie Ihre Präsentation nicht mit Effekten und Bildern.
- Überflüssige Animationen lenken vom Inhalt ab.

4.13 Motive der europäischen Einigung

Europa, ein aus vielen kleineren und größeren, schwächeren und stärkeren Ländern bestehender Kontinent, war jahrhundertelang von teils verheerenden Kriegen gebeutelt. Nach der Katastrophe zweier Weltkriege setzte schließlich ein Einigungsprozess ein, der in dieser Form bis heute einmalig ist. Das auslösende Motiv war der dringliche Wunsch nach Frieden; im Laufe der Zeit kamen weitere Motive hinzu.

Heute mag das Motiv der Friedenssicherung etwas in den Hintergrund getreten sein. Doch die Kriege im ehemaligen Jugoslawien, die militärischen Auseinandersetzungen in der Ukraine und die Streitigkeiten im Grenzgebiet zwischen der Türkei und Syrien haben gezeigt, dass kriegerische Handlungen auch in Europa heute noch möglich sind.

- **Wunsch nach Frieden:** Am 19. September 1946 forderte der ehemalige britische Premieminister Winston Churchill (1874–1965) in Zürich die Schaffung der „Vereinigten Staaten von Europa". Er war überzeugt, dass nur so der Frieden in Europa dauerhaft garantiert werden könne. 2012 erhielt die EU für ihre erfolgreiche Friedenssicherung den Friedensnobelpreis.

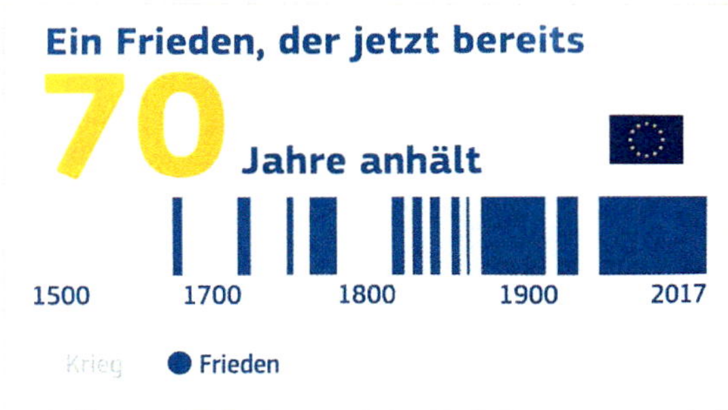

Quelle: Europäische Union

- **Wunsch nach Zugehörigkeit zu einer Wertegemeinschaft:** 2009 trat der Vertrag von Lissabon in Kraft. In diesem Vertrag wurden die gemeinsamen Werte und Ziele der Mitgliedsstaaten festgelegt und rechtswirksam.
- **Wunsch nach wirtschaftlichem Wohlstand:** Als sechs Länder 1952 die Europäische Gemeinschaft für Kohle und Stahl (EGKS) gründeten, ermöglichte dies einen schnelleren und leichteren Handel mit Kohle und Stahl und damit einen beschleunigten Wiederaufbau. 1968 wurde das Ziel einer Zollunion erreicht; seit 1993 ermöglicht der gemeinsame Binnenmarkt einen Waren-, Dienstleistungs-, Kapital- und Personenverkehr ohne Zölle und Grenzen. Dadurch haben rund 500 Millionen Menschen in der EU ein größeres Angebot, günstigere Preise und garantierte Qualitäts- und Umweltstandards. Seit der Einführung einer gemeinsamen Währung – dem Euro – im Jahr 2002 entfallen für die Staaten der Eurozone auch Umtauschkosten und Wechselkursrisiken. Seit der Gründung der EU hat sich der Handel zwischen den Mitgliedstaaten mehr als verdreißigfacht. Die EU ist heute der weltweit größte Binnenmarkt und zugleich eine der größten Handelsmächte der Erde.
- **Wunsch nach Einfluss in der Außen- und Sicherheitspolitik:** Da Einzelstaaten auf der Weltbühne keine oder nur noch eine untergeordnete Rolle spielen, betreibt die EU seit 1993 auch eine „Gemeinsame Außen- und Sicherheitspolitik" (GASP). Durch die GASP soll die internationale Zusammenarbeit gefördert, der Frieden gesichert, der Abbau von Handelshemmnissen vorangetrieben und die Wirtschaft der EU gestärkt werden. Dies schließt auch die verstärkte Zusammenarbeit mit Entwicklungsländern ein.
- **Wunsch nach grenzüberschreitender Problemlösung:** Koordiniertes gemeinsames Handeln ist notwendig geworden, da die heutigen politischen Probleme von Einzelstaaten nicht mehr wirkungsvoll angegangen werden können. Gemeinsame Lösungen müssen vor allem im Bereich des Umwelt- und Klimaschutzes sowie der Finanz- und Wirtschaftspolitik gefunden werden.

„Die Werte, auf die sich die Union gründet, sind die Achtung der Menschenwürde, Freiheit, Demokratie, Gleichheit, Rechtsstaatlichkeit und die Wahrung der Menschenrechte einschließlich der Rechte der Personen, die Minderheiten angehören. Diese Werte sind allen Mitgliedstaaten in einer Gesellschaft gemeinsam, die sich durch Pluralismus, Nichtdiskriminierung, Toleranz, Gerechtigkeit, Solidarität und die Gleichheit von Frauen und Männern auszeichnet."

Vertrag von Lissabon, Artikel 2

4.14 Die Europäische Union (EU)

Jahr	Ereignis
1952	Inkrafttreten der **Europäischen Gemeinschaft für Kohle und Stahl (EGKS)**, auch Montanunion genannt, **Gründungsmitglieder**: Belgien, Deutschland, Frankreich, Italien, Luxemburg, Niederlande
1958	Inkrafttreten der **Europäischen Wirtschaftsgemeinschaft (EWG)** und der **Europäischen Atomgemeinschaft (EAG, später EURATOM)** auf der Grundlage der „Römischen Verträge" von 1957, **Gründungsmitglieder**: wie zuvor
1967	**Fusion** der drei Gemeinschaften zur **Europäischen Gemeinschaft (EG)**
1968	**Europäische Zollunion**
1973	**Beitritt** von Dänemark, Großbritannien, Irland
1979	Erste Direktwahl des Europäischen Parlaments
1981	**Beitritt** von Griechenland
1986	**Beitritt** von Portugal, Spanien
1990	**Zusammenbruch der Sowjetunion** und **Wiedervereinigung Deutschlands**
1993	Vollendung des **Europäischen Binnenmarktes** auf der Grundlage der „Einheitlichen Europäischen Akte" (1987)
1993	Inkrafttreten des **Vertrags von Maastricht** (= **„Vertrag über die Europäische Union"** = **„EU-Vertrag"**): Schaffung der Europäischen Union, bestehend aus den drei Säulen „Europäische Gemeinschaft" (EG), „Inneres und Justiz" sowie „Gemeinsame Außen- und Sicherheitspolitik"; Beschluss einer Wirtschafts- und Währungsunion
1995	**Beitritt** von Finnland, Österreich, Schweden
1995	Inkrafttreten des **Schengener Abkommens** zum Abbau von Personenkontrollen an den Binnengrenzen
1998	Die **Europäische Zentralbank (EZB)** nimmt ihre Arbeit auf
1999	Inkrafttreten der dritten Stufe der **Europäischen Wirtschafts- und Währungsunion**; Einführung des **Euro als Buchgeld** in zunächst 11 Mitgliedsstaaten
1999	Inkrafttreten des **Vertrags von Amsterdam** (Änderungen am EU-Vertrag und anderen Verträgen; Versuch, die EU zu reformieren)
2002	Einführung des **Euro als Währung** in 12 Mitgliedsstaaten (Belgien, Deutschland, Finnland, Frankreich, Griechenland, Irland, Italien, Luxemburg, Niederlande, Österreich, Portugal und Spanien) (EA-12)
2003	Inkrafttreten des **Vertrags von Nizza** (Änderungen am EU-Vertrag und anderen Verträgen; Versuch, die EU zu reformieren)
2004	Unterzeichnung des **Vertrags über eine Verfassung für Europa**
2004	**Beitritt** von Estland, Lettland, Litauen, Malta, Polen, Slowakei, Slowenien, Tschechien, Ungarn, Zypern
2007	**Scheitern des Verfassungsvertrags** (nach gescheiterten Referenden in Frankreich und den Niederlanden); stattdessen: Unterzeichnung des Vertrags von Lissabon
2007	**Beitritt** von Bulgarien, Rumänien
2007	Slowenien tritt dem **Euroraum** bei (EA-13)
2008	Malta und Zypern treten dem **Euroraum** bei (EA-15)
2009	Inkrafttreten des **Vertrags von Lissabon** (institutionelle Reform der EU)
2009	Slowakei tritt dem **Euroraum** bei (EA-16)
2010	**Staatsschuldenkrise**, Vereinbarung eines **Euro-Rettungsschirms**
2011	Estland tritt dem **Euroraum** bei (EA-17)
2012	**Friedensnobelpreis** für die EU
2013	Inkrafttreten des **Europäischen Fiskalpakts** (Einführung nationaler Schuldenbremsen)
2013	**Beitritt** von Kroatien
2014	Lettland tritt dem **Euroraum** bei (EA-18)
2014	Schaffung der **Bankenunion** (gemeinsames System der Bankenaufsicht)
2015	Litauen tritt dem **Euroraum** bei (EA-19)
2016	**Brexit-Referendum** (52 % der abstimmenden britischen Bürger stimmen für den Austritt aus der EU)

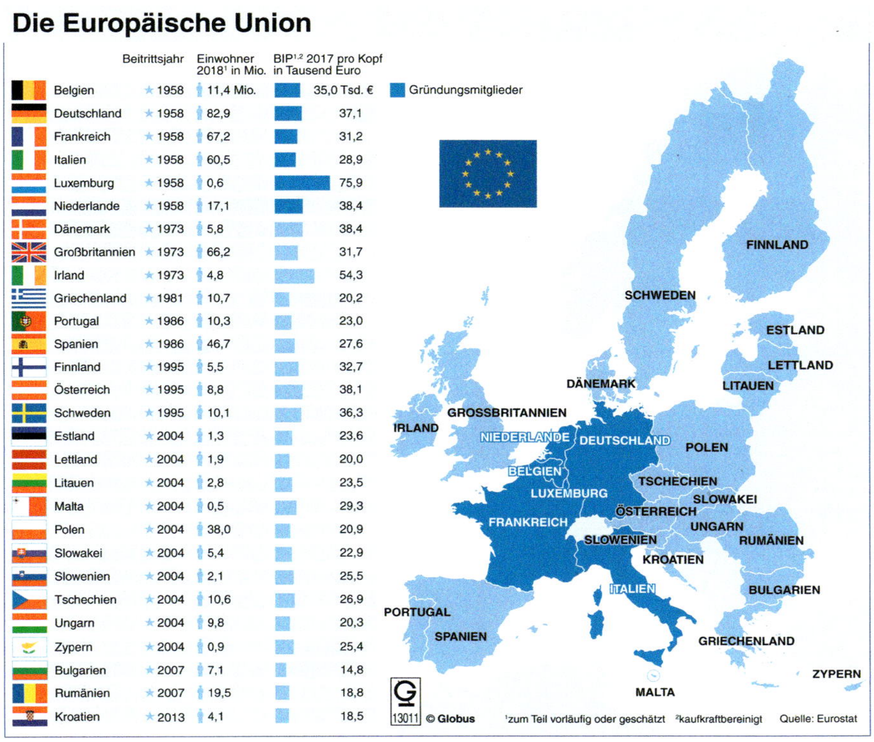

Seitdem beim britischen EU-Mitgliedschaftsreferendum im Juni 2016 51,89 % der Teilnehmer für einen Austritt Großbritanniens („Brexit") aus der EU stimmten, bereitet das Vereinigte Königreich sich darauf vor, die EU zu verlassen. Der Austrittstermin wurde aber mehrfach verschoben, sodass Großbritannien zum Redaktionsschluss dieses Buches weiterhin EU-Mitglied war. Bitte informieren Sie sich im Internet über den aktuellen Stand der Dinge.

4.14.1 Rechtliche Grundlagen der EU

Die rechtlichen Grundlagen der Europäischen Union sind Verträge, die von den Mitgliedstaaten abgeschlossen wurden. In ihnen wurde z. B. festgelegt, wie Entscheidungen getroffen werden, welche Institutionen welche Rechte haben und in welchen Bereichen die Mitgliedstaaten gemeinsam handeln. Die Entwicklung der EU kann aus den verschiedenen Verträgen herausgelesen werden.

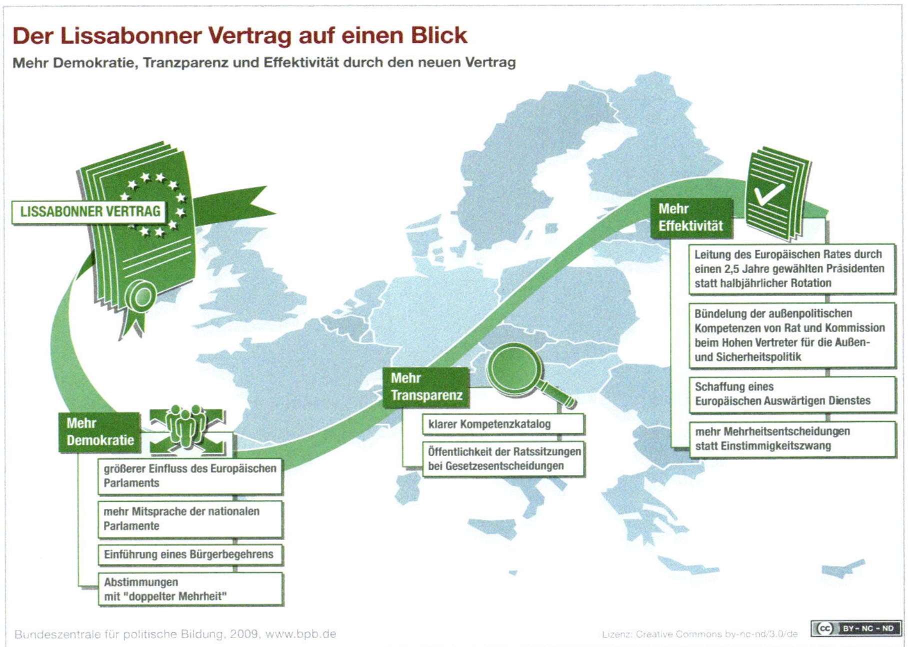

Am 1. Dezember 2009 trat, nach einer jahrelangen Reformdebatte, der Vertrag von Lissabon in Kraft, mit dem der EU eine eigene Rechtspersönlichkeit verliehen wurde. Sie kann so z. B. internationale Verträge unterzeichnen oder internationalen Organisationen beitreten. Durch den Vertrag wurde die Handlungs- und Leistungsfähigkeit der EU und ihres Parlaments gestärkt.

4.14.2 Die Institutionen der EU

Hoheitsrecht
einem Staat nach der Verfassung zur Ausübung der Staatsgewalt zustehendes Recht (z. B. Gerichtsbarkeit, Finanzgewalt, Wehrhoheit)

Die Mitgliedstaaten der EU haben einen Teil ihrer **Hoheitsrechte** an verschiedene Institutionen delegiert. Es gibt sieben wichtige Organe, die die gemeinschaftlichen, die nationalen und die Bürgerinteressen vertreten.

Das Europäische Parlament ist die „Stimme der Bürger".

Das **Europäische Parlament** mit Sitz in Straßburg wird alle fünf Jahre von den Bürgern der Mitgliedstaaten direkt gewählt, um deren Interessen zu vertreten. Die Sitze im Europäischen Parlament sind gemäß den Anteilen an der EU-Bevölkerung unter den Mitgliedstaaten aufgeteilt. Seit der ersten Direktwahl hat das Europäische Parlament seine Kompetenz Schritt für Schritt ausgebaut. Heute beschließt es zusammen mit dem Ministerrat Gesetze. Diese sind dann in allen Mitgliedstaaten gültig.

Der Europäische Rat ist der „Impulsgeber".

Der **Europäische Rat** setzt sich aus den Staats- und Regierungschefs der Mitgliedstaaten, dem Präsidenten des Europäischen Rates und dem Präsidenten der Europäischen Kommission zusammen. Seine Aufgabe besteht darin, politische Zielvorstellungen und Prioritäten für das Fortkommen der EU zu formulieren. Außerdem bestimmt er die allgemeinen Leitlinien der europäischen Außen-, Sicherheits- und Verteidigungspolitik. Die Treffen des Europäischen Rats werden als **EU-Gipfel** bezeichnet.

Der Rat der Europäischen Union ist die „Stimme der Mitgliedstaaten".

Im **Rat der Europäischen Union** (auch **Ministerrat** genannt) kommen die Minister der Mitgliedstaaten zusammen. An Ratstagungen nimmt jeweils ein Minister aus jedem Mitgliedsland teil. Der Rat verantwortet entweder allein oder gemeinsam mit dem Europäischen Parlament die Gesetzgebung in der EU. Er spielt außerdem bei der gemeinsamen Außen- und Sicherheitspolitik (GASP) und der Koordinierung der Wirtschaftspolitik eine zentrale Rolle. Wie die Zusammensetzung des Rates aussieht, richtet sich danach, für welches Sachgebiet Entscheidungen anstehen. Die Außenminister bilden z. B. den „Rat für Auswärtige Angelegenheiten".

Die **Europäische Kommission** mit Sitz in Brüssel setzt sich aus einem Mitglied je Mitgliedstaat zusammen. Jedes Kommissionsmitglied ist mit seinen Mitarbeitern für ein oder mehrere Politikbereiche verantwortlich. Die Kommission vertritt und verteidigt die Interessen der EU. Sie nimmt die Aufgaben der **Exekutive** (Regierung und Verwaltung) wahr, indem sie Rechtsvorschriften, Strategien und Aktionsprogramme vorschlägt, den EU-Haushalt verwaltet, für die Einhaltung des EU-Rechts (ggf. gemeinsam mit dem Gerichtshof) sorgt und die EU in der Welt vertritt.

Die Europäische Kommission ist die „Hüterin der Verträge" und „Wahrerin der gemeinsamen Interessen".

Der **Europäische Gerichtshof** (EuGH) mit Sitz in Luxemburg ist das höchste Gericht der EU. Europarecht hat Vorrang vor dem nationalen Recht der Mitgliedstaaten, d. h., die Urteile des EuGH gelten in allen Ländern der EU und können von keinem nationalen Gericht angetastet werden. Der EuGH schützt das europäische Gemeinschaftsrecht und entscheidet über Klagen von Mitgliedstaaten, Organen, natürlichen Personen oder Unternehmen.

Der Europäische Gerichtshof ist der „Wächter über das EU-Recht".

Der **Europäische Rechnungshof** (EuRH) mit Sitz in Luxemburg prüft die Recht- und Ordnungsmäßigkeit der Einnahmen und Ausgaben der EU sowie die Wirtschaftlichkeit der Haushaltsführung.

Der Europäische Rechnungshof ist der „Wächter über die Haushaltsführung".

Die **Europäische Zentralbank** (EZB) ist für die gemeinsame Geldpolitik verantwortlich und soll die Preisniveaustabilität im Euroraum sichern.

Die Europäische Zentralbank ist die „Hüterin der Preisniveaustabilität".
Kapitel 6.7 und 6.9– 6.11

4.14.3 Die gemeinsame Währung in der Europäischen Wirtschafts- und Währungsunion (EWWU)

Die Europäische Wirtschafts- und Währungsunion gilt als Meilenstein der europäischen Integration. Ihre wesentlichen Bestandteile sind ein einheitlicher Wirtschaftsraum (EU-Binnenmarkt) für alle Mitglieder der Gemeinschaft und ein einheitliches Währungsgebiet für alle Mitgliedsländer, die den Euro eingeführt haben.

Der **EU-Binnenmarkt**, der 1993 in Kraft trat, zeichnet sich durch eine gemeinsame Zollgrenze gegenüber Drittstaaten aus. Innerhalb des Binnenmarktes gelten vier Grundfreiheiten: freier Personenverkehr, freier Dienstleistungsverkehr, freier Warenverkehr und freier Kapitalverkehr.

Binnenmarkt

Die **Währungsunion**, die 1999 mit der Einführung des Euro (zunächst als Buchgeld) in Kraft trat, bietet den Mitgliedsländern eine Reihe weiterer Vorteile:

- **Wegfall des Währungsrisikos** (durch die gemeinsame Währung gibt es keine Wechselkursschwankungen mehr),
- **Verminderung der Transaktionskosten** (durch die gemeinsame Währung fallen die Gebühren für den Devisenumtausch weg),
- **höhere Markttransparenz** (durch die gemeinsame Währung lassen sich die Preise und Zinsen in den verschiedenen Ländern sehr einfach vergleichen).

Eine gemeinsame Währung kann nur dann erfolgreich sein, wenn die wirtschaftlichen Rahmenbedingungen vergleichbar sind und in keinem Mitgliedsland eine anhaltende Inflationsgefahr besteht. Deshalb wurde der Beitritt zur Währungsunion an Konvergenzkriterien gekoppelt (Vertrag von Maastricht, 1992).

Staatsverschuldung
Kapitel 1.10.2 und 6.4.4

Bruttoinlandsprodukt
Kapitel 3.6.1

Inflation
Kapitel 4.8

WKM II
„Europäischer Wechselkursmechanismus": System, bei dem ein fixer Wechselkurs (Leitkurs) festgelegt ist, aber Kursschwankungen innerhalb einer bestimmten Bandbreite zulässig sind

Konvergenzkriterien	
Haushaltsgleichgewicht	Begrenzung der jährlichen Neuverschuldung auf maximal 3 % des BIP sowie Begrenzung der Gesamtverschuldung auf maximal 60 % des BIP
Preisniveaustabilität	maximale Abweichung der Inflationsrate von 1,5 Prozentpunkten, bezogen auf die durchschnittliche Inflationsrate der drei Euro-Länder mit der geringsten Inflationsrate
Harmonisierung der langfristigen Zinssätze	maximale Abweichung von 2 Prozentpunkten vom langfristigen Kapitalmarktzins der drei Länder mit der geringsten Inflationsrate
Wechselkursstabilität	mindestens zweijährige Teilnahme am **WKM II** sowie Verbot der einseitigen Leitkursänderung oder des Überschreitens der Bandbreite während der letzten zwei Jahre vor der Konvergenzprüfung

Derzeit haben 19 Länder von 28 Mitgliedstaaten den Euro als einheitliche Währung eingeführt (vgl. Tabelle von S. 162). Diese Länder bilden zusammen den **Euroraum** (**Euro-Währungsgebiet**). Ziel ist es, dass alle Mitgliedstaaten den Euro einführen. Dänemark, Schweden und Großbritannien wollen bislang aber nicht beitreten; andere Mitgliedstaaten erfüllen die oben genannten Konvergenzkriterien noch nicht.

Wirtschaftspolitik
Kapitel 3.11–3.12

Fiskalpolitik
Kapitel 6.4 und 6.5.1

Geldpolitik der EZB
Kapitel 6.9– 6.11

Die EWWU soll durch ihren Größenvorteil die wirtschaftliche Stabilität, das Wachstum und somit den Wohlstand der Bürger in den EU-Ländern fördern. Um dies zu gewährleisten, wird die Wirtschafts- und Fiskalpolitik zwischen den Mitgliedstaaten koordiniert und die Preisniveaustabilität durch die einheitliche Geldpolitik der Europäischen Zentralbank gesichert. Der Euro ist heute die zweitwichtigste Währung weltweit.

4.14.4 Staatsschuldenkrise – Ursachen, Folgen und Maßnahmen

Binnenwert und Außenwert
Kapitel 4.10

Inflation
Kapitel 4.8

Europäische Zentralbank
Kapitel 6.7 und 6.9–6.11

Staatsverschuldung
Kapitel 1.10.2 und 6.4.4

Trotz der strengen Konvergenzkriterien rutschte das Euro-Währungsgebiet 2010 in die sogenannte „**Eurokrise**". Der Begriff Eurokrise ist etwas irreführend, weil der Euro weder im Innen- noch im Außenverhältnis instabil war: Die Inflationsrate lag gemäß der Vorgabe der Europäischen Zentralbank bei durchschnittlich 2 % und auch der Wechselkurs gegenüber anderen wichtigen Währungen der Welt kann als angemessen eingestuft werden. Besser sollte von einer **Staatsschuldenkrise** gesprochen werden, denn mehrere Eurostaaten waren so stark verschuldet, dass sie kaum noch in der Lage waren, am Kapitalmarkt Geld aufzunehmen, um Schulden zu tilgen und die laufenden Staatsausgaben zu finanzieren. Im Frühjahr 2010 war Griechenland zahlungsunfähig und musste Finanzhilfen beantragen, um eine Staatsinsolvenz abzuwenden. Weitere Länder (wie z. B. Irland und Portugal) gerieten ebenfalls in Zahlungsschwierigkeiten.

Sommer 2007
Banken- und Finanzkrise

↓

Herbst 2008
Globale Wirtschaftskrise

↓

Frühjahr 2010
Staatsschuldenkrise

Der Staatsschuldenkrise vorausgegangen waren die Banken- und Finanzkrise und die globale Wirtschaftskrise. Die **Banken- und Finanzkrise** brach im Sommer 2007 in den USA aus und griff nach Europa über. Amerikanische Banken hatten Kredite an einkommensschwache Kunden zum Erwerb von Eigenheimen gewährt. Mit der Zeit konnten immer weniger Hauskäufer ihren Kreditverpflichtungen nachkommen. Die Banken blieben auf ihren Krediten „sitzen" und mussten hohe Abschreibungen vornehmen. Am Ende waren sogar einige Großbanken nicht mehr zahlungs- und kreditfähig, was eine **globale Wirtschaftskrise** auslöste.

Auch in Europa sahen die Staaten sich gezwungen, Maßnahmen zur Rettung gefährdeter Banken zu ergreifen. Hierzu gehörten z. B. der Ankauf von Wertpapieren und die Senkung wichtiger Zinssätze. Ziel war es, das Finanzsystem zu stabilisieren und Schaden von der Gesamtwirtschaft abzuwenden. Die allgemeine Unsicherheit erfasste aber auch die übrige Wirtschaft: Unternehmen stellten Investitionen zurück oder konnten geplante Investitionen nicht durchführen, da sie keine Bankkredite zur Finanzierung bekamen. Die Wirtschaftstätigkeit brach ein. Viele Staaten versuchten daraufhin, die realwirtschaftlichen Folgen der Krise mit umfangreichen **Konjunkturprogrammen** zu mildern. Die Maßnahmen zur Bankenrettung wie auch die Konjunkturprogramme trieben die **Staatsverschuldung** in fast allen Staaten des Euroraums in die Höhe.

Darüber hinaus hielten mehrere Eurostaaten sich nicht an den **„Stabilitäts- und Wachstumspakt"**, der die jährliche Neuverschuldung auf maximal 3 % des BIP und die Gesamtverschuldung auf maximal 60 % des BIP begrenzt. Die Verstöße wurden nicht bestraft: Obwohl ein sogenanntes Defizitverfahren hätte eingeleitet werden müssen, wurden die betroffenen Staaten lediglich mündlich verwarnt. Die Glaubwürdigkeit sank und weitere Länder hielten die vereinbarten Regeln nicht ein.

Konjunkturprogramme
Kapitel 6.5.1 und 6.5.3

Konvergenzkriterien
Kapitel 4.14.3

Ein weiteres Problem lag darin, dass ein gemeinsames Währungsgebiet wie der Euroraum eine ähnliche Preisentwicklung in den Mitgliedsländern erfordert, damit die Leitzinsen der Europäischen Zentralbank für alle Eurostaaten passen. Doch in der Realität waren die Euroländer schon zu Beginn der Währungsunion **wirtschaftlich unterschiedlich stark**, sodass die Leitzinsen z. B. für Deutschland zu hoch und für Spanien zu niedrig waren. Da Kredite nun auch in den wirtschaftlich schwächeren Staaten leicht und günstig zu bekommen waren, gab es einen **starken Kapitalzufluss** in diese Länder. Dadurch bedingt stiegen Preise und Löhne dort schneller als in anderen Staaten des Euro-Währungsgebiets. Der **Anstieg der Löhne** ging aber nicht mit einem entsprechenden Anstieg der Arbeitsproduktivität einher. Deshalb sank die Wettbewerbsfähigkeit der betroffenen Länder. In einem System freier Wechselkurse hätten sie ihre **mangelnde Konkurrenzfähigkeit** durch eine Abwertung ihrer Währung ausgleichen können. Doch innerhalb der Währungsunion war dies nicht mehr möglich. In der Folge wuchsen die **Leistungsbilanzdefizite**, die immer höhere private wie öffentliche Schulden nach sich zogen.

Leitzinsen der Europäischen Zentralbank
Kapitel 6.10

Arbeitsproduktivität
Kapitel 3.2

System freier Wechselkurse
Kapitel 2.12.1

Leistungsbilanz
Kapitel 4.16.1

Seit Beginn der Staatsschuldenkrise haben die Eurostaaten, die Europäische Zentralbank und der Internationale Währungsfonds zahlreiche Maßnahmen ergriffen, um die Stabilität des Euro zu sichern. Hierzu gehören z. B. **Bürgschaften** für in Schieflage geratene Staaten, die Einrichtung des **Rettungsschirms ESM** (Europäischer Stabilitätsmechanismus), **Ankäufe von Staatsanleihen** durch die Europäische Zentralbank, die Verschärfung des Stabilitäts- und Wachstumspakts durch den sogenannten **Fiskalpakt** und die Verstärkung der **Bankenaufsicht** (Bankenunion).

Zum Redaktionsschluss dieses Buches war Großbritannien noch EU-Mitglied. Bitte informieren Sie sich im Internet über den aktuellen Stand der Dinge.

Im Zuge der Staatsschuldenkrise haben die Euroländer also eine große gemeinsame Kraftanstrengung unternommen, um die gemeinsame Währung stabil zu halten. Aber Unsicherheiten bezüglich des Fortbestands der Wirtschafts- und Währungsunion sind geblieben. Großbritannien, das der Währungsunion noch gar nicht beigetreten war, wird die EU sogar komplett verlassen (Brexit).

4.14.5 Reformbedarf

Der geplante Austritt des Vereinigten Königreichs aus der Europäischen Union („Brexit"), verbunden mit den gegenwärtig unklaren Folgen, verweist auf den großen Reformbedarf der EU. Im EU-Haushalt gelten vor allem die folgenden Ausgabenbereiche als reformbedürftig:

- **Agrarpolitik:** Mit mehr als 400 Milliarden Euro im Zeitraum von 2014 bis 2020 stellt die „Gemeinsame Agrarpolitik" (GAP) den größten Ausgabenbereich der EU dar. Einen erheblichen Teil der Agrarausgaben machen die sogenannten „Direktzahlungen" an landwirtschaftliche Betriebe aus. Ursprünglich waren diese Mittel an die Produktion gebunden, was eine Überproduktion verursachte. Die Überschüsse wurden daraufhin zu Billigpreisen in Entwicklungsländer exportiert und verzerrten den Wettbewerb auf den dortigen Märkten. Mittlerweile sind die Direktzahlungen von der Produktion entkoppelt und werden stattdessen pro Hektar des Besitzes oder der Nutzung landwirtschaftlicher Flächen gezahlt. Dies wirft jedoch das Problem auf, dass ein Großteil des Geldes nur an einige wenige Empfänger geht.
- **Regionalpolitik:** Zwischen 2014 und 2020 hat die EU 366 Milliarden Euro zur Förderung des „wirtschaftlichen, sozialen und territorialen Zusammenhalts" bereitgestellt, was als „Regionalpolitik" der EU bezeichnet wird. Die Idee dieser Transferzahlungen besteht darin, ärmeren Regionen einen Aufholprozess zu ermöglichen. Allerdings schätzen Forscher die Wirksamkeit dieser Mittel eher skeptisch ein.
- **Sonstige Bereiche:** Neben der Agrar- und Regionalpolitik gibt es diverse weitere Bereiche, die aufgrund hoher Kosten in der Kritik stehen. Ein Beispiel ist der sogenannte „Wanderzirkus" des Europäischen Parlaments, dessen Mitglieder jeden Monat für eine Plenartagung von Brüssel nach Straßburg umziehen müssen. Sehr umstritten ist auch die lebenslange „Auslandszulage" für EU-Beamte (ein steuerfreier Bonus von 16 % des normalen Gehalts, den die Beamten für den Rest ihrer Laufbahn erhalten). Zudem ist die Zahl der Menschen, die in EU-Institutionen arbeiten, sehr hoch. Beispielsweise sind allein für die Europäische Kommission 32 000 Beamte tätig. Neben den sieben zentralen Organen der EU gibt es mittlerweile mehr als 50 weitere EU-Behörden. Dies gilt vor allem deshalb als problematisch, weil deren Aufgabenbereiche sich teilweise überschneiden (institutionelles „Spaghetti").

Nähere Informationen zu den hier aufgeführten Aspekten finden Sie in der Stellungnahme „Der langfristige EU-Haushalt. Überblick über die Ausgabenbereiche mit dem größten Reformbedarf" von Pieter Cleppe (Leiter des Brüsseler Büros der Denkfabrik „Open Europe"). Die Stellungnahme wurde für den Deutschen Bundestag verfasst und am 18.10.2019 veröffentlicht: https://www.bundestag.de/ausschuesse/pe1_europaeischeunion

Die Herausforderungen, vor denen die EU steht, sind aber nicht nur ökonomischer Art. Weitere brennende Themen sind z. B. Migration, nationale Abschottung, neue Nationalismen in einigen Mitgliedsländern, die Bedrohung durch islamistischen Terror und der Erhalt einer lebenswerten Umwelt.

4.15 Globalisierung

Das Phänomen der Globalisierung ist wahrscheinlich so alt wie die Menschheit selbst, denn schon in der Antike gab es Handel zwischen verschiedenen Ländern. Die Globalisierung im heutigen Sinne wurde vor allem durch die neuen Informations- und Kommunikationstechnologien, Verbesserungen im Verkehrs- und Transportwesen, neue Organisationsformen der betrieblichen Produktionsprozesse sowie Liberalisierungs- und **Deregulierung**smaßnahmen vorangetrieben. Dies führte zur Entstehung weltweiter Märkte für Waren, Dienstleistungen, Arbeitskräfte, Kapital und Wissen.

Entwicklung von Märkten
Kapitel 2.2.1

Entwicklung des Welthandels
Kapitel 2.8

Deregulierung
Verringerung des staatlichen Einflusses auf die Wirtschaft und Schaffung von Entscheidungsspielräumen für Unternehmen

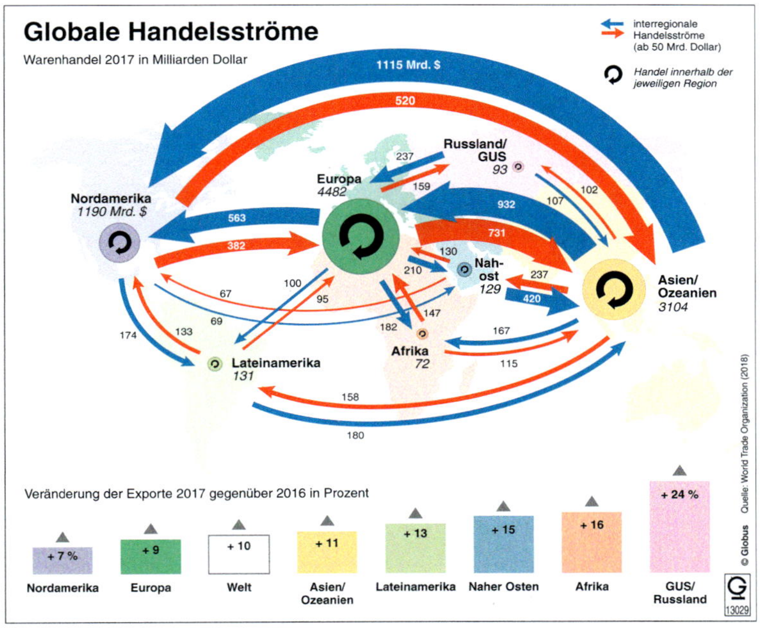

Die Globalisierung der Wirtschaft hat sich in den letzten Jahrzehnten deutlich beschleunigt. Wie stark die internationalen Verflechtungen sind, kann z. B. an den **Direktinvestitionen** abgelesen werden.

Direktinvestitionen
sind Investitionen von Unternehmen im Ausland, um z. B. Produktionsstätten zu errichten, Beteiligungen an Unternehmen zu erwerben oder sogar ihren Unternehmenssitz dorthin zu verlagern.

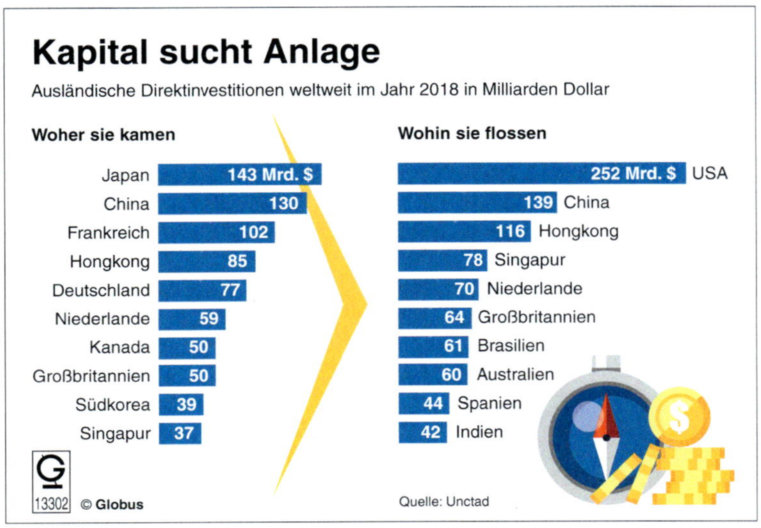

4.15.1 Antriebskräfte der Globalisierung

Es sind vor allem **drei Faktoren**: die Liberalisierung der Märkte, der technologische Fortschritt sowie politische und wirtschaftliche Entwicklungen, die die Globalisierung vorantreiben.

Liberalisierung der Märkte

GATT, WTO
Kapitel 2.11

Handelshemmnisse
Kapitel 2.10.2– 2.10.3

Seit Gründung des GATT (heute: WTO) wurde die Globalisierung auf den internationalen Märkten mehr und mehr vorangetrieben. Zunächst kam es durch die Vereinbarungen des GATT zum Abbau von Handelshemmnissen für den internationalen Güteraustausch. In den 1970er-Jahren setzte dann auch die Liberalisierung von Devisen- und Kapitalverkehr ein. Die Kapitalmobilität hat sich durch die seither entstandenen globalen Finanzmärkte immer mehr erhöht. Im Dienstleistungssektor kam es zur Deregulierung und Privatisierung, z. B. in den Bereichen Bankdienstleistungen, Transport, Telekommunikation und Versicherungen.

Technologischer Fortschritt

Zu einer rasanten Entwicklung kam es im Technologiebereich. Durch ständige Verbesserungen im Verkehrswesen konnten in den letzten Jahren die Transport- und Kommunikationskosten erheblich reduziert werden. Neue Informations- und Kommunikationstechnologien haben es den Unternehmen ermöglicht, ihre Tätigkeiten weltweit zu koordinieren und beim Transport von Gütern, Personen und Informationen in drastischem Ausmaß Kosten einzusparen. Das gilt inzwischen für alle Bereiche unternehmerischen Handelns – für Produktion, Marketing und Finanzierung ebenso wie für Forschung und Entwicklung.

Politische und wirtschaftliche Entwicklungen

Marktwirtschaft
Kapitel 3.9

Planwirtschaft
Kapitel 3.10

Schließlich haben auch die politischen Entwicklungen der 1990er-Jahre einen entscheidenden Beitrag zur Ausweitung der Globalisierung geleistet. Nachdem die Marktwirtschaft ihre Überlegenheit gegenüber sozialistischen Planwirtschaften gezeigt hat, verwischen sich nun auch zunehmend die Grenzen vormals unterschiedlicher politischer und wirtschaftlicher Systeme. Die Unternehmen können in Ländern mit niedrigen Lohnkosten billiger produzieren. Aber auch Länder in Asien, Südamerika und Afrika versuchen ihren materiellen Wohlstand durch zunehmende Exporte in die Industrieländer zu erhöhen.

4.15.2 Chancen und Risiken der Globalisierung

Die wirtschaftlichen und sozialen Entwicklungen auf den Güter-, Finanz- und Arbeitsmärkten, die mit der Globalisierung einhergehen, beeinflussen die Lebenssituation jedes Einzelnen. Der Prozess der Globalisierung ist nicht umkehrbar und die einzelnen Volkswirtschaften können nicht mehr isoliert handeln. Dies bringt sowohl Chancen als auch Risiken mit sich.

Chancen:
- Die Öffnung von Märkten fördert den Handel. Es entstehen neue Unternehmen und neue Arbeitsplätze. Dies bewirkt einen Wohlstandszuwachs der Länder.
- Es kommt zu einem Technologietransfer von hoch entwickelten Ländern in Schwellen- und Entwicklungsländer.
- Durch die Verlegung von Unternehmensstandorten in Niedriglohnländer erhöht sich dort das Einkommen und das Wohlstandsniveau steigt. Die Wohlstandsunterschiede zwischen den Ländern können so langfristig ausgeglichen werden.
- Multinationale Unternehmen haben die Möglichkeit, neue Produkte und Ideen in vielen verschiedenen Ländern anzubieten. Ohne diese Unternehmen würden die Erzeugnisse zumeist nur in den Ursprungsländern angeboten.
- Der Zwang zum Strukturwandel kommt letztlich allen Ländern zugute.

Risiken:
- Die multinationalen Unternehmen haben die Möglichkeit, ihre Gewinne in Regionen mit niedrigen Steuersätzen zu verlagern.
- Der harte Wettbewerb um Investoren, Kapital und Arbeitsplätze bereitet der Politik immer größere Schwierigkeiten, soziale Sicherheit und soziale Gerechtigkeit zu gewährleisten (Gefahr des „Sozial-Dumpings“).
- Weltweit agierende Unternehmen lassen sich kaum mehr ökonomisch und politisch kontrollieren.
- Entwicklungsländer stehen in einer zunehmenden Abhängigkeit von den multinationalen Unternehmen.
- Unternehmensstandorte werden in Länder mit niedrigen Umweltstandards verlagert.
- Die Zunahme internationaler Transporte belastet die Umwelt.
- Letztlich sind die Nationen Gewinner, die über moderne Techniken, flexible und billige Arbeitskräfte verfügen.
- Die nationale Politik der Einzelländer verliert an Handlungsspielräumen und damit an Möglichkeiten, die Märkte zu regulieren.

Karikatur von Horst Haitzinger

Der Prozess der Globalisierung ist gestaltungsbedürftig, da viele Probleme international verursacht und mit nationalen Mitteln nicht zu beherrschen sind. Erforderlich sind daher internationale Regelungen, die die Grundlage einer Weltwirtschaftsordnung darstellen können.

4.16 Die Bedeutung des Außenhandels für Deutschland

Außenhandel
Kapitel 2.9–2.10

globale Wirtschaftskrise
Kapitel 4.14.4

Ungleichgewicht im Außenhandel
Kapitel 4.16.2

Wie wichtig internationale Verflechtungen für Deutschland sind, lässt sich an der Entwicklung des Außenhandels ablesen (siehe die Grafik „Deutschlands Außenhandel“ unten). Während der globalen Wirtschaftskrise gab es bei der Einfuhr und der Ausfuhr von Gütern zwar einen Einbruch; eine Erholung erfolgte aber schnell. Den beträchtlichen Handelsüberschüssen Deutschlands stehen Defizite anderer Länder gegenüber, die von Deutschland mehr Waren kaufen, als sie selbst nach Deutschland liefern. Aus diesem Grund werden die deutschen Handelsüberschüsse nicht nur positiv gesehen.

Aus den weiteren Grafiken auf dieser Seite wird ersichtlich, was Deutschland exportiert sowie importiert und wer die wichtigsten Lieferanten sowie Kunden Deutschlands sind. Besonders enge Handelsbeziehungen hat Deutschland zu seinen Partnern in der EU (siehe die Grafik auf S. 173).

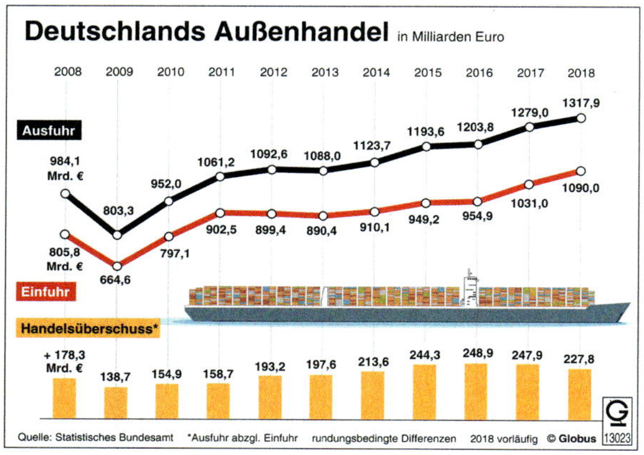

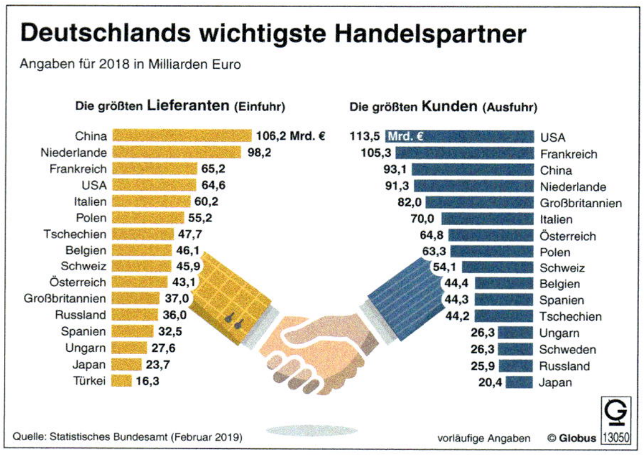

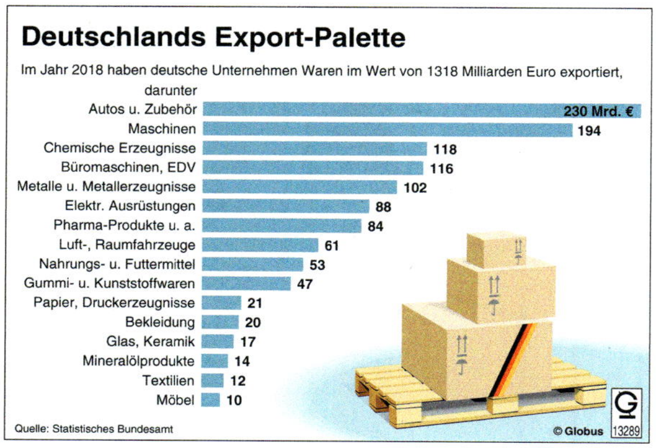

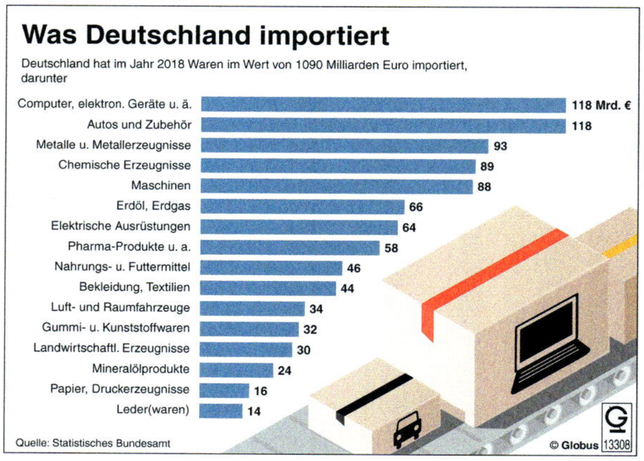

4.16.1 Darstellung der Außenwirtschaft in der Zahlungsbilanz

Bisher wurde nur der **Außenhandel**, d. h. der Import und Export von Waren, betrachtet. Wird nun der grenzüberschreitende Verkehr von Dienstleistungen, Kapital und Personen hinzugenommen, spricht man von **Außenwirtschaft**. Die Entwicklung der Außenwirtschaft lässt sich an der Zahlungsbilanz ablesen.

BEISPIEL

Wenn ein deutsches Unternehmen eine Maschine nach Frankreich verkauft, wird dies in der Zahlungsbilanz festgehalten. Das geschieht ebenso, wenn aus Kuwait Öl importiert wird, wenn Touristen in Italien Geld ausgeben, wenn ein deutsches Unternehmen in Österreich einen Kredit aufnimmt oder wenn ein Gastarbeiter Geld in seine Heimat überweist.

Die **Zahlungsbilanz** erfasst alle wirtschaftlichen Transaktionen zwischen dem Inland und dem Ausland innerhalb einer bestimmten Periode. Sie gibt über die internationalen Verflechtungen einer Volkswirtschaft Auskunft. Sie wird sowohl monatlich als auch jährlich von der Deutschen Bundesbank erstellt und veröffentlicht. Entsprechend zur nationalen Zahlungsbilanz wird von der Europäischen Zentralbank auch eine Zahlungsbilanz für den Euro-Währungsraum erstellt. Um die Vielzahl der unterschiedlichen volkswirtschaftlichen Vorgänge in eine systematische Ordnung zu bringen, wird die Zahlungsbilanz in Teilbilanzen unterteilt:

Im Internet kann der jeweilige Monatsbericht unter www.bundesbank.de eingesehen werden.

Europäische Zentralbank **Kapitel 6.7**

Zahlungsbilanz

I. Leistungsbilanz		II. Vermögensänderungsbilanz		IV. Statistisch nicht aufgliederbare Transaktionen		III. Kapitalbilanz
1. Warenhandel 2. Dienstleistungen 3. Primäreinkommen 4. Sekundäreinkommen	+		+		=	1. Direktinvestitionen 2. Wertpapiere 3. Finanzderivate 4. Übriger Kapitalverkehr

Leistungsbilanz

Die Leistungsbilanz ist der wesentliche Teil der Zahlungsbilanz und sie ist regelmäßig in der öffentlichen Diskussion. Sie setzt sich aus den Posten Warenhandel, Dienstleistungen, Primär- und Sekundäreinkommen zusammen. Für jeden dieser Leistungsbilanzposten wird der Saldo ermittelt (z. B.: Wert der Warenexporte – Wert der Warenimporte = Saldo des Warenhandels).

1. **Warenhandel** (Außenhandel): Der wichtigste Posten der Leistungsbilanz ist der Saldo aus Warenexporten und Warenimporten. Diese Gegenüberstellung ist auch als **Handelsbilanz** bekannt. Traditionell weist die deutsche Handelsbilanz einen Überschuss auf. Ein großer Teil des deutschen Warenhandels findet im Euroraum statt.

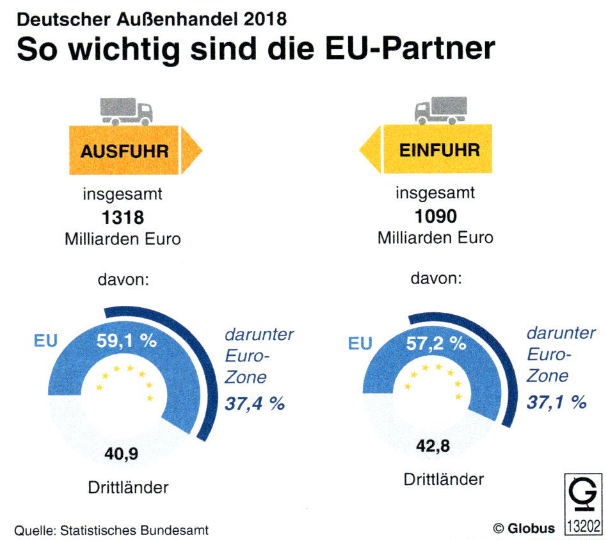

2. **Dienstleistungen**: Hier wird der Saldo von Dienstleistungen zwischen Inländern und Ausländern erfasst. Zu den Dienstleistungen gehören z. B. kaufmännische Dienstleistungen, Reisen und Transporte. Diese Gegenüberstellung ist allgemein als **Dienstleistungsbilanz** bekannt und der Saldo der deutschen Dienstleistungsbilanz weist regelmäßig ein Defizit auf.
3. **Primäreinkommen**: Bei diesem Posten wird der Saldo der grenzüberschreitenden Zahlungen aus Erwerbstätigkeit und Vermögensanlagen (u. a. Zins- und Dividendenzahlungen) erfasst. Diese Teilbilanz weist in Deutschland regelmäßig einen Überschuss aus.
4. **Sekundäreinkommen**: Hier werden alle regelmäßigen Zahlungen erfasst, denen keine erkennbare Leistung der anderen Seite gegenübersteht. In diesem Bereich hat Deutschland traditionell ein umfangreiches Defizit.

BEISPIEL

Primäreinkommen: Herr Raul wohnt an der niederländischen Grenze. Er fährt täglich in die Niederlande zur Arbeit. Sein Gehalt wird auf das Konto seiner deutschen Bank überwiesen: Es fließt ein Erwerbseinkommen aus dem Ausland ins Inland. Bei Frau de Mol verhält sich das Ganze genau umgekehrt, sie wohnt in den Niederlanden und arbeitet bei einem deutschen Unternehmen. Hier fließt ein Erwerbseinkommen vom Inland ins Ausland.

Sekundäreinkommen: Hierzu zählen Zahlungen an internationale Einrichtungen (wie z. B. NATO, EU), Wiedergutmachungszahlungen aufgrund von Kriegen, Renten, Pensionen und Versicherungszahlungen an das Ausland und aus dem Ausland, aber auch die Überweisungen ausländischer Arbeitnehmer in die Heimat.

Vermögensänderungsbilanz

Einmalige Übertragungen von Vermögen, z. B. Schenkungen, Erbschaften, der Erlass von Schulden, Vermögensmitnahmen von Auswanderern bzw. Einwanderern oder einmalige Zuschüsse der EU für Infrastrukturmaßnamen, werden in der Vermögensübertragungsbilanz ausgewiesen.

Kapitalbilanz

Käufe und Verkäufe von Vermögenswerten zwischen dem Inland und dem Ausland werden in der Kapitalbilanz festgehalten. Der Saldo ergibt sich aus den Kapitalimporten und den Kapitalexporten. Ist der Saldo der Kapitalbilanz negativ, ist mehr Kapital aus dem Inland ins Ausland abgeflossen. Die Kapitalbilanz setzt sich aus den Posten Direktinvestitionen, Wertpapieranlagen, **Finanzderivate**, übriger Kapitalverkehr (z. B. Finanz- und Handelskredite, Bargeld und Einlagen) sowie Währungsreserven zusammen.

Finanzderivat
Mit einem Finanzderivat wird darauf spekuliert, ob der Preis eines bestimmten Gutes in Zukunft steigt oder fällt. Unternehmen versuchen so ihr Kursrisiko abzusichern.

Statistisch nicht aufgliederbare Transaktionen

Nicht alle Transaktionen, die die Zahlungsbilanz betreffen, können korrekt ermittelt oder zugeordnet werden. Sie werden in diesem Posten erfasst und dienen zum Ausgleich der Zahlungsbilanz.

Formal ist die Zahlungsbilanz immer ausgeglichen, denn ihre Aufstellung erfolgt nach dem System der doppelten Buchführung. Die Teilbilanzen hingegen sind in der Regel unausgeglichen.

4.16.2 Ungleichgewicht im Außenhandel

Eines der wichtigsten wirtschaftspolitischen Ziele Deutschlands ist das **außenwirtschaftliche Gleichgewicht**. Indikator hierfür ist eine ausgeglichene Leistungsbilanz. Dies würde bedeuten, dass sich Exporte und Importe ungefähr auf gleichem Niveau bewegen. Deutschlands Leistungsbilanz weist allerdings seit Jahren einen hohen Überschuss aus, sodass von einem Gleichgewicht nicht die Rede sein kann. Dieser Überschuss steht seit längerem international in der Kritik.

Ziele der Wirtschaftspolitik
Kapitel 3.11.2

Neben Deutschland weisen Japan, China und die Niederlande seit Jahren hohe Exportüberschüsse auf.

Der Grund für den regelmäßigen **Leistungsbilanzüberschuss** in Deutschland ist ein hoher **Exportüberschuss** (Handelsbilanz hat einen positiven Saldo): Deutschland exportiert mehr Waren als es importiert, d.h., Deutschland gibt weniger Geld aus, als es im Außenhandel einnimmt.

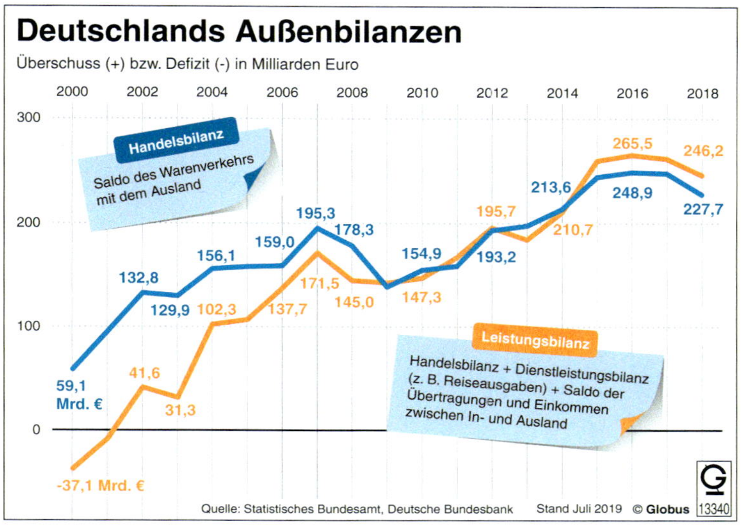

BEISPIEL

Die deutsche Handelsbilanz weist einen Saldo von 30 Euro auf, wenn Waren im Wert von 100 Euro nach Marokko exportiert, aber nur Waren im Wert von 70 Euro aus Marokko importiert werden. Marokko verschuldet sich bei Deutschland in Höhe von 30 Euro und die marokkanische Handelsbilanz weist ein Defizit auf.

Da Deutschland weniger Geld im Außenhandel ausgibt, kann Vermögen z.B. in Form von Aktien, Staatsanleihen oder Devisen aufbaut werden. Aus diesen Vermögenswerten ergeben sich wiederum Einnahmen, wie z.B. Dividenden oder Zinsen. Die Konsummöglichkeiten steigen dadurch.

Daneben hat ein Leistungsbilanzüberschuss positive Auswirkungen auf den Arbeitsmarkt: Wenn viele Waren aus Deutschland nachgefragt werden, muss auch mehr produziert werden und mehr Arbeitskräfte müssen eingestellt werden. Dies bedeutet, dass der Staat weniger durch Arbeitslosigkeit bedingte Ausgaben hat und sogar durch höhere Steuereinnahmen entlastet wird.

Arbeitsmarkt
Kapitel 5.7

Steuern
Kapitel 6.4.2

Allerdings führt ein Leistungsbilanzüberschuss auch zu Risiken. So ist Deutschland, als exportabhängiges Land stark von der weltweiten Konjunktur abhängig. Außerdem kann eine Inflation aus dem Ausland importiert werden: Wenn die Preise im Ausland schneller steigen als in Deutschland, steigt die ausländische Nachfrage nach deutschen Gütern und das deutsche Güterangebot reduziert sich. Dies kann bei gleichbleibender Geldmenge zu einer Inflation führen. Bei einer Inflation verlieren die Forderungen Deutschlands gegenüber dem Ausland an Wert und somit sinkt auch der Wert des aufgebauten Vermögens.

Konjunktur
Kapitel 3.13.2

Inflation
Kapitel 4.8

Die USA weisen seit Jahren sehr hohe Leistungsbilanzdefizite aus.

Dem Leistungsbilanzüberschuss eines Landes stehen immer Leistungsbilanzdefizite anderer Länder gegenüber. Bei einem **Leistungsbilanzdefizit** ergeben sich spiegelbildliche Konsequenzen: Es wird mehr Geld im Ausland ausgegeben, als eingenommen wird, d.h., das Land verschuldet sich im Ausland bzw. tritt Vermögen an das Ausland ab. Importierte Waren verdrängen heimische Produkte, sodass weniger Arbeitskräfte benötigt werden und die Arbeitslosigkeit steigt. Der Staat nimmt somit weniger Steuern ein und muss höhere Transferzahlungen, z.B. in Form von Arbeitslosengeld, leisten. Dadurch steigt die öffentliche Verschuldung. Auf längere Sicht kann kein Land sich dauerhafte Leistungsbilanzdefizite erlauben, da irgendwann die Zinslast zu hoch wird. Als Ausweg bleiben dann nur noch die Währungsabwertung und die Notenpresse.

Auf- und Abwertung von Währungen **Kapitel 2.12 und 4.10**

Protektionistische Maßnahmen **Kapitel 2.10**

Überdies kann ein Leistungsbilanzdefizit dazu führen, dass Defizitländer mit protektionistischen Maßnahmen gegenüber den Überschussländern reagieren. Dies kann in einem weltweiten Protektionismuswettlauf enden, sodass letztlich die Exportmöglichkeiten aller Länder sinken.

Ursachen der deutschen Exportüberschüsse

Eine Ursache der deutschen Exportüberschüsse liegt in der hohen Qualität der Produkte, die im Ausland dementsprechend stark nachgefragt werden. In Deutschland selbst stagniert jedoch die Nachfrage nach deutschen Produkten (Binnennachfrage). Dies hat verschiedene Gründe, z.B. sinkt die Bevölkerungszahl, die Deutschen sparen tendenziell viel und es gibt Sättigungstendenzen.

Ein weiterer Faktor besteht darin, dass der Lohnanstieg in Deutschland im internationalen Vergleich sehr gering ist. Dies führt zu einem relativ geringen Preisanstieg deutscher Produkte. Die internationale Wettbewerbsfähigkeit wird erhöht und die Exporte steigen.

flexible Wechselkurse **Kapitel 2.12.1**

Währungsunion **Kapitel 4.14.3**

Die preisliche Wettbewerbsfähigkeit hängt aber nicht nur von den Lohnstückkosten, sondern auch vom Wechselkurs der heimischen Währung ab. Bei flexiblen Wechselkursen führt ein Exportüberschuss normalerweise dazu, dass die Währung des Exportlandes stark nachgefragt wird, sodass eine Aufwertung der heimischen Währung erfolgt. Durch die Aufwertung verteuern sich die Produkte des Exportlandes und der Export reduziert sich. Gleichzeitig werden Importe günstiger, sodass der Leistungsbilanzüberschuss abgebaut wird. Die Mitgliedschaft Deutschlands in der Währungsunion hat aber zur Folge, dass dieser Mechanismus entfällt: Die deutsche Exportstärke wird nicht mehr über eine Aufwertung der eigenen Währung reduziert.

ÜBERBLICK

Die **Europäische Union** zählt heute zu den größten Handelsmächten der Erde. Der **EU-Binnenmarkt** ermöglicht den freien Verkehr von Waren, Dienstleistungen, Kapital und Personen. Durch die **Währungsunion** sind für die Eurostaaten zudem Umtauschkosten und Wechselkursrisiken weggefallen.

Die als „Eurokrise“ bezeichnete **Staatsschuldenkrise** von 2010 konnten die Eurostaaten mit einer gemeinsamen Kraftanstrengung in den Griff bekommen; es gibt aber weiterhin viele Herausforderungen.

Für Deutschland macht der EU-interne Handel den größten Teil des **Außenhandels** aus; die Währungsunion hat die **Exportüberschüsse** noch verstärkt.

1 Nennen und erläutern Sie die Motive der europäischen Einigung.

2 Erläutern Sie, was die Grundsätze bzw. Werte aus Artikel 2 des Vertrags von Lissabon bedeuten.

3 Ordnen Sie die folgenden Aussagen den Institutionen der EU zu:
 a ... ist die Vertretung der Staats- und Regierungschefs.
 b ... ist die Vertretung der Bürger.
 c ... ist die Verwaltung der Europäischen Union.
 d ... kontrolliert die Einnahmen und Ausgaben.
 e ... ist die Vertretung der Regierungen.
 f ... kontrolliert die Währung.
 g ... ist für die Rechtsprechung zuständig.
 h ... legt die Leitzinsen fest.
 i ... legt die politischen Leitlinien fest.
 j ... beschließt Gesetze.
 k ... überwacht die Einhaltung und Umsetzung der EU-Verträge.

4 Nennen Sie die vier Grundfreiheiten des Europäischen Binnenmarkts. Welche konkrete Bedeutung haben diese Freiheiten für Sie?

5 Nennen Sie die Länder der EU, in denen der Euro – bis zum heutigen Zeitpunkt – als Währung eingeführt ist.

6 Einige Länder haben den Euro noch nicht als gemeinsame Währung eingeführt. Eine Vorbedingung für den Beitritt in die Eurozone ist eine zweijährige Zugehörigkeit zum sogenannten Europäischen Währungssystem II (WKM II).
 a Recherchieren und erläutern Sie, was „WKM II“ ist.
 b Welche Länder nehmen zurzeit am WKM II teil und welche nicht?

7 Diskutieren Sie die Vor- und Nachteile einer gemeinsamen Währung in Europa.

8 Erläutern Sie die Konvergenzkriterien, die vor dem Beitritt eines EU-Mitgliedstaats zur Währungsunion erfüllt sein müssen. Was soll durch die Erfüllung der Konvergenzkriterien sichergestellt werden?

9 1999 wurde der Euro eingeführt. Stellen Sie Recherchen zu den folgenden Fragen an:
 a Welche Länder führten den Euro 1999 ein?
 b Welche Länder hatten 1998 alle Konvergenzkriterien erfüllt?
 c Welches Kriterium wurde am häufigsten nicht eingehalten?

10 Im Jahr 2010 brach im Euroraum eine Staatsschuldenkrise aus.
 a Erläutern Sie die Ursachen der Staatsschuldenkrise.
 b Überlegen Sie, welche Auswirkungen diese Krise auf die EU-Staaten hatte.

11 Der EU-Haushalt gilt als reformbedürftig.
 a Nennen Sie Bereiche, in denen Reformbedarf besteht.
 b Diskutieren Sie, wie eine solche Reform aussehen könnte.

12 Die EU steht derzeit vor großen globalen Herausforderungen.
 a Nennen Sie einige dieser Herausforderungen.
 b Diskutieren Sie, wie diese Herausforderungen bewältigt werden könnten.

13 Definieren Sie den Begriff der Globalisierung aus Sicht der Volkswirtschaftslehre.

14 Nennen Sie zwei geeignete Indikatoren, um den Grad der Globalisierung eines Landes zu messen. Diskutieren Sie deren Auswirkungen.

15 Erläutern Sie die Antriebskräfte der Globalisierung.

16 Untersuchen Sie, wie sich die Globalisierung auf Ihren Alltag auswirkt.

- **a** Woher kommen Ihre Lebensmittel? Bringen Sie die Verpackung eines Ihrer Meinung nach globalisierten Lebensmittels in den Unterricht und recherchieren Sie dessen Herkunft.
- **b** Aus welchen Nationalitäten setzt sich die Schülerschaft Ihrer Schule zusammen? Erklären Sie, welche Ursachen das haben könnte.
- **c** Erstellen Sie eine Karte mit den Urlaubszielen der Schüler in Ihrer Klasse. Recherchieren Sie, ob es formale Reisehemmnisse (z. B. Visumspflicht) gibt und welche Reisehemmnisse umgekehrt für Menschen aus diesen Ländern bei Reisen nach Deutschland bestehen.
- **d** Vergleichen Sie die „Waschzettel" in Ihren Kleidungsstücken. Erstellen Sie eine Tabelle mit den häufigsten Herkunftsländern Ihrer Kleidungsstücke.
- **e** Wie werden Freundschaften im digitalen Zeitalter gepflegt? Beschreiben Sie, was sich im Vergleich zu Ihrer Elterngeneration verändert hat.
- **f** Wie wirken sich Globalisierung und Migration auf Ihre Stadt aus? Beurteilen Sie dies unter Verwendung von drei selbst gewählten Beispielen.
- **g** Wie wirkt sich die Globalisierung auf Ihre Berufswahl aus?

17 Diskutieren Sie die Chancen und Risiken der Globalisierung.

18 Betrachten Sie die Grafiken auf S. 172.

- **a** Worum geht es in den Grafiken?
- **b** Interpretieren Sie die Grafiken gemäß der Drei-Schritte-Technik auf S. 19.

19 Grenzen Sie „Außenhandel" und „Außenwirtschaft" voneinander ab.

20 Erklären Sie kurz, welche Bedeutung der Außenhandel für Deutschland hat und wie er sich in den vergangenen 20 Jahren entwickelt hat.

21 Beantworten Sie die folgenden Fragen zur Zahlungsbilanz:

- **a** Aus welchen Unterbilanzen setzt sich die Zahlungsbilanz zusammen?
- **b** Inwiefern besteht ein enger Zusammenhang zwischen der Leistungsbilanz und der Kapitalbilanz?
- **c** Erklären Sie, warum die folgende Aussage korrekt ist und welche Bedeutung dieser Zusammenhang für Deutschland hat: „Ein Land, das einen Leistungsbilanzüberschuss aufweist, muss ein Nettokapitalexporteur sein."

22 Entscheiden Sie, ob die folgenden Aussagen wahr oder falsch sind. Begründen Sie Ihre Entscheidung, falls Sie eine Aussage als „falsch" ablehnen.

- **a** Ein Leistungsbilanzüberschluss bedeutet, dass ein Land wertmäßig mehr Waren exportiert als importiert hat.
- **b** Kapitalimporte wie beispielsweise ausländische Direktinvestitionen führen dazu, dass der heimische Kapitalstock vergrößert wird.
- **c** Die Sekundäreinkommen erfassen die Einkünfte, welche Inländer aus Kapitalanlagen im Ausland beziehen.
- **d** Leistungsbilanzüberschlüsse führen zwangsläufig zu Leistungsbilanzdefiziten bei den Handelspartnern eines Landes.

23 Erläutern Sie die Ursachen des deutschen Exportüberschusses.

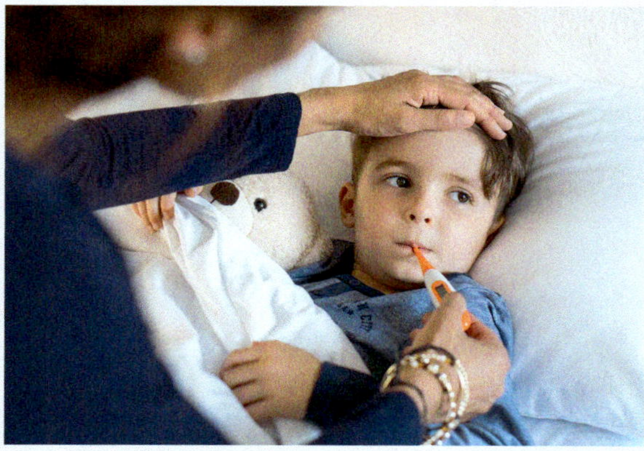

Warum soll Menschen im Sozialstaat geholfen werden?

Wie wird den Menschen im Sozialstaat geholfen?

Vor welchen Herausforderungen steht der Sozialstaat?

Wie kann Arbeitslosigkeit vermindert werden?

Warum ist es so schwierig, Arbeitslosigkeit dauerhaft zu beseitigen?

HANDLUNGSFELD 5

Volkswirtschaftliche Aspekte zu

Personal

5.1 Eskalation des Armuts- und Generationenkonflikts?

Eli

Gary

Vater

Mutter

Familie Schelling sitzt beim Abendessen. „Stellt euch vor“, sagt Elinor, „unser VWL-Lehrer hat allen Ernstes behauptet, dass wir uns jetzt schon mit dem Thema Altersvorsorge beschäftigen sollten!“ „Spinnt der?“, fragt Gary. „Nein, der spinnt nicht“, antwortet Paul Schelling, „ich überlege auch schon, was wir heute tun können, damit ihr nicht irgendwann in der Altersarmut landet. Es gibt verschiedene Möglichkeiten, die alle ihre Vor- und Nachteile haben ...“ „Warum soll ich mich jetzt schon mit Alter und Armut beschäftigen?“, fragt Gary entgeistert. „Ich bin jung, will das Leben genießen, erst einmal Geld verdienen, Reisen machen, eine eigene Wohnung, ein Auto haben ... Und nicht schon übers Alter nachdenken!“

„Warte ab!“, mischt Akilah Schelling sich ein. „Hochmut kommt oft vor dem Fall!“ „Wie meinst du das?“, fragt Elinor. „Na ja“, sagt Akilah, „aufgrund des sogenannten Generationenvertrags finanzieren die Jüngeren die Renten der Älteren. Es besteht aber die Gefahr, dass die Rentenbeiträge immer höher werden, während die Rentenzahlungen in Zukunft immer niedriger werden. Und das bedeutet, dass die Altersarmut steigen wird ... Schaut euch mal diese Karikatur hier an! Die habe ich gerade heute in der Zeitung entdeckt.“

Altersarmut ab 2030. Karikatur von Harm Bengen

Wer die Armen sind

Der Paritätische Armutsbericht 2018

[...] Lag der Anteil der armen Bevölkerung in den neunziger Jahren noch bei um die 11 Prozent, wächst er seit der Jahrtausendwende fast kontinuierlich. Ein klarer Aufwärtstrend seitdem ist unübersehbar [...]. Armutsentwicklung und Wirtschaftsentwicklung haben sich angesichts blendender Wirtschaftsdaten sichtlich entkoppelt. Das gleiche gilt für die guten statistischen Ergebnisse auf dem Arbeitsmarkt. Der Anstieg der Armut erfolgt trotz abnehmender Arbeitslosenquote und trotz zunehmender Erwerbstätigenzahlen. Mit anderen Worten: Die Armut ist hausgemacht. Wohlstand und Reichtum wachsen, doch wächst ebenso die Ungleichheit in diesem Lande, indem nicht alle gleichermaßen an diesem Wohlstand teilhaben und stattdessen abgehängt werden. Sie können nicht mehr mithalten und teilhaben in und an einer Gesellschaft, deren Mitte die Standards mit wachsendem Wohlstand anhebt und damit auch die Zugangsbarrieren. Es wäre Sache des Sozialstaates, für Ausgleich und Zusammenhalt zu sorgen, wo die Marktkräfte wie Fliehkräfte in dieser Gesellschaft wirken. Wo jedoch der Reichtum ebenso wächst wie die Zahl der Armen, muss von sozialstaatlichem Versagen gesprochen werden. [...]

Quelle: Deutscher Paritätischer Wohlfahrtsverband Gesamtverband e.V. (2018): Wer die Armen sind. Der Paritätische Armutsbericht 2018, S. 3, [online] https://www.der-paritaetische.de/fileadmin/user_upload/Schwerpunkte/Armutsbericht/doc/2018_armutsbericht.pdf [26.11.2019]. (Auszug.)

1 Erarbeiten Sie die Karikatur auf S. 180 mithilfe der folgenden drei Schritte und des Textes auf S. 180.

Schritte zur Erarbeitung einer Karikatur

1. Formalia
- Wer ist der Zeichner?
- Wann ist die Karikatur erschienen?
- Welche Elemente enthält die Karikatur?
- ...

2. Analyse
- Was bedeuten die Bildbeschriftungen?
- Welches Problem wird dargestellt?
- Welche Symbolik wird eingesetzt?
- ...

3. Interpretation
- Was will der Karikaturist bewirken?
- Welche Hintergrundinformationen sind für die Interpretation erforderlich?
- Wie ist die Problematik insgesamt zu beurteilen?
- ...

2 Führen Sie eine Podiumsdiskussion zu der Frage „Wie kann Altersarmut in Zukunft vermindert werden?" durch. Berücksichtigen Sie hierbei folgende Phasen:

a **Informationsbeschaffung:** Verschaffen Sie sich zunächst einen Überblick über die Thematik, indem Sie in Einzel- oder Partnerarbeit im Internet recherchieren. Folgende Links können als Einstieg genutzt werden:
- www.paritaet.org (Der Paritätische Armutsbericht 2018)
- http://www.bmas.de (Fünfter Armuts- und Reichtumsbericht der Bundesregierung)

b **Vorbereitung von Standpunkten:** Bilden Sie Kleingruppen, die je einen möglichen Standpunkt vorbereiten. Folgende Interessenvertreter können mit ihren Argumenten Berücksichtigung finden:
- Vertreter von Wohlfahrtsverbänden (z. B. Caritas, Paritätischer)
- Regierungsvertreter (Bund, Land, Kommune)
- Betroffene (z. B. Arbeitslose, Alleinerziehende, kinderreiche Familien, Menschen mit Migrationshintergrund, Menschen mit niedrigen Bildungsabschlüssen)

c **Diskussion:** Jede Kleingruppe schickt nun einen Vertreter zu einem kontroversen Austausch von Standpunkten und Argumenten aufs Podium. Die Zuhörer der Diskussion halten die Argumentationsschwerpunkte mithilfe von Beobachtungsbögen fest.

d **Reflexion:** Reflektieren Sie im Plenum über die Diskussion. Leitfragen hierfür sind:
- Welches Ergebnis hat die Diskussion erbracht?
- Wurden alle Standpunkte überzeugend dargestellt?
- Wurden wichtige Punkte nicht behandelt?
- Welche Schlussfolgerungen können gezogen werden?
- ...

5.2 Sozialstaatsprinzip

soziale Marktwirtschaft
Kapitel 3.9

gesellschaftliche Grundwerte
Kapitel 3.11.1

Sozialgesetzbuch I, § 1:
Das Sozialstaatsgebot „soll zur Verwirklichung sozialer Gerechtigkeit und sozialer Sicherheit Sozialleistungen einschließlich sozialer und erzieherischer Hilfen gestalten. Es soll dazu beitragen, ein menschenwürdiges Dasein zu sichern".

Die soziale Marktwirtschaft wird dauerhaft nur dann die Unterstützung der Bürger behalten, wenn ihr der soziale Ausgleich zwischen reichen und armen Menschen (im Sinne einer gerechten Einkommens- und Vermögensverteilung) gelingt und Bürgern in wirtschaftlichen Notlagen geholfen wird. Im Grundgesetz (GG) Artikel 20 und im Sozialgesetzbuch (SGB) I, § 1 ist verankert, dass Deutschland ein Sozialstaat mit einem System der sozialen Sicherung ist. Als politische Zielsetzung wird verfolgt, ärmere Bevölkerungsgruppen in die Gesellschaft zu integrieren und damit die Gesellschaftsordnung zu stabilisieren. Insbesondere die wirtschaftliche und soziale Situation benachteiligter gesellschaftlicher Gruppen soll verbessert werden.

Das System der sozialen Sicherung beruht auf drei **Gestaltungsprinzipien**, wobei davon ausgegangen wird, dass jeder Mensch im Laufe seines Lebens sozialen Risiken ausgesetzt ist. Diese sollten durch die Gemeinschaft abgedeckt werden, um soziale Härten bei Einzelnen zu vermeiden:

- Das **Versicherungsprinzip** besteht darin, dass jedes Mitglied der Gemeinschaft von bestimmten Risiken betroffen sein kann (z. B. Krankheit). Von allen Mitgliedern der Gemeinschaft ist ein Beitrag (z. B. an die Krankenversicherung) zu zahlen, der den Erhalt von Leistungen begründet. D. h., ohne Beitragszahlung gibt es keine Leistungen (z. B. Arztbehandlung). Da aber nicht alle Versicherten gleichzeitig z. B. einen Unfall haben, werden hohe Behandlungskosten Einzelner von der Versichertengemeinschaft bezahlt, sodass individuell keine teuren Arztrechnungen anfallen. Staatliche Zuschüsse sind möglich (z. B. Gesundheitsfonds).
- Gemäß dem **Versorgungsprinzip** besteht ein Anspruch auf Leistungen aufgrund einer besonderen Situation. Dies gilt beispielsweise für den Bezug von Kindergeld. Arbeitnehmer haben dafür keine entsprechenden monatlichen Abzüge vom Gehalt, sondern der Staat übernimmt die Zahlung.
- Das **Fürsorgeprinzip** sieht eine Absicherung für den Notfall vor. Es werden für diese Absicherung keine speziellen Beiträge gezahlt, sondern der Anspruch auf Hilfeleistung hängt vom individuellen Bedarf ab, der zuvor überprüft (z. B. Wohngeld) und vom Staat gezahlt wird.

Das folgende Schaubild verdeutlicht mögliche Ansatzpunkte staatlicher Sozialpolitik.

Ansatzpunkte der Sozialpolitik

Ausgleich der Einkommenssituation zwischen „Arm" und „Reich", z. B.	staatliche Absicherung von Risiken, z. B.	staatliche Unterstützung, z. B. durch
– Geldleistungen – Steuerermäßigungen – Vermögensförderung – Wohnraumförderung	– gesetzliche Sozialversicherung (Kranken-, Pflege, Renten-, Unfall- und Arbeitslosenversicherung)	– Bildungspolitik – Familienpolitik – Arbeitnehmerschutz – Mieterschutz

Weitere sozialstaatliche Aufgaben bestehen darin, Arbeitslosigkeit zu beseitigen und Beschäftigung zu fördern (Arbeitsmarkt-/Beschäftigungspolitik), sowie für Arbeitsschutz in Unternehmen zu sorgen (z. B. Unfall-, Kündigungs-, Mutterschutz). Neben dem Staat (Bund, Länder, Kommunen) sind verschiedene private oder kirchliche Organisationen (z. B. Gewerkschaften, Caritas, Herbergsvereine) sozialpolitisch aktiv.

Arbeitslosigkeit
Kapitel 5.7.2–5.7.3

Arbeitsmarkt- und Beschäftigungspolitik
Kapitel 5.7

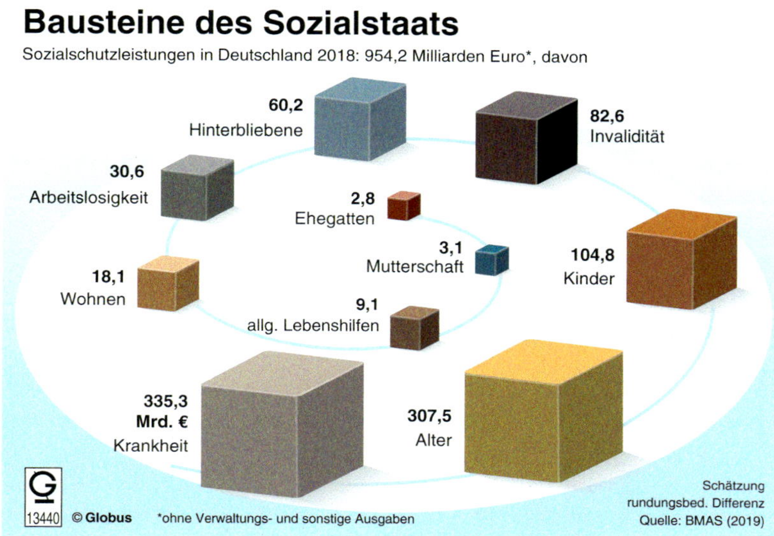

In der aktuellen Diskussion gewinnt als weiterer Grundsatz das **Subsidiaritätsprinzip** an Bedeutung. Es soll sicherstellen, dass der Einzelne auch eigenverantwortlich Vorsorge betreibt, selber für Notfälle vorsorgt und nicht nur den Staat für verantwortlich hält. Dabei geht es um die Frage, wie das Verhältnis zwischen privaten und öffentlichen Leistungen im Sozialstaat geregelt werden soll. Nach aktuellen Meinungsumfragen sieht etwa die Hälfte der Deutschen die alleinige Verantwortung für ihre Altersversorgung beim Staat. Der Ruf nach „Vater Staat" wird allerdings auch gerne erhoben, um von eigenen Versäumnissen abzulenken.

Nach dem **Subsidiaritätsprinzip** sollte der Einzelne die ökonomische Hilfe anderer erst dann in Anspruch nehmen, wenn er sich selbst nicht mehr helfen kann.

Zum Ende einer jeden Legislaturperiode veröffentlicht die Bundesregierung den **Sozialbericht**, der einen umfassenden Überblick über die Sozialpolitik in Deutschland gibt. Dort wird auch das **Sozialbudget** (Umfang, Struktur und Ausgaben der einzelnen Zweige der sozialen Sicherung) angegeben. Die **Sozialleistungsquote** gibt an, welchen Anteil das gesamte Sozialbudget am Bruttoinlandsprodukt des jeweiligen Jahres hat. An der Höhe dieser Quote lässt sich erkennen, wie soziale Leistungen in einer Volkswirtschaft gewichtet werden.

Weitere Informationen zum Sozialbericht:
https://www.bmas.de/DE/Service/Medien/Publikationen/a-101-17-sozialbericht-2017.html

5.3 Einkommen und Vermögen verteilen

Bruttonationaleinkommen
Kapitel 3.6.1

Das Bruttonationaleinkommen wird gern mit einem Kuchen verglichen, der in einer Volkswirtschaft innerhalb eines Jahres gebacken wird. Nicht jeder Bürger kann gleich viel zur Produktion des Kuchens beisteuern. Sein Beitrag zum Bruttonationaleinkommen entscheidet über die Höhe seines individuellen Einkommens und somit darüber, welchen Teil vom gemeinsam gebackenen Kuchen er erhält.

In Deutschland sind Einkommen und Vermögen **ungleich verteilt**. Der Armutsbericht 2018 des Deutschen Paritätischen Wohlfahrtsverbands stellt fest, dass die **Armutsquote** seit der Wiedervereinigung einen Höchststand erreicht hat. Gemäß Daten des Statistischen Bundesamtes und des Deutschen Instituts für Wirtschaftsforschung (DIW) beträgt sie zwischen 15 und 17 %. Rechnerisch leben damit ca. 14 Millionen Menschen in Deutschland unter der Armutsgrenze.

5.3.1 Funktionelle und personelle Einkommensverteilung

Produktionsfaktoren
Kapitel 3.2

Volkswirtschaftliche Gesamtrechnung
Kapitel 3.6

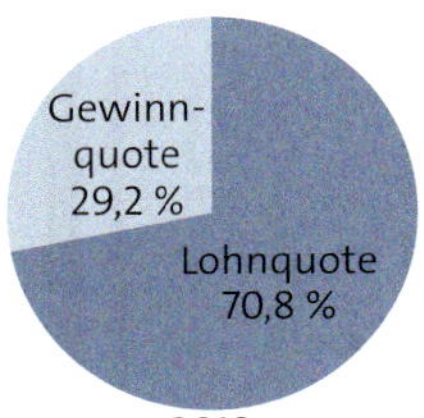

Bei der **funktionellen Einkommensverteilung** geht es darum, wie das Volkseinkommen auf die Produktionsfaktoren verteilt wird. In der Volkswirtschaftlichen Gesamtrechnung (VGR) werden Lohn- und Gewinneinkommen unterschieden: Das Lohneinkommen ist das Einkommen aus unselbstständiger Arbeit. Als Gewinneinkommen wird das Einkommen aus Unternehmertätigkeit und Vermögen (Immobilien- und Kapitalbesitz) bezeichnet. Diese Art von Einkommen umfasst Gewinne, Pacht, Miete und Zinsen. Der Anteil des Einkommens aus nichtselbstständiger Arbeit am Volkseinkommen bildet die **Lohnquote**, der Anteil des Einkommens aus Unternehmertätigkeit und Vermögen die **Gewinnquote**.

Die Lohnquote erlaubt keine Aussage über die Einkommensverteilung zwischen sozialen Schichten, wie folgende Beispiele zeigen:

- Arbeitnehmer können auch Einkommen aus Unternehmertätigkeit und aus Vermögen beziehen. Wenn die Gewinnquote sinkt, kann dies zulasten dieser Schicht gehen.
- Die Gehälter der Topmanager zählen zu den Lohneinkommen und erhöhen somit die Lohnquote, obwohl die Manager sicher eher zur sozialen Schicht der Unternehmer gezählt werden sollten.

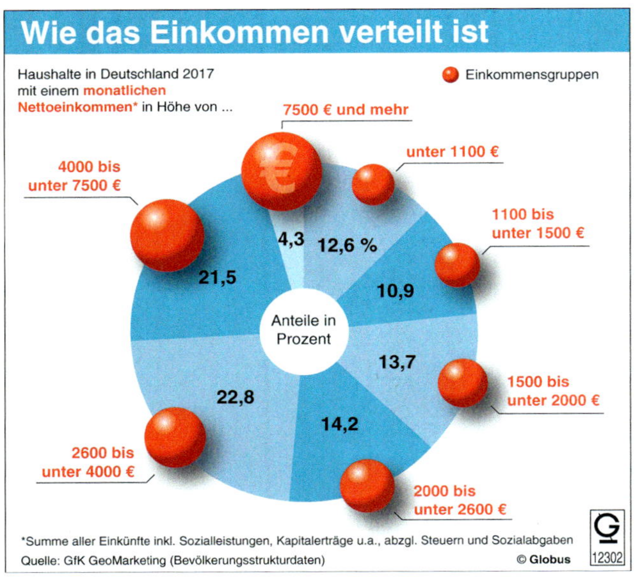

Um die Einkommensverteilung in einem Land bewerten zu können, muss man die **personelle Einkommensverteilung** kennen. Diese zeigt, wie sich das Volkseinkommen auf verschiedene Personengruppen in der Volkswirtschaft verteilt.

5.3.2 Primäre und sekundäre Einkommensverteilung

Als **Primäreinkommen** bezeichnet man die Entlohnung, die vom Markt für den Einsatz der Produktionsfaktoren gewährt wird. Der Arbeitnehmer erhält ein Gehalt (das sogenannte Bruttoentgelt), der Immobilienbesitzer Miete oder Pacht, der Kapitalgeber Zins und der Unternehmer den nach Abzug aller Aufwendungen verbleibenden Gewinn. Das auf diese Weise erzielte Primäreinkommen ist allerdings so ungleich verteilt, dass manche Bürger davon nicht ihren Lebensunterhalt bestreiten können, während andere einen sehr hohen Lebensstandard erreichen.

Die Primärverteilung wird vom Staat auf zweierlei Weise korrigiert:
- durch Erhebung einer **progressiven Einkommensteuer**
- durch Zahlung von Transfereinkommen wie z. B. Kindergeld und Sozialhilfe

Einkommensteuer
Kapitel 6.4.2

Beide Maßnahmen staatlicher Umverteilung ergänzen sich. Wenn das am Markt erzielte Einkommen einer Familie als zu niedrig eingestuft wird, übersteigt das Transfereinkommen die zu zahlenden Steuern. Gutverdienende Familien zahlen hingegen mehr Steuern, als sie Transfereinkommen erhalten. Das Ergebnis dieser korrigierenden Eingriffe des Staates ist die **sekundäre Einkommensverteilung**.

Primäre und sekundäre Einkommensverteilung

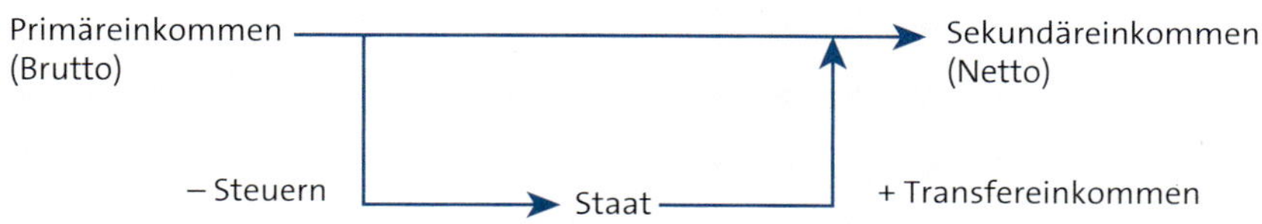

5.3.3 Gerechte Einkommensverteilung

Da in jeder Volkswirtschaft Verteilungskämpfe entstehen, muss die Gesellschaft einen Maßstab finden, nach dem das Volkseinkommen verteilt wird. Ein solcher wird aber nur akzeptiert, wenn er von allen als weitgehend gerecht empfunden wird.

Dabei orientiert sich die Gesellschaft in der Regel an drei Prinzipien:
- Nach dem **Leistungsprinzip** soll die Einkommensverteilung von den erbrachten Leistungen abhängen.
- Nach dem **Bedürfnisprinzip** soll jeder ein Einkommen gemäß seinen Bedürfnissen erhalten. Aufgrund der begrenzten Mittel muss der Staat allerdings festlegen, welche Bedürfnisse befriedigt werden können.
- Das **Gleichheitsprinzip** wird heute in seiner reinen Form nicht mehr vertreten. Zwar sind alle Menschen von Natur aus gleich, allerdings wäre es problematisch, wenn bei der Verteilung auf die unterschiedlichen Leistungen und Bedürfnisse keine Rücksicht genommen würde.

Das Bedürfnisprinzip wird auch als Bedarfsprinzip bezeichnet.

Dennoch bleibt die Gleichverteilung eine wirtschaftspolitische Zielsetzung: Je weiter die tatsächliche Einkommensverteilung von der Gleichverteilung abweicht, desto ungerechter erscheint das Wirtschaftssystem für die Bürger. Für die Sozialpolitik besteht das Problem also darin, zwischen Leistungsprinzip und Bedürfnisprinzip die **richtige Balance** zu finden. Sozialpolitische Lösungen werden kontrovers diskutiert: Verfechter des **Subsidiaritätsprinzips** fordern z. B. eine stärkere Gewichtung des Leistungsprinzips.

Subsidiaritätsprinzip
Kapitel 5.2

5.4 Gesetzliche Sozialversicherung

Die ersten gesetzlichen Sozialversicherungen wurden bereits Ende des 19. Jahrhunderts als Maßnahme gegen die Verelendung der Industriearbeiter eingeführt.

Die gesetzliche Sozialversicherung soll die **Folgen von Krankheit, Pflegebedürftigkeit, Alter oder Arbeitslosigkeit abmildern**, indem sie den Einzelnen für diese Fälle finanziell absichert. Die Höhe der Pflichtbeiträge richtet sich nach dem Einkommen und nicht, wie bei privaten Versicherungen, nach dem Risiko. Alle Mitglieder der gesetzlichen Sozialversicherung haben Anspruch auf die gleiche Leistung.

Die Finanzierung der gesetzlichen Sozialversicherung beruht auf folgenden Grundsätzen:

- Die Versicherung wird hauptsächlich **durch Beiträge finanziert**. In abhängigen Beschäftigungsverhältnissen übernehmen Arbeitgeber und Arbeitnehmer die Beitragszahlungen gemeinsam.
- Die **Höhe der Beiträge** legt bei der Kranken-, Pflege-, Renten- und Arbeitslosenversicherung der Gesetzgeber fest, bei der Unfallversicherung die Selbstverwaltung der Versicherungsträger.
- Durch die Sozialversicherung wird in zweifacher Hinsicht ein sozialer Ausgleich geschaffen. Zum einen richtet sich die Beitragshöhe der einzelnen Versicherten nach ihrem Einkommen und nicht nach dem Risiko. Zum anderen sind alle Versicherten beitragspflichtig. Dies gilt unabhängig davon, ob und in welchem Umfang sie Leistungen der Versicherung in Anspruch nehmen (werden).
- Die **Pflicht zur Versicherung** gewährleistet die nötige Breite der Risikogemeinschaft. Versicherungspflichtig sind in der Regel alle abhängig Beschäftigten.

Reformbedarf in der Sozialversicherung entsteht immer dann, wenn sich der Rahmen verändert. Die Anhebung des **Renteneintrittsalters** auf 67 Jahre ist beispielsweise Ausdruck demografischer Veränderungen. Dramatisch ist gegenwärtig die Situation in der Pflege (**Pflegenotstand**). Die Leistungen der Pflegeversicherung reichen i. d. R. nicht, um alle Pflegekosten abzudecken; Versicherte müssen zusätzlich einen Eigenanteil tragen. Dieser beinhaltet noch nicht die Kosten für Verpflegung und Unterkunft in einem Pflegeheim.

Es ist gegenwärtig kaum abzusehen, wie die Finanzierungsprobleme dauerhaft bewältigt werden können, ob Leistungen weiter gekürzt werden oder Versicherte möglicherweise wieder verstärkt privat vorsorgen müssen.

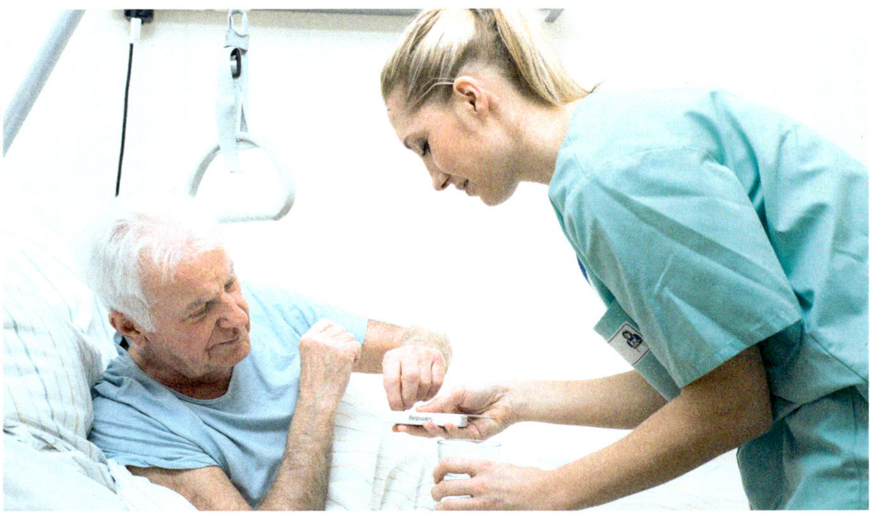

Gesetzliche Sozialversicherungen im Überblick (Stand 2019)

	eingeführt	Träger	Beiträge Arbeitgeber (AG) und Arbeitnehmer (AN)	Leistungen
Krankenversicherung	1883	Gesetzliche Krankenkassen, Ersatzkassen, Gesundheitsfonds (2009)	14,6 % + Zusatzbeitrag (je Kasse unterschiedlich, im Durchschnitt 0,9%), AG und AN je zur Hälfte	Erhalt und Wiederherstellung der Gesundheit (mit Ausnahme von Arbeitsunfällen), Übernahme ärztlicher Kosten, Kosten für Heilbehandlung oder Krankenhaus, Krankengeld
Arbeitslosenversicherung	1927	Bundesagentur für Arbeit, regionale Arbeitsagenturen	2,5 % AG und AN je zur Hälfte	Lohnersatz während der Arbeitslosigkeit (Arbeitslosengeld/-hilfe), Unterstützung bei der Aufnahme von Arbeits- und Ausbildungsverhältnissen, Leistungen zur beruflichen Rehabilitation
Rentenversicherung	1889	Deutsche Rentenversicherung, Bund	18,6 % AG und AN je zur Hälfte	Altersrenten, Berufsunfähigkeits-, Erwerbsminderungs-, Hinterbliebenenrenten, Rehabilitationsmaßnahmen
Pflegeversicherung	1995	Pflegekassen der Krankenkassen	3,05 % AG und AN je zur Hälfte, +0,25% Zuschlag für kinderlose AN ab 23 Jahren	Pflegegeld, je nach Grad der Pflegebedürftigkeit, für häusliche oder stationäre Pflege
Unfallversicherung	1884	Berufsgenossenschaften, Gemeindeunfallversicherung, Unfallkassen	Beiträge zahlt nur AG; Höhe jeweils gemäß Jahreslohnsumme des AN und Gefahrenklasse des Gewerbes	Übergangs- u. Verletztengeld, Verhütung von Arbeitsunfällen, Berufskrankheiten, Wiederherstellung von Gesundheit und Leistungsfähigkeit

In der Übersicht sind nur wesentliche Positionen aufgeführt. Die Höhe der Beiträge von Arbeitgeber (AG) und Arbeitnehmer (AN) bemisst sich an der Höhe des beitragspflichtigen Einkommens des Arbeitnehmers bzw. am individuellen Lohn/Gehalt. **Beitragsbemessungsgrenzen**, ab denen keine weiteren Beitragszahlungen mehr erhoben werden, sind je nach Versicherung zu berücksichtigen.

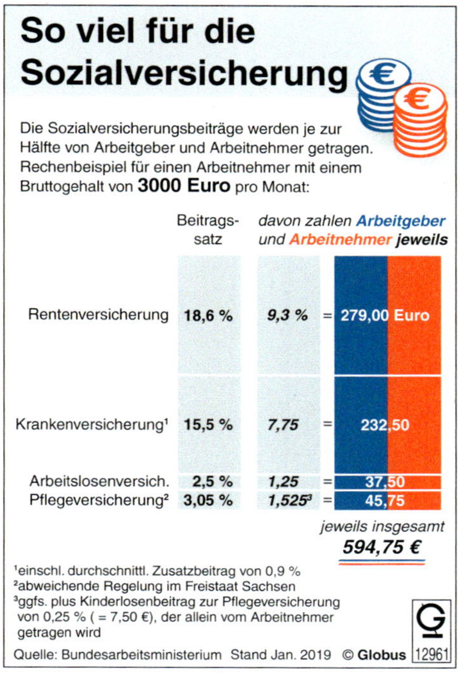

5.5 Die Bevölkerungsentwicklung – ein Problem des Sozialstaats

Es ist davon auszugehen, dass die deutsche Bevölkerung zukünftig deutlich älter sein wird als heute. Im Wesentlichen beeinflussen drei Faktoren die Bevölkerungsstruktur: Geburtenrate, Sterberate, Migration. In Deutschland kommen heute weniger Kinder zur Welt als früher. Die Lebenserwartung steigt, wodurch sich das Durchschnittsalter der Bevölkerung erhöht. Infolge von Wanderungsbewegungen wird zudem die Gesellschaft vielfältiger.

Der fortschreitende **demografische Wandel** wird unsere Gesellschaft spürbar verändern: Dies betrifft Bundes-, Landes- und Kommunalebene, den Bereich der Sozialversicherungen, Arbeitswelt, Infrastruktur und Familienpolitik. Gewachsene soziale und politische Strukturen stehen vor großen Herausforderungen.

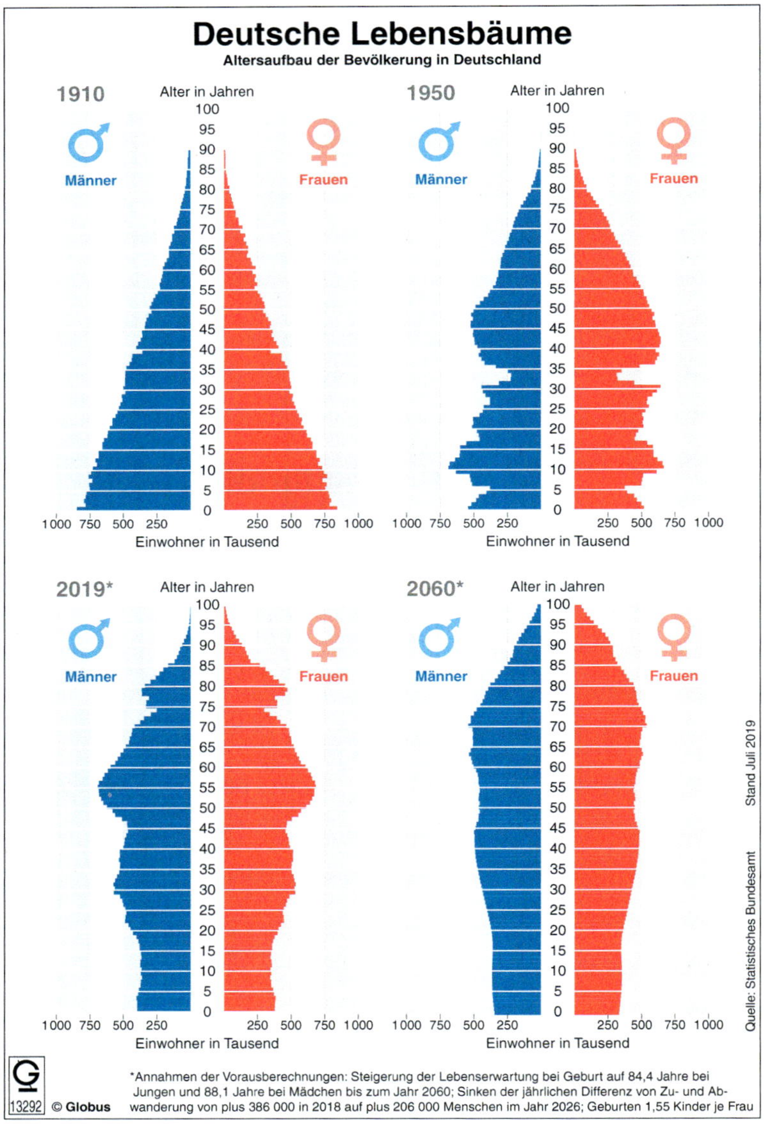

Aufgrund des demografischen Wandels können folgende Konfliktfelder entstehen:

1. Finanzierungs- bzw. Generationenkonflikt:
Es ist zu erwarten, dass die Gruppe der Versorgungsempfänger (Rentner, Pensionäre) wächst, während die Zahl der Erwerbstätigen bzw. der Beitrags- und Steuerzahler sinken wird. Aufgrund des Generationenvertrags bei den Rentenzahlungen müssen dann beispielsweise immer weniger Steuerzahler für immer mehr Leistungsempfänger Beiträge einzahlen. Als Konsequenz kann sich ein abnehmendes Versorgungsniveau in den sozialen Sicherungssystemen mit Folgeproblemen für den sozialen Frieden ergeben (Generationenkonflikt).

2. Regionalkonflikte:
Die Auswirkungen der demografischen Entwicklung werden durch die Binnenwanderung verstärkt. So wird in einigen Regionen der Geburtenrückgang durch die Binnenzuwanderung ausgeglichen, während in anderen Regionen die Binnenabwanderung den demografischen Trend verstärkt. Insbesondere manche ländlichen Räume erleben eine Abwanderung jüngerer Menschen (z. B. Süd-Niedersachsen, ostdeutsche Bundesländer), die dort kaum noch qualifizierte Arbeitsmöglichkeiten oder gute infrastrukturelle Bedingungen vorfinden (z. B. Ärzte, Supermärkte).

3. Arbeitsmarkt- und Qualifikationskonflikte:
Angesichts der demografischen Entwicklung ist die Sicherung des **Fachkräftebedarfs** eine der großen Herausforderungen der kommenden Jahrzehnte. Das Bundeswirtschaftsministerium weist darauf hin, dass in Deutschland derzeit zwar kein flächendeckender Fachkräftemangel besteht, allerdings können schon heute in bestimmten Regionen und Branchen offene Stellen nicht mehr mit geeigneten Fachkräften besetzt werden. (z. B. Süddeutschland, neue Bundesländer). Für die längerfristige Bewältigung des Fachkräftebedarfs ist somit die **Zuwanderung von Fachkräften** von großer Bedeutung. Der Deutsche Bundestag hat im Juni 2019 ein **Fachkräfteeinwanderungsgesetz** beschlossen. Allen qualifizierten Fachkräften aus Nicht-EU-Ländern wird es grundsätzlich ermöglicht, zum Arbeiten nach Deutschland kommen. Dies gilt für alle Branchen. Die bisherige Vorrangprüfung, die Bundesbürgern und EU-Ausländern Vorrang einräumt, entfällt. Allerdings müssen ausländische Fachkräfte die Standards einer deutschen Ausbildung erfüllen.

Nähere Informationen unter:
www.bmi.bund.de
www.bmwi.de
www.bmas.de

Nähere Informationen unter: www.bertelsmann-stiftung.de

ÜBERBLICK

Das **Sozialstaatsprinzip** beinhaltet als Grundsatz, dass einerseits der Staat dafür Sorge trägt, Menschen gegen Risiken abzusichern. Andererseits muss der Einzelne auch eigenverantwortlich Vorsorge betreiben und für Notfälle vorsorgen.

Für die Wirtschafts- und Sozialpolitik besteht hinsichtlich einer „gerechten“ Einkommensverteilung das Problem darin, zwischen **Leistungsprinzip** und **Bedürfnisprinzip** die richtige Balance zu finden.

Die gesetzlichen **Sozialversicherungen** sind Pflichtversicherungen und sollen die Folgen von Krankheit, Pflegebedürftigkeit, Alter oder Arbeitslosigkeit auffangen und den Einzelnen für diese Fälle finanziell absichern.

In der Bevölkerungsforschung wird kontrovers diskutiert, wie dem **demografischen Wandel** begegnet werden kann. Nicht nur der Fachkräftemangel und die öffentliche Diskussion über Migration zeigen, welche gesellschaftlichen Konfliktfelder dieser Wandel beinhaltet.

AUFGABEN

1 Welche wesentlichen Zielsetzungen werden mit der Sozialpolitik verfolgt?

2 Erläutern Sie die Gestaltungsprinzipien des Sozialstaats an jeweils einem Beispiel.

3 Interpretieren Sie die Grafik „Bausteine des Sozialstaats" auf S. 183 gemäß der Drei-Schritte-Technik auf S. 19.

4 Warum kommt dem Subsidiaritätsprinzip im Rahmen der Sozialpolitik in einer funktionsfähigen Marktwirtschaft eine grundlegende Bedeutung zu?

5 Interpretieren Sie die Grafik „Ausgaben für den Sozialstaat" auf S. 183 gemäß der Drei-Schritte-Technik auf S. 19.

6 Recherchieren Sie im letzten Sozialbericht der Bundesregierung: Welche Reformen wurden in der letzten Legislaturperiode durchgeführt?

7 Recherchieren Sie, z. B. beim Statistischen Bundesamt: Welche Bedeutung hat die Armutsquote für die Wohlfahrt in einer Volkswirtschaft?

8 Recherchieren Sie im Internet, wie sich die funktionelle und die personelle Einkommensverteilung in den letzten Jahren entwickelt haben.

9 Mia Feller ist als Verkäuferin beschäftigt. Sie setzt dazu den Produktionsfaktor Arbeit ein. Susa Richter lebt von staatlicher Unterstützung. Um welche Einkommensverteilung handelt es sich jeweils? Begründen Sie Ihre Antworten.

10 Definieren Sie Primär- und Sekundäreinkommen. Stellen Sie dabei die Rolle des Staates dar und diskutieren Sie, welche Annahme bezüglich des staatlichen Handelns getroffen wurde.

11 Interpretieren Sie die Grafik „Wie das Einkommen verteilt ist" auf S. 184 gemäß der Drei-Schritte-Technik auf S. 19.

12 Diskutieren Sie: Wie könnte eine gerechte Einkommensverteilung gestaltet werden? Recherchieren Sie die Problematik im Internet.

13 Was sind die fünf Säulen der Sozialversicherung in Deutschland?

14 Interpretieren Sie die Grafik „So viel für die Sozialversicherung" auf S. 187 gemäß der Drei-Schritte-Technik auf S. 19.

15 Beschreiben Sie den Kreis der Pflichtversicherten in der Sozialversicherung.

16 Erläutern Sie den Unterschied zwischen Sozialversicherungsbeiträgen und Steuern.

17 Die gesetzliche Sozialversicherung finanziert sich nach dem Umlageverfahren. Erklären Sie, wie das Umlageverfahren jeweils bei der Rentenversicherung und der Krankenversicherung funktioniert. Beschreiben Sie im Anschluss, wie dabei jeweils Einkommen umverteilt wird.

18 Interpretieren Sie die Grafik „Deutsche Lebensbäume" auf S. 188 gemäß der Drei-Schritte-Technik auf S. 19.

19 Recherchieren Sie das Punktesystem Kanadas zur Einwanderung von Fachkräften.

20 Erläutern Sie mögliche Konfliktfelder, die sich – weltweit – aus der demografischen Entwicklung ergeben. Recherchieren Sie hierfür im Internet.

5.6 Aufstiegsfortbildungen zur Bewältigung zukünftiger beruflicher Anforderungen

Gary

Gary sitzt mit seinem Freund Jonas in einem Café. Während Gary das Ende seiner kaufmännischen Ausbildung bei dem Automobilzulieferer Nonticental herbeisehnt, ist Jonas schon einen Schritt weiter: Nach dem erfolgreichen Abschluss seiner Ausbildung zum Industriekaufmann wurde er von seinem Ausbildungsbetrieb, einem Reifenhersteller, unbefristet weiterbeschäftigt.

„Mann, hast du's gut", sagt Gary. „Festanstellung, regelmäßiges Einkommen, nette Kollegen und keine Prüfungen mehr ... Ich beneide dich!" „Ja, ich kann nicht klagen", antwortet Jonas. „Aber irgendwie reicht mir das noch nicht. Ich möchte mich weiterentwickeln, immer etwas Neues dazulernen – und irgendwann auch mal eine Führungsposition haben, im Management tätig sein." „Hm, ohne Studium ist das aber schwierig, oder?", meint Gary. „Es gibt durchaus Möglichkeiten", entgegnet Jonas. „Diese Woche hat mir ein Kollege erzählt, dass man eine Fortbildung zum Betriebswirt IHK machen kann. Und wenn man die Prüfung besteht, kann man auch ohne Studium im Management arbeiten. Darauf hätte ich wirklich Lust ..."

„Könnten deine Eltern dich denn finanziell unterstützen?", will Gary wissen. „Für so etwas braucht man doch Geld!" „Ich weiß nicht", sagt Jonas. „Meine Eltern müssen immer noch das Haus abbezahlen und sind deshalb knapp bei Kasse. Aber mein Kollege meinte, dass man für so einen Lehrgang BAföG beziehen kann." „BAföG?", wundert sich Gary. „Das ist doch nur für Studenten, oder?" „Das dachte ich auch immer", antwortet Jonas, „aber offenbar stimmt das so nicht." „Mensch, das interessiert mich jetzt auch!", ruft Gary. „Lass uns doch gleich mal im Internet recherchieren!"

TRENDS

SASCHA LOBO, Blogger und Autor, betont die Bedeutung der Aus- und Weiterbildung angesichts des Wandels durch zunehmende Digitalisierung. „Das Gelingen der digitalen Transformation ist eine Bildungsfrage", sagte er dem IHK-Magazin „Ruhr Wirtschaft". Sein Appell: „Wir müssen jetzt endlich begreifen, dass sich die Zeiten so stark geändert haben, dass man innerhalb weniger Jahre in den verschiedensten Bereichen komplett neue Instrumente haben wird. Und mit denen muss man dann umgehen."

Quelle: Nordwest-Zeitung, 25.05.2019.

Sascha Lobo, geb. 1975, Studium der Publizistik, Biotechnologie, Gesellschafts- und Wirtschaftskommunikation; deutscher Blogger, Buchautor, Journalist und Werbetexter

Aufstiegs-BAföG

Was wird gefördert?

Das Aufstiegs-BAföG (Aufstiegsfortbildungsförderungsgesetz, kurz AFBG) fördert die Vorbereitung auf mehr als 700 Fortbildungsabschlüsse wie Meister/in, Fachwirt/in, Techniker/in, Erzieher/in oder Betriebswirt/in.

Gefördert werden Fortbildungen öffentlicher und privater Träger in Voll- und Teilzeit, die fachlich gezielt auf öffentlich-rechtliche Prüfungen nach dem Berufsbildungsgesetz, der Handwerksordnung oder auf gleichwertige Abschlüsse nach Bundes- oder Landesrecht vorbereiten.

Der angestrebte berufliche Abschluss muss über dem Niveau einer Facharbeiter-, Gesellen- und Gehilfenprüfung oder eines Berufsfachschulabschlusses liegen. Häufig ist daher eine abgeschlossene Erstausbildung Voraussetzung für die Prüfungszulassung zur Fortbildungsprüfung. Gefördert wird nicht notwendigerweise nur die erste Aufstiegsfortbildung, sondern generell eine Aufstiegsfortbildung pro Person. Wenn Sie bereits eine selbst finanzierte Aufstiegsfortbildung absolviert haben, verlieren Sie hierdurch nicht Ihren Förderanspruch. [...]

Quelle: Bundesministerium für Bildung und Forschung (2019): Aufstiegs-BAföG. Die Förderung. Was wird gefördert?, [online] https://www.aufstiegs-bafoeg.de/de/was-wird-gefoerdert-1698.html [26.11.2019]. (Auszug.)

1 Stellen Sie in Kleingruppen Recherchen zu den folgenden Fragen an und notieren Sie Ihre Ergebnisse. Tauschen Sie sich anschließend im Plenum darüber aus.
- **a** Was ist das Aufstiegs-BAföG?
- **b** Weshalb gewinnt das Aufstiegsfortbildungsförderungsgesetz (AFBG) immer mehr an Bedeutung?
- **c** Was ist ein Geprüfter Betriebswirt IHK?

2 Entwickeln Sie in Kleingruppen einen Vorschlag, wie Jonas vorgehen sollte, um die Fortbildung zum Betriebswirt IHK in Angriff zu nehmen.
- **a** Tragen Sie zunächst alle relevanten Aspekte (z. B. Zielsetzung, Beratungsmöglichkeiten, Eingangsvoraussetzungen, Bewerbungsverfahren etc.) in einer Mindmap zusammen.
- **b** Recherchieren Sie zu den gesammelten Aspekten alle Informationen, die Ihnen noch fehlen.
- **c** Erstellen Sie eine PowerPoint-Präsentation, die Sie anschließend im Plenum präsentieren. Beantworten Sie die Fragen Ihrer Zuhörer.

5.7 Arbeitsmarkt- und Beschäftigungspolitik

5.7.1 Arbeitsmarkt

Der Arbeitsmarkt ist ein Markt, auf dem die Regeln von Angebot und Nachfrage gelten. Arbeitnehmer bieten ihre Arbeitskraft an, und Arbeitgeber bezahlen dafür Lohn bzw. Gehalt. Je höher die Zahlungen sind, desto eher besteht für Unternehmen die Möglichkeit, geeignete Arbeitskräfte für einen Arbeitsplatz zu gewinnen. Der Ausgleichsmechanismus von Angebot und Nachfrage ist der Preis für Arbeit, mithin der Lohn.

Märkte
Kapitel 2.2–2.3

Angebot
Kapitel 2.5

Nachfrage
Kapitel 2.4

Gleichwohl weist der Arbeitsmarkt eine Vielzahl von Besonderheiten auf, die ihn von anderen Märkten unterscheiden. In bestimmten Regionen oder bei spezifischen benötigten Arbeitsqualifikationen haben beispielsweise Betriebe oft beträchtliche Schwierigkeiten, freie Arbeitsplätze mit geeigneten Mitarbeitern zu besetzen. Auf der anderen Seite gibt es viele Arbeitnehmer, für deren Arbeitskraft zum üblichen Marktpreis keine Nachfrage besteht (Arbeitslosigkeit).

Arbeitslosigkeit
Kapitel 5.7.2

Wesentliche Einflussfaktoren auf das Verhältnis von Angebot und Nachfrage nach Arbeitskräften sind:

- **Zahl der Erwerbstätigen und Arbeitslosen**: Gegenwärtig fehlen in verschiedenen Branchen und Regionen qualifizierte Arbeitskräfte, nicht zuletzt aufgrund des demografischen Wandels.
- **Qualifikations- und Bildungsstruktur:** Arbeitnehmer verfügen über Berufsausbildungen, die sich deutlich voneinander unterscheiden. Unterschiedliche Ausbildungen und Bildungsabschlüsse werden von den Unternehmen nicht im gleichem Maße nachgefragt (z. B. bei Fachkräftemangel in bestimmten Branchen).

Folgen der Digitalisierung
Kapitel 5.7.6

Des Weiteren sind die **Folgen der Digitalisierung** für den Arbeitsmarkt unklar. Welche Qualifikationen werden in Zukunft tatsächlich gebraucht, wo gehen Arbeitsplätze verloren und welche werden neu geschaffen? Zudem sind wirksame Strategien gegen den drohenden Fachkräftemangel bisher kaum erprobt, wie z. B. in der Pflege älterer Menschen. Ob beispielsweise Pflegeroboter, wie sie in Fernost entwickelt werden, hier die Lösung bringen, darf zu Recht bezweifelt werden.

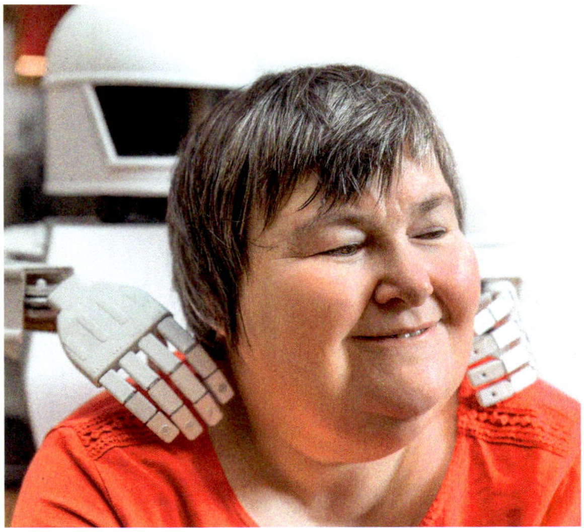

Pflegeroboter

Die **Organisation des Arbeitsmarktes** wird durch den Zusammenschluss der Arbeitgeber in Arbeitgeberverbänden und der Arbeitnehmer in Gewerkschaften maßgeblich geprägt. Die sogenannten **Tarifpartner** handeln Löhne und Arbeitsbedingungen selbstständig im Rahmen der **Tarifautonomie** aus, d. h. ohne Eingriffe des Staates. Der Staat kann nur die rechtlichen Rahmenbedingungen festlegen.

5.7.2 Arbeitslosenquote als Indikator für Arbeitslosigkeit

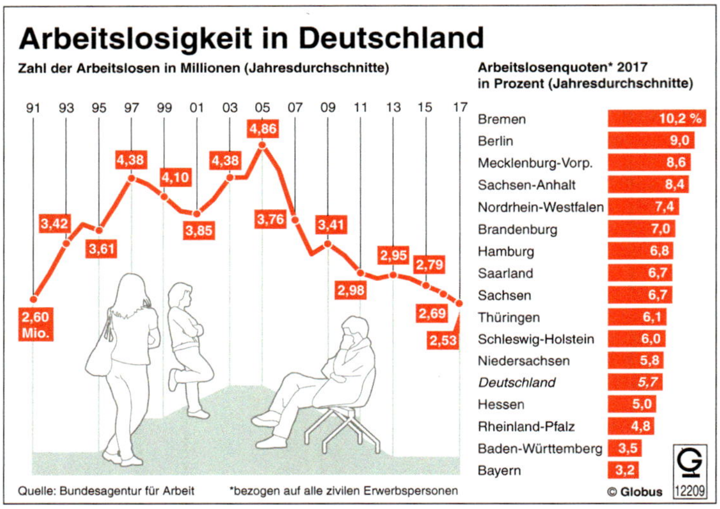

Ziele der Wirtschaftspolitik **Kapitel 3.11**

Arbeitslosigkeit bringt sowohl für die einzelnen Betroffenen als auch für die gesamte Gesellschaft große finanzielle und soziale Belastungen mit sich. Deshalb ist es eine Kernaufgabe der Wirtschaftspolitik, Arbeitslosigkeit zu verhindern bzw. zu verringern.

Das Statistische Bundesamt und die Bundesagentur für Arbeit veröffentlichen regelmäßig Kennziffern zur Beschäftigungssituation in Deutschland. Die wichtigste Kennziffer ist die **Arbeitslosenquote**. Sie signalisiert, inwieweit das gesamtwirtschaftliche Ziel eines hohen Beschäftigungsniveaus erreicht ist.

Berechnungsformel Arbeitslosenquote

Erwerbspersonen
alle inländischen Personen, die eine Erwerbstätigkeit entweder ausüben oder suchen

$$\text{Arbeitslosenquote} = \frac{\text{Arbeitslose} \cdot 100\,\%}{\text{Erwerbspersonen}}$$

Die von der Bundesagentur für Arbeit registrierten Arbeitslosen erfüllen folgende Kriterien:

- Sie sind bei der Bundesagentur für Arbeit als arbeitslos registriert.
- Sie sind arbeitssuchend.
- Sie sind weniger als 15 Stunden in der Woche beschäftigt.

Das nachfolgende Schema zeigt die Einteilung der Wohnbevölkerung in Erwerbspersonen und Nichterwerbspersonen:

$$\text{Erwerbsquote} = \frac{\text{Erwerbspersonen} \cdot 100\,\%}{\text{Wohnbevölkerung}}$$

<table>
<tr><th colspan="5">Wohnbevölkerung</th></tr>
<tr><td colspan="3">Erwerbspersonen</td><td colspan="2">Nichterwerbspersonen</td></tr>
<tr><td colspan="2">Erwerbstätige</td><td rowspan="2">Erwerbslose</td><td rowspan="2">Stille Reserve</td><td rowspan="2">Nichterwerbsfähige und Nichterwerbswillige</td></tr>
<tr><td>Arbeitnehmer</td><td>Selbstständige</td></tr>
<tr><td colspan="4">Erwerbspersonenpotenzial</td><td></td></tr>
</table>

In der Beschäftigungsstatistik werden auch die **Nichterwerbspersonen** erfasst. Diese Personen treten am Arbeitsmarkt nicht als Anbieter ihrer Arbeitskraft auf:

- **Nichterwerbsfähige** aus Krankheits- oder Altersgründen (z. B. alle Personen unter 15 und die meisten über 65 Jahre, chronisch Kranke);
- **Nichterwerbswillige** (z. B. Hausfrauen und -männer, Studenten und Schüler);
- die **Stille Reserve** (alle Erwerbsfähigen und Erwerbswilligen, die nicht bei der Bundesagentur für Arbeit als arbeitslos registriert sind).

Das Statistische Bundesamt definiert **Erwerbslose** nach dem Konzept der ILO (International Labour Organisation), die international vergleichbare Kriterien für Erwerbslosigkeit erstellt. Nach dem ILO-Konzept gilt bereits als erwerbslos, wer zwischen 15 und 74 Jahre alt ist, nicht mehr als eine Stunde pro Woche arbeitet und in den letzten vier Wochen aktiv nach Arbeit gesucht hat.

Die folgende Tabelle zeigt, welche negativen Folgen Arbeitslosigkeit für den Einzelnen und für die Gesellschaft haben kann.

Folgen der Arbeitslosigkeit

	Finanzielle Belastungen	Soziale Belastungen
Folgen für den Einzelnen	– Einkommenseinbußen folgen – Schulden entstehen – Lebensstandard sinkt	– soziale Kontakte fehlen – Gefühl, überflüssig zu sein, entsteht – Spannungen in der Familie entstehen – Selbstachtung sinkt
Folgen für die Gesellschaft	– Humankapital wird vernichtet – Einnahmen bei den Sozialversicherungsbeiträgen und Steuern sinken – Ausgaben für Versicherungs- und Transferleistungen steigen	– Kluft zwischen Arm und Reich wächst – soziale Spannungen entstehen – Gefahr der politischen Radikalisierung droht

5.7.3 Typen von Arbeitslosigkeit

Arbeitslosigkeit kann vielfältige Ursachen haben. Je nach Art der Ursache lassen sich verschiedene Typen von Arbeitslosigkeit unterscheiden:

Friktionelle Arbeitslosigkeit entsteht, wenn Arbeitnehmer auf der Suche nach einem neuen Arbeitsplatz sind oder Unternehmen für einen unbesetzten Arbeitsplatz einen neuen Mitarbeiter suchen. Diese „Sucharbeitslosigkeit" trifft den Einzelnen nur vorübergehend und ist unvermeidbar.

Saisonale Arbeitslosigkeit entsteht durch die Abhängigkeit bestimmter Arbeitsplätze von den Jahreszeiten, z. B. im Baugewerbe und im Tourismus.

saisonale Schwankungen **Kapitel 3.13.1**

Konjunkturelle Arbeitslosigkeit entsteht, wenn die gesamtwirtschaftliche Nachfrage nach Waren und Dienstleistungen sinkt. Dann werden Arbeitskräfte von den Unternehmen „freigesetzt", die aber bei steigender Nachfrage wieder eingestellt werden können.

konjunkturelle Schwankungen **Kapitel 3.13.2**

Strukturwandel
Kapitel 3.3

Strukturelle Arbeitslosigkeit ist – anders als die saisonale oder konjunkturelle Arbeitslosigkeit – ein langfristiges Phänomen, das sich nicht innerhalb bestimmter Zyklen von selbst auflöst. Sie entsteht, wenn infolge tiefgreifender Änderungen der Wirtschaftsstruktur Arbeitsangebot und -nachfrage nur noch schwer in Übereinstimmung zu bringen sind.

- Eine spezielle Form der strukturellen Arbeitslosigkeit ist die **regionale Arbeitslosigkeit**, die dadurch entsteht, dass manche Regionen besonders stark vom Strukturwandel und damit von Arbeitslosigkeit betroffen sind. In Deutschland sind dies z. B. Mecklenburg-Vorpommern, Sachsen-Anhalt und das Ruhrgebiet.
- Eine weitere Form von langfristiger Arbeitslosigkeit, die manchmal ebenfalls als „strukturell" bezeichnet wird, ist die **wachstumsdefizitäre Arbeitslosigkeit**. Diese ist ein gesamtwirtschaftliches Phänomen und entsteht, wenn die Wachstumsraten einer Volkswirtschaft dauerhaft zu niedrig sind, um Vollbeschäftigung zu gewährleisten.

5.7.4 Ansatzpunkte der Beschäftigungspolitik

Da die genannten Typen von Arbeitslosigkeit sehr unterschiedliche Ursachen haben, unterscheiden sich auch die Ansätze zu ihrer Bekämpfung. Generell gilt, dass das Ziel eines hohen Beschäftigungsgrades nur durch ein Zusammenspiel dieser Ansätze erreicht werden kann.

Typen von Arbeitslosigkeit und beschäftigungspolitische Ansätze

Dauer	Typus von Arbeitslosigkeit	Ursachen	Ansatzpunkte der Beschäftigungspolitik
kurzfristig	friktionelle Arbeitslosigkeit (Sucharbeitslosigkeit)	normale Fluktuation auf dem Arbeitsmarkt (Arbeitsplatzwechsel bzw. Stellenneubesetzungen)	– Erhöhung der Transparenz des Arbeitsmarktes – Verbesserung der Vermittlungssysteme
	saisonale Arbeitslosigkeit	saisonale Schwankungen aufgrund der Wetterabhängigkeit mancher Branchen	– Kurzarbeitergeld („Schlechtwettergeld")
mittelfristig	konjunkturelle Arbeitslosigkeit	vorübergehender Rückgang der gesamtwirtschaftlichen Nachfrage	– expansive Konjunkturpolitik (Fiskalpolitik, Geldpolitik) – konjunkturelles Kurzarbeitergeld
langfristig	strukturelle Arbeitslosigkeit in einzelnen Sektoren und Regionen	mangelnde Übereinstimmung von Arbeitsangebot und -nachfrage aufgrund von Strukturwandel	– sektorale und regionale Strukturpolitik – Fortbildungs- und Umschulungsmaßnahmen – Förderung von Mobilität
	wachstumsdefizitäre Arbeitslosigkeit	dauerhafte Wachstumsschwäche (Güterproduktion wächst langsamer als Arbeitsproduktivität)	– langfristig orientierte Wachstumspolitik – kostenneutrale Lohnpolitik – Flexibilisierung des Arbeitsmarktes

Strukturpolitik
Kapitel 3.3.1

Besonders schwierig ist die Bekämpfung **struktureller Arbeitslosigkeit**. Es gibt unterschiedliche, einander ergänzende Ansatzpunkte: Betroffene Sektoren oder Regionen können im Rahmen staatlicher Strukturpolitik gezielt gefördert werden. Diskrepanzen zwischen den Anforderungsprofilen der Unternehmen und den Qualifikationen der Arbeitssuchenden versucht die Bundesagentur für Arbeit mit Fortbildungs- und Umschulungsmaßnahmen zu reduzieren.

5.7.5 Aktive und passive Beschäftigungs- und Bildungspolitik

Ein zentraler Träger der Beschäftigungs- und Bildungspolitik in Deutschland ist die **Bundesagentur für Arbeit**. Auf der örtlichen Ebene sind die **Agenturen für Arbeit** zuständig. Ihre wesentlichen **Aufgaben** sind:

- Vermittlung in Ausbildungs- und Arbeitsstellen,
- Berufsberatung,
- Arbeitgeberberatung,
- Förderung der Berufsausbildung,
- Förderung der beruflichen Weiterbildung,
- Förderung der beruflichen Eingliederung von Menschen mit Behinderung,
- Leistungen zur Erhaltung und Schaffung von Arbeitsplätzen und
- Entgeltersatzleistungen, wie zum Beispiel Arbeitslosengeld oder Insolvenzgeld.

Aktive Arbeitsmarktpolitik

Im Rahmen ihrer aktiven Beschäftigungs- und Bildungspolitik will die Bundesagentur für Arbeit vorrangig die Wiedereingliederung von Arbeitslosen in den Arbeitsprozess ermöglichen. Leistungen der Bundesagentur für Arbeit sind an die Auflage gebunden, dass Leistungsempfänger aktiv an ihrer Wiedereingliederung mitwirken.

Ziel	Leistungen an Arbeitslose	Leistungen an Arbeitgeber
Verhinderung von Arbeitslosigkeit	– Berufs- und Arbeitsberatung – Arbeitsvermittlung	– Zahlung von Kurzarbeitergeld
Qualifizierung bei Arbeitslosigkeit	– Fortbildung und Umschulung – Arbeitsbeschaffungsmaßnahmen – Trainingsmaßnahmen bei anerkannten Bildungsträgern	– betriebliche Trainingsmaßnahmen
finanzielle Hilfen zur Beseitigung von Vermittlungshemmnissen	– Unterhaltsgeldzahlung während einer Qualifizierungsmaßnahme – Überbrückungsgeld für Arbeitslose, die sich selbstständig machen (6 Monate) – Übernahme von Bewerbungskosten (Portokosten, Reisekosten) – Mobilitätshilfen bei Aufnahme einer Beschäftigung, z. B. Umzugskostenbeihilfe – Zuschüsse, z. B. für Arbeitskleidung	– Eingliederungszuschüsse für schwer vermittelbare Arbeitslose – Einstellungszuschüsse für Arbeitslose, wenn es sich um ein neu gegründetes Unternehmen handelt

Passive Arbeitsmarktpolitik

Die passive Arbeitsmarktpolitik sorgt dafür, dass die soziale Grundsicherung für die Arbeitslosen und ihre Haushaltsmitglieder gewährleistet wird. Passive Arbeitsmarktpolitik umfasst die Zahlung von Entgeltersatzleistungen (dazu zählen das **Arbeitslosengeld I und II**), um die finanziellen Folgen der Arbeitslosigkeit abzumildern.

weitere Entgeltersatzleistungen:
- Kurzarbeitergeld
- Insolvenzgeld
- Wintergeld

5.7.6 Digitalisierung und Strukturwandel in der Arbeitswelt

Strukturwandel durch Digitalisierung **Kapitel 3.3.1**

Faktorsubstitution **Kapitel 3.2**

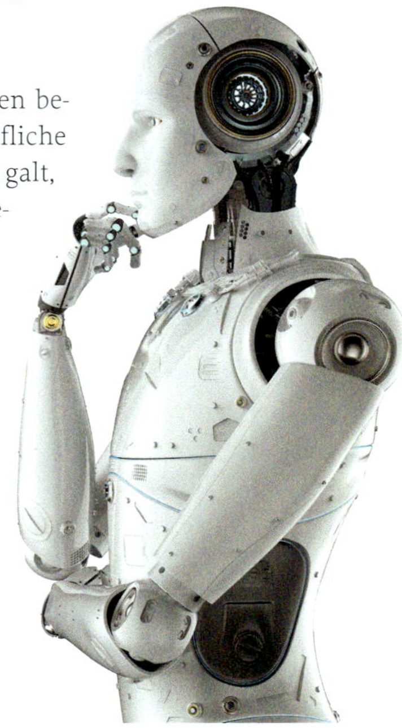

Digitalisierungsprozesse haben sich in den letzten Jahren beschleunigt und verändern Arbeitswelt und Berufe. Berufliche Tätigkeiten, bei denen der Mensch bisher als unersetzlich galt, können heute teilweise von Computern und computergesteuerten Maschinen übernommen (substituiert) werden.

IAB-Stellungnahme 2/2019: http://doku.iab.de/stellungnahme/2019/sn0219.pdf

Substituierbarkeitspotenzial Anteil der Tätigkeiten in einem Beruf, die potenziell durch Computer bzw. Maschinen übernommen werden können

Gemäß Untersuchungen des Instituts für Arbeitsmarkt- und Berufsforschung (IAB) ist zwischen 2013 und 2016 die Gefahr der Übernahme von beruflichen Tätigkeiten durch Computereinsatz in vielen Berufen gestiegen. Der Anteil sozialversicherungspflichtig Beschäftigter, die in einem Beruf mit hohem **Substituierbarkeitspotenzial** arbeiten, ist im Durchschnitt von ca. 15 % auf etwa 25 % gestiegen. Geordnet nach vier Anforderungsniveaus sind Helferberufe am stärksten, Expertenberufe am geringsten betroffen.

Neue technologische Entwicklungen

Insbesondere vier technologische Entwicklungen führen zu diesem Strukturwandel:

- **Selbstlernende Computerprogramme** sind inzwischen in der Lage, auch komplexe Aufgaben zu übernehmen, z. B. bei der Prüfung von Versicherungsverträgen oder bei der Besetzung offener Stellen in Unternehmen.
- **Mobile Roboter** sind mit Sensoren ausgestattet, die die Umgebung scannen. Sie können Hindernisse erkennen, diesen ausweichen und sind für die mobile Durchführung bestimmter Tätigkeiten programmiert. Serviceroboter können z. B. einfache Tätigkeiten wie das Kommissionieren im Lager oder das Holen und Bringen von Essen in der Pflege übernehmen.
- Mithilfe von **3D-Druck** können, zumeist im Spritzgussverfahren, reale Modelle hergestellt werden, beispielweise Zahnersatz und Prothesen in der Medizin- und Zahntechnik.
- **Virtuelle Realität:** Am Computer kann virtuell simuliert werden, ob ein bisher nur in der Vorstellung existierendes Bauteil in die vorgesehene reale Umgebung passt, z. B. bei der Planung von Wohnanlagen, Häusern oder neuen industriellen Fertigungsstraßen.

Quelle: Institut für Arbeitsmarkt- und Berufsforschung (IAB) (2018): IAB-Kurzbericht 4/2018, S. 1 [online] http://doku.iab.de/kurzber/2018/kb0418.pdf [12.12.2019].

Hinsichtlich der Bedeutung selbstlernender Computerprogramme für die Substituierung von Tätigkeiten im kaufmännisch-verwaltenden Bereich, wie z. B. im Personalwesen, stellt das IAB fest:

„Selbst bei der Besetzung einer offenen Stelle schaffen es Computerprogramme inzwischen, auf der Basis einer genauen Beschreibung des Stellenprofils und einer großen Menge an Daten über bisherige Rekrutierungs*entscheidungen, geeignete Kandidaten vorzuschlagen. Ein eingebauter Lern*algorithmus *(Machine Learning) führt dabei nicht nur dazu, dass die* historische Erfahrung *bei der Besetzung einer Stelle in das Programm einfließt, sondern auch dazu, dass sich der Suchalgorithmus – wenn der vom Programm vorgeschlagene Kandidat nicht eingestellt werden konnte oder nicht die erhofften Ergebnisse erzielt – automatisch anpasst."*

Quelle: Katharina Dengler & Britta Matthes (2018): Substituierbarkeitspotenziale von Berufen. Wenige Berufe halten mit der Digitalisierung Schritt, in: Institut für Arbeitsmarkt- und Berufsforschung (IAB): IAB-Kurzbericht 4/2018, S. 3, [online] http://doku.iab.de/kurzber/2018/kb0418.pdf [26.11.2019]. (Auszug.)

Rekrutierung
Einstellung von neuen Mitarbeitern

Algorithmus in der Informatik
Folge von Anweisungen endlicher Länge zur Lösung eines Problems

historische Erfahrung
bisherige Erfahrung

Der von einem russischen Start-up-Unternehmen entwickelte Roboter „Vera" ist ein Beispiel dafür, dass im Personalwesen sogar Einstellungsgespräche auf selbstlernende Computerprogramme übertragen werden können: Der Roboter kann Video- und Telefongespräche führen, um aus einer großen Menge von Bewerbern eine Vorauswahl zu treffen.

Ähnliche Entwicklungen halten inzwischen in großen Unternehmen, beispielsweise bei Online-Banken Einzug, um Kundennachfragen zunächst sprachgesteuert auf Basis eines selbstlernenden Computerprogramms beantworten zu können. Auch im privaten Bereich finden selbstlernende Computerprogramme bereits Anwendung. Ein Beispiel ist „Alexa", ein von Amazon entwickelter virtueller Assistent, der Sprachbefehle entgegennimmt und z. B. Fernsehprogramme oder Musiktitel im Internet sucht. „Siri" ist ein entsprechender Sprachassistent von Apple.

Notwendigkeit lebenslangen Lernens

Eine gute Ausbildung ist also längst keine Garantie mehr, dass die Ausbildungsgrundlagen ein Leben lang ausreichen. Letztlich ist es notwendig, lebenslang beruflich weiterzulernen, um mit den digitalen Entwicklungen Schritt zu halten. Es gilt, eigene berufliche Qualifikationen weiterzuentwickeln, sodass diese entweder nicht einfach zu substituieren sind oder neu geschaffene berufliche Aufgaben übernommen werden können.

Grundsätzlich – und dies nicht nur mit Blick auf die Digitalisierung – wird **Weiterbildung** zum Schlüssel für Aufstieg und Erfolg im Berufsleben. Hierzu gehören berufliche Maßnahmen wie beispielsweise Lehrgänge, Umschulungen oder Meisterkurse, Sprachunterricht oder das Nachholen von Schulabschlüssen. Für viele Weiterbildungen besteht die Möglichkeit einer staatlichen Förderung. Im Regelfall bringt Weiterbildung jedoch nur dann etwas für Beruf und Karriere, wenn sie mit einem **anerkannten beruflichen Abschluss** verbunden ist. Berufsbegleitende Kurse und Lehrgänge ohne formalen Abschluss haben dagegen einen geringeren Effekt auf die Karriere.

Globalisierung
Kapitel 4.15

Da Unternehmen im Zuge der Globalisierung zunehmend international arbeiten, steigt auch die Nachfrage nach Fachkräften mit **Auslandserfahrung**. Die Möglichkeit, andere Kulturen und Arbeitsweisen kennenzulernen, gibt es mittlerweile schon während der Ausbildung. Um sich auf dem Ausbildungsmarkt von der Konkurrenz zu unterscheiden, bieten manche Unternehmen, z. B. als Anreiz für gute Leistungen, **Auslandspraktika für Auszubildende** an. Laut Berufsbildungsgesetz kann bis zu einem Viertel der regulären Ausbildungszeit im Ausland verbracht werden. Bei einer dreijährigen Ausbildung sind das neun Monate. Unterstützt werden kann ein Auslandsaufenthalt über das EU-Förderprogramm „Erasmus+“.

Das Projekt „Berufsbildung ohne Grenzen“ wurde 2009 vom Bundesarbeitsministerium zusammen mit dem Zentralverband des Deutschen Handwerks und den Industrie- und Handelskammern ins Leben gerufen. Weitere Informationen: https://www.berufsbildung-ohne-grenzen.de/

ÜBERBLICK

Der **Arbeitsmarkt** weist eine Vielzahl von Besonderheiten auf, die ihn von anderen Märkten unterscheiden. Eine Besonderheit ist, dass Menschen arbeitslos werden können. Zwar ist es eine Kernaufgabe der Wirtschaftspolitik, **Arbeitslosigkeit** zu verhindern bzw. zu verringern. „Vollbeschäftigung“ zu erreichen ist jedoch aus vielfältigen Gründen nicht möglich. Für die Zukunft bleibt es unumgänglich, lebenslang beruflich weiterzulernen.

1 Erläutern Sie die Besonderheiten des Arbeitsmarktes.

2 Recherchieren Sie (z. B. bei einer Gewerkschaft), welche Bedeutung der Tarifautonomie zukommt.

3 Recherchieren Sie die aktuelle Arbeitslosenquote für Deutschland. Erklären Sie, was die Arbeitslosenquote ausdrückt.

4 Aus einem Land sind Ihnen die folgenden Zahlen bekannt: 85 400 Einwohner, 3 130 Arbeitslose, 44 205 Erwerbspersonen. Berechnen Sie die Arbeitslosenquote nach der Formel, die die Bundesagentur für Arbeit zugrunde legt.

5 Interpretieren Sie die Grafik „Arbeitslosigkeit in Deutschland“ auf S. 194 gemäß der Drei-Schritte-Technik auf S. 19.

6 Erläutern Sie, inwiefern die Arbeitslosenquote das wahre Niveau der Arbeitslosigkeit über- bzw. unterschätzt.

7 Vergleichen Sie die Definition der Arbeitslosenquote der Bundesagentur für Arbeit mit der Definition, die das Statistische Bundesamt gemäß dem Konzept der Internationalen Arbeitsorganisation (ILO) für seine Zahlen zur Erwerbsstatistik zugrunde legt. Welche Gründe könnten dafür ausschlaggebend sein, dass die Definition der Bundesagentur für Arbeit von der der ILO abweicht?

8 Recherchieren Sie aktuelle Zahlen des Statistischen Bundesamtes zu den folgenden Bevölkerungsgruppen in Deutschland:
a Erwerbstätige,
b Erwerbslose,
c Stille Reserve,
d sonstige Nichterwerbspersonen.

9 Ein hohes Beschäftigungsniveau, gemessen an der Arbeitslosenquote, ist als gesetzliches Ziel der Wirtschaftspolitik im Stabilitäts- und Wachstumsgesetz verankert. Warum ist ein hohes Beschäftigungsniveau so wichtig für eine Volkswirtschaft?

10 Zum Auftakt des Bundestagswahlkampfs 2017 hat Bundeskanzlerin Angela Merkel das Ziel der Vollbeschäftigung in Deutschland bis zum Jahr 2025 ausgegeben. Bis dahin solle die Arbeitslosigkeit unter 3 % sinken, sagte die CDU-Chefin. Sie glaube, „dass das zu schaffen ist“. Bewerten Sie, ob es richtig war von Merkel, nicht von 0 % als Vollbeschäftigung auszugehen.

11 Erklären Sie die folgenden Begriffe und nennen Sie jeweils ein Beispiel:
a friktionelle Arbeitslosigkeit,
b saisonale Arbeitslosigkeit,
c konjunkturelle Arbeitslosigkeit,
d strukturelle Arbeitslosigkeit.

12 Erklären Sie die folgenden Aussagen:
a Die friktionelle Arbeitslosigkeit steigt, wenn der technische Fortschritt schneller voranschreitet.
b Die strukturelle Arbeitslosigkeit steigt, wenn der technische Fortschritt schneller voranschreitet.
c Die friktionelle Arbeitslosigkeit beansprucht einen größeren Anteil an der gesamten Arbeitslosigkeit, wenn die Arbeitslosenquote gering ist.

AUFGABEN

13 Um welche Art von Arbeitslosigkeit (friktionell, saisonal, konjunkturell oder strukturell) geht es in den folgenden Fällen?
- **a** Den Erntemitarbeitern wird zum Ende des Sommers gekündigt.
- **b** Mark verliert seine Anstellung, da der Absatz der Branche deutlich zurückgeht.
- **c** Juliette hat keine Lust mehr, in der Region Niederrhein zu arbeiten. Sie kündigte ihren Job als Kellnerin in der Gastwirtschaft „Zur Post" und fängt nächsten Monat in einem Restaurant in Düsseldorf an.
- **d** Melissa hat ihr Studium der Ethnologie erfolgreich abgeschlossen. Sie findet keine Anstellung.

14 Erläutern Sie den Unterschied zwischen aktiver und passiver Arbeitsmarktpolitik.

15 Recherchieren Sie: Welche staatlichen Hilfen der Bundesagentur für Arbeit können bei Arbeitslosigkeit in Anspruch genommen werden?

16 Simon Wilke hat keine Lust zu arbeiten. Es gelingt ihm, soziale Unterstützung (Hartz IV) zu erhalten. Bennett Götz arbeitet 40 Stunden die Woche im Niedriglohnbereich. Er hat nur 100 Euro mehr Nettoeinkommen als Simon durch Hartz IV. Welche Anreizproblematik kann sich dadurch ergeben?

17 Diskutieren Sie: Inwiefern ist strukturelle Arbeitslosigkeit in der sozialen Marktwirtschaft „normal"?

18 Erläutern Sie den Begriff Substituierbarkeitspotenzial.

19 Erläutern Sie die Bedeutung selbstlernender Computerprogramme an einem Beispiel.

20 Diskutieren Sie: Können selbstlernende Computerprogramme den berufstätigen Menschen ersetzen?

21 Interpretieren Sie die Grafik „Warum Weiterbildung?" auf S. 200 gemäß der Drei-Schritte-Technik auf S. 19.

22 Interpretieren Sie die Grafik „So werben Firmen um neue Mitarbeiter" auf S. 200 gemäß der Drei-Schritte-Technik auf S. 19.

23 Diskutieren Sie: Warum wird in Zukunft die berufliche Weiterbildung zum Schlüssel für Aufstieg und Erfolg im Berufsleben? Recherchieren Sie z. B. beim Bundesinstitut für Berufsbildung.

24 Recherchieren Sie die Bedeutung eines Auslandsaufenthalts während der Ausbildung.

Kann man wirtschaftliche Entwicklungen vorhersehen?

Woher bekommt der Staat sein Geld und wofür gibt er es aus?

Wie unterscheiden sich Nachfragepolitik und Angebotspolitik?

Was tut die Europäische Zentralbank?

Wie funktioniert Geldpolitik?

HANDLUNGSFELD 6

Volkswirtschaftliche Aspekte zu
Investition und Finanzierung

6.1 Schwächelt die Weltwirtschaft?

Mutter

Gary

Vater

Eli

Familie Schelling sitzt am Frühstückstisch. Akilah Schelling, die eine Frühaufsteherin ist, hat bereits den Wirtschaftsteil der Zeitung gelesen. Während sie sich ein Brötchen schmiert, sagt sie nachdenklich: „Es ist wirklich beunruhigend. Der Internationale Währungsfonds hat seine Prognose für die Entwicklung der Weltwirtschaft schon wieder nach unten korrigiert." „Ich höre immer nur: ‚Prognose korrigiert', ‚Prognose korrigiert' ...", antwortet Gary. „Wie kann es denn sein, dass die ständig ihre Prognosen korrigieren?" „Na ja, die sind auch keine Hellseher", wirft Paul Schelling ein. „Also, wenn ich in einer Klausur irgendwelchen Mist schreibe", ereifert sich Gary, „kann ich hinterher auch nichts korrigieren!" „Dieser Vergleich hinkt", entgegnet seine Mutter. „Es ist halt schwierig, sämtliche Faktoren vorherzusehen, die Einfluss auf die Konjunkturentwicklung nehmen können." Gary ist noch immer gereizt: „Im Gegensatz zu mir bekommen die Experten im IWF aber viel Geld für ihre Arbeit! Kann man da nicht etwas mehr Zuverlässigkeit verlangen?"

„Mensch, Gary, reg dich doch nicht so auf!", mischt Elinor sich ein. „Mich würde echt mal interessieren, warum die Prognose nach unten korrigiert wurde. Und was es für uns bedeutet, wenn die Weltwirtschaft schwächelt."

Die Weltwirtschaft wächst weiterhin schwach

Währungsfonds korrigiert seine Prognose für 2019 nach unten

sju. FRANKFURT, 23. Juli. Der Handelskrieg, geopolitische Spannungen und die Gefahr eines ungeordneten Brexits haben den Internationalen Währungsfonds (IWF) dazu veranlasst, seine Wachstumsprognose für die Weltwirtschaft weiter nach unten zu korrigieren. 2019 erwartet der IWF nur noch ein Wachstum von 3,2 Prozent. [...] Die Senkung der Prognose um 0,1 Prozentpunkte falle zwar moderat aus, müsse jedoch im Zusammenhang mit den vorangegangenen Korrekturen im Januar und April gesehen werden, mahnte IWF-Chefvolkswirtin Gita Gopinath. Die Aussichten seien weiterhin trüb. Für das kommende Jahre erwartet der IWF eine Erholung der Weltwirtschaft, kürzte seine Prognose aber ebenfalls um 0,1 Prozentpunkte auf 3,5 Prozent. Unsicherheiten berge vor allem der Handelskonflikt, der sich weiter auf den Technologiesektor auszuweiten drohe, wodurch globale Lieferketten in Gefahr seien, warnte Gopinath.

Für Deutschland geht der IWF in diesem Jahr nur noch von einem Wachstum in Höhe von 0,7 Prozent aus – im April waren es noch 0,8 Prozent. Dies begründet der Fonds vor allem mit einer schwächeren internationalen Nachfrage nach deutschen Produkten, wodurch auch Investitionen gebremst würden. Damit liegt Deutschland deutlich unter dem Durchschnitt der Eurozone, deren Wachstum der Fonds auf 1,3 Prozent schätzt. 2020 werde die deutsche Wirtschaft ihr Wachstum jedoch voraussichtlich wieder beschleunigen und mit 1,7 Prozent leicht über dem Durchschnitt der Eurozone von 1,6 Prozent liegen. [...]

Quelle: Frankfurter Allgemeine Zeitung, 24.07.2019, S. 17. (Auszug.)

1 Diskutieren Sie zunächst in Kleingruppen und dann im Plenum:

a Warum korrigiert der Internationale Währungsfonds seine Prognose zum Weltwirtschaftswachstum?

b Welche anderen schwer vorhersehbaren Faktoren können eine Korrektur von Konjunkturprognosen erforderlich machen?

2 Diskutieren Sie zunächst in Kleingruppen und dann im Plenum:

a Welche der folgenden Faktoren können Ihrer Meinung nach für eine nachlassende wirtschaftliche Dynamik in einem Land verantwortlich sein?

- ☐ starke Währung
- ☐ Verfall der Weltmarktpreise wichtiger Exportgüter eines Landes, z. B. Rohöl in Russland
- ☐ mangelnder technischer Fortschritt
- ☐ schwache Investitionen
- ☐ Reduktion von Forschungs- und Entwicklungsausgaben
- ☐ Erhöhung der Leitzinsen durch die Notenbank
- ☐ nachlassende wirtschaftliche Dynamik bei wichtigen Handelspartnern
- ☐ Sanktionen gegen Politiker und Unternehmen (Beispiel: Stopp der Exporte in ein Land aus politischen Gründen, Verteuerung vieler Produkte in diesem Land, Verunsicherung von Investoren und Verbrauchern)
- ☐ politische Instabilität, Krieg
- ☐ schlechte Infrastruktur

b Wie würden Sie das Nachlassen bzw. die Steigerung der wirtschaftlichen Dynamik eines Landes messen?

3 Teilen Sie die Klasse in sechs gleich große Gruppen ein, die zu jeweils einem der folgenden Indikatoren die aktuelle Entwicklung in Deutschland recherchiert.

Gruppe 1: reales Bruttoinlandsprodukt	**Gruppe 2:** Erwerbstätigenzahlen und Arbeitslosenquote	**Gruppe 3:** Exporte und Außenhandelsbilanz
Gruppe 4: Binnennachfrage	**Gruppe 5:** Preissteigerungsrate	**Gruppe 6:** Geschäftsklimaindex

4 Bilden Sie nun Sechsergruppen, in denen aus allen vorherigen Gruppen jeweils eine Person vertreten ist. Jede Sechsergruppe erstellt ein Plakat, das sie anschließend im Plenum präsentiert.

a Versuchen Sie, mithilfe der sechs Indikatoren aus Aufgabe 3 die weitere Wirtschaftsentwicklung in Deutschland zu prognostizieren. Wohin geht der Trend?

b Vergleichen Sie Ihre Prognose mit aktuellen Prognosen von Wirtschaftsforschungsinstituten. Gibt es Abweichungen? Warum (nicht)?

c Versuchen Sie, Elinor eine Antwort auf ihre Frage „Was bedeutet das für uns?" zu geben. Berücksichtigen Sie dabei die untenstehenden Informationen.

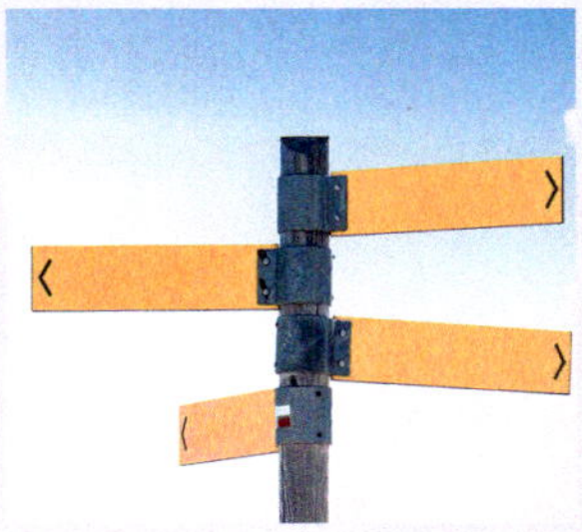

Eli (17): Ist Schülerin der 11. Jahrgangsstufe der Berufsfachschule. Shoppt gerne. Liebt ihr Smartphone und coole Klamotten. Interessiert sich für Umweltschutz.	**Gary (21):** Macht eine kaufmännische Ausbildung bei einem börsennotierten Automobilzulieferer, der weltweit 8 000 Mitarbeiter hat.	**Akilah (48):** Leitet die Personalabteilung des führenden deutschen Luxusarmaturen-Herstellers, der 60 % seines Umsatzes über den Export erzielt.	**Paul (48):** Arbeitet als Marketingleiter bei greenfood, einem gemeinnützigen Verein, der Verbraucher über die Praktiken der Lebensmittelhersteller aufklärt.

6.2 Konjunkturforschung und prognosen

Konjunkturschwankungen **Kapitel 3.13.2**

Konjunkturpolitik **Kapitel 6.5.1**

Bei einer Strukturkrise ergibt sich ein dauerhafter Nachfragerückgang innerhalb eines gewissen Wirtschaftszweiges oder einer Region aufgrund des Strukturwandels. In diesem Fall sind konjunkturpolitische Maßnahmen wirkungslos. **Kapitel 3.3**

Buittoinlandsprodukt **Kapitel 3.6.1**

Arbeitslosenquote **Kapitel 5.7.2**

Preisniveaustabilität **Kapitel 4.7 und 6.9**

Inflation **Kapitel 4.8**

Außenhandel **Kapitel 2.9 und 4.16**

Aufgabe der **Konjunkturpolitik** ist es, extreme Konjunkturschwankungen zu vermeiden. Bevor die Träger der Konjunkturpolitik aktiv werden, ziehen sie in der Regel Konjunkturprognosen zu Rate. Denn sie müssen wissen, ob es sich bei einem Konjunkturausschlag um eine „normale" oder extreme Konjunkturschwankung oder sogar um eine Strukturkrise handelt. Für ihre Entscheidungen benötigen die staatlichen Institutionen, aber auch die Unternehmen und Verbraucher, möglichst genaue **Vorhersagen (Prognosen)** über die Konjunkturschwankungen. Ist die richtige Diagnose erfolgt, muss bei der Gefahr eines starken Konjunkturausschlags über den Einsatz entsprechender Instrumentarien entschieden werden.

Zur Einschätzung der **gesamtwirtschaftlichen Lage** stellen sich insbesondere folgende Fragen:

- Wie wächst die Wirtschaft – gemessen am BIP?
- Wie entwickeln sich die Einkommen – Löhne und Gehälter?
- Wie viele Menschen haben Arbeit – wie hoch ist die Arbeitslosenquote?
- Sind die Unternehmen ausgelastet – wie ist die Auftragslage/Produktion?
- Geben die Menschen und der Staat Geld aus oder müssen sie sparen – wie hoch sind Konsumnachfrage, Sparneigung und Investitionstätigkeit?
- Wie stabil ist der Wert des Geldes – wie hoch ist die Inflationsrate?
- Welche Rolle spielen die internationalen Rahmenbedingungen – wie ist die weltweite Wirtschaftslage?
- Wie entwickelt sich der Außenhandel – steigen oder fallen die Exporte/Importe?

In Deutschland beschäftigen sich mehrere **Wirtschaftsforschungsinstitute** mit der Konjunkturanalyse und -forschung. Zweimal jährlich, im Frühjahr und im Herbst, werden von ausgewählten Wirtschaftsforschungsinstituten **Gemeinschaftsgutachten** über die deutsche und weltwirtschaftliche Konjunkturlage als Arbeitsgrundlage für die Bundesregierung erstellt.

Nähere Informationen unter: www.sachverstaendigenrat-wirtschaft.de

Stabilitäts- und Wachstumsgesetz (StWG) **Kapitel 3.11.2**

Neben den Gemeinschaftsgutachten der Wirtschaftsforschungsinstitute erstellt der **„Sachverständigenrat** zur Begutachtung der gesamtwirtschaftlichen Entwicklung" (SVR) jährlich Mitte November ein Gutachten. Der Sachverständigenrat, der 1963 per Gesetz gegründet wurde, setzt sich aus fünf Volkswirtschaftsprofessoren („Fünf Weisen") zusammen. Seine Aufgabe ist die periodische Begutachtung der Wirtschaftsentwicklung und ihrer Auswirkungen auf die Ziele des Stabilitäts- und Wachstumsgesetzes (StWG). Auf diese Weise soll der Sachverständigenrat den Verantwortlichen in der Wirtschaftspolitik die Urteilsbildung erleichtern.

BEISPIEL

Im November 2019 veröffentlichte der Sachverständigenrat sein Jahresgutachten 2019/20. Für 2019 wird darin ein Anstieg des realen BIP in Deutschland von nur noch 0,5 % erwartet. Eine schwere Rezession befürchtet der SVR aber nicht und prognostiziert für 2020 ein Wachstum von 0,9 %. Ein zusätzliches Konjunkturpaket hält er nicht für notwendig, da die Geld- und Fiskalpolitik bereits expansiv seien.

Laut den „Fünf Weisen" bedarf es „attraktiver Rahmenbedingungen", um die Bereitschaft zu Unternehmensgründungen und Innovationen zu steigern. Zur Bewältigung von Herausforderungen wie dem Klimaschutz fordern sie mehr internationale Koordination. Hingegen warnen sie davor, auf weltweit protektionistische Tendenzen mit eigenem Protektionismus zu reagieren.

Um die gegenwärtige Situation im Konjunkturverlauf zu ermitteln (**Diagnose**) oder zukünftige Entwicklungen vorauszusagen (**Prognose**), können verschiedene Arten von **Konjunkturindikatoren** herangezogen werden. Die folgende Tabelle zeigt, wie einige Konjunkturindikatoren sich im Verlauf des Konjunkturzyklus entwickeln:

Daten für Konjunkturindikatoren finden Sie auf den Internetseiten:

Bundesagentur für Arbeit
www.arbeitsagentur.de

Deutsche Bundesbank
www.bundesbank.de

Statistisches Bundesamt
www.destatis.de

Indikator	Aufschwung	Hochkonjunktur	Abschwung	Tiefstand
Unternehmenssektor				
Absatz	steigt	stagniert schließlich auf hohem Niveau	ist rückläufig	erreicht Tiefpunkt
Auftragseingänge	steigen	beginnen am Ende verhalten zu sinken	sinken	steigen verhalten
Bauanträge	steigen	stagnieren, beginnen zu sinken	sinken	steigen schließlich verhalten
Produktion (Kapazitätsauslastung)	steigt	Vollauslastung	sinkt	Kapazitäten sind unausgelastet
Gewinne	sind zunächst gering, steigen später	steigen deutlich	sind zunächst noch hoch, fallen später	fallen deutlich
Gewinnerwartung	ist positiv	ist vorsichtig bis skeptisch	ist negativ	ist vorsichtig optimistisch
Investitionen	steigen stark	steigen nur noch verhalten, gehen dann zurück	sinken	sinken nur noch verhalten, nehmen dann wieder zu
Geschäftsklimaindex	ist optimistisch	erste Zeichen von Verunsicherung	ist pessimistisch	erste Aufhellungssignale
Aktienkurse	sind hoch	sinken	sind niedrig	steigen
Private Haushalte				
Reallöhne	steigen verhalten	steigen stark	sinken	sinken deutlich
Sparneigung	sinkt	ist gering	steigt	ist hoch
Öffentliche Haushalte				
Steuereinnahmen	sind gering	steigen	sind hoch	sinken
Staatsausgaben	sinken	sind gering	steigen	sind hoch
Gesamtwirtschaftliche Größen				
reales BIP	steigt	ist hoch	sinkt	ist gering
Arbeitslosenquote	sinkt	ist gering	steigt	ist hoch
Preissteigerungsrate	wächst	ist hoch	sinkt	ist niedrig
Zinsniveau	steigt von niedrigem Niveau aus	ist hoch	sinkt von hohem Niveau aus	ist niedrig

Je nachdem, ob die Wendepunkte der Indikatoren zeitlich vor denen des Konjunkturzyklus liegen, mit dem Zyklus zusammenfallen oder dem Zyklus mit zeitlicher Verzögerung folgen, kann man zwischen **Früh-, Präsens- und Spätindikatoren** unterscheiden:

Konjunkturindikatoren		
Früh-indikatoren	Wendepunkte liegen zeitlich vor denen des Zyklus	z. B. Konjunktur- und Einkommenserwartungen, Auftragseingänge, Bauanträge, Kreditanträge, Geschäfts- und Konsumklimaindex, Aktienkurse
Präsens-indikatoren	fallen mit dem Zyklus zusammen	z. B. Investitionsvolumen, Produktionsmengen, Kapazitätsauslastung, Einzelhandelsumsätze, Entwicklung der Überstunden
Spät-indikatoren	folgen dem Zyklus mit zeitlicher Verzögerung	z. B. Lohnentwicklung, (statistische) Arbeitslosenquote, (statistische) Inflationsrate, Bruttoinlandsprodukt, Steueraufkommen

Die Aussagekraft von Konjunkturindikatoren zum rechtzeitigen Erkennen konjunktureller Wendepunkte ist allerdings begrenzt, da Einflüsse „von außen" wie z. B. Ölpreisschocks, Schuldenkrisen, terroristische Angriffe und Naturkatastrophen nicht vorhersehbar sind. Darüber hinaus lassen die Konjunkturindikatoren Interpretationsspielräume zu, wodurch die Treffsicherheit weiter eingeschränkt wird. Auch eine mögliche Ursache-Wirkungs-Relation ist nicht konkret berechenbar.

Unvorhersehbare Einflüsse auf die Wirtschaftsentwicklung

ÜBERBLICK

Um sinnvolle konjunkturpolitische Entscheidungen treffen zu können, muss man die gesamtwirtschaftliche Lage möglichst genau analysieren. Mit der **Diagnose** und **Prognose konjunktureller Entwicklungen** sind verschiedene **Wirtschaftsforschungsinstitute** und der **Sachverständigenrat** beschäftigt. Diese ziehen bei ihren Analysen eine Reihe von **Konjunkturindikatoren** (Früh-, Präsens- und Spätindikatoren) heran. Da jedoch nicht alle Einflüsse auf die Wirtschaftsentwicklung vorhersehbar sind, ist die Aussagekraft solcher Indikatoren begrenzt.

1 Zur Einschätzung der gesamtwirtschaftlichen Lage stellen sich vor allem acht Fragen (vgl. S. 206).

a Bilden Sie vier Gruppen und recherchieren Sie arbeitsteilig zu jeweils zwei dieser Fragen die aktuellen Daten für Deutschland. Nutzen Sie hierfür die Internetseiten der Bundesagentur für Arbeit, der Deutschen Bundesbank und des Statistischen Bundesamtes (siehe S. 207).

b Überprüfen Sie, ob die Ergebnisse Ihrer Recherche Hinweise auf die derzeitige Konjunkturphase geben. Befindet die deutsche Wirtschaft sich in einer Phase
- des Aufschwungs,
- der Hochkonjunktur,
- des Abschwungs oder
- im Tiefstand?

c Fertigen Sie eine Tabelle in Anlehnung an die Tabelle auf Seite 207 an und tragen Sie Ihre Rechercheergebnisse darin ein.

2 Begründen Sie, warum

a Auftragseingänge und

b Aktienkurse

als Frühindikatoren gelten;

c Investitionsvolumen und

d Entwicklung der Überstunden

als Präsenzindikatoren gelten;

e Bruttoinlandsprodukt und

f Arbeitslosenquote

als Spätindikatoren gelten.

3 Nennen Sie möglichst viele Faktoren, die eine Konjunkturkrise auslösen können.

4 Was sind die Gründe, warum die Aussagekraft von Konjunkturindikatoren begrenzt ist und nicht immer rechtzeitig erkennbar wird, ob sich in der konjunkturellen Entwicklung eine Wende anbahnt?

5 Trotz hoher Fehlerquoten gelten Konjunkturprognosen als unerlässlich. Erläutern Sie, für wen und warum Konjunkturprognosen wichtig sind.

6 In einem Prognose-Update des Sachverständigenrates vom 19.03.2019 heißt es, dass das „Expansionstempo" der deutschen Volkswirtschaft „merklich nachgelassen" habe und dass „eine Spirale aus protektionistischen Maßnahmen das Potenzial" habe, „die deutsche Wirtschaft in eine Rezession abgleiten zu lassen".

a Recherchieren Sie, was für eine „Spirale aus protektionistischen Maßnahmen" hier gemeint ist.

b Begründen Sie, inwiefern protektionistische Maßnahmen die Dynamik einer Volkswirtschaft vermindern können.

c Nennen Sie Beispiele für protektionistische Maßnahmen einzelner Staaten, die derzeit besonders negative Auswirkungen auf die wirtschaftliche Entwicklung in Deutschland haben.

6.2 Ist eine Vereinfachung des Steuerrechts möglich?

Gary

Eli

Familie Schelling hat Besuch von Onkel Franz, der seit vielen Jahren Mitglied des Stadtrates ist. Gary war nachmittags bei einer Betriebsversammlung seines Ausbildungsbetriebs Nonticental und erzählt mit erregter Stimme: „Ihr glaubt gar nicht, was heute bei der Versammlung los war! Einige Kollegen waren total in Rage!" „Wieso denn das?", fragt Franz. Gary antwortet: „Alle hatten sich so auf die Lohnerhöhung gefreut, die in den Tarifverhandlungen erzielt wurde. Doch jetzt hat sich herausgestellt, dass manche Kollegen trotz Lohnerhöhung schlechter dastehen als in den Vorjahren." „Das kann doch gar nicht sein, oder?", wundert sich Elinor. „Doch", ereifert sich Gary. „Das liegt an dem bescheuerten deutschen Steuerrecht!"

„Die Empörung der Leute ist verständlich", sagt Franz beschwichtigend. „Seit Jahren wird zu Recht beklagt, dass unser Steuerrecht sehr kompliziert und für den Steuerzahler kaum durchschaubar ist. Es gibt so viele Steuern, so viele Steuerzwecke, so viele Ausnahmetatbestände. In der Zeitung habe ich kürzlich mal die Formulierung ‚sich auftürmende Murkserei' gelesen ... Viele meinen auch, die Steuern seien zu hoch. Daher wird immer wieder die Forderung nach Steuersenkungen und Vereinfachung des Steuerrechts erhoben."

„Und warum passiert nicht endlich mal was?", ruft Gary. Franz seufzt: „Na ja, bei all diesen Forderungen wird häufig nicht bedacht, dass der Staat für seine vielen Aufgaben eben auch Einnahmen benötigt. Denkt an die Renovierung unseres Schwimmbades, den Bau einer zusätzlichen Kita und den Ausbau der Radwege! Für all das fehlt uns derzeit das Geld. Einige Ratsmitglieder fordern daher, weitere Kredite zur Finanzierung aufzunehmen." „Das ist doch gar keine schlechte Idee!", meint Gary. „Ich vertrete da eine andere Meinung", entgegnet Franz. „Wenn der Schuldenberg immer größer wird, müssen am Ende unsere Kinder – also ihr, Gary und Elinor – die Schulden begleichen. Seit 2009 gibt es daher in unserem Grundgesetz eine Schuldenbremse, die eine Verschuldung von Bund, Ländern und Kommunen nur bis zu einer bestimmten Höhe zulässt."

Elinor kräuselt die Stirn: „Ich muss gerade daran denken, was wir diese Woche im VWL-Unterricht gelernt haben." „Was habt ihr denn gelernt?", fragt Franz. „Also", sagt Elinor, „ich weiß jetzt, dass es zwei wirtschaftstheoretische Denkrichtungen gibt: die Nachfragepolitik und die Angebotspolitik. Und nun frage ich mich: Diese Ratsmitglieder, die neue Kredite wollen – sind das Nachfragepolitiker oder Angebotspolitiker? Und du, Onkel Franz, was bist du?" „Gute Frage!", entgegnet Franz.

Hier hängt der Mittelstandsbauch

Von David Böcking und Anna van Hove

[...] Kalte Progression kann entstehen, wenn der Steuertarif länger nicht an die Entwicklung von Preisen und Einkommen angepasst wird. Im ungünstigsten Fall zahlt ein Arbeitnehmer dadurch mehr Steuern, ohne sich mehr leisten zu können. Dann wird eine Gehaltserhöhung zwar komplett von der Inflation aufgefressen, führt aber trotzdem zu einer höheren Steuerbelastung.

Inflation ist in Deutschland derzeit kein Problem [...]. Solange aber die Einkommen steigen, schlägt die Progression trotzdem zu [...]. Durch den Anstieg der Tarifkurve steigt die Belastung [...] gerade im unteren Bereich deutlich stärker als die Bruttoeinkommen. [...]

Quelle: David Böcking & Anna van Hove (2016): Steuerdebatte in Bildern. Hier hängt der Mittelstandsbuch, in: Spiegel online (22.08.2016), [online] https://www.spiegel.de/wirtschaft/soziales/steuern-so-sieht-der-mittelstandsbauch-gezeichnet-aus-a-1108480.html [27.11.2019]. (Auszug)

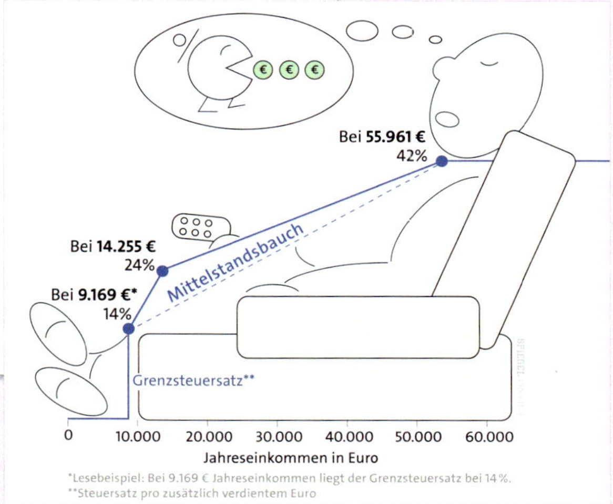

Grafik von Anna van Hove

1 Diskutieren Sie zunächst in Kleingruppen und dann im Plenum.
- **a** Warum hat die Steuerprogression in Deutschland die Form eines Bauches? Und weshalb wird dieser Bauch als „Mittelstandsbauch" bezeichnet?
- **b** Ist diese Art der Progession gerecht? Warum (nicht)?
- **c** Was ist unter „kalter Progression" zu verstehen? Lässt sich der Ärger von Garys Arbeitskollegen mit diesem Begriff erklären?

2 Bilden Sie so viele Gruppen, wie es derzeit Parteien im Bundestag gibt. Jede Gruppe erstellt zu „ihrer" Partei eine Dokumentation (in Form eines Plakats oder einer PowerPoint-Präsentation), die sie anschließend im Plenum präsentiert.
- **a** Recherchieren und dokumentieren Sie die Kernaussagen „Ihrer" Partei zur Steuerpolitik.
- **b** Vergeben Sie zu jeder Kernaussage „Ihrer" Partei eine begründete Bewertung. Bei unterschiedlichen Bewertungen innerhalb der Gruppe errechnen Sie den Durchschnittswert und dokumentieren die Gründe für die Meinungsverschiedenheiten.

Bewertungsschema:

– Stimme zu:	4–5 Punkte
– Stimme teilweise zu:	2–3 Punkte
– Stimme nicht zu:	0–1 Punkte

3 Führen Sie eine Podiumsdikussion zu den Steuerkonzepten der Parteien durch.
- **a** Jede Gruppe wählt eine Person aus, die die Position der jeweiligen Partei auf dem Podium vertritt. Die Zuhörer der Diskussion notieren die Argumentationsschwerpunkte.
- **b** Reflektieren Sie die Diskusson im Plenum (siehe Leitfragen auf S. 181).

6.4 Finanzpolitik

Der Staat benötigt wie jedes Unternehmen und jeder Haushalt Einnahmen, damit er seine vielfältigen Aufgaben – insbesondere in der Sozial- und Beschäftigungspolitik – zufriedenstellend erledigen kann. Die Finanzpolitik ist der Politikbereich, der sich mit den **Einnahmen und Ausgaben des Staates** befasst. Finanzpolitische Entscheidungen sind von grundlegender Bedeutung für fast alle anderen Politikbereiche und ihre Auswirkungen können in das Leben jedes einzelnen Bürgers hineinreichen. Die Begriffe „Finanzpolitik" und „Fiskalpolitik" werden oft als Synonyme verwendet. Zur **Fiskalpolitik im engeren** Sinne gehören aber nur die Maßnahmen, die der Konjunkturpolitik dienen.

Konjunkturpolitik, antizyklische Fiskalpolitik
Kapitel 6.5.1

6.4.1 Einnahmenpolitik des Staates

Der Staat nimmt Aufgaben wahr, die ein Einzelner nicht lösen kann, z. B. äußere Sicherheit, Erziehung und Bildung, Gesundheit, Polizei und Verkehrswesen. Hier wird der Staat für alle Bürger tätig. Damit er seine zahlreichen und vielfältigen Pflichten erfüllen kann, braucht er viel Geld. Die hierfür nötigen Staatseinnahmen können auf verschiedene Art und Weise beschafft werden:

Einnahmen des Staates

Steuern	Steuern sind die wichtigste Finanzierungsquelle des Staates. Sie stellen eine Geldleistung ohne Anspruch auf eine konkrete Gegenleistung dar. Eine Zweckbindung gibt es nur im Ausnahmefall.	z. B. Einnahmen aus der Ökosteuer (Bestandteil der Mineralölsteuer), die zum Teil an die Rentenkassen abgeführt werden, um die Rentenversicherungsbeiträge und damit die Arbeitskosten (Lohnnebenkosten) möglichst stabil zu halten
Gebühren	Für öffentliche Dienstleistungen müssen Gebühren bezahlt werden.	z. B. Gebühren für – Beurkundungen – Baugenehmigungen – Pässe
Beiträge	Beiträge werden vor allem von Gemeinden erhoben, um Kosten zu decken, die sowohl im Interesse des Einzelnen als auch der Gesamtheit liegen.	z. B. – Kurbeiträge – Straßenanliegerbeiträge – Fremdenverkehrsbeiträge – Beiträge zur Sozialversicherung
Einkünfte aus Kapitalbeteiligungen	Bund und Länder erhalten Gewinnausschüttungen durch ihre Beteiligungen an Unternehmen.	z. B. von – VW – Lufthansa
Kredite	Reichen die Einnahmen und Rücklagen nicht aus, müssen Kredite an den Finanzmärkten aufgenommen werden. In Deutschland lagen die Schulden der öffentlichen Hand 1995 bei 55,6 %, 2012 bei 81,7 % und 2018 bei 60,9 % des BIP.	

Zölle
Kapitel 2.10.2

Weitere Einkünfte des Staates sind Zölle, Erwerbseinkünfte von staatlichen Unternehmen, Auflösung von Rücklagen, Geldstrafen, Schenkungen und Vermächtnisse.

Die **Grundlagen des Finanzwesens** in der Bundesrepublik Deutschland sind in Artikel 104 ff. des Grundgesetzes geregelt. Dort ist festgelegt, dass Bund und Länder **das hoheitliche Recht zur Erhebung von Steuern** haben, um ihre Ausgaben zu finanzieren. Doch auch Gemeinden erfüllen öffentliche Aufgaben und können in ihrem Zuständigkeitsbereich Steuern erheben. Das deutsche Steuersystem unterscheidet mehr als 30 verschiedene **Steuerarten**, die nach verschiedenen Einteilungskriterien klassifiziert werden können:

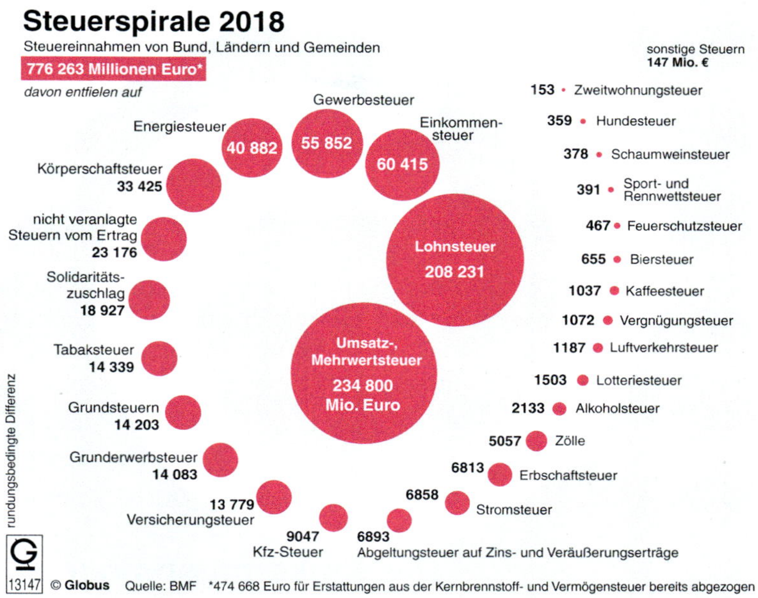

Nach der Finanzhoheit (Steuerempfänger)	– **Gemeinschaftssteuern** sind Steuern, die Bund und Ländern in einem bestimmten Verhältnis zufließen (z. B. Einkommen- und Lohnsteuer). – **Bundessteuern** fließen dem Bund zu (z. B. Einfuhrumsatzsteuer). – **Landessteuern** fließen dem Land zu (z. B. Erbschaft- und Schenkungsteuer). – **Gemeindesteuern** fließen der Gemeinde zu (z. B. Grund- und Hundesteuer).
Nach der Erhebungsart (direkte und indirekte Steuern)	– Bei der **direkten Besteuerung** sind Steuerzahler und Steuerträger identisch. Die mit der Steuer belastete Person entrichtet den entsprechenden Betrag unmittelbar an das Finanzamt. Somit ist keine Überwälzung auf andere Personen möglich. Direkte Steuern werden auf die Einkünfte des Steuerzahlers erhoben (z. B. Lohnsteuer). – **Indirekte Steuern** werden auf Güter erhoben und von den Unternehmen abgeführt, die die Möglichkeit haben, die Steuer durch Preiserhöhungen auf den Verbraucher abzuwälzen. Beispiele sind Umsatzsteuer (allgemeine Verbrauchsteuer) und Tabak- oder Mineralölsteuer (spezielle Verbrauchsteuer).
Nach belastungspolitischen Gesichtspunkten	– **Subjektsteuern (Personensteuern)** berücksichtigen auch persönliche Verhältnisse wie Familienstand, Anzahl der Kinder und Körperbehinderungen des Steuerpflichtigen (z. B. Einkommensteuer). – **Objektsteuern (Realsteuern)** knüpfen an ein sachliches Merkmal an (z. B. Grundsteuer).
Nach dem Steuergegenstand	– **Besitzsteuern** werden auf das Einkommen bzw. den Ertrag und auf das Vermögen von Personen und Unternehmen erhoben (z. B. Körperschaftsteuer, Grundsteuer). – **Verkehrssteuern** sind alle Steuern, die erhoben werden, wenn es zu einem steuerpflichtigen Güteraustausch zwischen Personen kommt oder sonstige rechtliche Vorgänge anfallen (z. B. Umsatzsteuer, Grunderwerbsteuer). – **Verbrauchsteuern** sind Produktabgaben. Sie werden erhoben, wenn Güter ge- oder verbraucht werden. Steuerzahler ist der private Haushalt, wenn er Konsumentscheidungen trifft (z. B. Mineralölsteuer).
Nach der Abzugsfähigkeit	– **Betriebsteuern** sind alle Steuern, die unmittelbar durch den Betrieb veranlasst sind. Sie können in der Gewinnermittlung oder Bilanz als Betriebsausgaben gebucht werden (z. B. Gewerbeertragsteuer, Grundsteuer für betriebliche Grundstücke). – **Personalsteuern** sind nicht abzugsfähig (z. B. Einkommensteuer, Körperschaftsteuer).

6.4.2 Lohn- und Einkommensteuer

gerechte Einkommensverteilung
Kapitel 5.3.3

Leistungsprinzip
Kapitel 5.3.3

Ein wesentlicher **Grundsatz der Besteuerung** ist die **Steuergerechtigkeit.** Das Prinzip der Steuergerechtigkeit geht auf den Gleichheitsgrundsatz des Grundgesetzes zurück. Es bedeutet, dass die Steuer sich an der Leistungsfähigkeit des Steuerzahlers und an der Höhe seines Einkommens orientiert (**Leistungsfähigkeitsprinzip**) und dass sie in sich schlüssig ausgestaltet ist (**Folgerichtigkeitsprinzip**).

Sieht man sich die Lohn- und Einkommensteuer näher an, so erkennt man: Lohn- und Einkommensteuer leistet – neben der Umsatzsteuer – einen sehr hohen Beitrag zum Steueraufkommen des Staates. Grundsätzlich gilt: Alle Arbeitnehmer, Pensionisten und Selbstständige zahlen Einkommen- oder Lohnsteuer auf ihre Einnahmen. Die Lohnsteuer unterscheidet sich von der Einkommensteuer lediglich in ihrer Erhebungsform. Der Steuertarif ist grundsätzlich gleich.

Eine Sonderregelung gilt für **Einkommen aus Kapitalanlagen.** Für dieses Einkommen zahlt der Steuerzahler eine **einheitliche Abgeltungssteuer** von 25 %, wenn er eine in Deutschland ansässige Bank mit der Anlageverwaltung betraut hat.

Grenzsteuersatz
gibt an, welcher Anteil eines zusätzlichen Euro Einkommen versteuert werden muss

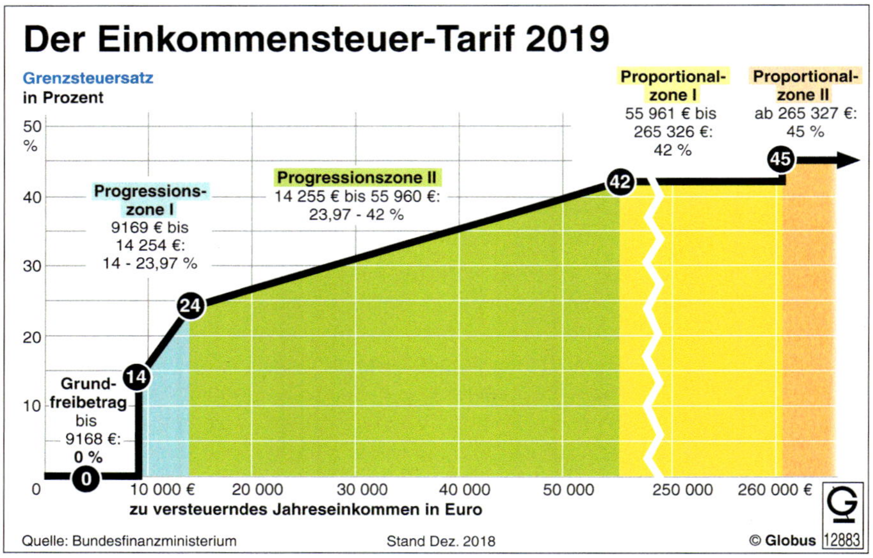

Die Lohn- und Einkommensteuer ist von ihrem Grundsatz her nach dem **Prinzip der Leistungsfähigkeit** der Besteuerten angelegt. Der Steuertarif ist daher progressiv: Mit zunehmendem Einkommen steigen die Steuersätze. Das gilt jedoch nur bis zu einer Obergrenze. Die Grafik zum Einkommensteuer-Tarif 2019 verdeutlicht den Sachverhalt. Wer ein Jahreseinkommen von unter 9 168 Euro hat, zahlt keine Einkommensteuer (Grundfreibetrag). Liegt das Jahreseinkommen 1 Euro höher (9 169 Euro), zahlt der Steuerzahler für das zusätzliche Einkommen 14 %. Danach steigt der Steuersatz steil an, bis der Tarif bei 55 961 Euro die Stagnationsgrenze erreicht. Bis etwa 265 000 Euro bleibt der erreichte Grenzsteuersatz auf einem Plateau unverändert bei 42 %. Erst bei einem Jahreseinkommen von 265 327 Euro für Ledige wird der Spitzensteuersatz von 45 % erreicht.

Da zu Beginn der Steuertarif stark progressiv angelegt ist, werden die niedrigen bzw. mittleren Einkommen besonders stark belastet. Daraus ergibt sich das immer wieder kritisierte Phänomen der **„kalten Progression“**.

Kalte Progression entsteht, wenn die Eckwerte des Steuertarifs nicht an die Preissteigerungsrate angepasst werden, sodass die Kaufkraft eines Steuerzahlers trotz steigenden Einkommens sinkt. In der öffentlichen Diskussion wird daher immer wieder gefordert, den Steuertarif so zu ändern, dass die kalte Progression abgebaut wird und die hohen Einkommen stärker belastet werden.

Steuerzahler als Inflationsverlierer
Kapitel 4.8.3

BEISPIEL

Im Jahr 20X1 beträgt Erwins Bruttolohn 10 000 Geldeinheiten (GE), für die er 10 % Lohnsteuer bezahlen muss. Sein Nettolohn beträgt somit 9 000 GE.

Im Jahr 20X2 bekommt Erwin eine Lohnerhöhung von 2 %: Sein Bruttolohn beträgt nun 10 200 GE. Für die zusätzlichen 200 GE muss Erwin allerdings einen höheren Lohnsteuersatz von 20 % zahlen, sodass die Lohnerhöhung nach Abzug der Lohnsteuer nur noch 160 GE beträgt. Im Jahr 20X2 bekommt Erwin also einen Nettolohn von 9 160 GE.

Das Preisniveau ist im Jahr 20X2 genauso wie Erwins Bruttolohn um 2 % gestiegen. Da Erwin für den zusätzlichen Lohn aber einen höheren Steuersatz zahlen muss, ist sein realer Nettolohn im Vergleich zum Vorjahr gesunken:

$$\text{Nettolohn}_{\text{real}} = \frac{\text{Nettolohn}_{\text{nominal}} \times 100}{\text{Preisindex}} = \frac{9\,160 \text{ GE} \times 100}{102} = 8\,980{,}39 \text{ GE}$$

Aufgrund der „kalten Progression“ kann Erwin sich weniger leisten.

Das Beispiel verdeutlicht, dass der **Durchschnittssteuersatz** immer unter dem Grenzsteuersatz liegt: Erwins zusätzlicher Lohn wird zwar mit 20 % versteuert (Grenzsteuersatz). Der als Lohnsteuer abzuführende Anteil seines Gesamtlohns beträgt hingegen 10,196 % (Durchschnittssteuersatz).

6.4.3 Ausgabenpolitik des Staates

Da die Aufgaben des Staates im Laufe der Zeit immer umfangreicher geworden sind, haben auch die Ausgaben zugenommen. Das gilt vor allem für Bereiche, die die Attraktivität und Qualität des Standorts Deutschland ausmachen, wie z. B. für den Erhalt und Ausbau der Infrastruktur und für die Bildungspolitik. Dementsprechend hoch ist auch die Belastung durch Zins- und Tilgungszahlungen. Diese Belastung fällt jedoch geringer aus, wenn die Zinsen für die Kredite sehr niedrig sind bzw. sogar gen Null tendieren, wie dies in den letzten Jahren der Fall war.

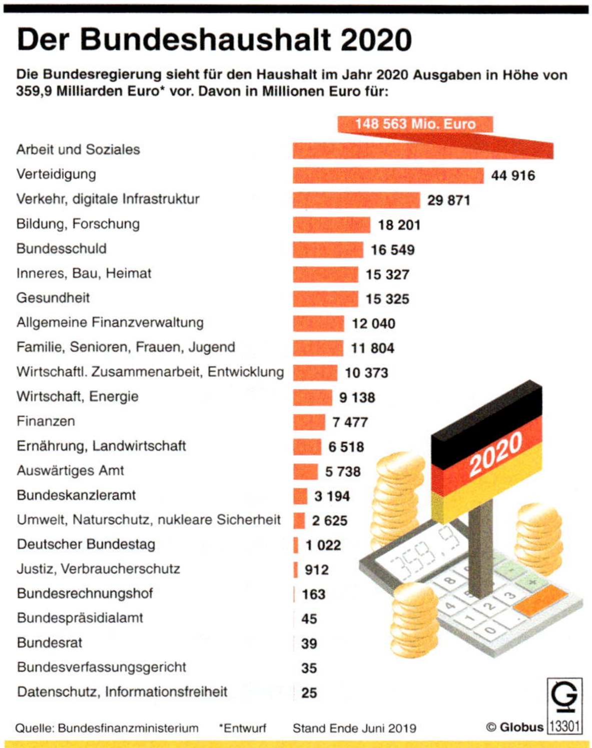

Die von der öffentlichen Hand zu tätigenden Ausgaben sind vielfältig:

1. **Sachaufwand**, z. B. für Straßenbau oder Umrüstung der Bundeswehr;
2. **Personalaufwand** für Löhne und Gehälter der Angestellten und Beamten, Richter und Soldaten;
3. **Transferleistungen** wie z. B. Kindergeld und Sozialhilfe, welche auch zu einer Umverteilung von Einkommen und Vermögen beitragen sollen;
4. **Subventionen**, die zweckgebunden bestimmten Unternehmen bzw. Wirtschaftszweigen in Form von Finanzhilfen oder Steuervergünstigungen zugutekommen;
5. **Schuldendienst**, d. h. Zins- und Tilgungszahlungen.

Umverteilung von Einkommen
Kapitel 5.3

Im Bundeshaushalt 2020 sind mehr als 40 % aller Ausgaben für Arbeit und Soziales vorgesehen. Besonders wichtig in diesem Bereich sind die Leistungen für Rentenversicherung und Arbeitsmarkt.

6.4.4 Staatsverschuldung und „Schuldenbremse“

Der prozentuale Anteil der Staatsausgaben am Bruttoinlandsprodukt wird als **Staatsquote** bezeichnet.

Die staatliche Gesamtverschuldung im Verhältnis zum Bruttoinlandsprodukt wird als **Schuldenquote** bezeichnet. Ende 2018 lag die deutsche Schuldenquote bei 60,9 % des BIP.

Die Wiedervereinigung Deutschlands riss große Löcher in die öffentlichen Haushalte. Zwischen 1991 und 1998 flossen aus den Kassen des Bundes, der Länder und Gemeinden sowie der Renten- und Sozialversicherung umfangreiche finanzielle Hilfen in die neuen Bundesländer, um die dortigen Aufbauprozesse voranzutreiben. Auch durch die Rettungsprogramme, die im Zuge der internationalen Finanz- und Wirtschaftskrise von 2008/2009 erforderlich wurden, nahm die Staatsverschuldung in Deutschland erheblich zu.

Um die ausufernde Staatsverschuldung in Deutschland zu reduzieren, wurde 2009 eine **Schuldenbremse** im Grundgesetz (GG) verankert. Dazu wurden die Art. 109 und 115 GG geändert. Diese Änderungen gelten für Bund und Länder seit 2011. Sie beinhalten

- einen ausgeglichenen Haushalt ohne Einnahmen aus Krediten,
- eine strukturelle Verschuldung des Bundes bis höchstens 0,35 % des BIP,
- einen Ausgleich konjunkturbedingter Erhöhungen der Kreditaufnahme in Abschwungphasen durch Rückführung in Aufschwungphasen,
- Ausnahmeregelungen bei Naturkatastrophen sowie Notsituationen und zur Krisenbewältigung,
- Errichtung eines Stabilitätsrates zur Prognose drohender Haushaltsnotlagen und Überwachung eingeleiteter Sanierungsverfahren.

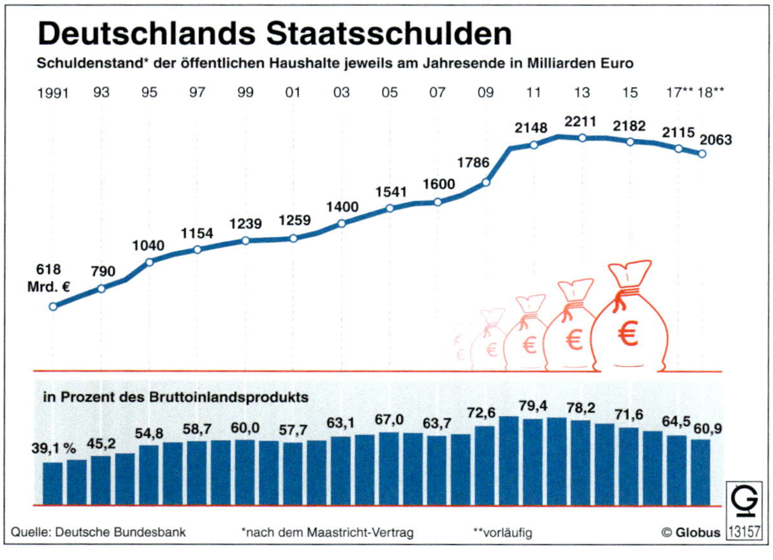

Der deutsche Staat konnte seine Schulden 2018 weiter reduzieren. Gegenüber Ende 2017 sank die Verschuldung um 52 Milliarden Euro auf 2063 Milliarden Euro.

Die Frage, inwieweit der Staat sich verschulden sollte, wird immer wieder kontrovers diskutiert. Sowohl für als auch gegen Staatsverschuldung gibt es eine Reihe von Argumenten.

Argumente, warum sich der Staat verschulden soll oder kann

- Investitionen in die Infrastruktur, die durch die Aufnahme von Schulden finanziert werden, können von mehreren Generationen genutzt werden und auf mehrere Generationen aufgeteilt werden.
- In einer Rezession liefern öffentliche Investitionen einen positiven Wachstumsbeitrag. Wenn der Staat durch höhere Staatsausgaben oder Steuersenkungen einen Konjunkturaufschwung herbeiführen kann, kann eine staatliche Kreditaufnahme sogar geboten sein. Damit könnten Arbeitsplätze gesichert bzw. neue geschaffen und folglich die Steuereinnahmen erhöht werden.
- Der Staat kann sich in der Regel günstiger finanzieren als private Schuldner. Er kann als Kreditsicherung auf zukünftige Steuereinnahmen verweisen und zahlt daher niedrigere Zinsen als Privatpersonen und Unternehmen.

Argumente, warum der Staat sich nicht verschulden sollte

- Auch Staaten können sich nur begrenzt verschulden, da die Gläubiger ab einer gewissen Schuldenhöhe an der Rückzahlungsfähigkeit zweifeln. Besonders problematisch ist es, wenn die Staatsverschuldung wesentlich schneller wächst als das Bruttoinlandsprodukt und das Steueraufkommen. Die laufenden Zinsverpflichtungen belasten dann zunehmend die Haushalte und engen den finanzpolitischen Spielraum ein.
- Staatsverschuldung hat nachhaltige Verteilungswirkungen. Alle Steuerzahler sind an den Zinszahlungen beteiligt. Dem gegenüber fließen die Zinserträge überwiegend einkommensstarken bzw. vermögenden Haushalten zu, die ihr Geld in Staatsanleihen investiert haben.
- Durch das begrenzte Angebot an Finanzierungsmöglichkeiten in einer Volkswirtschaft kann die verstärkte Kreditaufnahme des Staates zu einer Erhöhung der Kreditzinsen führen. Das verteuert tendenziell die Kreditaufnahme für private Unternehmen. Geplante Investitionen werden unter Umständen nicht realisiert.
- Für die angehäuften Schulden müssen in Zukunft die nachfolgenden Generationen geradestehen, sodass Staatsschulden in gewisser Weise wie auf die Zukunft verschobene Steuererhöhungen wirken.

6.5 Nachfrage- und Angebotspolitik

prozyklisch
dem Konjunkturverlauf gleichgerichtete Wirkung wirtschaftspolitischer Maßnahmen

Weltwirtschaftskrise der 1930er-Jahre
Kapitel 4.9

antizyklisch
dem Konjunkturverlauf entgegengerichtete Wirkung wirtschaftspolitischer Maßnahmen

Paradigma
grundlegende Denkrichtung, Lehrmeinung

Bis in die 1930er-Jahre hinein verfolgten die meisten Staaten eine eher passive Finanzpolitik mit dem Ziel eines möglichst ausgeglichenen Staatshaushalts: Wenn der Staat in Zeiten der Hochkonjunktur höhere Steuereinnahmen verzeichnen konnte, erhöhte er auch seine Ausgaben (seine Nachfrage nach Gütern und Dienstleistungen). Wenn sich in Abschwungphasen die Steuereinnahmen verringerten, senkte der Staat seine Ausgaben. Die Folgen dieser **prozyklischen Finanzpolitik** waren fatal: In Boom-Phasen wurde so die Überhitzung der Wirtschaft vorangetrieben; in Rezessionsphasen hingegen führte die Drosselung der Staatsnachfrage zu einer weiteren Dämpfung der Wirtschaft. Auf besonders verheerende Weise zeigte sich dieser Zusammenhang in der Weltwirtschaftskrise der 1930er-Jahre.

In der zweiten Hälfte des 20. Jahrhunderts begannen deshalb viele Industriestaaten, eine **antizyklische Konjunkturpolitik** zu betreiben. Diese Art von Wirtschaftspolitik basiert auf einer bestimmten wirtschaftstheoretischen Denkrichtung, die als „nachfrageorientiertes" oder auch „keynesianisches **Paradigma**" bezeichnet wird.

6.5.1 Nachfragepolitik (Keynesianismus)

John Maynard Keynes (1883–1946)

Das nachfrageorientierte (keynesianische) Paradigma geht auf den britischen Ökonomen **John Maynard Keynes** zurück. Dessen 1936 erschienene „Allgemeine Theorie der Beschäftigung, des Geldes und des Zinses", eine der einflussreichsten ökonomischen Schriften des 20. Jahrhunderts, war eine Reaktion auf die Weltwirtschaftskrise von 1929/32. Aus dieser Krise leitete Keynes die Schlussfolgerung ab, dass die Mechanismen einer freien Marktwirtschaft nicht automatisch zu einem Gleichgewicht bei Vollbeschäftigung führen, sondern dass es in bestimmten Situationen **aktiver Eingriffe des Staates** bedarf. Solche Eingriffe müssen aus keynesianischer Sicht an der gesamtwirtschaftlichen Nachfrage (Konsumgüternachfrage, Investitionsgüternachfrage, Staatsausgaben, Außenbeitrag) ansetzen.

Fiskalpolitik
Finanzpolitik, die der Konjunkturpolitik dient

Phasen des Konjunkturzyklus
Kapitel 3.13.2

Grundsätze nachfrageorientierter Wirtschaftspolitik

Das wichtigste Instrument, um das vorrangige **Ziel der Vollbeschäftigung** zu erreichen, ist aus keynesianischer Sicht die **Fiskalpolitik**:

- In **Rezessionsphasen** soll der Staat eine expansive Fiskalpolitik betreiben: Die sinkende Nachfrage der Unternehmen und Verbraucher soll durch staatliche Mehrausgaben (z. B. öffentliche Investitionen) ausgeglichen werden. Damit soll die typische Abwärtsspirale aus Nachfragerückgang, Beschäftigungsabbau, fehlenden Einkommen und weiterem Nachfragerückgang verhindert werden. Ein zusätzliches Mittel sind Steuersenkungen, um die private Nachfrage nach Konsum- und Investitionsgütern anzukurbeln.
- In **Boom-Phasen** hingegen soll der Staat eine kontraktive Fiskalpolitik betreiben: Durch eine Verringerung seiner Ausgaben und durch Steuererhöhungen soll er die gesamtwirtschaftliche Nachfrage drosseln, um die Wirtschaft vor einer Überhitzung und einer Nachfrageinflation zu bewahren.

Die antizyklische Fiskalpolitik kann durch eine antizyklische Geldpolitik unterstützt werden: z. B. indem die Investitionsgüternachfrage in Rezessionsphasen durch eine Senkung des Zinsniveaus stimuliert wird.
Kapitel 6.11

In Rezessionsphasen erhöht der Staat also seine Ausgaben, während seine Einnahmen sinken (Steuersenkungen bei ohnehin niedrigem Steueraufkommen). Der Staat muss die expansive Fiskalpolitik daher mit Krediten finanzieren und ein Haushaltsdefizit in Kauf nehmen. Dieses Vorgehen wird **Deficit Spending** genannt.

In Boom-Phasen hingegen senkt der Staat seine Ausgaben, während seine Einnahmen steigen (Steuererhöhungen bei ohnehin hohem Steueraufkommen). Diese Situation soll der Staat nutzen, um die Kredite zurückzuzahlen und das Haushaltsdefizit auszugleichen.

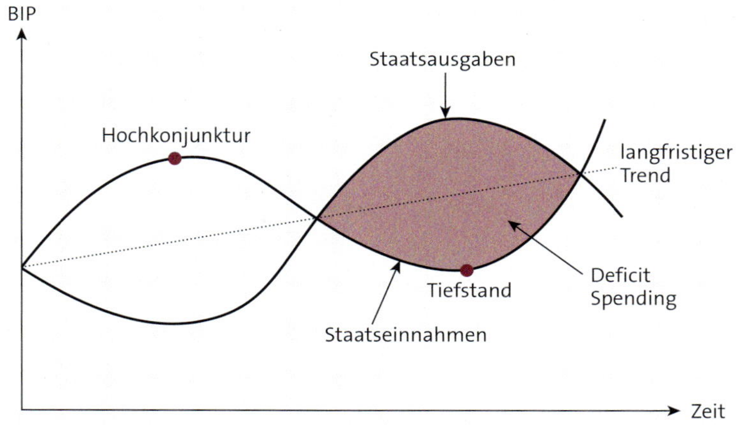

Umsetzung nachfrageorientierter Wirtschaftspolitik

In der Bundesrepublik Deutschland erfolgte der Übergang zu einer nachfrageorientierten Wirtschaftspolitik in den 1960er-Jahren. Auslöser war eine Rezession in den Jahren 1966/67, die der damalige Wirtschaftsminister Karl Schiller mit zwei Konjunkturprogrammen erfolgreich bekämpfen konnte. Die gesetzliche Grundlage für diese Maßnahmen bildete das 1967 in Kraft getretene und bis heute gültige **Stabilitäts- und Wachstumsgesetz (StWG).**

Stabilitäts- und Wachstumsgesetz (StWG)
Kapitel 3.11.2

Das StWG sieht vor, dass der Staat eine **Konjunkturausgleichsrücklage** bildet, indem er die in Boom-Phasen erzielten Mehreinnahmen bei der Deutschen Bundesbank stilllegt. Diese Rücklage soll zur Finanzierung zusätzlicher Staatsausgaben in Rezessionsphasen genutzt werden.

Instrumente laut StWG (Auszug)	Aufschwung	Rezession
Einnahmenpolitik (§§ 26 ff.)		
– auf ein Jahr befristete Veränderung der Einkommen-/Körperschaftsteuer bis max. 10 %	erhöhen	senken
– zeitweise Aussetzung der degressiven Abschreibung	ja	nein
– Anpassung von Steuervorauszahlungen für Einkommen-, Körperschaft- und Gewerbesteuer	erhöhen	senken
– Investitionsprämien als Abzug von der Steuerschuld bis zu 7,5 % der Investitionssumme	nein	ja
Ausgabenpolitik		
– zusätzliche Ausgaben (§ 6)	nein	ja
– Streckung öffentlicher Baumaßnahmen (§ 6)	ja	nein
– Beschleunigung von Investitionsvorhaben (§ 11)	nein	ja
Sonstiges		
– freiwillige Konjunkturausgleichsrücklage (§§ 5 f., §§ 15 f.)	bilden	auflösen
– Kredite (§§ 5 f., §§ 19 ff.)	tilgen	aufnehmen

Probleme nachfrageorientierter Wirtschaftspolitik

Schon in den 1970er-Jahren wurde der breite Konsens über die Wirksamkeit nachfrageorientierter Wirtschaftspolitik erschüttert: Eine zunehmende Inflation, die vor allem durch die damaligen Ölpreisschocks bedingt war, ging mit einer wachsenden Arbeitslosigkeit und rückläufigem Wirtschaftswachstum einher (Stagflation); konjunkturpolitische Maßnahmen keynesianischer Prägung zeigten in dieser Situation wenig Wirkung oder verschärften die Probleme sogar. Die grundlegenden Schwierigkeiten einer nachfrageorientierten Wirtschaftspolitik, wie z. B. eine rapide steigende Staatsverschuldung, wurden immer deutlicher erkennbar.

Stagflation
Kapitel 4.8.1

Vor diesem Hintergrund kam es in den 1970er-Jahren zu einem **Paradigmenwechsel** in der Wirtschaftstheorie, der ab den 1980er-Jahren auch die Wirtschaftspolitik beeinflusste.

Paradigmenwechsel
Änderung der grundsätzlichen wissenschaftlichen Denkungsweise

6.5.2 Angebotspolitik (Monetarismus)

Milton Friedman (1912–2006)

Vordenker und wichtigster Vertreter des neuen **angebotsorientierten Paradigmas** (auch **neoklassisches** oder **monetaristisches** Paradigma genannt) war der US-amerikanische Ökonom und Nobelpreisträger **Milton Friedman.**

Grundsätze angebotsorientierter Wirtschaftspolitik

Als „angebotsorientiert" wird dieses Denkmuster deshalb bezeichnet, weil es nicht mehr an der gesamtwirtschaftlichen Nachfrage, sondern an der **Angebotsseite** ansetzt: Der Staat, so die Angebotstheoretiker, sollte auf unmittelbare Eingriffe in das Wirtschaftsgeschehen verzichten. Stattdessen sollte er sich auf die Schaffung von investitions- und wachstumsfreundlichen Rahmenbedingungen konzentrieren (z. B. niedrigere Steuern für Unternehmen, einfachere Gründungsvoraussetzungen, Ausbau des Patentrechtsschutzes von Erzeugnissen usw.). Auf diese Weise soll der Staat positive Anreize für private unternehmerische Tätigkeit und individuelle Leistung setzen.

Angebotspolitik ist eine langfristig ausgerichtete Ordnungspolitik (Wachstumspolitik). Nachfragepolitik ist hingegen eine kurzfristig ausgerichtete Prozesspolitik (Konjunkturpolitik).

Im Unterschied zu den Keynesianern und in Anlehnung an die Klassiker der Nationalökonomie setzen Angebotstheoretiker ein größeres Vertrauen in die Selbstheilungskräfte des Marktes als in eine politische Steuerung des Wirtschaftsgeschehens. Die Devise lautet: **„Mehr Markt, weniger Staat."** Deshalb wird dieses Paradigma auch als „neoklassisch" bezeichnet. Dies bedeutet jedoch nicht, dass der Staat keine Rolle mehr spielen würde: Statt in einer kurzfristig ausgerichteten Konjunkturpolitik soll seine wesentliche Aufgabe nun in einer langfristig ausgerichteten Ordnungspolitik liegen, die das Einschwenken der Wirtschaft auf einen höheren Wachstumspfad ermöglicht.

Wachstumspfad **Kapitel 3.13.3**

In allen Teilbereichen der Wirtschaftspolitik geht es somit darum, vor allem die „richtigen" Rahmenbedingungen zu schaffen:

Wettbewerbspolitik **Kapitel 4.5**

- **Wettbewerbspolitik:** Der Staat soll einen funktionierenden Wettbewerb sichern und Wettbewerbsbeschränkungen verhindern.

Finanzpolitik **Kapitel 6.4**

- **Finanzpolitik:** Im Bereich der Finanzpolitik sollte der Staat sich auf seine Kernaufgaben (Rechtsprechung, Bildung, Infrastruktur usw.) konzentrieren.

Preisniveaustabilität **Kapitel 4.7 und 6.9**
Inflation, Deflation **Kapitel 4.8 und 4.9**

- **Geldpolitik:** Das vorrangige Ziel einer angebotsorientierten („monetaristischen") Wirtschaftspolitik liegt im Bereich der Geldpolitik und ist damit Aufgabe der Zentralbanken: Dieses Ziel ist die **Sicherung der Preisniveaustabilität**. Nur die dauerhafte Verhinderung inflationärer wie deflationärer Prozesse, so die Überzeugung der Angebotstheoretiker, kann den Wirtschaftssubjekten das nötige Vertrauen in die längerfristige wirtschaftliche Entwicklung geben.

Beschäftigungspolitik **Kapitel 5.7**
Arbeitsproduktivität **Kapitel 3.2**

- **Beschäftigungspolitik:** Die Hauptverantwortung für einen hohen Beschäftigungsgrad tragen aus angebotsorientierter Sicht die für die **Lohnpolitik** zuständigen Tarifparteien (Arbeitgeberverbände und Gewerkschaften): Eine Senkung der Arbeitslosigkeit können sie vor allem mit einer Lohnentwicklung erreichen, die der Entwicklung der Arbeitsproduktivität entspricht und damit für die Unternehmen kostenneutral ist.

Helmut Kohl

Gerhard Schröder

Angela Merkel

Umsetzung angebotsorientierter Wirtschaftspolitik

In die Wirtschaftspolitik hielt das neue Paradigma ab den 1980er-Jahren Einzug: Vor allem in den USA unter Präsident Ronald Reagan („Reaganomics") und in Großbritannien unter Premierministerin Margaret Thatcher („Thatcherismus") wurde es mit einer Radikalität umgesetzt, die auch von manchen Angebotstheoretikern kritisch beurteilt wird. In der Bundesrepublik Deutschland vollzog die Bundesbank bereits 1974 den Übergang zu einer „Neuen Geldpolitik", mit der sie es schaffte, die damals bedenklich hohen Inflationsraten zu senken. In der Politik hingegen setzte ein Umdenken erst ab dem Jahr 1982 ein, als die sozial-liberale Bundesregierung unter Helmut Schmidt durch die christlich-liberale Regierung unter Helmut Kohl abgelöst wurde. Anders als in den angelsächsischen Ländern fiel der Übergang zur Angebotsorientierung in Deutschland aber sehr langsam und verhalten aus. Ab 2003 war es dann die rot-grüne Bundesregierung unter Gerhard Schröder, die mit ihrem „Agenda 2010" genannten Reformprogramm eine dezidiert angebotsorientierte Wirtschaftspolitik verfolgte. In der Bevölkerung waren diese Maßnahmen so unpopulär, dass sie zum Ende der Regierung Schröder führten. In den Folgejahren bewirkten sie aber eine merkliche Verbesserung der deutschen Wirtschaftsdaten.

6.5.3 Neuere Entwicklungen

Um die Folgen der internationalen Finanz- und Wirtschaftskrise zu mildern, kehrten im Jahr 2009 viele Staaten – eher aus Ratlosigkeit als aus Überzeugung – zu einer keynesianischen Konjunkturpolitik zurück. In Deutschland war es die große Regierungskoalition unter Angela Merkel, die es mit zwei umfangreichen **Konjunkturpaketen** schaffte, tiefgreifende negative Auswirkungen auf die deutsche Realwirtschaft zu verhindern.

internationale Finanz- und Wirtschaftskrise
Kapitel 4.14.4

Im Zuge der globalen Finanz- und Wirtschaftskrise und der Staatsschuldenkrise in mehreren Eurostaaten ist deutlich geworden, dass weder das nachfrageorientierte noch das angebotsorientierte Paradigma befriedigende Antworten auf einige der größten aktuellen Fragen bieten können. Vor allem die Instabilität der internationalen Finanzmärkte („Spekulationsblasen", „Kasino-Kapitalismus") ist ein Problem, das mit den vorhandenen, von der Rationalität aller handelnden Subjekte ausgehenden Wirtschaftstheorien nicht in den Griff zu bekommen ist.

	Nachfrageorientiertes (keynesianisches) Paradigma	Angebotsorientiertes (neoklassisches) Paradigma
Grundsätze		
Verhältnis zur Politik bzw. zum Markt	hohes Vertrauen in die Politik; Überzeugung von der Notwendigkeit staatlicher Interventionen	hohes Vertrauen in den Markt; Devise „Mehr Markt, weniger Staat"
Grundlegende wirtschaftspolitische Ausrichtung	Primat einer **kurzfristig** ausgerichteten antizyklischen **Konjunkturpolitik** (Prozesspolitik), um die konjunkturellen Entwicklungen zu verstetigen	Primat einer **langfristig** ausgerichteten **Ordnungspolitik**, um die Wirtschaft auf einen höheren Wachstumspfad zu lenken
Vorrangiges Ziel	Vollbeschäftigung	Preisniveaustabilität
Ansätze in den Teilbereichen der Wirtschaftspolitik		
Finanzpolitik	antizyklische Fiskalpolitik (z. B. öffentliche Investitionen zur Steigerung der gesamtwirtschaftlichen Nachfrage; Steuersenkungen zur Steigerung der gesamtwirtschaftlichen Nachfrage)	Beschränkung der Staatsausgaben auf die Bereitstellung notwendiger öffentlicher Güter (Sicherheit, Rechtssprechung, Bildung, Infrastruktur); Senkung der Staatsquote durch Privatisierungen; Steuersenkungen zur Schaffung von Leistungsanreizen
Geldpolitik	antizyklische Geldpolitik (z. B. „Politik des billigen Geldes" in Rezessionsphasen)	Geldpolitik, die auf Sicherung der Preisniveaustabilität ausgerichtet ist
Beschäftigungspolitik	Sicherung eines hohen Beschäftigungsgrades auf dem Weg einer antizyklischen Konjunkturpolitik	Sicherung eines hohen Beschäftigungsgrades auf dem Weg einer produktivitätsorientierten Lohnpolitik
Lohnpolitik	Lohnpolitik, die die antizyklische Konjunkturpolitik flankiert; Abstimmung zwischen staatlichen Organen, Gewerkschaften und Arbeitgeberverbänden („konzertierte Aktion")	Lohnpolitik, die sich an der Entwicklung der Arbeitsproduktivität orientiert und somit für die Arbeitgeber kostenneutral ist; Eigenverantwortlichkeit der Tarifparteien
Wichtigste Kritikpunkte		
	– wachsende Staatsverschuldung – Inflationsdruck – zu wenig Anreize für privatwirtschaftliche Innovationen	– wachsende Ungleichheit bei der Einkommensverteilung – zunehmende „Ökonomisierung" aller Lebensbereiche (z. B. der Bildung und des Gesundheitswesens)

ÜBERBLICK

Die umfangreichen Aufgaben des Staates können nur durch **Staatseinnahmen** finanziert werden. Diese entstehen durch Steuern, Gebühren, Beiträge, Einkünfte aus Kapitalbeteiligungen oder Kredite. Die Haupteinnahmequelle sind die **Steuern**, die sich nach verschiedenen Kriterien klassifizieren lassen. Die **Staatsquote** misst den Anteil der **Staatsausgaben** am Bruttoinlandsprodukt. Um die ausufernde Staatsverschuldung in Deutschland zu reduzieren, ist seit 2009 eine sogenannte **Schuldenbremse** im Grundgesetz verankert.

In der Wirtschaftstheorie und -politik gibt es zwei unterschiedliche Schulen: das **nachfrageorientierte (keynesianische) Paradigma** und das **angebotsorientierte (neoklassische, monetaristische) Paradigma**. Sie sind durch unterschiedliche Auffassungen über die Prioritäten und Ansatzpunkte wirtschaftspolitischen Handelns gekennzeichnet.

1 Erläutern Sie die Begriffe „Finanzpolitik“ und „Fiskalpolitik“. Was ist der Unterschied?

2 Erklären Sie anhand der Tabelle „Einnahmen des Staates“ auf S. 212, auf welche Weise der Staat sich die Einnahmen verschafft, die er benötigt.

3 Erläutern Sie anhand von Beispielen, wofür der Staat diese Einnahmen benötigt.

4 Wer hat das Recht, Steuern zu erheben?

5 Interpretieren Sie die Grafik „Steuerspirale 2018“ auf S. 213 gemäß der Drei-Schritte-Technik auf S. 19.

6 Welche der in der Grafik „Steuerspirale 2018“ genannten Steuern sind
- a direkte Steuern,
- b indirekte Steuern?

7 Erklären Sie, was unter „Steuergerechtigkeit“ verstanden wird.

8 Erläutern Sie anhand der Grafik „Einkommensteuertarif 2019“ auf S. 213, inwiefern die Lohn- und Einkommensteuer nach dem Prinzip der „Leistungsfähigkeit“ ausgestaltet ist, aber nicht unbedingt den Grundsatz der „Steuergerechtigkeit“ erfüllt.

9 Erläutern Sie anhand der Grafik „Einkommenssteuertarif 2019“ auf S. 213,
- a welche Einkommensgruppen in den Progressionszonen den Steuertarif als besonders ungerecht empfinden dürften,
- b welche Einkommensgruppen durch den Einkommensteuertarif besonders begünstigt werden.

10 Erklären Sie, wodurch das immer wieder kritisierte Phänomen der „kalten Progression“ entsteht.

11 Verändern Sie die Grafik „Einkommenssteuertarif 2019“ auf S. 213, indem Sie eine gerade Linie einzeichnen, die von Eckpunkt 14 bis Eckpunkt 42 verläuft.
- a Diskutieren Sie, wie sich die Steuersätze in den angegebenen Progressionszonen verändern.
- b Diskutieren Sie, inwieweit sich durch diese Veränderungen ein Abbau der „kalten Progression“ ergeben würde.

12 Interpretieren Sie die Grafik „Der Bundeshaushalt 2020“ auf S. 215 gemäß der Drei-Schritte-Technik auf S. 19.

13 Recherchieren Sie im Internet,
- a wie sich der Schuldenstand der öffentlichen Haushalte seit Gründung der Bundesrepublik Deutschland entwickelt hat und
- b wie hoch der Schuldenstand aktuell ist.

14 Ermitteln Sie durch Internetrecherche die aktuelle Höhe
- a der deutschen Staatsquote,
- b der deutschen Schuldenquote.

15 Stellen Sie Recherchen zur Nettokreditaufnahme des Bundes an.
- a Was versteht man unter „Nettokreditaufnahme“?
- b Wie hat die Nettokreditaufnahme des Bundes sich in den letzten Jahren entwickelt?

16 Bilden Sie zwei Gruppen, die sich mit den auf S. 217 genannten Argumenten pro Staatsverschuldung (Gruppe A) bzw. contra Staatsverschuldung (Gruppe B) beschäftigen.
- **a** Sammeln Sie Beispiele zu den Argumenten für „Ihre" Position.
- **b** Bilden Sie Paare (je eine Person aus den Gruppen A und B) und führen Sie zu zweit ein Streitgespräch zum Thema „Staatsverschuldung".

17 Diskutieren Sie, ob die „Schuldenbremse" geeignet ist, die Staatsschulden nachhaltig zu reduzieren.

18 Erläutern Sie kurz die Grundidee der antizyklischen Nachfragepolitik.

19 Welche fiskalpolitischen (und ggf. auch geldpolitischen) Instrumente kann die Nachfragepolitik nutzen? Beschreiben Sie die Maßnahmen
- **a** während einer Rezession,
- **b** während eines Booms.

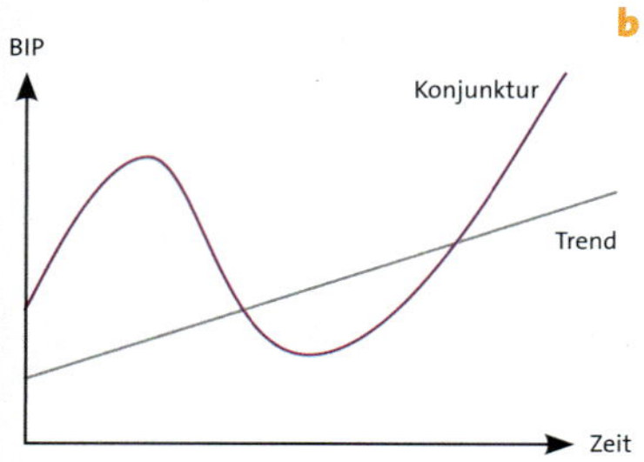

20 In der nebenstehenden Grafik sind Konjunkturverlauf und Trend dargestellt.
- **a** Stellen Sie in einer zweiten Grafik dar, wie nach Keynes eine sinnvolle Entwicklung der Staatsausgaben (y-Achse) im Zeitverlauf (x-Achse) aussieht.
- **b** Wie sehen Trend und Konjunkturverlauf aus, wenn die keynesianische Wirtschaftspolitik optimal greift? Stellen Sie auch dies grafisch dar.

21 Recherchieren Sie, ob die Bundesregierung aktuell ein Konjunkturprogramm aufgelegt hat.

22 Recherchieren Sie, warum die Nachfragepolitik in der Kritik steht.

23 Erläutern Sie anhand der Tabelle auf S. 222 die Unterschiede zwischen keynesianischer Nachfragepolitik und monetaristischer Angebotspolitik.

24 Überlegen Sie, ob die folgenden Aussagen zum nachfrageorientierten oder zum angebotsorientierten Paradigma gehören. Begründen Sie Ihre Entscheidung.
- **a** „Lieber 5% Inflation als 5% Arbeitslosigkeit."
- **b** „Eine zurückhaltende Lohnpolitik der Gewerkschaften verhindert, dass der Faktor Arbeit durch den Faktor Kapital substituiert wird."
- **c** „Die Arbeitnehmer sollten eine deutliche Einkommenserhöhung bekommen. Das steigert den privaten Konsum und ist somit gut für die Konjunktur."
- **d** „Wenn die Unternehmen aufgrund negativer Zukunftserwartungen zu wenig investieren, muss es eben der Staat tun und so die Konjunktur beleben."
- **e** „Leistung muss sich wieder lohnen!"
- **f** „Die Regierung sollte dringend die Steuern senken, damit die Menschen wieder mehr konsumieren und die Unternehmen wieder mehr investieren."
- **g** „Auch im Bereich der hohen Einkommen sollten die Steuern gesenkt werden, um Anreize für Innovationen zu schaffen."
- **h** „Es zeigt sich immer wieder, dass die ‚unsichtbare Hand' des Marktes nicht alles regeln kann. Wo der Markt versagt, muss der Staat eingreifen."
- **i** „Politiker neigen dazu, nur populäre Maßnahmen zu ergreifen und unpopuläre Maßnahmen zu vermeiden. Deshalb können staatliche Eingriffe ins Wirtschaftsgeschehen viel Schaden anrichten."

25 Recherchieren Sie, warum auch die Angebotspolitik in der Kritik steht.

6.6 Die Geldpolitik der EZB

Eli

Vater

Elinor ist sehr stolz, dass sie dank einer Aushilfstätigkeit nun fast 1 000 Euro auf ihrem Jugend-Girokonto hat. Sie beschließt, dieses Geld anzulegen, um Zinsen auf ihr Guthaben zu erhalten. Doch der Bankberater sagt: „Das ist momentan keine leichte Sache. Die Zinsen für Sparguthaben sind derzeit extrem niedrig. Sie haben sich an das niedrige Zinsniveau im Euroraum angepasst. Der durchschnittliche Zinssatz liegt aktuell bei rund 0,1 %." Elinor ist enttäuscht: „Da kann ich das Geld ja gleich auf den Kopf hauen, wenn es eh nicht mehr wird!" „Das stimmt", sagt der Bankberater. „Nur wenn die Zinsen aus der Geldanlage höher sind als die Inflationsrate, können Sie sich zukünftig mehr Güter kaufen, als wenn Sie Ihr Geld sofort ausgeben würden. Ihr Geld wird aktuell real eher weniger als mehr!"

Als Elinor nach Hause kommt, sitzt der Nachbar Justus Möller mit ihrem Vater am Küchentisch. Elinor erzählt von ihrem Bankbesuch und Justus beginnt sofort zu schimpfen: „Ja, diese niedrigen Zinsen! Sparen lohnt sich überhaupt nicht mehr! Meine Bank verzinst mein mühsam Gespartes nur noch mit 0,2 %!" „Na ja", entgegnet Paul Schelling, „die Banken geben nur weiter, was die Europäische Zentralbank entschieden hat." Justus lässt sich nicht beirren: „Eben! Diese Geldpolitik führt nur dazu, dass die Südländer Europas sich auf unsere Kosten entschulden können. Dafür werden die deutschen Sparer quasi enteignet!" Paul entgegnet: „Das siehst du nicht richtig. Ein wirtschaftlicher Zusammenbruch dieser Länder würde uns noch viel stärker treffen."

Elinor ist die ganze Zeit sehr nachdenklich. „Sagt mal", unterbricht sie schließlich die Diskussion der beiden Männer, „im VWL-Unterricht haben wir neulich gelernt: Je niedriger die Zinsen, desto mehr Geld ist im Umlauf. Und je mehr Geld im Umlauf ist, desto höher ist die Inflation. Müssten wir bei diesen niedrigen Zinsen nicht schon eine irrsinnige Inflation haben?" Ihr Vater antwortet: „Ja und nein. Inflation entsteht prinzipiell dann, wenn die Geldmenge stärker steigt als die Menge der angebotenen Güter – wenn also ‚zu viel Geld zu wenige Güter jagt', wie Milton Friedman einst sagte." „Aber das Güterangebot, also unser BIP, steigt momentan doch kaum", wundert sich Elinor. „Da hast du recht", erwidert Paul. „Derzeit zeigt sich mal wieder, dass die Wirklichkeit viel komplexer ist als die Theorie. In der Realität sind die Wirkungen von Geldpolitik nicht genau vorhersehbar, weil Geldpolitik das Handeln der Wirtschaftssubjekte nur indirekt beeinflussen kann. Dank der ‚lockeren' Geldpolitik, mit der die EZB die Finanzkrise bekämpfen wollte, können die Banken zwar mehr Geld in Form von Krediten in Umlauf bringen. Wenn diese Kredite aber nicht abgerufen werden, gelangt das Geld auch nicht bis zu den Produzenten und Verbrauchern. Es wird dann weder investiert noch konsumiert und die Güternachfrage und die Preise steigen nicht." „Das ist aber kompliziert!", stöhnt Elinor.

EZB-Niedrigzinsen schaden Banken

Geldpolitik: Einschätzung der Regierung

Von Benedikt von Imhoff

BERLIN – Die niedrigen Zinsen im Euroraum schaden vor allem kleinen und mittleren Banken. Die „Ertragssituation der kleinen und mittelgroßen Kreditinstitute in Deutschland" sei „weiterhin stark belastet", heißt es in einer Antwort der Bundesregierung auf eine Kleine Anfrage der FDP. Die Regierung beruft sich auf die Niedrigzinsumfrage 2017 der Bundesbank und der Finanzaufsicht Bafin.

Die Europäische Zentralbank (EZB) schließt angesichts wachsender Konjunkturrisiken eine Zinserhöhung bis mindestens Mitte 2020 aus. Der Leitzins im Euroraum verharrt vorerst auf dem Rekordtief von null Prozent. „Wenn die EZB ihre Geldpolitik jetzt weiter lockern will, dann rettet sie zwar erstmal die vielen Zombiebanken in Südeuropa, sie schadet aber massiv den Sparkassen und Volksbanken in Deutschland", sagte der FDP-Bundestagsabgeordnete Frank Schäffler. [...]

Zu schaffen machen den Banken weiterhin die Strafzinsen. Der Bundesregierung zufolge haben 2018 die in Deutschland ansässigen Banken auf ihre bei der Bundesbank gehaltenen Einlagen insgesamt rund 2,4 Milliarden Euro Zinsen bezahlt. Europaweit mussten Banken 7,5 Mrd. Euro dafür aufbringen. Dem stünden allerdings Zinserträge aus der „zum Großteil zu negativen Zinssätzen aufgenommenen Liquidität" gegenüber. Banken müssen 0,4 Prozent Strafzinsen zahlen, wenn sie Geld bei der EZB parken. Das geht schnell in die Hunderttausende oder Millionen. Genossenschaftsbanken und Sparkassen beklagen regelmäßig diese Last.

Quelle: Nordwest-Zeitung, 22.07.2019.

1 Stellen Sie in Gruppen Recherchen zu je einer der folgenden Fragen an und dokumentieren Sie Ihre Ergebnisse (in Form eines Plakats, einer Powerpoint-Präsentation oder eines Handzettels). Präsentieren Sie Ihre Ergebnisse im Plenum und beantworten Sie die Fragen Ihrer Zuhörer.

a Was sind die Gründe für die Niedrigzinspolitik der EZB?

b Was bedeutet die Niedrigzinspolitik der EZB
- für Menschen, die Geld für eine größere Anschaffung brauchen,
- für Menschen, die Geld sparen möchten,
- für Unternehmen, die Investitionen tätigen möchten,
- für Unternehmen, die keinen akuten Investitionsbedarf haben,
- für kleinere und mittlere Banken,
- für Versicherungsunternehmen?

c Was sagen Kritiker gegen die Geldpolitik der EZB?

2 Diskutieren Sie im Plenum: Ist die derzeitige Geldpolitik der EZB sinnvoll oder problematisch?

6.7 Das Europäische System der Zentralbanken

Als **Geldpolitik** werden alle Maßnahmen bezeichnet, mit denen eine Zentralbank versucht, wirtschaftspolitische Ziele wie z. B. Preisniveaustabilität zu erreichen.

Geldpolitik
Kapitel 6.9–6.11

Seit dem 1. Januar 1999 liegt die Verantwortung für die einheitliche Geldpolitik des Euro-Währungsgebiets beim Eurosystem. Es besteht aus der **Europäischen Zentralbank (EZB)** und den **nationalen Zentralbanken (NZB)** des Euro-Währungsgebiets. Die EZB bildet zusammen mit allen nationalen Zentralbanken der EU-Mitgliedstaaten, also auch mit denen, die den Euro nicht eingeführt haben, das **Europäische System der Zentralbanken (ESZB)**. In der europäischen Geldpolitik dürfen aber nur die nationalen Zentralbanken des Euroraumes mitbestimmen.

Europäische Zentralbank:
www.ecb.europa.eu

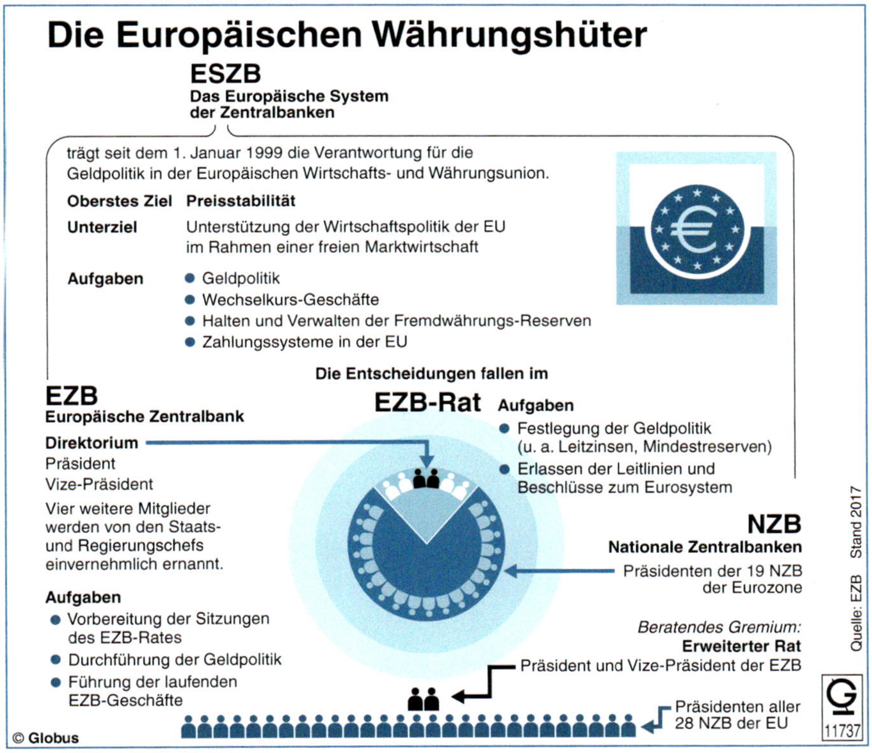

Die Europäische Zentralbank (EZB) in Frankfurt am Main

Aufgaben der EZB

Laut Artikel 127 des **AEU-Vertrags** ist das vorrangige Ziel der EZB, die **Preisniveaustabilität** im Euroraum zu gewährleisten. Neben der Festlegung und Durchführung der Geldpolitik hat die EZB noch eine Reihe weiterer Aufgaben zu erfüllen:

- Durchführung von Devisengeschäften (Devisenpolitik),
- Verwaltung der offiziellen Währungsreserven,
- Förderung des reibungslosen Funktionierens der Zahlungssysteme,
- Genehmigung der Ausgabe von Banknoten (die Ausgabe selbst erfolgt durch die nationalen Zentralbanken),
- Erhebung statistischer Daten,
- Aufsicht über die Kreditinstitute und die Stabilität des Finanzsystems,
- internationale und innereuropäische Zusammenarbeit.

AEU-Vertrag
„Vertrag über die Arbeitsweise der Europäischen Union“

Preisniveaustabilität
Kapitel 4.7 und 6.9

Devisen
Kapitel 2.12 und 4.10

Unabhängigkeit von EZB und NZB

Das ESZB ist gemäß Artikel 130 AEUV in seinen geldpolitischen Entscheidungen **grundsätzlich unabhängig** von sonstigen Trägern der Wirtschaftspolitik. Bei der Wahrnehmung ihrer Aufgaben dürfen weder die EZB noch eine NZB oder ein Mitglied ihrer Beschlussorgane Weisungen von dritter Seite einholen oder entgegennehmen.

Organe der EZB

Die EZB wurde 1998 mit Sitz in Frankfurt am Main gegründet. Die obersten Organe der EZB sind der EZB-Rat und das Direktorium.

Das maßgebliche Entscheidungsorgan der EZB ist der **EZB-Rat.** Er setzt sich zusammen aus den sechs Direktoriumsmitgliedern und den Zentralbankpräsidenten der EU-Staaten, die an der Europäischen Wirtschafts- und Währungsuntion (EWWU) teilnehmen. Die nationalen Präsidenten werden ausschließlich von den jeweiligen Mitgliedsländern ernannt.

Europäische Wirtschafts- und Währungsunion (EWWU)
Kapitel 4.14.3

Nach dem Ausscheiden von Mario Draghi, der von November 2011 bis Oktober 2019 der Präsident der EZB war, steht seit dem 1. November 2019 mit Christine Lagarde erstmals eine Frau an der Spitze der EZB.

Zum **Erweiterten Rat der EZB** gehören neben dem EZB-Präsidenten bzw. der EZB-Präsidentin und den EZB-Vizepräsidenten auch die Zentralbankpräsidenten der zunächst nicht an der EWWU teilnehmenden EU-Mitgliedstaaten. Der Erweiterte Rat dient vor allem der Abstimmung der Geld- und Währungspolitik zwischen Teilnehmer- und Nichtteilnehmerländern.

Die Deutsche Bundesbank im Eurosystem

Die Deutsche Bundesbank wurde 1957 gegründet und hat ihren Sitz in Frankfurt am Main. Seit 1999 ist die Bundesbank neben den anderen Zentralbanken der Teilnehmerländer der EWWU integraler **Bestandteil des Europäischen Systems der Zentralbanken.** Sie ist, wie die anderen nationalen Zentralbanken der EWWU-Länder, an die Leitlinien und Weisungen des ESZB gebunden.

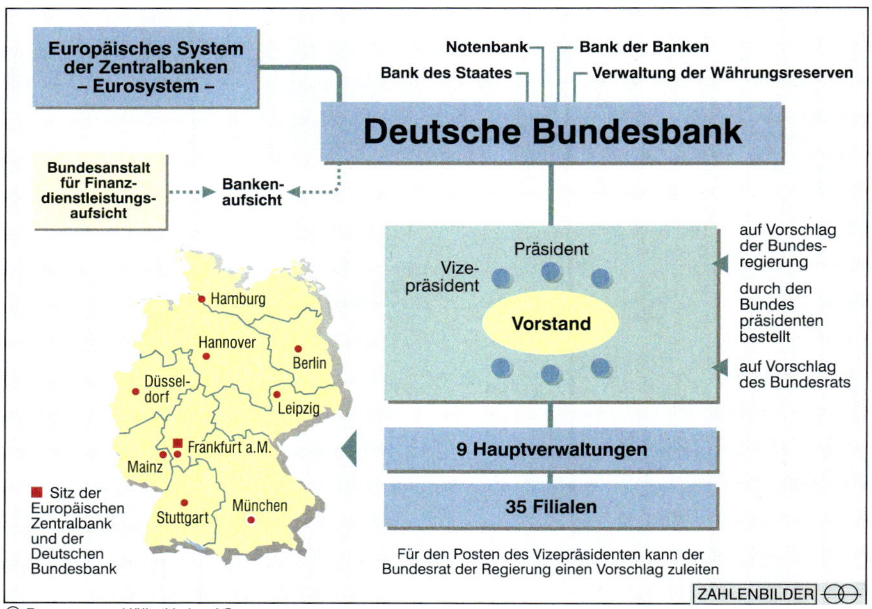

459 120

6.8 Geldmenge und Geldschöpfung

Als die **Geldmenge** einer Volkswirtschaft wird der **gesamte Bestand an Zahlungsmitteln** in den Händen von Nichtbanken bezeichnet. Hierzu zählen das Bargeld und das Giral- bzw. Buchgeld der Nichtbanken. Der Nichtbankensektor umfasst alle privaten und öffentlichen Haushalte sowie den Unternehmenssektor.

6.8.1 Geldmengendefinitionen im Eurosystem

Im Eurosystem werden die drei **Geldmengen M 1, M 2 und M 3** unterschieden. Diese unterscheiden sich durch den Liquiditätsgrad ihrer Bestandteile: Während die Geldmenge M 1 nur Zahlungsmittel umfasst, die den Wirtschaftssubjekten sofort zur Verfügung stehen, umfasst die Geldmenge M 3 auch Zahlungsmittel, die den Wirtschaftssubjekten erst mittelfristig zur Verfügung stehen.

Das Kürzel „M“ bedeutet „money“, also „Geld“.

Geldmengendefinitionen des Eurosystems

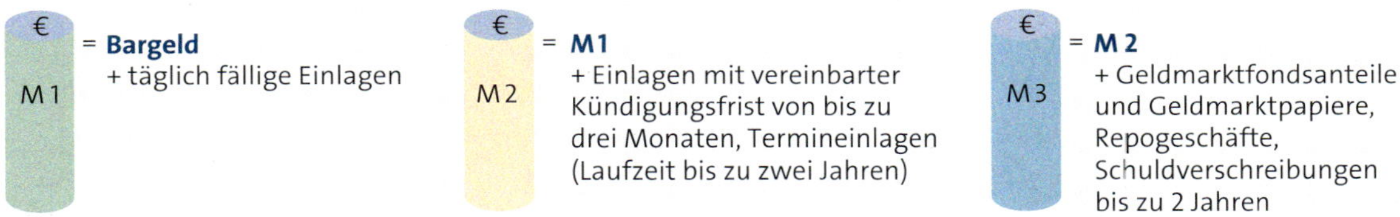

Die **Geldmenge M 1** enthält nur täglich verfügbares Geld. Dazu gehören der Bargeldbestand und die Sichteinlagen (Buchgeld) bei Banken, über die täglich z. B. per Kreditkarte oder Überweisung verfügt werden kann. Der Liquiditätsgrad eines Sichtguthabens ist ähnlich wie der von Bargeld.

Die **Geldmenge M 2** enthält neben den Bestandteilen von M 1 auch Termingelder mit einer vereinbarten Laufzeit von bis zu zwei Jahren sowie Spareinlagen mit einer vereinbarten Kündigungsfrist von bis zu drei Monaten.

Die **Geldmenge M 3** ergibt sich, wenn zur Geldmenge M 2 die Geldmarktfondsanteile, Schuldverschreibungen mit einer Laufzeit von bis zu zwei Jahren und Repogeschäfte zugerechnet werden.

Als **Geldmenge M 0** wird das sogenannte Zentralbankgeld (Geldbasis) bezeichnet. Diese Geldmenge umfasst sämtliches Bargeld (Banknoten und Münzen), das von der Zentralbank in Umlauf gebracht wurde, sowie alle Einlagen bei der Zentralbank.

Für die Geldpolitik der Europäischen Zentralbank (EZB) ist die Geldmenge M 3 die wichtigste Größe. Die Höhe dieser Geldmenge hängt u. a. davon ab, wofür die Nichtbanken ihr Geld verwenden. Wenn sie z. B. langfristige Geldanlagen in kurzfristige umwandeln, erhöht sich die Geldmenge M 3; wenn sie kurzfristige Geldanlagen in langfristige umwandeln, verringert sich die Geldmenge M 3.

Der Nichtbankensektor verwendet Geld zur ...		
... Kassenhaltung	... kurzfristigen Geldanlage auf Geldmärkten	... langfristigen Geldanlage auf Kapitalmärkten
Gründe: – Ausgaben für anstehende Konsum- oder Investitionsentscheidungen – Liquiditätsreserve für unvorhergesehene oder kurzfristig geplante Ausgaben	Gründe: – Sparen für größere Anschaffungen – „Parken“ überflüssiger Liquidität	Gründe: – Vorsorgesparen – Erzielung von Kapitalerträgen
Merkmal: Liquiditätspräferenz wird mit Zinsverzicht erkauft.	Merkmal: Kurzfristiger Liquiditätsverzicht bringt Zinsvorteile.	Merkmal: Langfristiger Liquiditätsverzicht bringt Zinsvorteile.
Bestandteile von M 3		kein Bestandteil von M 3

6.8.2 Geldschöpfungsprozess und Mindestreserve

Wenn durch den Bankensektor Geld geschaffen wird, wird dies als Geldschöpfung bezeichnet. **Bargeldschöpfung** ist nur den Zentralbanken möglich, weil sie allein berechtigt sind, Banknoten und Münzen in Umlauf zu bringen. Die Geschäftsbanken hingegen können nur **Giralgeld**, d. h. **Buchgeld schöpfen**.

BEISPIEL

Das Kaufhaus A benötigt liquide Mittel. Es beantragt einen Kredit in Höhe von 500 000 Euro bei seiner Bank. Nach Prüfung des Antrags wird das Darlehen gewährt und dem Girokonto des Kaufhauses als Sichteinlage gutgeschrieben. Das Kaufhaus erhält Bankengeld. Die Bank verpflichtet sich, Verfügungen bis zur Höhe von 500 000 Euro durch das Kaufhaus zuzulassen. Die Gegenleistung des Kaufhauses besteht in der Rückführung des Darlehens am Ende der Laufzeit und in der Zahlung der Zinsen.

Entsteht Bankengeld durch Kreditvergabe des Bankensektors an den Nichtbankensektor, wird von **aktiver Giralgeldschöpfung** gesprochen. Jede Kreditvergabe wirkt sich auf die Höhe der umlaufenden Geldmenge aus: Werden Kredite gewährt, steigt die Geldmenge; werden sie zurückgeführt, sinkt die Geldmenge. Die Kreditvergabe liegt im Ermessen des Bankensektors.

Von **passiver Giralgeldschöpfung** wird gesprochen, wenn Nichtbanken Bargeld auf die Girokonten des Bankensektors einzahlen, also Bargeld in Buchgeld tauschen. Hierbei bleibt die Geldmenge unverändert; lediglich ihre Zusammensetzung verändert sich. Bargeldauszahlungen wirken ebenfalls auf die Zusammensetzung der Geldmenge, nicht aber auf deren Höhe. Bankengeld wird in diesem Fall zu Bargeld.

BEISPIEL

Kaufhaus A benötigt zur Abwicklung seiner Tagesgeschäfte eine Kassenreserve in Höhe von 50 000 Euro. Dem Wunsch des Kaufhauses nach Bargeldauszahlung aus dessen Guthaben kann die Bank nur nachkommen, wenn sie ihrerseits über Bargeldbestände verfügt. Die Bank deckt ihren Bargeldbedarf durch Geschäfte mit der Europäischen Zentralbank. Die 50 000 Euro werden an das Kaufhaus ausgezahlt. Der Kassenbestand der Bank verringert sich.

Um zu gewährleisten, dass Kunden jederzeit Bargeldauszahlungen aus ihren Sichtguthaben erhalten können, hält der Bankensektor **freiwillige Kassenreserven**.

Neben der freiwilligen Kassenreserve der Geschäftsbanken gibt es die **gesetzliche Mindestreserve**, die sicherstellen soll, dass die Einlagen der Kunden jederzeit in Liquidität umgewandelt werden können: Die Europäische Zentralbank (EZB) verpflichtet die Banken, einen bestimmten Prozentsatz (**Reservesatz**) ausgewählter Kundeneinlagen (Reservebasis) auf Girokonten bei den nationalen Zentralbanken (NZB), also als Zentralbankbuchgeld zu unterhalten. Reservebasis und Reservesatz werden von der EZB bestimmt. Der gesetzlichen Verpflichtung zur Mindestreserve kann sich keine Bank entziehen. Bei Nichteinhaltung drohen Sanktionen. Der Mindestreservesatz hat einen wesentlichen Einfluss darauf, wie viel Giralgeld die Banken durch Kreditvergabe schöpfen können.

Mindestreservepolitik der EZB
Kapitel 6.10.3

BEISPIEL

Ein Kunde zahlt bei der Bank A Bargeld in Höhe von 25 000 Euro ein. Es entstehen 25 000 Euro Giralgeld. Bank A muss 20 % der Einlage, also 5 000 Euro, als Mindestreserve bei der Bundesbank halten. Das verbleibende Überschussguthaben in Höhe von 20 000 Euro darf sie als Kredit ausleihen.
Das T-Konto der Bank A sieht nun wie folgt aus:

Aktiva		**Passiva**	
Reserven	5 000 €	Einlagen	25 000 €
Kredite	20 000 €		

Ein Großhandelsunternehmen möchte mit einem Kredit der Bank A die Rechnung eines Lieferanten bezahlen. Bank A überweist die Kreditsumme in Höhe von 20 000 Euro auf das Konto des Lieferanten bei der Bank B. Hier entsteht eine neue Einlage von 20 000 Euro, von der Bank B 16 000 Euro als neuen Kredit weitergeben darf.

Aktiva		**Passiva**	
Reserven	4 000 €	Einlagen	20 000 €
Kredite	16 000 €		

Herr Meier bekommt die gesamte Summe von 16 000 Euro als Kredit von Bank B. Er kauft sich ein neues Auto und überweist den Betrag an einen Autohändler, der Kunde von Bank C ist.

Aktiva		**Passiva**	
Reserven	3 200 €	Einlagen	16 000 €
Kredite	12 800 €		

So könnte es noch weitergehen, bis aufgrund der Mindestreserve der Kreditbetrag 0 Euro beträgt. Aus dem Überschussguthaben von 20 000 Euro sind 48 800 Euro geworden (20 000 € + 16 000 € + 12 800 € = 48 800 €). Alle beteiligten Banken haben auf diesem Wege Giralgeld geschaffen, und theoretisch könnten sie sogar noch mehr Geld schöpfen.

Die Kreditsumme, die das gesamte Bankensystem maximal ausleihen kann, wird mithilfe des sogenannten **Giralgeldschöpfungsmultiplikators** errechnet. Bei einem Überschussbetrag von 20 000 Euro und einem Mindestreservesatz von 20 % (= 0,2) rechnet man: 20 000 Euro · 1/0,2 = 100 000 Euro.

Hinweis:
Der Mindestreservesatz von 20 % ist in diesem Beispiel rein fiktiv. Der derzeitige Mindestreservesatz der EZB beträgt nur 1 %.
Kapitel 6.10.3

Die Geldschöpfung wird allerdings nicht nur durch den Mindestreservesatz, sondern auch dadurch begrenzt, dass Kredite immer auch dem Bargeldverbrauch dienen und somit niemals vollständig auf andere Konten fließen. Deshalb muss eine Barabhebungsquote eingerechnet werden, die die Geldschöpfung zusätzlich verringert:

BEISPIEL

Geldschöpfung der Banken und ihre Begrenzung

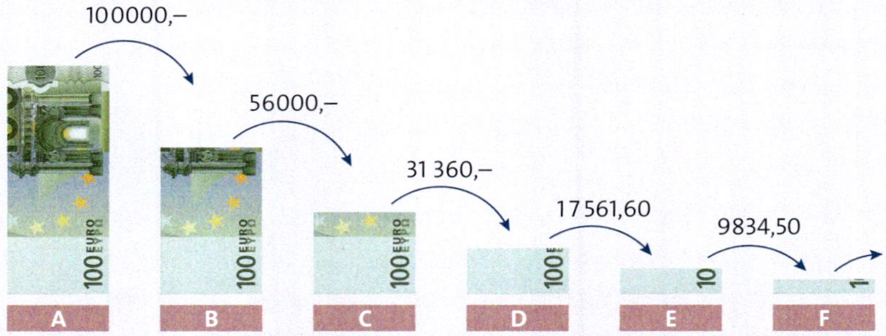

30% Barauszahlung	30 000,–	16800,–	9408,–	5 268,48	2 950,35
70% Giralgeld	70 000,–	39 200,–	21952,–	12 293,12	6884,15
davon 20% Mindestreserve	14 000,–	7 840,–	4390,40	2458,62	1376,83

Bankenliquidität und Kreditkosten als Aktionsparameter **Kapitel 6.9**

Darüber hinaus hängen die Geldschöpfungsmöglichkeiten des Bankensektors auch davon ab, in welchem Umfang und zu welchen Kosten (Zinsen) die Geschäftsbanken ihrerseits Zentralbankgeld erhalten können, das sie dann zur Vergabe von Krediten an ihre Kunden nutzen können.

Faktoren, die die Giralgeldschöpfung begrenzen		
Mindestreservepflicht	Barabhebungsquote	Verfügbarkeit von Zentralbankguthaben
Banken müssen einen bestimmten Prozentsatz ihrer Kundeneinlagen bei der nationalen Zentralbank als Reserve halten.	Kredite fließen nicht vollständig auf andere Konten, sondern dienen auch dem Bargeldverbrauch.	Die Möglichkeiten der Kreditvergabe hängen auch davon ab, wie viel Zentralbankgeld die Banken bekommen können.

6.9 Geldpolitische Strategie der EZB

Laut Artikel 127 des Vertrags über die Arbeitsweise der Europäischen Union (AEUV) ist es das vorrangige Ziel der EZB, die **Preisniveaustabilität** zu gewährleisten. Gemäß der quantitativen Definition, die der EZB-Rat im Oktober 1998 beschlossen hat, ist Preisniveaustabilität bei einem Anstieg des Harmonisierten Verbraucherpreisindex (HVPI) von unter, aber nahe 2 % gegeben.

Europäische Zentralbank (EZB)
Kapitel 6.7

Negative Folgen von Geldwertstörungen
Kapitel 4.8.3 und 4.9

Harmonisierter Verbraucherpreisindex (HVPI)
Kapitel 4.7

6.9.1 Die „Zwei-Säulen-Strategie" der EZB

Um ihr vorrangiges Ziel erreichen zu können, entwickelte die EZB eine sogenannte „Zwei-Säulen-Strategie", die aus einer wirtschaftlichen und einer monetären Analyse von Indikatoren besteht, welche auf Risiken für die Preisniveaustabilität hindeuten können.

Im Rahmen der **wirtschaftlichen Analyse** wird eine Vielzahl kurz- bis mittelfristiger realwirtschaftlicher Indikatoren (wie z. B. die Produktionsentwicklung, die Lohnentwicklung, diverse Preis- und Kostenindikatoren usw.) analysiert.

Im Rahmen der **monetären Analyse** werden mittel- bis langfristige monetäre Indikatoren analysiert. Da auf mittlere bis längere Sicht ein enger Zusammenhang zwischen Geldmengenwachstum und Inflation besteht, hat die EZB als wichtigsten Indikator die Entwicklung der Geldmenge M 3 gewählt.

Quantitätsgleichung und Geldmengeninflation
Kapitel 4.8.2

Die EZB vergleicht das Wachstum der Geldmenge M 3 mit einem von ihr festgelegten Referenzwert, der auf mittelfristigen Annahmen über die Entwicklung des realen BIP und der Umlaufgeschwindigkeit des Geldes basiert. Dieser Referenzwert drückt aus, welches Geldmengenwachstum die EZB als stabilitätskonform ansieht. Liegt das tatsächliche Geldmengenwachstum deutlich über dem Referenzwert, deutet dies auf eine Gefährdung der Preisniveaustabilität hin.

Bruttoinlandsprodukt
Kapitel 3.6.1

6.9.2 Aktionsparameter der EZB

Die Parameter, durch deren Änderung die EZB die Geldmengenentwicklung steuern kann, sind die Bankenliquidität und die Kreditkosten.

Beeinflussung der Bankenliquidität: Wenn die Zentralbank von den Geschäftsbanken Wertpapiere kauft bzw. ihnen Kredite gewährt, stellt sie Zentralbankgeld zur Verfügung, das die Banken für die Vergabe von Krediten nutzen können. Damit wird die umlaufende Geldmenge erhöht (Geldschöpfung). Wenn die Zentralbank hingegen Wertpapiere verkauft bzw. den Umfang oder die Laufzeit der von ihr vergebenen Kredite verringert, kann sie der Wirtschaft Geld entziehen und damit die Geldmenge senken.

Geldschöpfung
Kapitel 6.8.2

Beeinflussung der Kreditkosten: Da die Geschäftsbanken sich frische liquide Mittel vorrangig über die Zentralbank besorgen, bedeutet eine Erhöhung der Zentralbankzinsen eine Erhöhung der Kreditkosten der Banken. Diese höheren Kosten geben die Banken in Form höherer Kreditzinsen an ihre Kreditnehmer (Unternehmen und Verbraucher) weiter. Die Neigung von Unternehmen und Verbrauchern, Kredite aufzunehmen, um Güter nachzufragen, sinkt dadurch. Eine Erhöhung der Zentralbankzinsen führt also zu einer Verringerung der umlaufenden Geldmenge. Umgekehrt führt eine Senkung der Zentralbankzinsen zu einer Erhöhung der Geldmenge.

Geldpolitik als Mittel der Konjunkturpolitik
Kapitel 6.11

Nachfrageinflation
Kapitel 4.8.2

Kurz- bis mittelfristig beeinflussen Geldmengenänderungen vor allem die gesamtwirtschaftliche Nachfrage: Eine Erhöhung der Geldmenge (durch hohe Bankenliquidität und niedrige Kreditkosten) fördert im Regelfall die Investitions- und Konsumneigung, wirkt also nachfrage- und konjunkturanregend. Sind die Kapazitäten einer Volkswirtschaft schon weitgehend ausgelastet, bringt dies aber die Gefahr einer Nachfrageinflation mit sich. Eine Verringerung der Geldmenge (durch niedrige Bankenliquidität und hohe Kreditkosten) senkt dagegen die Investitions- und Konsumneigung, drosselt also die Nachfrage und somit die Konjunktur.

Quantitätsgleichung und Geldmengeninflation
Kapitel 4.8.2

Der quantitative Zusammenhang zwischen Geldmengenwachstum und Inflation (Geldmengeninflation bei einem zu starken Wachstum der Geldmenge) wird erst mittel- bis langfristig spürbar.

Aktionsparameter Bankenliquidität und Kreditkosten

6.10 Geldpolitische Instrumente der EZB

Zur Beeinflussung von Bankenliquidität und Kreditkosten stehen der EZB verschiedene Instrumente zur Verfügung. Die drei wichtigsten Instrumente sind:

- Offenmarktgeschäfte,
- ständige Fazilitäten,
- Mindestreservepolitik.

Bankenliquidität und Kreditkosten **Kapitel 6.9.2**

6.10.1 Offenmarktgeschäfte

Das wichtigste Steuerungsinstrument der EZB sind Offenmarktgeschäfte. Diese bestehen im Wesentlichen darin, dass die EZB Wertpapiere am offenen (anonymen) Markt kauft und verkauft. Die Transaktionen können befristet oder definitiv sein.

Arten von Offenmarktgeschäften

Die Offenmarktgeschäfte lassen sich in mehrere Kategorien unterteilen, wobei die größte Bedeutung den Hauptrefinanzierungsgeschäften zukommt.

- **Hauptrefinanzierungsgeschäfte:** Hierbei wird den Kreditinstituten wöchentlich, und zwar für die Regellaufzeit von einer Woche, Zentralbankgeld gegen eine notenbankfähige Sicherheit (Wertpapiere) zur Verfügung gestellt. Dies geschieht vor allem in Form von **Wertpapierpensionsgeschäften**: Die EZB kauft von den Banken für eine Woche Wertpapiere und schreibt ihnen den Gegenwert in Zentralbankgeld gut. Die Liquidität im Bankensektor steigt. Am Ende der Woche gibt die EZB die Wertpapiere zurück und erhält die ausgezahlte Summe zuzüglich des Pensionszinssatzes. Die Bankenliquidität sinkt. Der **Zinssatz** für die Hauptrefinanzierungsgeschäfte ist der **europäische Leitzins**.
- **Längerfristige Refinanzierungsgeschäfte:** Zusätzlich zu den Hauptrefinanzierungsgeschäften gibt es längerfristige Refinanzierungsgeschäfte. Hier wird den Kreditinstituten monatlich, und zwar für die Regellaufzeit von drei Monaten, Zentralbankgeld gegen eine notenbankfähige Sicherheit zur Verfügung gestellt.

Wertpapierpensionsgeschäfte sind Wertpapierkäufe mit fester Rückkaufvereinbarung. Der Termin des Rückkaufs und der Rückkaufpreis werden bei Vertragsabschluss festgelegt. Im Kern ist ein solches Geschäft ein kurzfristiger Kredit, der mit einem Pfand besichert wird.

internationale Finanz- und Wirtschaftskrise **Kapitel 4.14.4**

- **Feinsteuerungsoperationen** sind ein zusätzliches Instrument zur Liquiditätsbereitstellung oder -abschöpfung, das nur unregelmäßig eingesetzt wird. Es dient vor allem dazu, den Geldmarkt bei unerwarteten Ereignissen (wie z. B. dem 11. September 2001 oder der Finanzkrise 2008/2009) zu stabilisieren.

Abwicklung von Offenmarktgeschäften

Die Abwicklung der Refinanzierungsgeschäfte erfolgt in Form von Ausschreibungen, die als Tender bezeichnet werden. Dabei können zwei unterschiedliche Verfahren – ein Mengentender oder ein Zinstender – zur Anwendung kommen.

Beim **Mengentender** legt die EZB den Zinssatz fest, zu dem sie Offenmarktgeschäfte tätigt. Die Marktteilnehmer geben Mengengebote ab. Nicht bekannt gegeben wird das Tendervolumen, d. h. die Geldmenge, die dem Bankensektor zufließen soll. Die EZB prüft die Gebote und errechnet die Zuteilungsquote.

BEISPIEL

Die EZB beschließt, 200 Mio. Euro über den Mengentender zuzuteilen. Die Banken A, B, C und D, die das Tendervolumen nicht kennen, geben Gebote in einer Gesamthöhe von 250 Mio. Euro ab. Die Zuteilungsquote wird dann so berechnet:

$$\text{Zuteilungsquote} = \frac{\text{Tendervolumen} \cdot 100\,\%}{\text{Summe aller Gebote}} = \frac{200 \text{ Mio. Euro} \cdot 100\,\%}{250 \text{ Mio. Euro}} = 80\,\%$$

Dies bedeutet, dass jede Bank 80 % des von ihr nachgefragten Geldes erhält:

Geschäftsbank	Mengengebot in Mio. Euro	Zuteilung in Mio. Euro
Bank A	100	100 · 0,8 = 80
Bank B	40	40 · 0,8 = 32
Bank C	30	30 · 0,8 = 24
Bank D	80	80 · 0,8 = 64
Summe	**250**	**200**

Beim **Zinstender** gibt die EZB einen Mindestbietungssatz vor. Die einzelnen Marktteilnehmer geben Mengen- und Zinsgebote ab. Diese Angebote werden dann nach Zinshöhe sortiert. Angefangen mit dem zinshöchsten Angebot wird der Geldbedarf der Banken so lange befriedigt, bis das Zuteilungsvolumen erschöpft ist. Banken, die wegen eines geringen Zinsgebots zu weit unten auf der Liste stehen, gehen leer aus.

BEISPIEL

Die EZB beschließt, 100 Mio. Euro über den Zinstender zuzuteilen. Der Mindestzinssatz beträgt 2,8 %, die Laufzeit beträgt 100 Tage. Fünf Banken geben nun die folgenden Gebote ab:

Geschäftsbank	Zinsgebot in %	Mengengebot in Mio. Euro
Bank A	3,3	30
Bank B	3,1	20
Bank C	2,9	40
Bank D	2,9	20
Bank E	2,8	50

►

Bank A und B bekommen wegen ihres hohen Zinsgebotes die volle Menge des gewünschten Geldes. Auch Bank C und D, die beide einen Zinssatz von 2,9 % geboten haben, können noch berücksichtigt werden. Das Tendervolumen reicht aber nicht aus, um den Bedarf von Bank C und D in vollem Umfang zu befriedigen. Deshalb wird hier, ähnlich wie beim Mengentender, eine Zuteilungsquote errechnet.

Geschäftsbank	zu zahlender Zinssatz in %	Zuteilquote in % der gewünschten Menge	zugeteilte Menge in Mio. Euro
Bank A	3,3	100,0	30,0
Bank B	3,1	100,0	20,0
Bank C	2,9	83,3	33,3
Bank D	2,9	83,3	16,7
Bank E	–	–	–

Von Anfang 1999 bis Juni 2000 wandte die EZB bei den Hauptrefinanzierungsgeschäften zunächst den Mengentender an. Der von der EZB festgelegte Zinssatz war aber so attraktiv, dass die Banken sich bei ihren Mengengeboten gegenseitig zu überbieten versuchten. Ende Juni 2000 ging die EZB deshalb zum Zinstender über. Im Zuge der internationalen Finanz- und Wirtschaftskrise wurde das Verfahren dann ein weiteres Mal geändert: Um die Lage der Banken zu verbessern, führte die EZB im Oktober 2008 für alle Refinanzierungsgeschäfte einen Mengentender mit vollständiger Zuteilung ein. D. h., sie beschloss, den Banken die gewünschte Liquidität in vollem Umfang zu gewähren.

internationale Finanz- und Wirtschaftskrise
Kapitel 4.14.4

6.10.2 Ständige Fazilitäten

Ein weiteres Instrument der Geldmarktsteuerung sind die ständigen Fazilitäten (Kreditmöglichkeiten) des Eurosystems. Sie ermöglichen es den Geschäftsbanken, in eigener Initiative „über Nacht" (d. h. bis zum nächsten Geschäftstag) Liquidität bei den Zentralbanken in Anspruch zu nehmen oder überschüssige Liquidität bei den Zentralbanken anzulegen.

Es gibt zwei Arten von ständigen Fazilitäten:

- Mithilfe der **Spitzenrefinanzierungsfazilität** können die Banken sich „über Nacht" Zentralbankkredite verschaffen, für die sie Sicherheiten zu hinterlegen haben. Da der Zinssatz hierfür sehr hoch ist, nehmen die Banken diese Möglichkeit nur in Anspruch, wenn sie einen starken kurzfristigen Liquiditätsbedarf haben. Am folgenden Tag müssen die Kredite zurückgezahlt werden.
- Die **Einlagefazilität** ermöglicht es den Geschäftsbanken, überschüssige Liquidität „über Nacht" zu einem bestimmten sehr niedrigen Zinssatz anzulegen.

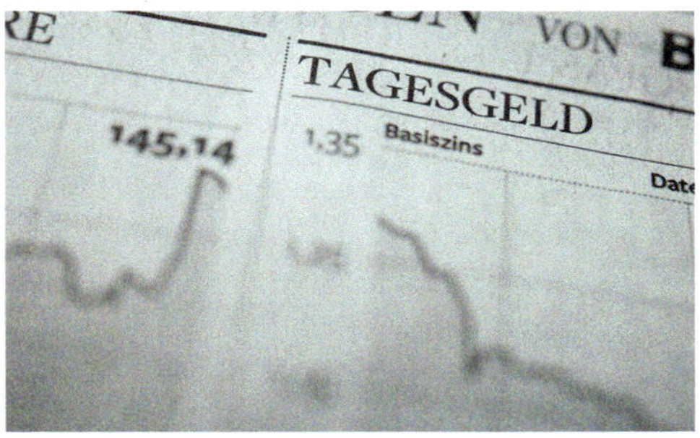

Die **Zinssätze** für die ständigen Fazilitäten sind die Ober- und Untergrenze der Geldmarktsätze für **Tagesgeld**.

Tagesgeld
Geld kann für einen bestimmten Zinssatz angelegt werden. Ist dieses Geld täglich ohne Zinsverlust verfügbar, wird von Tagesgeld gesprochen.

Der Hauptrefinanzierungssatz, die Spitzenrefinanzierungsfazilität und die Einlagefazilität sind in einem sogenannten **Zinskanal** miteinander verbunden. Die Europäische Zentralbank beobachtet die Geldmarktsituation und verschiebt je nach Bedarf die Zinssätze nach oben oder unten. Dabei passt sie im Regelfall alle Zinssätze im Zinskanal gleichzeitig an. Der Abstand zwischen den einzelnen Zinssätzen bleibt gleich.

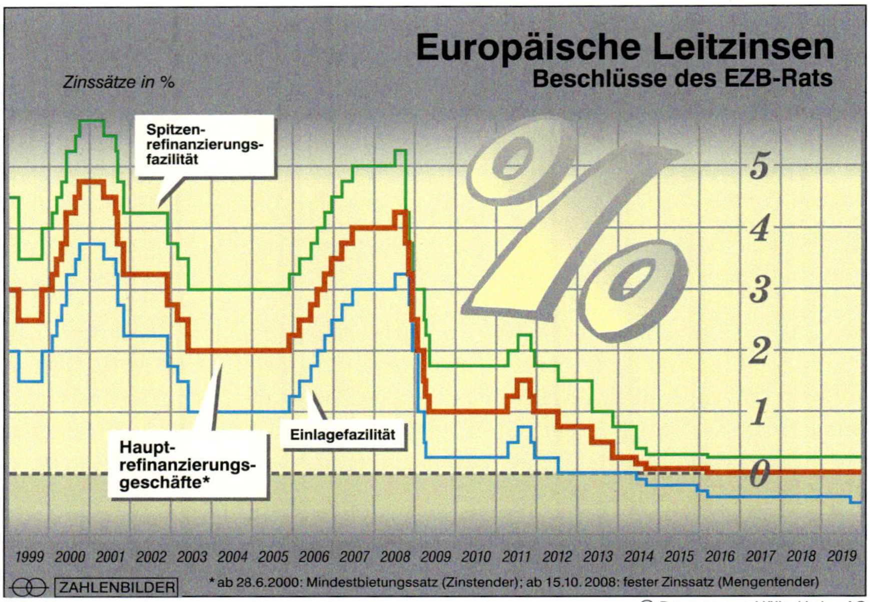

715 578 © Bergmoser + Höller Verlag AG

6.10.3 Mindestreservepolitik

Mindestreserve
Kapitel 6.8.2

Alle Kreditinstitute im Euro-Währungsgebiet müssen einen bestimmten Prozentsatz ihrer Verbindlichkeiten (vor allem Kundenguthaben) als Mindestreserve auf Konten bei den nationalen Zentralbanken unterhalten. Die Einlagen werden verzinst, damit die Banken keinen Zinsverlust und keine Wettbewerbsnachteile gegenüber anderen Kredit- und Finanzinstituten außerhalb des Euroraums erleiden.

Welche Geldbeträge als Mindestreserve zu hinterlegen sind (Mindestreserve-Soll), bemisst sich nach dem Stand der reservepflichtigen Verbindlichkeiten am Ende des vorangegangenen Monats. Mindestreservepflichtig mit einem Satz von derzeit 1 % sind:

- alle täglichen Einlagen,
- alle Einlagen mit einer vereinbarten Laufzeit/Kündigungsfrist von bis zu zwei Jahren,
- ausgegebene Schuldverschreibungen mit einer Laufzeit von bis zu zwei Jahren.

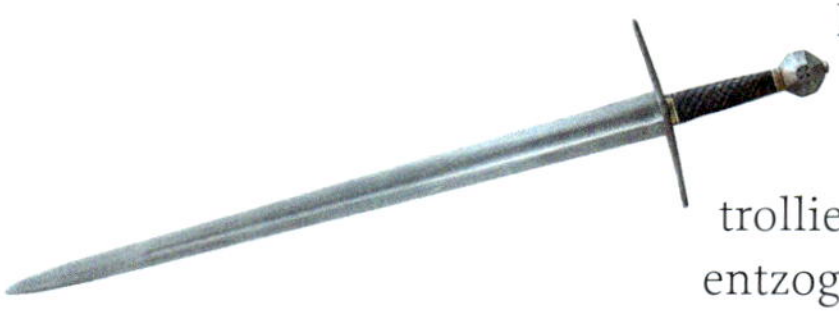

Mindestreserven dienen der Sicherung der Kundenguthaben bei den Banken. Außerdem sind sie ein wichtiges Instrument, um die Bankenliquidität, die Geldmarktzinsen und damit die umlaufende Geldmenge zu kontrollieren: Wird der Mindestreservesatz erhöht, wird den Banken Liquidität entzogen und umgekehrt. Da kein Kreditinstitut sich den Vorgaben entziehen kann, ist die Mindestreservepolitik das „schärfste Schwert" der EZB.

6.11 Die Nullzinspolitik der EZB und die Grenzen der Geldpolitik

Als der Euroraum 2008 von der globalen **Finanz- und Wirtschaftskrise** erfasst wurde und 2009 einen dramatischen Einbruch seines BIP-Wachstums erlebte, wurden nicht nur Maßnahmen zur Bankenrettung ergriffen und Konjunkturprogramme zur Bekämpfung der Rezession aufgelegt. Diese Jahre markieren auch den Beginn der **Niedrigzinspolitik** der Europäischen Zentralbank. Mit ihrer rigorosen Senkung des europäischen Leitzinses von 4,25 % im Jahr 2008 auf 1 % im Jahr 2009 verfolgte die EZB mehrere Ziele: die Stabilisierung des Finanzsystems, die Verhinderung einer Deflation und die Ankurbelung der Wirtschaft im Euroraum. Die EZB versuchte also, nicht nur die Preisniveaustabilität zu sichern, sondern auch die Konjunkturpolitik der Eurostaaten mit einer **expansiven Geldpolitik** zu unterstützen. Durch niedrige Zinsen und ein erhöhtes Geldangebot sollte die gesamtwirtschaftliche Nachfrage (Konsum und Investitionen) stimuliert werden.

Finanz- und Wirtschaftskrise, Staatsschuldenkrise
Kapitel 4.14.4

Konjunkturpolitik
Kapitel 6.5.1 und 6.5.3

europäischer Leitzins
Kapitel 6.10.1

Deflation
Kapitel 4.9

Im Rahmen einer **nachfrageorientierten (keynesianischen) Wirtschaftspolitik** soll die Geldpolitik die antizyklische Fiskalpolitik flankieren (vgl. Kap. 6.5.1): In Rezessionsphasen soll sie expansiv sein (Senkung der Zinsen, Erhöhung des Geldangebots) und in Boom-Phasen restriktiv (Erhöhung der Zinsen, Verringerung des Geldangebots). Solche Konjunkturpolitik ist allerdings **nicht die Aufgabe der EZB**. Deren vorrangige Aufgabe ist die Sicherung der Preisniveaustabilität (vgl. Kap. 6.7 und 6.9).

Als der Euroraum im Jahr 2010 in die als „Eurokrise" bezeichnete **Staatsschuldenkrise** schlitterte, waren weitere Maßnahmen nötig: 2012 kündigte die EZB an, **Staatsanleihen** (Schuldscheine) von notleidenden Eurostaaten zu kaufen, um ihnen günstige Finanzierungsmöglichkeiten zu verschaffen. Schon die bloße Ankündigung dieser Maßnahme führte zu sinkenden Zinsen in Krisenländern wie Italien und Portugal. Im März 2015 begann die EZB dann tatsächlich, Anleihen bei den Geschäftsbanken aufzukaufen – zunächst nur Staatsanleihen (unabhängig von der Bedürftigkeit der Staaten), später auch ausgewählte Unternehmensanleihen.

Die Maßnahmen der EZB in den Krisenjahren werden von vielen Ökonomen als angemessen beurteilt. Sehr umstritten ist aber die Fortsetzung der „ultralockeren" Geldpolitik in den anschließenden Jahren des Aufschwungs: Von März 2015 bis Ende 2018 kaufte die EZB **Anleihen im Wert von rund 2,6 Billionen Euro**, um die Zinsen zu drücken und die Bankenliquididät zu erhöhen. Der **Einlagezins** für überschüssiges Geld, das die Geschäftsbanken bei den Zentralbanken parken müssen, wurde 2014 negativ und damit zu einem Strafzins. Der **europäische Leitzins** beträgt seit März 2016 durchgängig nur noch 0,00 % (siehe Grafik auf S. 238).

Kreditkosten und Bankenliquidität als Aktionsparameter
Kapitel 6.9.2

Einlagefazilität
Kapitel 6.10.2

Eine Änderung dieser Politik ist nicht in Sicht: Im September 2019 beschloss die EZB, die Nullzinspolitik bis auf Weiteres fortzusetzen, den Einlagezinz der Banken von minus 0,4 auf minus 0,5 % zu senken und das Programm zum Kauf von Staatsanleihen (das Ende 2018 eingestellt worden war) im November 2019 wiederaufzunehmen. Begründet wurde dies mit **Risiken für die Konjunktur** (wie dem Handelsstreit zwischen den USA, China und Europa sowie den nicht kalkulierbaren Folgen des Brexits) und den sehr niedrigen, auf eine **Deflationsgefahr** hindeutenden Preissteigerungsraten im Euroraum.

Kritiker dieser Geldpolitik meinen, dass die EZB ihre Kompetenzen überschreite, weil sie Geldpolitik als Mittel der Staatsfinanzierung (was ihr nicht erlaubt sei) sowie der Konjunkturpolitik (was nicht ihre Aufgabe sei) einsetze. Unstreitig ist, dass von der Nullzinspolitik vor allem **Schuldner profitieren**. Insbesondere südeuropäischen Ländern wurde somit indirekt Zeit erkauft, um Strukturreformen durchführen zu können. Ob Letzteres in ausreichendem Maße geschieht, ist umstritten. Auf der anderen Seite gibt es **viele Verlierer** dieser Politik:

Im Sommer 2017 äußerte das **Bundesverfassungsgericht (BVerfG)** Bedenken gegen die Anleihekäufe der EZB und wandte sich an den **Europäischen Gerichtshof (EuGH)**. Im Dezember 2018 erklärte der EuGH die Anleihekäufe für rechtens: Sie seien kein verbotenes Mittel der Staatsfinanzierung, sondern ein erlaubtes Mittel, um die Preisniveaustabilität zu sichern. Ob das BVerfG sich dieses Urteil zu eigen macht, war zum Redaktionsschluss dieses Buches noch offen. Bitte informieren Sie sich im Internet über das Urteil des BVerfG.

Nullzinspolitik der EZB. Karikatur von Kostas Koufogiorgos

- Vor allem kleinere und mittlere **Banken** mit einer großen Abhängigkeit vom Zinsertrag leiden unter der Nullzinspolitik und den Strafzinsen, die sie für Einlagen bei der Zentralbank entrichten müssen.
- Durch die weit unterhalb der Preissteigerungsraten liegenden Zinsen auf Spareinlagen verliert das Geld von **Sparern** an Wert. Zudem steht zu befürchten, dass die Geschäftsbanken die Strafzinsen, die sie an die EZB zahlen müssen, an ihre Kunden weitergeben. Nachdem dies zunächst nur bei Sparguthaben von über 100 000 Euro der Fall war, trafen im November 2019 erstmals einzelne Banken die Entscheidung, die Einlagen von Neukunden ab dem ersten Cent mit Strafzinsen (einem „Verwahrungsentgelt") zu belasten. (Verteidiger der EZB-Politik halten dem entgegen, dass es jedem freistehe, sein Geld in Aktien anzulegen und damit Renditen zu erzielen.)
- Die EZB-Politik gefährdet die **Altersvorsorge** vieler Menschen, da auch **Versicherungsunternehmen** durch die Negativzinsen in Schwierigkeiten geraten: Insbesondere private Lebensversicherer wissen kaum noch, wie sie ihren Kunden die Summen, die sie ihnen einstmals garantiert hatten, auszahlen können. Auch die Sozialversicherungsträger, die ihre Rücklagen „sicher und liquide" auf dem Kapitalmarkt anlegen müssen, sind von den Strafzinsen betroffen.

gesetzliche Sozialversicherung
Kapitel 5.4

- Kredite für den Kauf von Immobilien sind zwar günstiger als je zuvor; durch die drastisch **steigenden Immobilienpreise** rückt der Traum vom Eigenheim für viele Menschen aber trotzdem in immer weitere Ferne.

Eine der großen Gefahren der „ultralockeren" Geldpolitik der EZB besteht darin, dass die Menschen das Vertrauen in das Geldsystem verlieren könnten. Zudem hat die Nullzinspolitik der letzten Jahre die **Grenzen von Geldpolitik** sichtbar gemacht:

- Die EZB hat es bislang nicht geschafft, die Preissteigerungsrate im Euroraum auf das angestrebte Niveau von knapp unter 2 % zu heben.
- Da die EZB in den Jahren des Aufschwungs nicht zu einer restriktiveren Geldpolitik zurückgekehrt ist, hat sie bei sich eintrübenden Konjunkturaussichten kaum noch Mittel, um die Nachfrage zu stimulieren.

Dass Geldpolitik nicht immer auf die beabsichtigte Weise wirkt, liegt daran, dass sie nur einen **indirekten Einfluss** auf das Wirtschaftsgeschehen hat. Zwar kann die EZB die Bankenliquidität immer weiter erhöhen und die Geschäftsbanken mit Strafzinsen zur Kreditvergabe zu zwingen versuchen. Wenn diese Kredite aber nicht abgerufen werden (weil z. B. die unternehmerischen Zukunftserwartungen so pessimistisch sind, dass selbst bei extrem niedrigen Zinsen keine Investitionen getätigt werden), kommt die Liquidität nicht in der Realwirtschaft an und bleibt die expansive Geldpolitik vollkommen wirkungslos.

Eine weitere Schwierigkeit der Geldpolitik besteht darin, dass Zentralbanken nicht kontrollieren können, wie viele Einlagen die privaten Haushalte bei den Geschäftsbanken halten. Wenn die Einleger ihr Geld abheben, weil sie z. B. das Vertrauen in das Bankensystem verloren haben, kann unabhängig von den Maßnahmen der Zentralbank das Geldangebot zurückgehen. Eine solche Gefahr bestünde insbesondere dann, wenn infolge der EZB-Politik selbst die Einlagen von Kleinsparern mit Strafzinsen belastet würden. Denn dies könnte dazu führen, dass immer mehr Menschen ihr Geld abheben, um es als Bargeld im Tresor aufzubewahren.

ÜBERBLICK

Für die einheitliche Geldpolitik des Euroraums ist das **Europäische System der Zentralbanken**, bestehend aus der **Europäischen Zentralbank (EZB)** und den **nationalen Zentralbanken** der EU-Länder, verantwortlich.

Als die **Geldmenge** einer Volkswirtschaft wird der gesamte Bestand an Zahlungsmitteln in den Händen von Nichtbanken (private und öffentliche Haushalte sowie Unternehmenssektor) bezeichnet. Die EZB steuert das Geldangebot und das Zinsniveau mit verschiedenen **geldpolitischen Instrumenten**, um so die Preisniveaustabilität im Euroraum zu sichern.

Die **Niedrig- bzw. Nullzinspolitik**, die die EZB seit der Wirtschaftskrise von 2008/09 und der Staatsschuldenkrise von 2010 betreibt, ist sehr umstritten.

1 Grenzen Sie die Begriffe „Eurosystem“ und „Europäisches System der Zentralbanken“ voneinander ab.

2 Welche Aufgaben hat die Europäische Zentralbank (EZB) bzw. das Europäische System der Zentralbanken im Rahmen des Eurosystems?

3 Recherchieren Sie im Internet: Warum ist es so wichtig, dass das Europäische System der Zentralbanken unabhängig von den sonstigen Trägern der Wirtschaftspolitik ist?

4 Informieren Sie sich im Internet über die Deutsche Bundesbank.
  a Welche Aufgaben hat die Deutsche Bundesbank?
  b Wie viele Filialen hat die Deutsche Bundesbank aktuell? Und warum werden die Filialen der Deutschen Bundesbank reduziert?
  c Recherchieren Sie, was die Verwaltung von Währungsreserven bedeutet.

5 Was beinhalten die Geldmengen M 1, M 2 und M 3 und warum wird zwischen diesen Geldmengenbegriffen unterschieden?

6 Recherchieren Sie im Internet, wie sich die Geldmenge M 3 in letzter Zeit entwickelt hat.

7 Erläutern Sie den Unterschied zwischen aktiver und passiver Geldschöpfung.

8 Sie haben Bargeld in Höhe von 1000 Euro und zahlen dieses bei der Bank A ein. Die 1000 Euro verbleiben im Bankensystem. Die Bank A muss eine Mindestreserve in Höhe von 2 % ihrer Einlagen bei der Bundesbank halten.
  a Wie hoch ist das Überschussguthaben, das die Bank als Kredit vergeben darf?
  b Ein Einzelhandelsunternehmen nimmt den Kredit der Bank A in Anspruch und begleicht damit eine Rechnung der Firma X bei der Bank B. Wie hoch ist das Überschussguthaben, das die Bank B als Kredit vergeben darf,
    – wenn die Firma X 200 Euro Bargeld abhebt?
    – wenn die Firma X keine Abhebung vom Konto vornimmt?
  c Welcher maximale Betrag kann aus den 1 000 Euro geschöpft werden?
  d Wie würden sich die Mindestreserve und das Überschussguthaben der Bank A verändern, wenn die Zentralbank den Mindestreservesatz auf 5 % erhöhen würde?

9 In einer fiktiven Volkswirtschaft gebe es 5 000 Banknoten zu je 100 Euro. Wie hoch ist die Geldmenge ...
  a wenn die Bevölkerung das gesamte Geld als Bargeld hält?
  b wenn die Einwohner das gesamte Geld auf Girokonten halten und der Mindestreservesatz bei 20 % liegt?
  c wenn die Bewohner zu gleichen Teilen Bargeld und Giroeinlagen besitzen und der Mindestreservesatz 10 % beträgt?

10 Nennen und erläutern Sie die Faktoren, von denen die Geldschöpfungsmöglichkeiten des Bankensektors entscheidend abhängen.

11 Das vorrangige Ziel der Europäischen Zentralbank ist die Sicherung der Preisniveaustabilität. Erläutern Sie ...
  a warum dieses Ziel so wichtig ist.
  b wie die EZB Preisniveaustabilität definiert.
  c welche Aktionsparameter der EZB zur Verfügung stehen.

AUFGABEN

12 Erläutern Sie die geldpolitischen Instrumente der EZB.
- **a** Wie funktionieren und wirken Offenmarktgeschäfte?
- **b** Wie funktionieren und wirken die ständigen Fazilitäten?
- **c** Was versteht man unter „Mindestreserve“? Und warum gilt die Mindestreservepolitik als „schärfstes Schwert“ der EZB?

13 Wodurch unterscheiden sich ein Mengen- und ein Zinstender voneinander?

14 Die EZB beschließt, dem Markt Liquidität in Form eines Mengentenders zuzuführen. Das Tendervolumen beträgt 200 Mio. Euro. Welche Zuteilungsbeträge haben die Banken A bis E zu erwarten?

Geschäftspartner	Mengengebot in Mio. Euro
Bank A	20
Bank B	50
Bank C	40
Bank D	80
Bank E	60
Summe	250

15 Die EZB beschließt, 140 Mio. Euro über einen Zinstender zuzuteilen. Der Mindestzinssatz beträgt 3 %, die Laufzeit 90 Tage. Welche Zuteilungsbeträge haben die Banken A bis E zu erwarten?

Geschäftspartner	Zinsgebot in %	Mengengebot in Mio. Euro
Bank A	3,5	60
Bank B	3,3	40
Bank C	3,1	55
Bank D	3,1	25
Bank E	2,8	55

16 Sind die folgenden Maßnahmen der EZB expansiv oder kontraktiv?
- **a** Erhöhung des Offenmarktvolumens
- **b** Erhöhung des Mindestreservesatzes
- **c** Erhöhung der Leitzinsen

17 Welche Auswirkungen hat eine expansive (kontraktive) Geldpolitik im Normalfall auf ...
- **a** das Kreditangebot der Banken?
- **b** die Zinsen für die Kunden?
- **c** die Kreditnachfrage durch Nichtbanken?
- **d** die Investitions- und Konsumgüternachfrage im Inland?
- **e** das Preisniveau?

18 Informieren Sie sich im Internet und in der Tagespresse über den aktuellen Mindestreservesatz und die Höhe der Leitzinsen. Welche Strategie wird zurzeit von der EZB verfolgt?

19 Warum entfaltet Geldpolitik nicht immer die beabsichtigten Wirkungen?

20 Recherchieren und erklären Sie ...
- **a** warum es problematisch ist, wenn alle Einleger ihr Geld gleichzeitig abheben wollen.
- **b** was ein „bank run“ ist und wodurch der letzte „bank run“ ausgelöst wurde.

Sachwortverzeichnis

Bildquellenverzeichnis

Claudia Hild, Angelburg (Illustrationen): S. 8, 20, 27, 39, 48, 65, 82, 96, 105, 124, 144, 159, 180, 191, 204, 210, 225

S. 7.1: shutterstock.com/Billion Photos; **S. 7.2:** stock.adobe.com/vegefox.com; **S. 7.3:** shutterstock.com/John Williams RUS; **S. 10.1:** stock.adobe.com/Erwin Wodicka - wodicka@aon.at/Gina Sanders; **S. 10.2:** stock.adobe.com/kieferpix; **S. 11.1:** shutterstock.com/sunnyws; **S. 11.2:** shutterstock.com/Everett Historical; **S. 13.1:** Shutterstock.com/milo827; **S. 13.2:** shutterstock.com/George Rudy; **S. 14.2:** dpa Picture-Alliance/dpa infografik; **S. 15:** stock.adobe.com/Dragana Gordic; **S. 16.1:** stock.adobe.com/goldencow_images; **S. 17.1:** stock.adobe.com/Parfenova; **S. 17.2:** stock.adobe.com/romaset; **S. 17.3:** stock.adobe.com/ty; **S. 21:** Cornelsen/Claudia Hild; **S. 22.2:** akg-images GmbH/Paul Hey; **S. 23.1:** shutterstock.com/Wright Studio; **S. 24.1:** shutterstock.com/KAMONRAT; **S. 24.2.+3:** shutterstock.com; **S. 25.1:** stock.adobe.com/fotomek; **S. 25.2:** stock.adobe.com/Bertold Werkmann; **S. 27:** stock.adobe.com/rohappy; **S. 28:** stock.adobe.com/contrastwerkstatt; **S. 29.2+3:** bpk/Münzkabinett, SMB/Reinhard Saczewski; **S. 29.4:** bpk/Münzkabinett, SMB; **S. 30_Euro-Münzen:** Shutterstock.com/stockphoto-graf; **S. 30.2:** shutterstock.com/Yuliyan Velchev; **S. 30.3:** Shutterstock.com/Lars Poyansky; **S. 30.4-7:** shutterstock.com/Yuliyan Velchev; **S. 32:** dpa Picture-Alliance/dpa infografik; **S. 33:** dpa Picture-Alliance/dpa infografik; **S. 34.1:** dpa Picture-Alliance/dpa infografik; **S. 34.2:** Verband der Vereine Creditreform e. V., Neuss; **S. 35:** Bergmoser+Höller Verlag AG/Zahlenbilder; **S. 39:** Cornelsen/Babylon (im Uhrzeigersinn: shutterstock.com/Monkey Business Images; stock.adobe.com/Westend61/Tom Chance; stock.adobe.com/Peer Frings; stock.adobe.com/grafikplusfoto; shutterstock.com/lumen-digital; shutterstock.com/Pressmaster); **S. 40.1:** shutterstock.com/Iconic Bestiary; **S. 41:** stock.adobe.com/gustavofrazao; **S. 44.1:** shutterstock.com/pan demin; **S. 44.2:** shutterstock.com/SmallSnail; **S. 47.1:** stock.adobe.com/igishevamaria; **S. 47.2:** shutterstock.com/gopixa; **S. 47.3:** shutterstock.com/AePatt Journey; **S. 48.1:** stock.adobe.com/bonga1965; **S. 48.2:** stock.adobe.com/fotoatelier.hamburg; **S. 50:** akg-images GmbH; **S. 56:** Shutterstock.com/Oleksiy Mark; **S. 57.1:** shutterstock.com/Krasula; **S. 57.2:** shutterstock.com/M-Foto; **S. 65.1:** stock.adobe.com/Westend61/Anke Scheibe; **S. 65.2:** shutterstock.com/Andrey_Popov; **S. 66:** dpa Picture-Alliance/dpa infografik; **S. 67.1:** shutterstock.com/vincentchuls; **S. 67.2:** stock.adobe.com/cherezoff; **S. 67.3:** stock.adobe.com/stokkete; **S. 68.1:** stock.adobe.com/Juulijs; **S. 68.2:** shutterstock.com/AlexLMX; **S. 69:** shutterstock.com/Perfect Vectors; **S. 71.1:** Gerhard Mester, Wiesbaden; **S. 71.2:** shutterstock.com/Fotovika; **S. 72:** Wirtschaftsvereinigung Stahl, Düsseldorf; **S. 73:** dpa Picture-Alliance/dpa infografik; **S. 81.1:** stock.adobe.com/Stefan Loss; **S. 81.2:** shutterstock.com/Nattapol_Sritongcom; **S. 81.3:** stock.adobe.com/Ideenkoch; **S. 82:** shutterstock.com/nicostock; **S. 83.1:** stock.adobe.com/de.photographie/blende11.photo; **S. 83.2:** shutterstock.com/Tatiana Popova; **S. 84.1:** shutterstock.com/mavo; **S. 84.2:** shutterstock.com/OHishiapply; **S. 85.1:** stock.adobe.com/stadtratte; **S. 85.2:** shutterstock.com/stefanodinenno; **S. 85.3:** stock.adobe.com/Dusan Kostic; **S. 85.4:** stock.adobe.com/foto_tech; **S. 85.5:** shutterstock.com/nd3000; **S. 86.1:** stock.adobe.com/Michael Jäger, Düsseldorf 2016 - mitifoto/mitifoto; **S. 86.2:** dpa Picture-Alliance/dpa infografik; **S. 87:** shutterstock.com/OPOLJA; **S. 88:** stock.adobe.com/Photo © Flavio Massari/bravajulia; **S. 89.1:** shutterstock.com/CHAIWATPHOTOS; **S. 89.2:** stock.adobe.com/tech_studio; **S. 89.3:** shutterstock.com/Oxana Gracheva; **S. 91:** Shutterstock.com/PopTika; **S. 92.1:** dpa Picture-Alliance/dpa infografik; **S. 92.2:** Bergmoser+Höller Verlag AG/Zahlenbilder; **S. 97:** dpa Picture-Alliance/dpa infografik; **S. 99.1:** stock.adobe.com/goodluz; **S. 99.2:** shutterstock.com/Iakov Filimonov; **S. 99.3:** stock.adobe.com/Erwin Wodicka - wodicka@aon.at/Gina Sanders; **S. 100.1:** Cornelsen/Babylon; **S. 100.2:** dpa Picture-Alliance/dpa infografik; **S. 102.1:** stock.adobe.com/Fokussiert; **S. 102.2:** dpa Picture-Alliance/dpa infografik; **S. 103:** dpa Picture-Alliance/dpa infografik; **S. 106:** Cornelsen/Claudia Hild; **S. 107.1:** shutterstock.com/Goritza; **S. 107.2:** stock.adobe.com/contrastwerkstatt; **S. 108:** Shutterstock.com/everything possible; **S. 109.1:** shutterstock.com/Everett Historical; **S. 109.2:** akg-images GmbH; **S. 109.3:** dpa Picture-Alliance/picture-alliance/dpa; **S. 111.1+2:** Shutterstock.com/dayat banggai; **S. 113:** dpa Picture-Alliance/dpa infografik; **S. 114.1:** stock.adobe.com/Osterland; **S. 114.2:** stock.adobe.com/lassedesignen; **S. 115:** Horst Haitzinger, München; **S. 116.1:** stock.adobe.com/ArTo; **S. 116.2:** shutterstock.com/Mint Fox; **S. 116.3:** shutterstock.com/Atstock Productions; **S. 116.4:** stock.adobe.com/Ralf Kalytta; **S. 116.5:** stock.adobe.com/MQ-Illustrations; **S. 116.6:** stock.adobe.com/Copyright(C)2000-2006 Adobe Systems, Inc. All Rights Reserved; **S. 117.1:** dpa Picture-Alliance/dpa infografik; **S. 118:** Bergmoser+Höller Verlag AG/Zahlenbilder; **S. 119:** shutterstock.com/Sergey Shenderovsky; **S. 123.1:** stock.adobe.com/efengai; **S. 123.2:** stock.adobe.com/Copyright(C)2000-2006 Adobe Systems, Inc. All Rights Reserved; **S. 123.3:** shutterstock.com/Lightspring; **S. 124:** stock.adobe.com/Africa Studio; **S. 126:** akg-images GmbH/Album/Oronoz; **S. 127:** shutterstock.com/MichaelJayBerlin; **S. 128:** stock.adobe.com/Cavan; **S. 129:** Shutterstock.com/Michele Paccione; **S. 131:** stock.adobe.com/blattwerkstatt; **S. 132:** stock.adobe.com/RAM; **S. 133.1:** Heinrich-Böll-Stiftung/Konzernatlas 2017/BKARTA; **S. 133.2:** Jupp Wolter (Künstler) Haus der Geschichte, Bonn; **S. 134:** Oxfam Deutschland e.V. Berlin; **S. 135:** mauritius images/Movementway; **S. 136/137.1:** Cornelsen/Babylon (nach Bundeskartellamt 2015); **S. 137.2:** shutterstock.com/Gearstd; **S. 138.1:** stock.adobe.com/SZ-Designs; **S. 138.2:** stock.adobe.com/finecki; **S. 139.1:** shutterstock.com/Anton Watman; **S. 139.2:** shutterstock.com; **S. 140.1:** shutterstock.com/William Potter; **S. 140.2+3:** dpa Picture-Alliance/dpa infografik; **S. 144.1:** shutterstock.com/Manuel Neuhaus; **S. 144.2:** stock.adobe.com/Max; **S. 144.3:** stock.adobe.com/Moon; **S. 145:** stock.adobe.com/Copyright(C)2000-2006 Adobe Systems, Inc. All Rights Reserved; **S. 146:** dpa Picture-Alliance/dpa infografik; **S. 150:** stock.adobe.com/doucefleur; **S. 152.1:** Bergmoser+Höller Verlag AG/Zahlenbilder; **S. 152.2:** interfoto e.k./Friedrich; **S. 153.1:** stock.adobe.com/Bjoern Wylezich/Björn Wylezich: **S. 153.2:** shutterstock.com/Olivier Le Moal; **S. 155.1:** shutterstock.com/Horten; **S. 155.2:** Europäische Kommission, Vertretung in Deutschland, Berlin/© Europäische Union, 1995-2019; **S. 156:** mauritius images/alamy stock photo/Janusz Wrobel; **S. 157:** dpa Picture-Alliance/dpa infografik; **S. 159:** stock.adobe.com/everythingpossible; **S. 161:** Europäische Kommission, Vertretung in Deutschland, Berlin/© Europäische Union, 1995-2019; **S. 163.1:** dpa Picture-Alliance/dpa infografik; **S. 163.2:** Bundeszentrale für politische Bildung Bonn/©Eckart D. Stratenschulte; **S. 164:** dpa Picture-Alliance/dpa infografik; **S. 166:** shutterstock.com/microstock3D; **S. 167:** stock.adobe.com/Composer; **S. 168.1:** stock.adobe.com/fotofox33; **S. 168.2:** stock.adobe.com/mekcar; **S. 169.1+2:** dpa Picture-Alliance/dpa infografik; **S. 170.1:** shutterstock.com/ESB Professional; **S. 170.2:** shutterstock.com/KeepWatch; **S. 171:** Horst Haitzinger, München; **S. 172.1-4:** dpa Picture-Alliance/dpa infografik; **S. 173:** dpa Picture-Alliance/dpa infografik; **S. 174.1:** shutterstock.com/Maridav; **S. 174.2:** stock.adobe.com/Peter Atkins; **S. 175:** dpa Picture-Alliance/dpa infografik; **S. 179.1:** shutterstock.com/Rido; **S. 179.2:** shutterstock.com/gcelebi; **S. 179.3:** dpa Picture-Alliance/AP Images/ASSOCIATED PR; **S. 180:** Toonpool GmbH, Berlin/Harm Bengen; **S. 181:** shutterstock.com/Yummyphotos; **S. 182:** stock.adobe.com/rcx; **S. 183.1+2:** dpa Picture-Alliance/dpa infografik; **S. 184:** dpa Picture-Alliance/dpa infografik; **S. 186:** stock.adobe.com/Fotowerk/drubig-photo; **S. 187:** dpa Picture-Alliance/dpa infografik; **S. 188:** dpa Picture-Alliance/dpa infografik; **S. 191:** Imago Stock & People GmbH/teutopress; **S. 192:** shutterstock.com/Monkey Business Images; **S. 193:** shutterstock.com/Miriam Doerr, Martin Frommherz; **S. 194:** dpa Picture-Alliance/dpa infografik; **S. 195:** Shutterstock.com/fizkes; **S. 197:** stock.adobe.com/copyright by Oliver Boehmer - bluedesign®/bluedesign; **S. 198:** shutterstock.com/Phonlamai Photo; **S. 199.1:** shutterstock.com/Kaspars Grinvalds; **S. 199.2:** Shutterstock.com/garagestock; **S. 200.1+2:** dpa Picture-Alliance/dpa infografik; **S. 203.1:** stock.adobe.com/Dmitry; **S. 203.2:** dpa Picture-Alliance/chromorange; **S. 203.3:** stock.adobe.com/Stockwerk-Fotodesign; **S. 204:** shutterstock.com/Rob Hyrons; **S. 205:** stock.adobe.com/J.M. Image Factory; **S. 207:** stock.adobe.com/Vittaya_25; **S. 208.1:** stock.adobe.com/freshidea; **S. 208.2:** stock.adobe.com/heinrichsteffen; **S. 208.3:** stock.adobe.com/animaflora/Animaflora PicsStock; **S. 208.4:** stock.adobe.com/EyeEm; **S. 210:** shutterstock.com/iodrakon; **S. 211:** DER SPIEGEL GmbH, Hamburg/Anna van Hove; **S. 213:** dpa Picture-Alliance/dpa infografik; **S. 214/215/216:** dpa Picture-Alliance/dpa infografik; **S. 217.1:** stock.adobe.com/Coloures-Pic; **S. 217.2:** shutterstock.com/PiXXart; **S. 218:** akg-images GmbH/WHA/World History Archive; **S. 220:** interfoto e.k./Brown; **S. 221.1:** interfoto e.k./Wolfgang Maria Weber; **S. 221.2:** mauritius images/alamy stock photo/360b; **S. 221.3:** dpa Picture-Alliance/SZ Photo/Sueddeutsche Zeitung Photo/Bundeskanzler a; **S. 221.4:** stock.adobe.com/Bertold Werkmann; **S. 225.1:** shutterstock.com/Nattakorn_Maneerat; **S. 225.2:** Shutterstock.com/Billion Photos; **S. 226:** shutterstock.com/Viktoria Kurpas; **S. 227.1:** dpa Picture-Alliance/dpa infografik; **S. 227.2:** stock.adobe.com/Schlierner; **S. 228:** Bergmoser+Höller Verlag AG/Zahlenbilder; **S. 229:** stock.adobe.com/domoskanonos; **S. 232:** stock.adobe.com/MQ-Illustrations; **S. 233:** Bergmoser+Höller Verlag AG/Zahlenbilder; **S. 234.1:** stock.adobe.com/stadtratte; **S. 234.2:** stock.adobe.com/Edler von Rabenstein; **S. 234.3:** stock.adobe.com/Sabine Naumann; **S. 235:** dpa Picture-Alliance/dpa infografik; **S. 236.1:** stock.adobe.com/Milton Oswald; **S. 236.2:** shutterstock.com/Monster Ztudio; **S. 237:** stock.adobe.com/© Stephan Hartmann/SBH; **S. 238.1:** Bergmoser+Höller Verlag AG/Zahlenbilder; **S. 238.2:** Shutterstock.com/Richard Peterson; **S. 240:** dpa Picture-Alliance/dieKLEINERT.de